KB058263

운전하는 철학자

WHY WE DRIVE

Copyright ⓒ 2020 by Matthew B. Crawford
Published by arrangement with William Morris Endeavor Entertainment, LLC
All rights reserved.

Korean Translation Copyright ⓒ 2022 by Sigongsa Co., Ltd.
Korean edition is published by arrangement with William Morris Endeavor Entertainment,
LLC through Imprima Korea Agency

이 책의 한국어판 저작권은 Imprima Korea Agency를 통해 William Morris Endeavor
Entertainment, LLC와의 독점 계약으로 ㈜시공사에 있습니다.
저작권법에 의해 한국 내에서 보호를 받는 저작물이므로 무단전재와 무단복제를 금합니다.

운전하는 철학자

매슈 크로퍼드 지음 | 성원 옮김

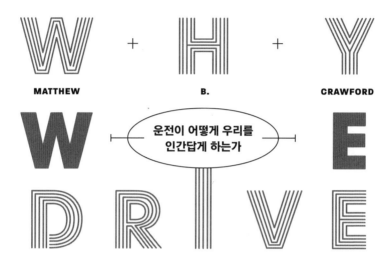

WHY

MATTHEW · B. · CRAWFORD

WE

운전이 어떻게 우리를
인간답게 하는가

DRIVE

+ + + + 시공사

포틀랜드 성인 소프박스 더비에 다녀오고 난 뒤,
후드산 구릉지로 등산을 하러 갔다. 등산로에서 조금 벗어나서
얼마 되지 않았을 때 사람들의 목소리가 점점 가까워졌다.
하지만 말소리도, 노랫소리도 아니었다. 잠시 더 귀를 기울이다 보니
2행정 오토바이를 흉내 내는 소리라는 것을 깨달았다.
바위 언저리를 유심히 관찰했더니 한 남자와 여자가 마치 핸들을 쥐듯
손을 앞으로 들고 등산로를 달려 내려오는 모습이 눈에 들어왔다.
이들은 오른 손목을 비틀 때마다 목소리를 한껏 높였다.
살짝 점프하면서 엉덩이를 옆으로 밀어내는 모습이 마치 바이크
뒷바퀴를 차면서 화려한 모토크로스 스타일을 더하는 것처럼 보였다
(이 순간에도 스로틀의 회전속도가 높아졌다). 이 중년 커플은
자신들만의 비밀 세계에서 오토바이 타는 흉내에 완전히 몰입해 있었다.
12세 이상이면 누구든 누릴 수 있는 권리를 그 누구보다 분명하게
만끽하고 있는 사람들이었다. 이 책을 그들에게 바친다.

차례

PART 1 손수 자동차 만들어 타기

PART 2 모터스포츠와 놀이 정신

PART 3   자치이거나 아니거나

PART 4   새 주인을 맞이하라

길이 없는 곳

섭씨 9도의 날씨인데도 등을 타고 땀이 줄줄 흐른다. 고글에 김이 서려서 앞이 잘 보이지 않는다. 나는 철도에서 소유한 작은 땅에 있다. 버지니아 리치먼드의 삼림 지역인데 흔히들 "마틴네 뒤편"이라고 부른다. 노숙자 야영지가 띄엄띄엄 있고 버려진 맥주 캔이 뒹군다. 오프로드용 오토바이를 타고 울룩불룩 튀어나온 뿌리들과 떨어진 나뭇가지들이 매복한 데다 돌도 많고 진창인 좁고 구불구불한 길을 따라 겨우 시속 24킬로미터로 아슬아슬하게 지그재그로 움직이며 개울을 건너고 가파른 경사를 오르다 보니 정신력이 한계에 도달한 것 같다. 길을 고르고, 스로틀과 클러치, 핸들, 브레이크 그리고 내 몸동작에 세세한 결정을 내리고, 앞바퀴에 갑작스러운 충격이 발생할 때면 상황에 따라 결정을 수정하는 이 모든 행위는 엄청난 집중을 요한다. 지형의 도전에 대응해 지금의 내 자신감을 넘어서는 수준으로 속도를 올릴 때면, 이것은 곧 신념의 도약이다.

아니, 어쩌면 질문일 수도 있다. 누구를 향한 질문인지는 말할 수 없다. 나 자신을 향해? 앞이 잘 보이지 않는 산길을 향해? 충실한 섭리를 향해? 순전히 우발성에 달린 문제다. 상황이 어떻게 돌아가는지를 보자. 앞으로 몇 초간 일이 잘 돌아가면(그러니까 작은 사고 없이, 어쩌면 심지어 새로운 재간을 번뜩이면서) 이 회복된 신념은 내가 아는 한 가장 달콤한 설욕이 될 것이다. 나는 잠시나마 존재론적으로 **정당화되었다**는 기분을 느낀다. 그 기분을 좇다가 12개월 동안 응급실에 네 차례나 실려 갔다. 갈비뼈가 두 개 부러졌고, 한쪽 발뒤꿈치를 다쳤고, 힘줄이 끊어졌을까 봐 겁먹었던 순간도 있었고(알고 보니 근육좌상이었다), 소모성 열사병에 시달리기도 했다.

오프로드에서 오토바이를 타는 일은 일반적인 운전과는 거리가 멀다. 그래서 어쩌면 운전 경험을 광범위하게 다루는 이 책의 시작을 여는 일화로는 이상한 선택인지 모른다. 하지만 비포장도로용 오토바이를 탈 때 느끼는 '매우 노출되었다'는 기분은 기본적인 진실을 떠올리게 한다. 우리는 약하고, 육신을 가진 존재라는 진실 말이다. 어떤 수단을 이용하든 **돌아다니는** 행위 안에는 일정한 위험이 내재한다. 책임감 있는 사람이라면 이 위험을 최소화하기 위해 할 수 있는 모든 일을 한다. 하지만 위험은 아무래도 우리를 인간으로 만드는 가능성과 관계가 있는 게 아닐까?

가넷 카도건Garnette Cadogan은 위험한 거리를 걸어 다니던 소년 시절의 자메이카 킹스턴과, 청년기의 뉴올리언스에 대한 유려한 에세 이에서 이렇게 말한다. "우리가 걷는 법을 처음으로 배울 때, 주위 세 상은 우리와 충돌할 것처럼 위협한다. 한 걸음 한 걸음이 위험하다. 우 리는 자신의 움직임에, 그리고 주위 세상에 대단히 주의를 기울임으 로써 충돌하지 않고 걷는 법을 연습한다." 성인들은 때로 거리가 뜻밖 의 발견을 통해 손짓한다는 이유만으로 걷는다. 당신은 도시의 거리에 발을 내디딜 때 누구를 또는 무엇을 발견하게 될지 전혀 알지 못한다. "한 멘토는 내게 뜻밖의 발견은 세속에서 은총을 일컫는 방식이라고 말했다. 그것은 공짜로 얻은 호의다. 그러므로 신학적으로 봤을 때 걷 기는 믿음의 행위다. 결국 걷기는 차단된 넘어짐이다."

오프로드 운전에서 고조된 우발성은 믿음을 품고 걷는 것과 비 슷하다. 희망을 안고 세상을 향해 자신을 던지는 것 말이다. 고대 그리 스인들은 앞길이 분명하지 않을 때, 그 '길이 없는' 상태를 한 단어로 표현했다. "아포리아aporia." 이는 예기치 않은 무언가의 도래를 앞둔 순 간을 나타낸다.

현대 문화에서는 이런 뜻밖의 발견과 믿음의 경험이 좀 희귀하 게 느껴지고, 이런 것들을 표현하기 위한 언어도 일상에서 희미해지 고 있는 듯하다. 우리의 미래상 속에는 이런 순간들을 위한 여지가 거 의 없다. 상업과 테크놀로지 내의 가장 권위 있는 목소리들이 일상에 서 최대한 우발성을 제거하고, 이를 기계화가 자아낸 확실성으로 대체하겠다는 결의를 드러낸다. 자동화는 여러 일을 하겠지만, 그중에서도 바로 이 일을 맡게 된다. 난데없이 이런 미래상이 이동성의 영역에서 표출되고 있다. 그리고 또 난데없이 운전이 비판적이고 인문학적인 탐색이 절실히 필요한 주제가 되었다.

휴머니즘으로서의 운전

2016년 9월 19일, 미국 국가경제위원회National Economic Council 와 미국 교통부가 공동 기자회견을 열었다. 국가경제위원회 책임자인 제프리 자이언츠Jeffrey Zients 는 "우리는 여러분이 운전대에서 손을 뗄 수 있고, 통근 시간이 불만스럽고 진 빠지는 대신 휴식 같거나 생산성이 높아지는 미래를 상상합니다"라고 말했다. 같은 날 버락 오바마 대통령은 직접 〈피츠버그 포스트 가제트〉에 무인 자동차에 대한 칼럼을 실었다. 도널드 트럼프 대통령은 자신의 행정부가 들어서자 일찌감치 이런 우선순위를 긍정했다.[1]

무인 자동차는 인간의 통제력을 비인간 알고리즘에 이양함으로써, 사람들이 최대한 효율적으로 움직일 수 있게 하는 문제를 결국 해결할 것이다. 무인 자동차는 골치 아프고 위험한 삶의 영역을 종국에는 통제하겠다고 약속한다. 교통체증은 과거지사가 되고, 사고는 크게 감소할 것이다. 어쨌든 그렇게 될 것이라고들 한다.

여기서 익숙한 패턴이 느껴진다. 무인 자동차는 능숙함에 대한 요청이 안전과 편리함에 대한 약속으로 대체되는, 더 폭넓은 인간과 물질계 사이 관계 변화의 한 사례다. 숙련된 수행자가 더 시스템적인 무언가의 수동적인 수혜자가 되고, 그의 기술은 진부해진다. **인간의 운전 실력은 끔찍하다.** 그나마 이 표현도 좋게 말한 것이다.

이 말에 반박하기는 힘들다. 우리는 운전대 앞에서 워낙 주의가 산만해서, 이미 자기 차가 **자율주행차인 듯** 운전하고 있다. 하지만 실제로는 자율주행차가 아니기 때문에, 점점 커지는 요즘 차의 덩치와 에어백의 팽창 속에 둘러싸이지 않은 사람이라면 누구에게든 그 결과가 치명적일 수 있다. 새로운 안전 상품들이 확산하는데도 2013년부터 2015년 사이에 고속도로 사망 사고가 지난 50년 중 가장 빠른 속도로 증가했고, 오토바이 사망사고는 치솟았다.[2] 우리를 이 지경에 이르게 한 인과의 연쇄는 규명하기 어렵지 않다. 일차적이고 치명적인 사건은 1990년대부터 자동차가 몰고 다니기 재미 없는 물건이 되었다는 점을 들 수 있다. 그러니까 말 그대로 지루하다는 뜻이다.[3] 문제는 자동차가 정말로 무거워졌고, 모든 기계적인 '과도현상transients'을 진압함으로써 도로로부터 최대한 단절된다는 목표를 추구했다는 데 있다.[4] 전에는 고급 자동차에만 해당했지만 이제는 자동차 제조사의 전 모델로 흘러 내려온 이상적인 디자인이다.

변속 레버도, 클러치도 없는 상태에서는 진짜로 **무언가를 하고 있다**고 느끼지 못한다. 크루즈 컨트롤처럼 운전을 부분적으로 자동화하는 장치들은 이런 개입의 부재를 악화시킨다.[5] GPS 내비게이션이 있으니 주위에 신경 쓸 필요도, 눈에 들어오는 풍경을 서서히 펼쳐지는 경로의 그림으로 마음속에서 적극 변환할 필요도 별로 없다. 고요한 부드러움, 수동성, 운전자 자신과는 동일시할 수 없는 주위의 무언가에 에워싸여 돌봄을 받는다는 기분 사이에서 현대적인 자동차를 운전하는 행위는 마치 자궁으로 돌아가는 것과 조금 비슷해진다.

2007년에는 스마트폰이 출시되었다. 이제 새로운 방식으로 돌아다니는 동안 지루함을 막아주는 무언가가 우리에게 생겼고, 그것에 저항하기란 불가능하다는 사실이 입증되었다. 이 저항 불가능성이 실리콘밸리에서 새로운 비즈니스 모델의 기초가 되었다. 우리의 주의를 모으고 판매하기. 도로가 피부에 와닿지 않는 동떨어진 대상일 때는 이런 일이 어렵지 않다. 1,800킬로그램이라는 무게의 사치 속에 평화롭게 파묻혀 있을 때 그렇듯이 말이다. 앞 유리가 또 하나의 스크린처럼 보이기 시작하고, 다른 스크린에 제공된 도파민 캔디와 비할 수 없다. 그래서 이제 실리콘밸리는 우리를 운전자석에서 밀어냄으로써 산만한 운전이라는 문제를 해결하려고 한다. 현재의 조건에서 모든 것을 감안할 때 좋은 일인지도 모른다.

하지만 이는 동시에 조용한 쿠데타를 상징하기도 한다. 꽤 중요한 문제이므로 잠시 멈춰 우리가 향하게 된 방향을 살펴볼 필요가 있다. 우리는 애니메이션 영화 〈월-E〉에서 미래의 모습을 살짝 엿본다. 영화에는 기괴할 정도로 살찐 사람들이 자동차 비슷한 유선형 공간에 앉아 허공의 격자망을 따라 실려 다닌다. 마침내 주위에 신경 써야 하는 부담에서 벗어나 거대한 컵에 담긴 것을 후루룩 쩝쩝 들이마시고 넋을 놓고 스크린을 응시한다. 더 이상 세상의 과잉결정에 시달리지 않는다. 그들의 얼굴은 먼 곳에서 조종석으로 보내주는 진기한 구경거리들의 아편 같은 즐거움에 나른해진 듯 밝게 빛난다. 이 존재들은 완벽하게 안전하고 만족한 상태이고, 어째선지 인간에 못 미친다.

이 장면이 강렬한 이유는 이미 우리 자신과 별반 다르지 않은 어떤 이미지를, 미학적 반감을 담아 충격적으로 제시하고 있기 때문이다. 이 반감이 **단순히** 미학적이기만 할까? 아니면 무언가 중요한 게 걸려 있을지 모른다는, 우리가 명확하게 규명해야 하는 인간 퇴락의 위협 같은 게 있을 수 있다는 정동적인 단서를 제공하는 걸까? 그리고 그게 사실이라면 이 디스토피아적인 자동차의 그림에 누락 또는 축소된 긍정적인 가능성은 무엇일까? **운전**이 뭐가 그렇게 대단할까?

이 질문에 접근하는 한 가지 방법은 운전과 비행기 여행을 비교하는 것이다. 최근 텔레비전에 방영된 한 자동차 광고에는 한 남자가 집에 가는 길에 장시간 비행기를 타면서 이리저리 치이고 무심하게 혹사당하는 모습이 나온다. 이 광고가 단 몇 컷만으로도 의도한 분위기를 잘 전달할 수 있었던 이유는 우리 모두가 안전과 편의를 최우선으로 여긴다고 앵무새처럼 되뇌는, 불투명한 민관 합작의 잡종산물인 미국 비행기 여행의 처분 앞에서 속수무책이 되는 기분을 잘 알기 때문이다. 멍하게 거의 짐승과 다를 바 없는 상태가 된 이 남자는 결국 터미널의 퀴퀴한 공기에서 벗어나 주차장의 햇살 속으로 걸어간다. 자기 차에 눈길이 닿는 순간 그의 얼굴에 인간성이 보일 듯 말 듯 되살아난다. 그는 변속 레버에 손을 올리고 운전한다. 이제 그가 자기 앞으로 펼쳐진 협곡을 따라 굽이치는 도로를 시원하게 달리는 모습이 눈에 들어온다.

자동차 광고는 당연히 번잡한 교통 상황과 자동차 주행의 환경 비용, 비행기 여행에 비해서 더 큰 사고 위험(이동 거리당)을 축소하고, 운전의 긍정적인 요소를 부각하려 한다. 하지만 항공사에 한 방 먹인다는 점에서 이 광고는 영리하다. 그리고 현실적인 그림을 제시한다 (아무리 부분적인 그림이라 해도).

그렇다면 운전이 뭐가 그렇게 특별할까? 이 질문은 이 책의 생명이나 다름없다. 이에 대한 답을 찾기 위해 나는 '철학적 인류학'이라고 부를 만한 시도를 할 생각이다. 왜냐하면 운전은 풍성하고 다채로운 실천이기 때문이다. 이런 실천들이 그렇듯 운전이라는 행위를 충실하게 고찰하면 인간다움의 의미에 특수한 색조의 빛을 집중시킬 수 있다. 또한 무기력을 확산시키고 그 과정에서 문화적 권위를 주장하는 테크놀로지에 맞서 '인간으로 **남기**'라는 과제를 밝게 조명할 수 있다. 무인 자동차의 지지자들은 즐거움이라는 이상에 별 감흥이 없으며 개인의 판단력을 의심한다.

이 책에는 가장 폭넓은 의미에서 정치적인 정서가 깔려 있다. 매일같이 일상의 숱한 영역들이 타의에 의해 관리되고 맥없이 진압당하는 상황에서, 나는 너무 늦기 전에 기술과 자유와 개인의 책임성이 주를 이루는 하나의 영역을 탐구하고 이를 옹호하는 주장을 펼치고 싶다. **바로 운전이다.** 자율주행차가 교통량과 사고를 감소시킬 잠재력을 완전히 실현하려면, 자율주행차에 의해 작동되는 협력 시스템을 우회하는 고집쟁이 반대자가 있어서는 안 된다.[6] 자율주행차에 내재한 논리는 자율주행차의 의무화를 지향한다. 국가의 명령에 의해서가 아니라면, 얼마 안 되는 인간 운전자 사이에서 위험을 배분해야 할 보험회사들이 인간 운전자들에게 터무니없이 높은 보험료를 책정하는 계산 방식을 고수함으로써 자율주행차를 택하지 않을 수 없게 할 것이다. 아니면 희소한 도로 지면을 자율주행차에 먼저 할당하는 분배 방식을 통할 수도 있다. 근본적으로 모든 것을 식민화하는 자율주행차의 특징은 로봇이 인간 운전자와는 영 궁합이 안 맞고 앞으로도 계속 그럴 공산이 크다는 사실에 있다. 자동 조작에서의 '인적 요인'에 대한 문헌에서 확인하겠지만, 이 두 종류의 지능이 도로를 우아하게 공유할 가능성은 상당히 낮다.

우리가 승객이 될 수밖에 없는 운명이라면, 일단 우리에게 무엇을 포기하라고 하는 건지부터 알아보자. 당신은 기름을 채웠고 타이어를 확인했다. 상사에게 일찍 퇴근할 거라고 알렸나? 어쨌든 그는 알아낼 것이다. 당신은 다른 난민들과 함께 도시에서 찔끔찔끔 느리게 벗어나 몇 개의 도로요금소를 통과한다. 운이 좋으면 교외를 통과할 때쯤 전조등을 켤 것이다. 점점 도로가의 상점들이 농지로 바뀌고, 이제 어둑한 시골길이 율동적인 곡선을 그리며 눈앞에 펼쳐진다. 당신은 열린 차창 밖으로 손을 내밀고 압력의 완충작용 속에 손이 흔들리게 놔둔다. 이제 한숨 돌릴 수 있다.

누구도 당신을 추적하거나, 방향을 지시하거나, 관리하지 않는다. 당신은 **방랑한다.** 일과 가족에 얽매인 일상에 훌륭한 강장제다. 가속페달과 운전대는 좌석을 통해 직접적으로 당신의 의지에 연결되어 있고, 그 어떤 위원회도 여기에 개입하지 않는다.

아이의 생활이 빡빡한 일정 속에 감시당하고, 소비자의 선호가 알고리즘에 포착되고, 노동자의 업무 수행이 평균 수준에 의거해 정해진다. 삶은 너무 시시콜콜 파헤쳐지고, 완전히 모형을 따르고, 확정적이라는 느낌을 안긴다. 하지만 도로는 삶을 불확실하게 만드는 속성이 있다. 보통은 목적지를 염두에 두지만 막상 운전대 앞에 앉으면 생각지 못한 순간들과 예기치 못한 위험요소에 노출된다. 도로 여행 중에는 판에 박힌 일상의 범위를 넘어서는 경관과 인간 유형을 마주하게 되고, 여기에는 활기를 되찾게 하는 무언가가 있다. 이는 당신이 생각해보지 않았던 가능성들이, 살 수도 있었던 또는 지금이라도 살아볼 수 있는 인생이 있음을 상기시킨다.

물론 우리가 하는 대부분의 운전은 전혀 이렇지 않다. 판에 박힌 일상이고 어쩌면 그 자체가 얽매임의 원인으로 느껴질 수 있다. 하지만 운전대 앞에서는 **리모컨이 없다**는 점이 의미심장하다. 매일 퇴근할 때면 술집 밖에 익숙한 차 한두 대가 눈에 띄어서 집이라고 부르는 곳으로 다시 출근하기 전에 한 잔(딱 한 잔만!) 하려고 차를 세울 수도 있다. 나의 바텐더 트로이는 어떤 단골이 이제 막 나온 맥주잔을 바에 남겨놓고 갑자기 나가더니 그 블록에서 차를 몰고 여러 바퀴 천천히 도는 모습을 본 적이 있었다고 말한다. 다시 돌아온 단골은 느긋한 대화를 다시 이어갔다. 그의 아내가 페이스타임으로 단골에게 전화를 걸었는데 운전대 앞에서 통화를 하는 게 가장 좋겠다고 생각한 것이었다. 이런 일상적인 집 탈출의 순간에 그는 자기 차가 오류 메시지로(스탠리 큐브릭Stanley Kubrick 영화에 나오는 인공지능 HAL9000의 차분한 목소리로 "안녕하세요, 데이브. 식료품점을 찾고 있나요? 집에 우유가 다 떨어져 가던데") 참견하지 않는다고 신뢰할 수 있다.

우리는 계획이 느슨할 때 열리는 해방의 순간을 그다지 의식하지 않지만, 나는 움직임이 지금보다 더 철저하게 제어될 경우 그런 순간을 그리워하게 되리라고 생각한다. 자동차를 운전할 때 우리가 하는 일은 최대한 효율적으로 단순히 두 지점 사이를 이동한다는 의미의 '교통'이라는 용어로는 잘 포착되지 않는 경우가 있다. 이런 단순화는 항상 새로운 영역을 기술 관료의 통제 아래로 끌고 들어가는 데 따르는 대가였다.

비디오게임 디자이너인 이언 보고스트Ian Bogost는 공공 인프라의 재정과 계획을 지자체와 테크놀로지 기업 간의 합작을 통해 해결할 경우 공중이 어떤 조건하에 도로에 접근하게 될지에 관한 설득력 있는 사고실험을 제안한다. "곧 마을을 가로지르는 이동을 하려면 당신의 로보카 제공 업체가 당신이 언제, 누구와 함께, 무슨 목적으로 어디에 가는지를 수집하고 판매하도록 허용하는 필수 서비스 조건을 받아들여야 할 거라고 쉽게 상상할 수 있다." 자율주행 차량에게는 불필요할 뿐만 아니라 흉물스러운 도로 표지판이 사라지고, 그러면 우리는 이 카르텔에 더 의지할 수밖에 없으리라. 보고스트는 이렇게 적는다. "이보다 더 이상한 다른 현실도 가능하다. 도로를 건널 때 안전한 통행을 보장받으려면 소액거래를 해야 하는 상황을 상상해보라. 위반 행위를 하면 딱지를 끊거나 벌금을 내야 할 것이다. 이미 지역 교통 회사가 스마트폰 덕분에 당신 위치를 알고 있고, 거기에 맞춰 당신이 가입한 서비스에서 비용을 차감할 가능성이 더 크긴 하지만 말이다."**7**

이 그림은 어째서인지 우리의 자유주의 정치 전통과 맞지 않지만, 사실 상황은 더 안 좋게 틀어진다. 자율적으로 움직이는 생명체에게 이동의 자유란 존재의 가장 근본적인 자유, 생을 달콤하게 만드는 기본적인 동물적 쾌락의 최소 조건인 듯하기 때문이다.

좋은 소식은 우리가 이런 경로를 비판하는 데 필요한 개념적인 틀을 자유주의 전통 안에서 구할 수 있다는 점이다. 더 이상 사용하지 않는 자유주의 사상의 사고 안에 있긴 하지만 말이다. 바로 다원주의, 그러니까 사람들이 공통된 어떤 특정한 이익을 중심으로 모일 때, 이런 결사가 중앙권력의 대항마가 된다는 알렉시스 드 토크빌**Alexis de**

Tocquevill의 인식 말이다. 이들은 중앙권력이 훨씬 더 많은 권력을 끌어모으는 경향에 제동을 건다. 이 중앙권력이 꼭 국가일 필요는 없다. 우리의 안락함과 편리에, 그리고 우리에게 꾸준히 오락거리를 제공하는 것에 전념하는 테크노자본주의 기구일 수도 있다. 내가 이런 토크빌식 관점에서 살펴보고자 하는 대항마의 집결 현장은 이 책에서 만나게 될 자동차광들의 작은 차고 같은 곳들이다.

이 책에서는 다양한 자동차 관련 하위문화도 살펴본다. 미국 남부의 데몰리션 더비demolition derby, 네바다 남부의 사막 레이스, 전문적인 드리프팅 서킷, 버지니아의 헤어 스크램블Hare scramble, 포틀랜드 오리건의 성인 소프박스 더비adult soap box derby 등. 다소 이색적으로 보일 수도 있지만 이런 집단의 고조된 열정이 마냥 생경하지만은 않으며, 운전이 우리 모두에게 호소할 수 있는 다양한 측면의 매력을 부각시킬 것이다. 그리고 이런 것들은 **하위**문화이므로 어떤 진보의 비전이 배경으로 깔렸을 때 운전의 자유에서 무엇이 위태한지를 명료하게 밝히는 데 도움이 된다. 관건은 단순한 법적 권리가 아니라 스스로의 권력을 행사함으로써 세상을 헤쳐나가는 자기만의 방법을 발견하는 **기질**이다.

이는 단순히 보행자의 권리가 아니라 특수한 종류의 권력이다. 우리가 기계와 긴밀하게 얽히게 만든다는 점에서 그렇다. 그러므로 이 책은 **인간 대 테크놀로지**를 부르짖지 않는다. 가장 헐벗고 순진무구한 사람을 염두에 두고 인간이라는 표현을 쓰는 거라면 말이다. 나는 그런 동떨어지고 가설적인 이상 때문이 아니라 대단히 친숙한 무언가, 그러니까 우리의 역량을 증폭시키는 일종의 의족처럼 자동차나 오토바이를 사용하는 경험에 대한 일생의 애정 때문에 이 책을 썼다.

호모 모토

우리는 걸음마를 배우면서 인공물의 세계에서 완전한 이동성을 향한 여정을 막 시작한다. 자전거에서부터 스케이트보드에 이르기까지 우리의 타고난 권력을 확장하고 변형하는 온갖 이동양태들을 습득할 일이 남아 있으니 말이다. 이 각각의 이동양태에는 새로운 기능이 그리고 잡종 생명체인 호모 모토의 고유한 즐거움이 딸려온다.

사람은 침울해지면 무심하게 인생이 이끄는 대로 자신을 내맡긴다. 마치 열차에 탄 승객처럼. 그리고 역으로, 이동과 즐거움 사이에는 내재적인 관계가 있는 듯하다. 우리 집에서 키우는 어린 강아지는 마당에서 딱히 이유도 없이 갑자기 방향을 바꾸며 뛰거나 커다랗게 뱅글뱅글 원을 그리면서 쓸데없이 법석을 떤다. 강아지는 쏜살같이 빠르고 자신도 그걸 알고 있으며, 이런 분출은 즐거움을 표현하는 동시에 즐거움의 근원이기도 한 듯하다. 루시는 확실히 속도를 갈구한다.

앞마당 다른 곳에서는 딸 J가 9미터짜리 밧줄 매달리기를 몇 시간 동안 연습하면서 어떤 어른도 시키지 않은 기술을 생각해내곤 한다. J는 밧줄에 매달린 채 거대한 떡갈나무를 발로 차고서 둥근 호를 그리고 다시 나무의 접면으로 돌아온다. 호를 그리는 동안 J는 다리를 벌리는 정도에 따라 힘없이 또는 맹렬하게 회전한다. J는 각운동량 보존을 배웠고 항상 다시 밀어낼 준비로 나무에 발 먼저 갖다 댄다. 아이들은 환경 안에서 자신에게 움직임과 즐거움의 새로운 방안을 제시하는 행동유동성**affordances**을 발견하는 재주가 있다. 나이가 더 들면 우리는 환경을 바꿀 경우(가령 밧줄을 나무 높은 곳에 매단다거나) 새로운 방안이 열릴 수 있음을 알아차리기 시작한다(아빠는 그러라고 있는 존재다).

아니면 **바퀴를 덧붙일** 수도 있다. 이제 이야기가 시작된다. J가 처음으로 탄 바퀴 달린 것은 킥보드였다. 나는 J가 처음으로 우리 집 진입로 밖으로 여행을 떠날 때 자전거를 타고 같이 가곤 했다. 내 스케이트보드가 너무 빨랐기 때문이다(언덕에서 긴 호를 그리며 내려가도록 설계된 것이다). 자전거에서 브레이크를 쓰면 아이와 가까운 거리를 유지할 수 있으니까. J는 아이들만이 가능한 진중함을 한껏 뿜어내며 우리 집 밖으로 뻗어 있는 길의 완만한 경사를 따라갔다. 부서진 포장도로 안에 도사린 다양한 위험에 대해 스스로에게 경고의 말을 중얼거리기도 하고 가끔은 공포의 비명을 내지르기도 했다. 모험을 서너 번 하고 나자 J는 완전히 익숙해졌다. 자기 옆에서 나도 즐겁다는 걸 느꼈는지, 포장도로에 집중하는 것을 잠시 멈추고 바람에 머리칼을 흩날리면서 나에게 의기양양한 미소를 지어 보이곤 했다. 스카이콩콩이 그 뒤를 이었고, 오래지 않아 궁극의 어린이 이동수단인 자전거를 떼게 되었다. 속도에 대한 딸아이의 갈망은 확장하는 이동성의 돌파구가 바뀔 때마다 거기에 발맞춰 발전했다. 니체의 말처럼 즐거움은 권력이 증대된다는 기분이다.

이를 또 다른 생각에 연결해보자. 아리스토텔레스는 동물을 나머지 자연과 구분하는 것은 우리가 (돌덩어리와는 달리) "스스로 움직인다는 점"이라고 말했다. 우리는 일어나서 떠난다. 종종 아무런 이유도 없이. 아리스토텔레스가 중요한 이야기를 하긴 했다. 수동적으로 실려 다니는 것과는 달리 자율이동 능력은 더 고차원적인 능력의 발달과 연결되었음이 밝혀지고 있는 것을 보면 말이다. 공간에서 방향을 읽고 환경을 탐험하는 것은 해마의 발달에 영향을 미치고, 뇌의 중심에 있는 이 구조물 안에서 우리는 세상에 대한 인지 지도를 발달시킨다. 우리에게는 장소에 특화된 세포와 머리 방향에 특화된 세포, 그리고 우리가 환경 속에서 배회할 때 그 움직임에 의해 활성화되어 길 찾기에 필요한 좌표 체계를 구축할 수 있게 해주는 '격자세포grid cell'가 있다.

하지만 흥미로운 이야기는 여기서 끝이 아니다. 자기이동성은 '삽화기억'의 발달에 깊이 연루된 듯하다. M. R. 오코너M. R. O'Connor에 따르면 **"공간의 인지 지도는 (…) 과거의 기억이 (…) 발생하는 장소다."** 일리가 있다. 사건은 항상 어떤 장소에서 일어나니까. 시간과 장소는 경험 속에서 연결되고, 따라서 기억 속에서도 그렇다. 그리고 (어슬렁거리는 자율이동 능력을 통해) 해마가 천천히 발달해서 뇌가 장소를 학습할 수 있게 된 뒤에야 우리는 삽화기억을 갖기 시작한다. 심리학자 A. M. 글렌버그Arthur M. Glenberg와 J. 헤이스Justin Hayes의 가설에 따르면,

우리가 가장 어린 시절을 기억하지 못하는 이유는 자율이동과 기억의 상호의존성인지도 모른다. 그들은 "영아기의 기억상실은 아이들이 기고 걸으면서 소멸하기 시작한다. 아기들이 수동적으로 실려 다니지 않고 스스로 공간을 돌아다니기 시작하면 (…) 뇌의 장소세포들과 격자세포들이 점화되어 스스로를 환경에 맞춰 조율하면서 탐험한 장소를 해독하고, 궁극적으로는 삽화기억의 뼈대를 구축하기 시작한다"고 말한다.[8]

이 연구결과의 의미를 조금만 더 깊이 파고들어 가보자. 우리는 특정 사건에 대한 기억이 제공하는 점들을 연결해서 자신에 대한 이야기를 자아낸다. 이런 스토리텔링을 통해 고유하게 인간적인 것의 영역에 발을 들이게 된다. 우리는 현재만을 살아가는 동물들처럼 그저 존재하기만 하는 게 아니다. 우리의 존재를 **해석**한다. 이를 위해 과거의 에피소드를 타당하게 만드는 서사를 지어내고, 이 서사의 틀은 미래 속의 우리 자신을 상상하기 위한 기초를 제공한다. 여기에는 중요한 함의가 있다. 삶에 대한 주관적인 일관성(시간이 경과해도 변치 않는 우리의 정체성)은 어떤 기초적인 **운동** 역량에서 구축되는 것으로 보인다.

그러므로 우리가 가진 최고의 이야기들이 도로에서 있었던 일화를 다시 들려주고, 종종 탐험의 우발성과 모험을 전달한다는 사실은 별로 놀랍지 않다. 나 역시 곧 내 이야기를 들려줄 것이다. 1972년형 지프스터 코만도가 고속도로에서 퍼져버린 이야기를.

테크놀로지를 통해 길 찾기와 이동 능력에 정신적으로 간여해야 하는 부담이 줄어들면서 상당히 의미심장한 사회적 실험이 시작된 듯하다. 이 실험의 가치에 대해서는 논쟁이 있을 수 있지만, 어떤 경우든 스스로 방향을 정하는 육신을 가진 존재로서 우리의 이동성은 수백만 년에 걸쳐 진화한 만큼 우리의 본성에 그리고 인간에게 고유한 정체성 경험에 필수적이라는 사실을 충분히 인식한 상태에서 논쟁이 이루어져야 한다.

모터스포츠

운전은 입이 떡 벌어질 수준의 기술로 향상될 수 있는 행위로, 연습 과정에서 가장 인상적인(동시에 골치 아픈) 인간의 자질 몇 가지가 빛을 발한다. 대담함, 능란함, 공격성이다. 따라서 모터스포츠는 내가 이 책에서 진전시키고자 하는 인류학에서 중요한 위치를 점한다. 스포츠는 모든 효용에서 자유로운 놀이의 영역이다. 스포츠는 우리에게 인간이 가진 수행 능력의 절정을 보여주고, 이런 절정은 더 넓은 수준의 경험을 계획할 때 염두에 두기 좋다. 게다가 모터스포츠는 평화와 번영에 슬금슬금 따라오는 무기력을 치유할 강장제 역할을 할 수 있다. 모터스포츠는 그 호전적인 에너지 안에서, 좋든 싫든 쇠락을 피할 수 없는 인간 본성의 일부를 들여다볼 수 있는 창을 제공한다. 나는 여기에 필적할 만한 것을 찾아 역사 속으로 우회해, 죽음을 불사하는 모터스포츠의 실제 사례로 제1차 세계대전에서 전투기 조종사들이 벌인 공중전투를 살펴볼 것이다.

"모든 인간은 죽는다. 하지만 모든 인간이 사는 것은 아니다"라는 말이 있다. 나는 이 말이 단순히 숨만 쉬는 건 산다고 볼 수 없다는 의미라고 생각한다. 이런 지향은 건강과 안전에 대한 지향과 대립한다. 하지만 '건강'을 더 넓은 관점으로 바라볼 경우 육체적인 상해의 위협이 거의 전무한 부르주아 사회에서 인간들(특히 남자들)이 종종 느끼는 들끓는 불만, 심지어는 자기혐오를 간과하기 힘들다. 이 **질문**은 던지는 사람도 답하는 사람도 없다.

간단히 말해서 머리털이 곤두설 정도로 기겁했다가 상황을 돌파할 수 있는 자신의 기술을 신뢰하는 것에는 어떤 강장제 같은 효과가 있다. 그것은 마음을 집중시킨다. 본질적이지 않은 것들을 깨끗이 치워버린다. 그리고 상황이 끝날 때면 살아 있음에 의기양양해진다. 자신이 지구상에서 자리를 차지하고 있는 것이 정당하다는 기분에 잠시나마 휩싸인다.

몇 년 전 〈파퓰러 메카닉스Popular Mechanics〉의 좋은 사람들이 신형 두카티(이탈리아의 고성능 오토바이-옮긴이)를 내게 대여해주었다. 그들에게 기사를 써달라는 의뢰를 받은 참이었다. 나는 이 오토바이를 타고 로스앤젤레스 외곽의 윌슨산 천문대로 이어지는 협곡 도로에 갔다. 어떤 지점에서 블라인드 커브(앞길이 전혀 보이지 않을 정도로 급하게 꺾이는 커브-옮긴이)에 접어든 순간 커브길 쪽 바위 표면이 내 머리에서 90센티미터 거리까지 다가온 상태로 앞바퀴가 모래밭을 밟았다. 그러자 오토바이가 접지력 때문에 꼼짝 못한 채 헛돌았고, 결국 수직으로 선 채 회전을 멈췄다. 저승길이 잠시 눈앞을 스치고 지나가지만 일단 헤쳐나가기만 하면 이후 좀 더 자신만만해지는 종류의 에피소드였다. 요한 하위징아Johan Huizinga는 "감히 도전하고 위험을 감수하고 불확실성을 참고 긴장을 견디는 것, 이것이 놀이 정신의 정수"라고 말한다. 하위징아에 대해서는 2장 중 "전쟁과 모터"에서 더 자세히 다룰 것이다.

민간공학: 손수 바퀴 굴리기

인간에 대한 기본적인 사실 중 하나는 한나 아렌트Hannah Arendt의 말마따나 우리가 호모 파베르라는 점이다. 우리는 물건을 만든다. 그렇게 말하면 왠지 이 세상에서 눈에 보이는 무언가를 가리키면서 "그거 내가 만들었어"라고 말해야 할 것 같은 기분이 든다. 인간의 이런 측면과 호모 모토의 측면을 결합하면 자동차광의 열성이 탄생한다.

내 예상에 따르면 우리는 자동차 개조의 두 번째 황금기로 평가될 만한 시기를 지나고 있다. 첫 번째 황금기는 제2차 세계대전 이후에 시작되어 1980년대에 전자식 엔진 운영체제가 등장할 때까지 지속되었다. 그 시점에는 후드(보닛) 속 상황이 조금 불투명해졌고, 가장 대담한 부류가 아니고서는 누구도 최신 모델의 차를 만지작거릴 생각을 하지 않았다. 이들은 오래된 모델을 찾아나섰고 그게 한동안 유행이었지만, 결국 투자자들이 '올드 카'는 예술작품이라고 결론을 내리자 가격이 천정부지로 치솟아 전형적인 취미형 정비공들은 엄두를 낼 수 없게 되었다.

　하지만 그 뒤 몇 가지 일이 일어났다. 컴퓨터광들이 자동차를 발견했거나, 아니면 자동차광들이 코딩하는 법을 배운 것이다. 어느 쪽이든 사람들이 현대의 차를 달리게 만드는 소프트웨어를 해킹해, 이를 통념에서 벗어나는 목적으로 전환하는 법을 알아냈다. 하지만 이보다 훨씬 중요한 것은 인터넷의 등장이다. 숱한 자동차 제품의 시시콜콜한 내용에 목매다는 전문적인 토론장이 우후죽순처럼 생겨났다. 다양한 광팬 조직들이 선호하는 제품들은 특히 설명이 잘 되어 있는데, 이는 무엇보다 가격 부담이 적어서 실험을 위한 적당한 플랫폼을 제공하기 때문이다. 내가 이런 커뮤니티에서 가장 매력적이라고 느끼는 부분은 소비자 문화의 수동적이고 의존적인 성향과 날카롭게 대비되는, 자기 차에 대한 심오한 인지적 소유의식을 구축한다는 점이다. 게다가 동일한 기술직 도진과 씨름하는 사람들의 지속적이고 검색 가능한 대화는 지식의 진보 속도를 크게 향상시켰다.

　2000년에는 그 누구도 "지금부터 한 세기에 걸친 발전 이후에도 여전히 실린더당 밸브가 두 개인 푸시로드 내연엔진에 아직 건드려지지 않은 잠재력이 많을 것"이라는 말을 믿지 않았을 것이다. "곧 있으면 취미생활자들이 1930년대에 페르디난드 포르쉐Ferdinand Porsche가 엔진을 설계할 때 염두에 두었던 마력의 열 배에 달하는 일상용 공냉식 폭스바겐을 만들게 될 것"이라는 말도 마찬가지다.

나는 그런 취미생활자다. 지금은 1975년형 폭스바겐 비틀을 복구하면서 송두리째 개조하고 있다. 자동차를 만드는 일은 그 자체로 운전이 무엇일 수 있는지를 탐구하는 논증이다. 나는 자동차를 만질 때 운전을 **재미있게** 만드는 특성을 가능한 한 최고 수준으로 구현하고자 한다. '시대에 올바른' 복원이라는 순수주의 정신은 따르지 않는다. 현대 기술이 운전 경험에 뚜렷한 기여를 할 수 있는 곳이면 어디든 나는 그 기술을 사용한다. 2장 "민간공학"에서 자동차 만들기를 자세히 설명할 것이다.

자동차를 직접 만들어 탄다는 이상은 조금 극단적이다. 자동차 속으로 그렇게까지 깊이 파고드는 사람은 얼마 되지 않을 것이다. 하지만 볼트와 너트의 세계 속으로 모험을 감행하는 사람들은 그 경험에서 유용한 관점을 얻는다. 자동차를 직접 만들어 탄다는 것은 자신의 생각과 노동을 자동차에 뒤섞음으로써 자동차를 **온전히 자신의 것으로 만드는** 즐거움에 대한 것이다. 이는 만족감뿐만 아니라 고조된 불안을 가져온다. 일반적인 주행 과정에서 자동차가 참아내는 모든 소소한 금속의 트라우마들을 간접적으로 느끼면서도 고통 받지 않고 운전하기란 불가능해진다. 저온 시동은 물리적으로 불편한 진동을 유발하고 이는 크랭크축 베어링에 유압이 없는 모습으로 아주 세밀하게 시각화되어 나타난다. 더운 날에는 엔진이 열기에 젖어들었을 때 흡입하는 공기 온도가 얼마나 끔찍할지 가늠하면서 살짝 진저리를 친다. 알아듣기 힘들 정도로 쏜살같이 지나가는 덜컹이는 폭발음(잘 들리지는 않지만 재난의 가능성을 알려주는)에 귀를 기울여야 하나, 아니면 라디오를 켜고 가능할 때 인생을 즐기려고 노력해야 하나? 집에 가서 데이터 로그를 확인해보는 게 더 낫다. 그 밖에도 많다. 무지가 축복이라면 이런 정도의 간여는 축복의 정반대에 가까울 것이다. 특히 넉 달 치 월급과 100시간 이상을 모터 조립에 투자한 상황이라면 말이다(그러는 동안 차체는 회색 프라이머와 자동차용 보디 필러, 녹으로 얼룩덜룩해져 있을 것이다).

행복은 바람처럼 왔다가 사라진다. 그것은 당신 자동차의 모터가 좋아하는 속도와 분당회전수로 크게 좌회전을 하는 순간에 찾아온다. 당신이 모터가 그 속도와 회전수를 좋아한다고 알고 있는 이유는 동력계 차트와 압축기 지도와 캠축 개요서를 몇 주 동안 들여다보며 직접 그렇게 되도록 만들었기 때문이다. 손수 단단하게 만들고 이런 기술을 염두에 두고 조율한 차대의 팽팽한 반응이 느껴지는 순간이면, 당신은 스로틀이 유발한 작은 오버스티어에 흠뻑 빠져든다. 후미가 해방되면서 코너를 도는 내내 길이 팽팽하게 느껴지고 몇 밀리리터의 고무가 한 줄기 흰 연기가 되어 대기 속으로 사라진다. 제군들, 이것은 아비규환이 아니다. 이것은 통제다.

갓길에서 파란 등을 번쩍이며 앉아 있으니, 신형 BMW를 탄 어떤 사람이 충격 받은 듯한 표정으로 당신을 바라보고 있음을 알아차린다(아니면 충격을 받았다고 상상하는 걸 즐긴다. 하지만 그 사람은 그저 재미있어 하거나 아예 당신이 아닌 다른 걸 보고 있을 가능성이 더 높다). 계급 전쟁은 직접 차를 만들어 타는 행동의 소소한 즐거움 중 하나이며, 처음 시작한 사람의 기쁨을 북돋는 뒤집힌 속물근성이다. 자동차광의 삐딱한 논리에서는 이해력이 떨어지는 부르주아지를 위해 움직이는 국가의 박해를 받는 것이 곧… **이기는** 것이다. 그것이 바로 반체제 인사의 즐거움이다.

자동차광들은 일반적으로 자기 소유지 안이나 그 근처에 숨겨 둔 부품용 자동차에 의지한다. 이 산화되어 가는 보물은 천천히 해부해서 쓰는 용도이지만 그 존재감 자체가 지역 감성을 저해할 수 있다. 이와 관련된 정치에 대해서는 1장 "올드 카-미래의 골칫거리"에서 다룰 것이다. 〈고물차를 현금으로Cash for clunkers〉 같은 정부 프로그램은 환경에 대한 책임이라는 외피를 쓰고 있지만 충분히 아직 이용 가능한 자동차의 노후화를 강요하고, 거기에 따르는 환경 비용을 나 몰라라 한다. 비슷한 맥락에서 고물에 적대적인(올드 카를 겨냥한) 법령들은 때로 부동산 업계의 이익을 위해 이루어지는 지자체의 해적질에 불과하다. 깔끔함이라는 교외의 미학이 '녹색' 도덕주의의 옷을 차려입고, 자동차광들뿐만 아니라 뒤편에 세워둔 부품용 차 한두 대에 의지하는 검소하고 기지 있는 사람들에게도 적대적으로 사용된다.

도로 위의 신뢰와 연대

연구자들은 많은 교통체증이 **매끄럽게** 운전하지 못하는 어떤 사람 때문에 조금씩 브레이크를 밟는 일이 점점 뒤로 번지다가 결국 완전히 멈춰버리는 일에서 생겨난다는 사실을 확인했다.[9] '매끄러움'은 앞차와의 시간 간격을 일정하게 유지하는 것이라고 정의할 수 있는데, 이는 훨씬 더 앞에 있는 차들에 주의를 기울임으로써 이루어진다. 교통체증을 유발하는 것은 대부분 충돌이 아니라 작은 예측의 실패다. 도로를(전체 상황을) 공동으로 주의를 기울이는 대상으로 다룰수록 경험은 더 나아진다.

장거리 트럭 운전자들은 상당히 외로운 존재지만, 핀 머피**Finn Murphy**는 자전적인 책 《장거리**The Long Haul**》에서 일군의 트럭이 대오를 형성할 때 한 덩어리를 이루기도 하는 주의의 공동체를 묘사한다.

> 호위대의 요람 속에 앉아 있으면 경이로웠다. 앞문(선두의 트럭-지은이)이 길에서 악어를 보면(악어란 도로 위에 놓인 커다란 타이어 조각이다) 무전기에 대고 "악어"라고 느리게 발음하고 추월차선으로 들어갔다. 나는 아멜리니스(수송 업체 중 하나-옮긴이)를 따라 옆으로 빠지곤 했다. 우리 모두 음악적인 리듬 속으로 빠져들었다. 모두가 운전을 잘했고, 전문가였고, 빨리 달렸지만 미친 듯이 빠르게는 아니었고, 의식의 한 면을 공유했다. 무아지경으로 짐을 실을 때를 제외하면 내가 아는 선불교의 경험에 가장 가까웠다. 두 가지 모두 나를 저 바깥에 있게 한다. 나머지는 그냥 난리법석이다.

한번은 친구인 조 데이비스Joe Davis와 엘리자베스 래시-퀸Elizabeth Lasch-Quinn과 함께 차를 몰고 샬로츠빌 외곽의 구릉진 말 목장들을 가로지르고 있었다. 운전은 조가 했고 나는 뒷좌석에 있었다. 벳시(엘리자베스의 애칭-옮긴이)는 뉴저지에서 버지니아로 차를 몰고 가던 중에 수 킬로미터에 걸쳐 똑같은 트럭 뒤를 따르고 있음을 깨닫게 된 일에 대해 이야기했다. 한 번씩 다른 차량을 피하느라 트럭을 앞질러야 하기도 했지만 그러고 나면 다시 그 트럭 뒤에 있었다. 트럭 뒤에는 '슈SHOE'라고 적혀 있었다. 한동안 두 차가 이런 상황을 이어가던 중, 슈가 벳시를 향해 후미등을 신중하게 번쩍였다. 벳시는 슈가 이제 변화가 임박했음을 알린다고 생각했다. 슈가 자신의 운전 감각을 알아차렸다고 상상했고, 슈의 산뜻한 차선 변경을 확실하게 감상했다. 흠잡을 데 없는 관계였다. 마침내 슈는 휴게소로 빠져나갔고 벳시는 살짝 배신감을 느꼈다. 자기도 따라서 차를 세울까 생각했지만 스토커로 비춰지고 싶지는 않았다.

도로는 어떤 종류의 장소일까? 우리는 함께 있지만 동시에 각자의 차에 아주 고립되어 있다. 그래서 내가 떠올릴 수 있는, 함께 쓰는 다른 공간과는 달리 흥미로운 혼종성이 있다. 과거에는 지금보다 더 적나라한 공공성이 있었다. 1920년대에 자동차가 대거 등장하기 전에는 보행자, 말, 선로 위를 달리는 전차가 도시의 도로를 점령했다. 아이들이 도로에서 놀기도 했다. 그래서는 안 될 이유가 있는가? 자동차가 첫선을 보였을 때는 침입자라는 시선이 일반적이었다. 피터 노턴Peter D.

Norton이 《차량과 싸우기Fighting Traffic》에서 표현한 대로다. "그것들이 유구한 정통성을 가진 도로 사용을 방해하고 위협했다. 도시가 운전자를 위해 물리적으로 재구축되기 전에, 도시의 도로도 의심의 여지 없이 운전자가 속하는 장소로 사회적 재구축이 되어야 했다." 지금의 우리에게는 도로를 모터 달린 이동수단의 주요 통로로 바라보는 것이 자명한 듯해도, 당시에는 그런 식의 재규정이 필요했다. 자동차가 그 즈음 유발한 대량살상을 감안하면 이는 험난한 작업이었다. 노턴은 이제 거의 잊힌 '1915~1930년경의 폭력적인 도로 사용 혁명'에 대해서도 적었다. "1920년대 미국 도시의 도로에 대대적으로 밀어닥친 피와 슬픔과 분노의 물결은 거의 포착되지 않았다."

도로는 공공재였다. 공적인 용도를 위해 공유하는 편의시설이었던 것이다. 전차를 타는 것은 명백하게 다른 사람들과 함께 탑승한다는 뜻이다. 걷기는 어떤가? 어떤 의미에서는 외로운 활동이지만 어떤 의미에서는 공적이다. 걷는 동안 사람은 **노출**되어 있고, 다른 사람들의 존재가 운전할 때와는 다른 성격을 갖는다. 차에서는 자신의 사유재산 안에 둘러싸여 있고, 이로써 다른 사람들로부터 크게 보호를 받는다. 인도에서 걸을 때는 절대 못하면서 운전 중에는 마음껏 다른 사람들에게 저주를 퍼붓는다. 그리고 물론 운전 중에는 저주를 퍼부을 만한 이유가 더 많다. **각자의** 차에 있는 다른 사람들이 내게는 아주 거치적거리기 때문이다. 과거에는 도로에 공공재의 성격이 있었다면 이제는 도로 수용 능력이라는 희소한 무언가를 놓고 **경쟁을 벌이는** 장소다.

하지만 그렇게 탈바꿈한 도로 위에는 일종의 사회적 품위가 남아 있다(운이 좋은 날에 한해). 3장 "통행관리 – 세 가지 합리성의 경쟁"에서는 경쟁과 협력이 동시에 일어나는 장소를 탐구한다. 바로 도시 교차로다.

통행관리에 적용할 수 있는 첫 번째 합리성은 간단하게 규칙을 따르는 것이다. 깊이 들어가면 이는 교통을 관리하는 대단히 비효율적인 방법이 된다. 텅 빈 교차로에서 좌회전 신호를 기다리며 몇 분씩 앉아 있다 보면 여지없이 이 점을 느끼게 된다. 규칙 따르기는 법 집행을 이윤산업으로 탈바꿈하기 위한 핑계가 되기도 한다. 그리고 실제로 우리는 과속감시 카메라와 신호위반 카메라라는 편협한 통행체제에 자기 발로 걸어 들어갔다. 이 체제는 운전자 자신의 안전이라고 하는 난공불락의 우위를 내세운다. 하지만 나는 뒤에서 이 주장이 대단히 미심쩍다는 사실을 보여줄 것이다.

지금의 난장판은 어떤 식이든 인간의 행위주체성이 끼어들 여지가 전혀 없는 알고리즘 통제 시스템으로, 그러니까 자율 교차로로 곧 대체되리라고들 한다. 이 두 번째 통행관리 합리성의 입장에서 펼쳐지는 주장은 좀 더 진지하게 들여다볼 필요가 있다. 가장 유연하고 복잡한 형태의 머신러닝은 공공 통행로에서 좀 더 애매한 논리를 펼칠 수 있게 해줄 것이다. 차량의 궤적은 순서를 엄격하게 번갈아 통행하거나 규칙을 따르는 대신 흐름을 최적화하도록 상호적으로 보완될 것이다. 그리고 이런 일은 인간의 개입이 없는 상태에서 일어난다. 자동차는 다른 자동차들과 서로 교신하면서 그때그때 상황에 따라 움직일 것이다. 아이러니하게도 하늘 높은 곳에서 보면 이는 통제되지 않는 제3세계 교차로의 즉흥적이면서도 아름다운 흐름과 대단히 비슷한 모양새일 수 있다. 모든 게 계획대로 굴러갈 경우 컴퓨터로 제어하는 교차로는 제3세계 수준의 효율성을 달성할 수 있으리라! 하지만 이런 성취를 위해서는 민간과 공공 모두의 막대한 경비가 필요할 것이다.

세 번째 형태의 통행관리 합리성은 이런 기획이 본성상 기이하게도 무료라는 사실을 인정하고, 말 그대로 '덜 발전한' 세상에 호기심 어린 시선을 던지는 순간 눈에 들어온다. 컴퓨터로 운전 행위의 효율성을 모사하려는 대신 우리는 이런 행위를 들여다보면서 인간에게 각자의 장치를 맡겨놓았을 때 무엇을 할 수 있을지를 생각해볼 수 있다. 이는 자치의 의미에 대한 명상이 될 것이다.

나는 〈블레이드 러너〉, 〈토탈 리콜〉, 〈마이너리티 리포트〉, 〈월-E〉 등등 여러 디스토피아적인 영화에서 왜 자율주행차가 두드러진 역할을 하는지 이해하고자 한다면 이 근처를 들여다봐야 한다고 믿는다. 이런 영화에서는 운전자가 승객이 되어, 새로운 등급의 관리 대상인 행정적 신민처럼 보인다. 나는 '신민subject'이라는 단어를 정치적 지배 대상이자 이런 지배가 당연하게 상정 또는 요구하기 때문에 존재하게 되는 사람의 유형(주체성의 형태)이라는 의미로 사용한다. 승객은 다른 사람들로부터 초연하고 고립되어 있는 반면, 도시에서 운전이라는 행위는 협력과 임기응변의 기술을 요하는 상호작용의 영역이다. 이런 까닭에 운전은 유기적인 시민 생활의 한 형태이고, 시민이라는 기분의 상실은 곧 이런 디스토피아적 영화에서 분위기를 조성하는 핵심이다. 운전은 다른 사람들과 구체적인 공동의 이해관계를 가지고 상호작용하는 한 방편이다. 토크빌은 집단적인 자치의 습관은 협력을 요하는 이런 식의 실천 활동 속에서 길러지고, 민주적인 정치문화에 없어서는 안 되는 요소라고 주장한다. 하지만 중앙권력(정부든 테크노유토피아적 권력이든)의 관점에서 바람직한 것은 이와는 다른 종류의 최적화된 신민, 즉 인류에 대한 원자화된 설명을 가능케 하는 비사회적인 존재다. 이런 신민은 이기 팝 Iggy Pop 의 노래 〈승객 The Passenger 〉에 나오는 서술자와 유사하다. "나는 승객 / 유리 아래 머물러 있지." 이렇게 고립된 신민들로 이루어진 사회는 더 효율적으로 그리고 더 유연하게 통치될 수 있을 것이다.

여러 세대에 걸쳐 매년 펼쳐지는 사막의 레이스 '칼리엔테 250 Caliente 250 '에서 우리는 네바다주의 '칼리엔테'라는 작은 마을에 매년 모이는 결속력 강한 모터스포츠 가족들을 만나게 될 것이다. 그리고 내 눈에는 숙의민주주의와 환경에 대한 책임감 있는 관리처럼 보이는 어떤 행동을 할 것이다. 여기서 모터스포츠에 대한 경쟁심 섞인 열정은 공동의 전통에 대한 아주 구체적인 감각에 의해 누그러지고, 지역 목장주와 레이서 간의 협상 역시 마찬가지다. 이런 섬세한 것들이 함께 모여서 그들이 사랑하고, 그들을 시간의 흐름 속에서 결속시키는 활동이 가능해진다. 이 레이스가 펼쳐질 수 있게 만드는 사회적, 자연적 조건들을 보존하려면 부주의하고 **빠른** 속도에만 집착하는 파괴자라는 대중적인 이미지와는 완전히 대조되는 공동의 감각이 필요하다.

운전자의 도덕적 유형

운전은 어째서인지 동료 시민의 습관에 대한 열성적인 도덕적 판단을 유발한다. 앞뒤로 붙어 있는 두 운전자가 주간 고속도로 왼쪽 차선에서 달리고 있다. 앞쪽 운전자는 다른 운전자가 법을 위반하지 못하게 막겠다는 의도를 분명하게 드러내고 있고, 뒤쪽 운전자 역시 어떤 주장을 담아 맹렬하게 바짝 붙어서 따라가고 있다. 오른쪽 차선에서는 추월을 할 수가 **없다.** 이들은 수 킬로미터에 걸쳐 이렇게 각자가 상대의 동행을 받아들일 수밖에 없는 상태에서 올바름의 드라마를 이어간다. 가장 위험하고 방해가 되는 운전자는 정의감에 불타오르는 사람이다.

반대로 구불구불한 길에서 누군가가 먼저 지나가도록 갓길에 차를 대는 사회적 우아함을 생각해보라. 자동차에 대한 의식이 높은 남부 캘리포니아에서는 이런 일이 지체 없이 일어난다. 협곡 도로는 공공의 놀이터라는 이해가 있어서 사람들은 서로의 진로를 방해하지 않는다. 내가 사는 버지니아에서는 이런 예의바른 양보를 자주 보기 힘들다. 뒤에 있으면서 더 빨리 가려는 건 **정당하지 않은 즐거움**을 추구하는 행동이라고 믿기 때문이다.

미국인들은 자유 개념이 자신들 거라고 시끄럽게 주장하지만 세상을 들여다볼수록 이 주장은 우스워진다. 반항아의 복장을 갖춰 입은 할리 데이비슨 라이더가 버지니아의 교통정체 속에서 땀투성이가 되어 있는 동안, 차선 사이에 1미터가 넘는 매력적인 공간이 놀고 있다. 라이더의 조끼에는 독수리 날개가 수놓여 있고 '자유'라는 단어가 그것을 가로질러 박혀 있다. 그러는 동안 지구 다른 곳에서는 50cc 오토바이에 올라탄 네 가족이 손잡이에 화관으로 장식한 가네시(장애물을 제거하는 신) 상을 매달고 혼잡한 뭄바이 거리를 솜씨 좋게 누비고 다닌다.

오토바이의 차선 쪼개기(영국에서는 '필터링'이라고 한다)는 모든 사람이 도로를 효율적으로 이용할 수 있게 해준다. 이는 전 세계에서 인정된 규범이다. 내가 아는 한 그게 불법인 나라는 미국뿐이다. 캘리포니아에서는 허용되니 예외도 있긴 하지만. 오토바이 운전자들 사이에서 전해 내려오는 이야기에 따르면 캘리포니아 고속도로 순찰대가 그걸 합법화하기 위해 로비를 벌였고, 그 이유는 도로를 공동의 주의 공간으로 여기고 있다는 이들의 인식을 보여주기 위해서였다. 캘리포니아 고속도로 순찰대원들은 필요할 때 도로를 쪼개어 쓸 수 있기를 원했고, 만일 모든 오토바이 운전자들에게 이 특권을 부여할 경우 자동차 운전자들이 특히 차량 흐름이 원활하지 않을 때 오토바이에 주의를 기울이는 효과가 나타날 것임을 깨달았던 것이다. 그리고 실제로 이런 일이 벌어졌다. 내 경험상 로스앤젤레스와 베이에어리어의 운전자들은 거울을 어느 정도는 들여다보고 주변을 조금은 의식한다는 점에서 유럽의 운전자들과 많이 닮았다.

나는 이 나라 어디에서든 차량 흐름이 원활하지 않을 때 나처럼 오토바이를 타는 다른 친구와 지인 들보다도 훨씬 자주 도로를 쪼개서 차량과 차선을 공유한다. 법을 위반하는 것이다. 내가 타는 오토바이는 조용하고 도로를 쪼갤 때는 아주 예의를 차린다는 점을 먼저 말해 둬야겠다. 나는 **그런** 사람이 아니다. 캘리포니아 외곽에서는 도로 쪼개기가 특히 위험하다는 점은 인정하지만, 그럴 때는 내가 초각성 상태라는 점을 감안하면 그 위험은 대부분 내가 마치 선로로 뛰어든 것마냥 자신들로부터 무언가를 빼앗아간다고 느끼는 운전자들의 반응에서 비롯된다. 사실 내가 하고 있는 행위는 나의 도로 수용 능력 소모량을 제로로 만드는 것이다.[10]

나는 운전자들이 고의로 내 쪽을 향하게 만들었고, 경적소리와 고함이 빗발쳤다. 그리고 인정해야겠다. 이 모든 적개심이 즐거움을 배가한다는 사실을. 영화 〈이지 라이더Easy Rider〉에는 주요 등장인물들이 캠프파이어를 둘러싸고 앉아서 '이성애자' 사람들이 자신들을 공포와 혐오감 어린 시선으로 바라본다고 불평하는 장면이 있다. 잭 니콜슨Jack Nicholson이 연기하는 이들의 새로운 지인이 이들을 위해 다른 식으로 설명한다. 그들이 너희를 싫어하는 건 너희가 더럽거나 장발이라서가 아니라고. 그들이 너희를 싫어하는 건 너희가 자유롭기 때문이라고. 당신이 도로를 쪼개어 자동차 옆으로 끼어들 때도 이 증오를 느낄 수 있다. 나는 자만에 빠질 위험을 감수하고서, 위험을 너무 싫어하기 때문에 자유로워지지 못하고 새장에 갇힌 사람들의 **분개**로 이것을 해석하는 쪽을 택한다. 플라톤의 《대화》 중 〈고르기아스Gorgias〉 편에서 칼리클레스라고 하는 인물은 이렇게 말한다. "나는 법을 도입한 사람들이 약한 자와 다수라고 믿는다. 그래서 그들이 법을 도입하고 스스로에 대한 칭찬과 비난을, 그리고 염두에 두고 있는 스스로의 장점을 지정한다."

오토바이 운전자는 도로를 쪼갤 때 다른 운전자를 등쳐먹는 게 아니다. 어차피 차량 운전자들은 그 공간을 이용하지 못하니까. 다만 이 오토바이 운전자는 지배적인 통행도덕성에 대한, 그리고 그것을 집행하는 경찰 권력에 대한 **하나의 관점을 표출하는** 것이다. 언어적인 조롱으로써가 아니라 자신의 반사 신경을 믿고 육체를 위험에 노출시킴으로써 그렇게 한다. 사람들은 그가 교통체증을 **사랑하는** 게 아닌지 의심한다.

몬티 파이튼Monty Python의 영화 〈라이프 오브 브라이언Life of Brian〉에서 존 클리즈John Cleese는 기독교 이전 시대의 전형적인 로마 신사를 연기한다. 그는 산책하러 나섰다가 한 무리의 군중을 접하게 된다. 어떤 히피처럼 생긴 광기 어린 인물이 연설을 하고 있고, 클리즈는 그에게 흥미를 갖는다. 결국 우리는 그게 산상수훈임을 깨닫는다. 토가 차림으로 뒷줄에 서 있던 그는 자기 옆에 있는 남자에게 몸을 기울이면서 말한다. "문제는 온순한 사람들이라는 걸 예수가 모르고 있다는 사실이 누가 봐도 확실하군요."

이는 대략 기독교 이전 시기의 경향을 따르는, 반혁명적인 운전자 유토피아의 구호로 볼 수 있다.

유토피아 사고실험

우리가 계속해서 자신의 자동차를 자유롭게 운전하고 다닐 수 있으려면, 주의산만의 문화 속에서 이 특권을 어떻게 관리할지 약간의 고민이 필요하다. 우리는 독일의 현행법에서 유용한 비교 지점을 찾을 수 있다. 일부 도로에서는 마음껏 원하는 속도로 달릴 수 있지만 만일 심각한 사고를 일으키면 다시는 운전을 못 하게 된다. 이 법은 폭넓은 재량과 함께 전적인 책임을 부여한다. 다시 말해서 시민을 성인으로 대한다. 이 산뜻한 개념은 어쩌면 미국에 적용하기에는 약간 지나치게 급진적인지 모른다.

하지만 독일의 법 정신을 취해서 우리 모두에게 여지가 있는 연속체의 한쪽 끝에 영향을 미치게 만든다면 어떨까? 상당히 합리적인 이유로, 개입은 최소한만 하고 수동적으로 운반되기를 원하는 사람들을 포함하는 것이다. 사고실험의 일환으로, 운전자의 역량과 개입 정도 모두에 연동된 단계적인 운전면허 체제라는 게 있다고 생각해보자. 제일 먼저 할 일은 모든 노인들을 자율주행 우버에 태우는 것이다. 그들은 대단히 만족할 것이다. 그다음에는 진짜 차를 모는 법을 배우느니 '그란 투리스모Gran Turismo' 같은 레이싱 게임을 즐길 모든 사람들을 트렁크에 넣는 것이다. 물론 게임 콘솔과 함께. 그리고 주스 상자도.

위의 문제들이 해결되면 더 미세한 구분을 시작할 수 있다. 운전자로서 만끽할 허가와 제한은 몇 가지 능력에 바탕을 둘 것이고[아마도 오토크로스(거친 노면을 달리는 자동차 경주-옮긴이) 코스를 주파한 시간, 빡빡한 주차 공간에 차를 끼워 넣을 수 있는 민첩함, 부트레그 턴(2차선 도로 폭 안에 머물러 있으면서 짧은 시간 내에 차량을 180도 회전시키는 조작 기술-옮긴이)의 깔끔함 같은 것들], 소유한 자동차의 일부 속성에도 연결된다. 이 중 첫 번째는 중량이다. 주변 자동차보다 중량이 약 450킬로그램 적게 나가는 자동차는 세 가지 장점이 있다. 첫째, 더 기동성이 있다. 둘째, 충돌 시에 더 육중한 이웃 자동차의 탑승자에게 위협을 적게 가한다. 셋째, 가장 중요하게는 동일한 뉴턴의 원리에 따라 가벼운 차량의 운전자가 **더 큰 위험에 처하게** 된다. 이 운전자는 어느 정도 배려를 받을 자격이 있다.

내 유토피아적인 운전면허 체계에서 차량 측면의 다음 고려사항은 그 자동차가 지원하는 "주의 생태계"가 될 것이다.[11] 주의산만이 적을수록 운전자-차량 조합에 부여되는 면허의 허용 범위가 넓어진다. 최고 높은 수준에서, 만일 당신이 의사소통이 아예 불가능하고 음향 시설이나 내비게이션이 전혀 없이 완벽하게 차폐된 자동차를 몰 의향이 있고, 이 자동차를 의지에 따라 '제어된 포휠 드리프트controlled four wheel drift' 상태로 만들 수 있으며, 이 자동차가 중위 자동차에 비해 표준편차 3만큼 더 가벼울 경우, 당신은 가장 높은 등급의 면허를 발부받아 A지점에서 B지점으로 갈 때 당신에게 가장 마음에 드는 것은 무엇이든 할 수 있는 최고의 재량을 누릴 수 있다.

게다가 모든 운전자-차량 조합의 면허가 가령 번호판 색깔로 표시가 되어 다른 운전자들도 한눈에 알아볼 수 있다고 해보자. 이는 자만심과 사회적 비교를 자극하고 미덕을 장려하는 강력한 도구가 될 것이다. 운전자의 순위가 가시적으로 드러날 것이기 때문이다.

이런 위계가 민주적 문화와 양립 가능할까? 원칙적으로는 그렇다. 이해관계가 충분한 사람은 누구든 숙련된 운전자가 될 수 있다. 운전에 마음을 쓰기만 하면 된다. 게다가 높은 수준의 면허를 받을 수 있는 단순하고 가벼운 자동차는 비대한 다른 자동차보다 더 비싼 게 아니라 저렴할 것이다. 가진 것도 별로 없으면서 사회적 지위를 향상시키고 싶다는 바람으로 또 빚을 지게 만들고, 결국은 자동차 딜러에게 좋은 일만 시키는 지금의 호화 자동차 경쟁은 새로운 상대와 겨루게 될 것이다. 이 새로운 경쟁의 방식에서는 사람들이 과시적인 소비가 아니라 숙련도에 의해, 그리고 도로라고 하는 공동의 공간에 대한 배려에 의해 차별화된다.

주권

티베트에서 한 달을 보낸 적이 있다. 다양한 이동수단들이 뒤죽박죽으로 뒤섞인 곳이다. 이가 없는 아낙네가 몰고 야크가 끄는 수레가 종종 건초를 가득 싣고 도로에서 휘청대는 동안, 그 뒤에서 검은 아우디 A6(중국 공산당 간부의 표준 차량)가 오도 가도 못 하는 곳. 오토바이 역시 화물을 잔뜩 싣고, 때로 도로를 가로막는 소떼 사이를 헤집고 나아간다. 나는 조잡하게 용접된 강철봉으로 만든 걸이대가 달린 어떤 125cc짜리 작은 오토바이에 감탄했다. 짐작컨대 자동차 배터리를 용접 아크로 사용한 것 같았다.

나는 내가 본 대부분의 오토바이들의 좌석에 작은 티베트 러그가 깔려 있다는 사실에 큰 흥미를 느꼈다. 티베트 고원 사람들 중 상당수가 아직도 겨울 야영지에서 여름 야영지로 야크를 몰고 다니는 유목민이다. 나는 전통적으로 이들이 동물을 몰고 다닐 때 타는 말의 안장으로 이 러그를 사용한다고 들었다. 작은 오토바이는 주로 이런 용도의 말을 대체했다. 다른 모든 곳의 오토바이들처럼 이런 작은 오토바이의 좌석에도 이미 천이 씌워져 있다. 하지만 티베트에서는 **말에 러그를 씌운다.** 한 야크 몰이꾼이 장난으로 오토바이에도 러그를 씌우기 시작했을지 모르지만 이제는 그 러그가 충분히 실제적인 기능을 하게 되었다.

주로 장식성이 두드러지는 이 러그는 어떤 문화적 유사성을 드러내는데, 이는 티베트 내에서는 구체적이고 일상적인 문제이기도 하다. 중국은 티베트 문화의 '퇴행성'을 타파하려고 공격적으로 티베트 동화 정책을 시행했다. 중국 군인들이 협박하듯 티베트 수도 라사로 진군해 들어오고 중국 관광객들이 정부 정책의 일환으로 떼를 지어 몰려와 사원과 수도원에 바글대는 상황이다. 한때 안장용 러그가 어떤 생활양식의 맥락 속에서 인체공학적인 필요에 화답한 결과였다면, 이제는 생활양식에 대한 위협 앞에서 그것의 **가치**에 대해 **무언가를 말할** 필요에 화답한다. 오토바이 위에 러그를 씌우는 것은 아무리 잘 드러나지 않아도 무언가 중요한 이야기를 속삭인다.

서구의 맥락에서 나는 자동차 하위문화가 이와 비슷한 표현적 측면이 있다고 믿는다. 서구의 자동차 하위문화가 상대하는 주권 침입은 티베트인들이 상대하는 것보다는 온건한 형태이지만, 대략 비슷한 관점에서 이해할 수 있다. 서구의 자동차 하위문화는 무언가와 불화하는 삶의 양식, 삶의 가치를 실천하고 은연중에 내세운다. 그런데 이 무언가라는 게 무엇일까? 이건 대답하기가 더 난감하다. 자명하고 자신만만하고 돈줄이 빵빵하고 존경할 만한 것이면 무엇이든일지도 모른다. **건강과 안전, 자동화.** 자동차광들은 저울력이 좋은 사람들이 단순한 합리성이라고 여기는 것을 이데올로기적이라고 생각하는 경향이 있다.

자동차광들의 과장된 열정이 시각을 왜곡하는 걸까? 거의 확실히 그럴 것이다. 나의 전제는, 전적으로 자기 소유물인 자동차를 운전하는 일에 대한 이들의 열정 속에서 우리가 곱씹어볼 만한 관점도 얻을 수 있다는 것이다. 이 열정 덕분에 이들은 진보의 비전이 모든 인간 활동에서 인간적인 요소를 제거하고자 할 때 얼마나 기이하고 폭압적이 될 수 있는지를 정확하게 본다. 자비와 편리함 같은 이상이 항상 소환되고, 그만큼 믿음직하게 비전으로 제시된 진보는 재교육을 필수로 만들어서 자신의 권력을 맹신하는 사람들을 개조한다. 불가피한 것과 싸우지 말라. 계몽의 고요에는 수동성과 의존성이 딸려 온다.

이런 진보의 상에서 두려움을 느끼지 않는다면 아무래도 이 책은 당신을 위한 것이 아니리라.

개별 행위주체성 개념은 이 꿈을 비평하는 데 아주 핵심적이지만 그 도전의 정치적 본성에는 불충분하기도 하다. 개별 행위주체성을 자양분으로 삼는 세상에는, 그리고 제국적인 포부가 드러나는 세상에는 새롭고 게걸스러운 무언가가 있다. 이 포부가 무엇인지는 4장 "구글의 거리 뷰"와 "구글이 자동차를 만든다면"에서 분명해질 것이다.

'주권'이라는 용어는 제국주의에 맞서 정치적인 자기결정을 지키기 위한 투쟁의 역사에서 비롯된다. 이는 19세기 민족주의가 떠오르던 시대의 용어다. 대서양 양쪽에서 주권 개념이 갑자기 정치적으로 큰 의미를 지니며 다시 등장했다. 포퓰리즘 운동의 정치적 분노를 있는 그대로 받아들인다면, 이는 퇴행적이라고 간주되는 사람들의 관심사를 뒷전으로 밀어내려는 진보의제들을 강요하는 정치 엘리트와 법인 세력의 오만함에 대한 반발이다.

의미심장하게도 이런 포퓰리즘 운동의 일부가 자동차와 관련된 저항으로 시작했거나, 자동차와 관련된 현상으로 이어지고 있다. '노란 조끼'는 2017년 후반부터 2019년 초까지 거의 매주 주말 파리와 여러 도시의 일부를 마비시켜 마크롱 정부를 큰 위기로 몰아넣었다. 노란 조끼는 프랑스에서 모든 자동차 운전자가 가지고 다녀야 하는 안전 조끼다. 이는 속도 제한과 연료세의 소폭 인상으로 프랑스판 '비행 통과 구역(미국에서 동부와 서부에 비해 상대적으로 저개발된 중부를 일컫는 표현-옮긴이)'이 그 영향을 상대적으로 크게 받게 된 데서 촉발했다(마크롱의 정치 기반은 주로 대도시 지역 사람들로, 파리 지하철에 의지하고 환경 보호를 통치 자격의 하나로 여긴다). 시위대가 유발한 가장 의미 있는 물리적 피해는 프랑스의 과속 감시 카메라 네트워크가 입었다(2019년 1월을 기준으로 약 60퍼센트가 파손되었다). 미국에서도 신호위반 카메라와 과속감시 카메라를 상대로 한 게릴라 행동이 있었다. 이는 단순한 공공기물 파손 행위라기보다는 정치적 불만을 더 많이 드러내는 것으로 보인다.

영국해협 반대편에서는 런던 택시 운전사들의 대규모 시위가 브렉시트 정서를 표출하는 동시에 여기에 기여하기도 했다. 이는 지도 소프트웨어, 미국의 군사용 위성 그리고 임시직 선호경제gig economy 속 생계형 운전자에 의지하는 해외 승차 호출 기업의 위협에 대항해 고도로 훈련된 전문직들이 경제주권을 지키려는 싸움이었다. 기본적으로 우버는 지역의 통제를 우회하고 무력화하는 노동 중개 시스템을 만들어냈다. 아우토반에서 속도를 제한하려는 정책안에 대한 독일인들의 저항은 분명하게 노란 조끼를 참고해 보기 드문 프랑스-독일 연대를 과시했고, 이는 자동차 로비 집단만이 아니라 반대 입장인 정당들까지 채택한 슬로건 "자유로운 시민에게 운전의 자유를!**Freie Fahrt für freie Bürger!**"로 이어졌다.[12]

이런 불만을 엮는 하나의 실은 그들이 우연히 거주하게 된 특정 국가의 공동선이 아니라 초국적 계급에게 충성하는 엘리트의 지배를 받게 되었다는 인식이다. 어째선지 운전 경험의 변화가 이런 직관을 발달시키는 역할을 하고 있다. 따라서 주권을 되찾으려는 노력이 운전에 대한 사람들의 입장에서 두드러지게 표출되고 있고, 이는 다루기가 조금 난감하다. 흡사 통행을 규제하는 당국에 정치적 정당성이 없다고 여기는 것과 비슷한 상황이기 때문이다.[13]

지난 몇 년의 저항은 일반적으로 경제적 불만의 표출 아니면 순전한 부정적 정신의 분출, 그러니까 원칙에 입각하기보다는 허무주의에 가까운 '대중의 봉기'로 여겨졌다. 이런 해석에도 분명 진실이 있지만 앞으로 이 책에서 나는 더 심화된 가능성을 제시할 것이다. 이런 운동이 부분적으로는 숙련된 인간 활동을 위한 공간들이 슬금슬금 식민화되고 있는 데 대한 맹렬하면서도 합리적인 대응이라는 것이다. 이는 적정 속도를 판단하는 데 있어서 개별 판단의 역할(경찰과 운전자의 판단 모두)을 건너뛰는 자동화된 교통단속의 형태일 수도 있고, 선출직 공무원들이 운전은 노역이고 어쨌든 인간은 운전에 전혀 소질이 없다고 선언하는 기자회견을 여는 형태일 수도 있다(제인 제이콥스**Jane Jacobs**는 "다른 사람들의 여가를 단속하는 유토피아적인 관리인"을 언급하기도 했다). 이는 훨씬 거대한 흐름의 사례다. 기술 관료와 최적화 중독자들은 모든 것을 천치도 쓸 수 있게 만들려 하고, 그러다 보니 우리를 천치 취급한다. 이런 태도는 자기실현적인 데가 있어서 실제로 우리는 스스로 더 멍청해지고 있다고 느낀다. 이런 배경을 염두에 두었을 때, 운전은 자신의 기술을 활용해서 자유로워지는 것이고, 나는 우리가 운전을 사랑하는 건 이 때문이 아닐까 생각한다.

이 책은 운전광들에게 매력이 있을 것이다. 하지만 운전의 즐거움에 별 관심이 없는 독자라 해도 여기서 특히 인간의 행위주체성의 운명이나 민주적 거버넌스의 전망 같은 더 넓은 문제를 조명하는 사례 연구를 찾을 수 있다. 이 탐구 안에서 강력하게 부상하는 주제는 자기통제를 위한 개인의 역량이자 동시에 정치적 제도로서 폭넓게 이해할 수 있는 '자치'이기 때문이다. 그러므로 한편으로 자치는 자신의 자동차를 능숙하게 통제하는 능력, 다른 운전자에 대한 자신의 성마름을 누그러뜨리는 능력 그리고 주의를 산만하게 만드는 숱한 장애 앞에서 자신의 주의를 도로로 향하게 만드는 능력을 의미할 수 있다. 다른 한편으로 자치라는 주제는 '우리가 어떤 종류의 이동성 체제에서 살아가게 될지를 결정하는 주체가 누구인지' 같은 질문 속에 들어 있다. 우리가 자치 문제를 제시하는 이런 다양한 규모는 분명 서로 맞물려 있거나 서로를 함축한다. 예컨대 우리가 운전대 앞에서 너무 주의가 산만해서 이미 우리의 자동차가 자율주행인 듯 운전하고 있을 경우, 이는 어떤 은혜로운 기관이 개입해서 우리가 혼자서는 더 이상 할 수 없는 일을 자동화함으로써 우리를 우리 자신으로부터 구해줄 필요가 있음을 시사한다.

　나는 정치적인 의미에서 자기억제에서 자치로 이어지는 직선을 그을 때, 운전이라는 문제를 자유주의-공화주의 전통의 정치적 성찰로 확장하겠다는 의도를 담고 있다. 이 전통은 민주주의의 수혜를 입을 만한 사람들은 1차적으로 자신의 행위를 통제할 능력이 있는 개인들로 구성되어야 하고, 그러므로 동료 시민의 신뢰를 얻어 마땅하다고 믿는다. 오토바이를 타고 2차선 시골길에서 앞이 보이지 않는 블라인드 커브에 접어들 때 도로는 상호신뢰의 장소임이 아주 분명해진다. 이는 운전의 가장 흥미로운 지점 중 하나다. 그러므로 운전은 미립자 수준에서 공화주의적인 사회질서가 어떤 모습인지에 관심이 있는 정치이론가들의 주의를 끌기에 충분하다. 운전처럼 일상생활에서 잘 눈에 띄지 않는 주머니 속에 이 연약한 질서가 아직 남아 있는 동안 그것을 제대로 이해해보자. 이 주머니에는 사회적 신뢰의 회복에 대한 우리의 희망을 더 폭넓게 이끌 수 있는 단서가 들어 있을지 모른다.

이 책을 읽는 법

　글쓰기 교사들이 작가들에게 강조하는 규칙 중 하나는 '어조의 일관성'이다. 일관성을 기대한 독자라면 이어지는 내용에 당황할 가능성이 높다. 나는 종류가 아주 다른 관찰과 해설과 이야기, 주장을 전체 안에서의 자리에 따라 제시할 필요가 있다고 생각했기 때문이다. 이 중 어떤 것은 지극히 사적이다. 나의 방법은 사회학적인 만큼, 적당한 민족지학이나 심지어는 진지한 저널리즘의 수준에 이르지 않는다. 그냥 내가 직접 움직이는 과정에서 만나게 된 자동차광들의 다양한 모습을 늘어놓고 나를 사로잡은 사고의 렌즈로 해석한다. 이런 장면들을 공감을 바탕으로 이해하려고 노력하긴 했지만, 항상 비슷한 정도로 성공하지는 못했음이 드러날 것이다.

이 책 전반에서 독자들은 교통 규칙과 집행에 대한 끈질긴 불만과 일부 안전 수칙에 대한 회의적인 시각을 발견하게 될 것이다. 관료 집단에 대한 내 불만은 다양한 관점에서 비롯되기 때문에, 독자들은 그 주장의 통일성에 의아해질 수도 있다. 공감이 안 되는 독자라면 유치하다는 비웃음을 보내기 십상인, 일체의 제약에 대한 자유지상주의적 짜증에서 비롯되었다고 조급하게 결론 내릴 수도 있다. 이 다양한 관점이란 무엇일까?

어떤 지점에서 나의 주장은 안전을 최우선으로 하면서도 기존 교통 체제의 왜곡된 효과를 지적할 것이다. 특히 그것이 다양한 관할 구역들이 의지하는 교통범칙금 세입의 물꼬를 터줄 때가 그렇다. 이 경우 안전과 세입은 때로 직접적인 경쟁 관계에 놓이게 되고 그러면 나는 안전 편에 선다. 어떤 지점에서는 '안전주의' 자체를 비판하는데, 여기서는 주장의 방향이 상당히 다른 쪽을 향한다. 여기에는 더 큰 안전을 향한 절대 충족되지 않는 요구에 대해 다소 '생기론적인' 비판이 포함되기 때문이다(테디 루스벨트Teddy Roosevelt와 윌리엄 제임스William James를 생각해보라). 안전은 분명 아주 중요하다. 하지만 상쇄하는 고려사항이 없을 때는 무제한적으로 지배력을 확장할 수 있는 원칙이기도 하다. 안전은 그 앞에 있는 모든 것을 삼켜버리는 경향이 있다. 생기론적인 관점에 어느 정도 공감하게 되면 관점이 이동해 '안전이' 우리 사회 안에서 하고 있는 이데올로기적인 작업이 눈에 더 잘 들어오게 된다.

안전을 들먹이는 사람들은 투철한 공공심이라는 거의 논박 불가능한 조명을 받고, 그래서 안전에 관심을 갖는다는 말은 다양한 기관들이 완벽하게 합리적인 행위에 대해 범칙금을 징수할 수 있는 가림막이 된다. 비법은 우리의 타고난 합리성과 상충하는 규칙을 만드는 것이다(예를 들어 도로 특성에 맞지 않을 정도로 낮게 제한속도를 설정하는 것). 이런 식으로 하면 속도위반이 일정 비율로 일어날 수밖에 없고 그러면 세입이 생긴다. 안전에 신경을 쓴다면(그러지 않을 사람이 누가 있겠는가?) 안전-산업 복합체를, 그리고 그들이 안전과는 다른 목적을 위해 도덕적인 위협을 일삼는다는 사실을 회의적인 시각으로 바라보는 것이 온당하다.

철저함을 기하려면 위험 감소라는 정신세계에서 완전히 벗어나야 한다. 그 우주는 우리 중에서 가장 능력치가 낮은 사람들을 기준으로 위치를 파악한다. 이는 우리가 마땅히 자랑스러워하는 인간사회의 초석이자, 많은 환경에 완벽하게 들어맞는 평등주의 원칙이다(나와 가장 가까운 사람 중 한 명이 꽤 큰 장애를 입었고, 나는 종종 우리 사회가 그녀에게 제공하는 편의에 고맙고 감동한다). 하지만 그냥 내버려둘 경우 위험 감소의 추구는 인간의 역량에 대한 비현실적으로 낮은 관점을 근거로 한 사회를 만들어내는 경향이 있다. 민주주의의 이상이라는 허울 아래 어린애 취급이 스리슬쩍 밀고 들어온다. 반면 나는 우리가 개별 역량에 대한 가정을 서로에게 기꺼이 확대할 의지가 있을 때에만 민주주의의 생명력이 유지된다고 주장할 것이다. 이는 사회적 신뢰의 토대다. 개별 역량과 이를 바탕으로 한 사회적 신뢰는 자유롭고 책임감 있으며 완전히 깨어 있는 사람들을 위한 최소한의 자질이다.

자동차와 공동선

제인 제이콥스는 1961년의 걸작 《미국 대도시의 죽음과 삶The Death and Life of Great American Cities》에서 "도시를 중요하게 여기는 모든 사람이 자동차 때문에 대단히 불안해한다"고 지적했다. 사회적 상호작용을 위해서는 어느 정도 친밀한 이동 규모와 유동성이 필요함에도, 자동차는 이 사회적 상호작용의 구조를 느슨하게 만들고 찢어놓는 듯하다. 자동차와 주차장, 주유소, 주요 간선도로처럼 거기에 딸려 오는 온갖 것들에게 길을 내주기 위해 "도시의 도로는 보행자에게 일관성도 의미도 없는 헐겁고 불규칙한 임의의 모습으로 허물어진다." 한때 "섬세한 실그물과 조밀한 상호지원의 경이"였던 동네들에서 "무심하게 내장이 도려내진다."

자동차의 출현은 미국 도시의 변모와 긴밀하게 연결되어 있다.

그러나 제이콥스와 (나를 비롯한) 다른 많은 이들이 유감스러워하는 방식이다. 이러한 불만은 '신도시주의New Urbanism'에서 두드러진다. 하지만 제이콥스의 설명에서는 이 연결이 전적으로 인과적이지는 않다. "우리는 너무 많은 것을 자동차 탓으로 돌린다." 그녀는 미국 도시가 악화한 앞선 원인을 도시계획에서 찾는다. 장소가 무엇 때문에 번성하는지를 길거리 수준에서 이해하지 않고 저 높은 곳에서 만들어낸 계획에 따라 도시를 최대한 보기 좋게 만들려 했다는 것이다. 그녀는 자동차가 발명되지 않고 근대주의적인 프로젝트(악천후에 노출된 광장과 고층 건물 또는 사회적으로 거리를 두고 지내는 핵가족들로 이루어진 표준적인 교외를 생각해보라)가 그대로 진행되었더라면 어떻게 되었을지 사고실험을 제시한다. 이 경우에도 자동차는 발명되어야 했으리라. "이렇게 불편한 도시에서 거주하고 일을 하려면, 공허함과 위험과 완전한 제도화에서 사람들을 건져내기 위해 자동차가 필요했을 것이다."

제이콥스의 설명에서 자동차와 도시의 죽음 사이의 연결은 간단치 않고, 오히려 "역사가 때로 진보에 대해 던지는 농담 중 하나"에 가깝다. 그녀는 일상 교통수단으로 자동차가 등장하게 된 것은 건축에서, 사회학적 국면에서, 입법상에서 그리고 도시가 재원을 조달하는 방식에서 "반도시anti-city"의 이상이 고무된 시기와 우연히도 맞아떨어졌다고 지적한다. 그녀는 "자동차가 태생적으로 도시의 파괴자라고 보기는 힘들다"고 주장하면서 "내연엔진은 그 모습을 드러냈을 때 잠재적으로 도시의 강도를 높이는 동시에 도시를 그 유독한 골칫거리 중 하나에서 해방시키는 우수한 도구였다"고 말한다.

여기서 제이콥스가 의미한 골칫거리는 바로 '말'이다.

1958년 영국의 한 건축가는 1890년 런던에서의 유년기를 회상하면서, 오늘날의 주차장처럼 도시에 산재해 있던 3~4층짜리 마구간에 대한 글을 썼다. 상류층 주택의 샹들리에는 "죽은 파리들이 두꺼운 층을 이루었고 늦여름에는 미친 듯이 춤추는 구름떼 같은 파리에 뒤덮였다." 바퀴와 말굽 사이를 뛰어다니며 말이 지나간 자리를 청소하는 소년들로 이루어진 "숱한 군단"이 있었음에도, 분뇨 때문에 "도로에는 '완두콩 스프'가 넘쳐났고 이 스프는 때로 도로경계석 밖으로 넘칠 정도로 고이곤 했다." 수레바퀴에 튄 "이런 스프는(바지나 치마에 차단되지 않을 경우) 완벽하게 도로를 가로질렀고, 그러면 스트랜드 가의 전면부에 있는 18인치짜리 진흙마감 대좌가 그걸 뒤집어쓰었다." 스프 같은 오물을 떠 담는 "진흙 카트"를 담당하는 청소대원들은 "아이슬란드해에 어울릴 법한 긴 부츠에 방수 처리가 된 칼라를 턱까지 채우고 목 뒤를 방수모로 밀봉한 차림"으로 작업을 하면서 행인들에게 상습적으로 오물을 튀기곤 했다.

그다음에는 "모든 상상을 초월하는" 소음이 있었다. 쇠로 된 말발굽이 자갈과 충돌할 때 나는 소리, 같은 자갈 위에서 바퀴들이 내는 "귀먹을 듯한 작은 북의 둥둥 소리", "마치 울타리를 따라 막대기를 끌듯 한 세트의 정점에서 다음 세트로 넘어갈 때의 덜컹임", 거기다가 "관리가 잘 되지 않은 가벼운 탈것과 무거운 탈것의 삐걱거림과 끙 하는 소리와 찍찍거림과 달가닥거림", 마구와 말과 관련된 온갖 물건들의 절걱절걱 소리까지. 이 모든 소리 중에서도 다른 사람들이 소음을 뚫고 의사소통을 하려고 내는 소리를 참아내야 했다. "정보를 전달하거나 목청 높여 어떤 요청을 하려는 신의 피조물들이 내는 꽥꽥 소리와 고함 소리."[1]

주어진 마력을 생각하면 자동차 엔진이 더 깨끗하고 조용하다고 제이콥스는 지적한다. 게다가 "기계화된 탈것의 힘과 말보다 더 **빠른** 속도는 고밀도의 인간들 그리고 인간과 상품의 효율적인 이동이 화해하기 더 쉽게 만들 수 있다." 물론 문제는 그저 차가 **너무 많기** 때문에 어떨 때는 말보다 느린 속도로 "게으르게 일을 하고 너무 빈둥댄다"는 점이다.

그런데 문제가 있다. 20세기 자동차 사용의 폭발적 증가와 그에 따른 혼잡은 숱한 방식으로 다룰 수 있을 만큼 복잡한 이야기지만, 분명한 것은 그것이 단순히 자유시장 내 소비자의 자동차 수요가 단순하게 반영된 결과가 아니라는 사실이다. 그보다는 대체로 공공당국들이 선택한 정책의 결과였다. 대중교통을 희생시키고 자동차용 도로 건설에 막대한 보조금이 들어갔다. 제임스 J. 플링크James J. Flink에 따르면 1920년대에 미국 도시가 착수한 자동차 통행 수용을 위한 도로 개선 공공투자는 "도시 노동 계급이 자동차를 대거 보유하게 된 시점보다 한두 세대 앞서 일어났다." 플링크는 이런 투자의 우선순위를 부의 이전으로 해석한다. 전차를 타고 다니는 노동 계급이 사실상 중간 계급

의 자동차 이용을 가능하게 만들려고 애쓰는 도시계획가와 정치인들에게 혹사당했던” 것으로.[2]

1930년대에 프랭클린 루스벨트는 고속도로를 국방 목적으로 쓸 수도 있다는 점을 염두에 두고(아돌프 히틀러가 아우토반을 건설하던 시기였다) 도로 건설을 일자리 프로그램으로 포용했다.[3] 진보주의자들은 루스벨트에게 지대한 영향을 미친 허버트 크롤리Herbert Croly의 ‘신국가주의’ 전통 속에서 자동차의 이동성을 국가 주도의 투자, 합리적인 계획, 국가의 박력에 대한 자신들의 열정을 실행하는 데 잘 맞는 정부 프로젝트로 받아들였다. 뉴딜의 핵심 요소인 공공사업진흥국Works Progress Administration은 도로와 고속도로에 대중교통보다 열 배 많은 재정을 투입했다.[4]

하지만 주간 고속도로 시스템 공사는 전쟁이 끝나고 난 뒤 아이젠하워 행정부가 들어섰을 때 시작되었다. 나폴레옹에 맞먹는 야심을 앞세운 이 프로젝트가 진행되던 시기는 국가가 2020년에는 상상하기 힘든 수준의 명망과 신뢰와 **정당성**을 구가하던 시절이었다. 전쟁 승리로 확실하게 강화된 이 정당성 덕분에 나폴레옹의 방법 역시 사용할 수 있었다. 댄 알버트Dan Albert의 말에 따르면 “정부 전문가들이 4만 1,000마일에 걸친 주간고속도로 시스템을 설계했다. (…) 정부 계획가들이 16억 미터톤의 바위, 모래, 시멘트, 아스팔트를 그 시스템 어디에 배치할지 결정했다. 그 과정에서 그들은 사람들의 움직임을 입안하고 감시하면서 어디에서 하차하고 빠져나갈 수 있는지를 결정했다. 이 모든 일을 위해 그들은 수용권을 이용해서 주택과 상점들로 이루어진 구역 전체를 부수고 사유지를 몰수했다."[5]

　　이런 역사는 자동차 자유지상주의자들과 자동차에 반대하는 진보주의자 모두에게 고민거리를 안긴다. 미국의 자동차화 그리고 그와 함께 찾아온 온갖 경제적 진보와 사회적 역동성은 소비자 선택으로 나타나는 개인적 자유의 분출만이 아니었다. 이는 상당 정도 정부가 벌인 일이었다. 하지만 마찬가지로 자동차에 대한 과잉의존과 함께 찾아온 혼잡과 도시의 마구잡이식 개발을 시장의 '보이지 않는 손'이 개인의 선택을 구부려 집합적인 선을 향하게 만들 것이라는 잘못된 자유지상주의적 믿음 탓으로 돌릴 수도 없었다. 외려 자동차에 대한 과잉의존은 언제나 진보적인 통치의 자부심이었던 대중의 행복에 대한 (근시안적이라 해도) 진지한 헌신과 중앙계획에 대한 동일한 믿음을 자양분 삼아 국가가 도모한 일이었다.

　　이는 우리가 계속 고민해야 할 교훈들이다. 이 역사에서 오늘날의 상황과 어떤 관련이 있는지 찾으려면, 이제는 중앙계획의 주도권이 때로 국가가 아니라 준국가적 '플랫폼' 지위를 열망하는 테크놀로지 회사에서 나온다는 사실을 인정할 필요가 있다. 이 사실은 우리의 지적 습관과 정치적 반사신경 일부를 뒤죽박죽으로 만든다. 또는 그래야 마땅하다. 우리의 일상생활이 테크놀로지 회사가 만든 통로로 슬금슬금 방향을 틀도록 우리도 모르는 새 조작되고 있음을 감안하면 '민간 부문'과 '정부'의 개념적 구분을 분별력 있게 채택하기는 더 이상 불가능하다. 운전자 없는 미래를 논하기에 이렇게 애매한 시기에는 다양한 이해당사자가 잠시 열린 거대한 기회의 창을 인정한다. 만일 그들이 자동차, 도로, 도시 그리고 유일하게 합리적인 것으로 보이게 될 이동성 그 자체를 수익성으로 포장해서 설명할 수 있다면 말이다.

콘셉트 카(앞으로의 소비자 경향을 예측해 제작한 모터쇼용 차─옮긴이)인 볼보 콘셉트 26은 미국인의 평균 통근 시간(편도)을 분으로 표현한 이름이다. 운전석은 '운전' 모드, '창조' 모드, '휴식' 모드에 맞게 설비를 재배열해 다양한 배치를 선보인다. 각 모드에 따라 시트가 자동차의 조종 장치에서 조금씩 물러나고, 중앙에 올려놓은 태블릿이 당신과 함께 움직인다. 바탕에는 운전이라는 노역에서 해방되면 마음껏 창의성을 발휘할 수 있다는 생각이 깔려 있다. 홍보 사진에 실린 누가 봐도 창의적인 남자는 일체의 의심을 불식시킨다. 시인 바이런 경같이 찰랑이는 머리칼에 무릎에는 작은 가죽 장정 시집 같은 것을 올리고 있는 이 남자는 창의성을 복구하며 이 소중한 몇 분을 음미한다.

하지만 그는 이 몇 분을 자신의 창의적인 라이프스타일에 맞춰, 또 그가 지정한 목적지에 맞춰 태블릿 인터페이스가 전달한 다양한 제품과 서비스를 짜증스럽게 걸러내며 보낼 가능성이 높다. 그가 처음에 목표한 경로로 자동차가 진행을 하려면 그 하나하나를 모두 거절해야 하기 때문이다. 세계 최대의 광고회사(바로 구글)가 어째서 자동차에 대대적으로 투자하는지 굳이 물어보는 사람이 있던가? 당신의 통근(지금은 당신이 직접 **하는** 일이자 당신의 주의를 요구하는 실제 세상에서 벌어지는 실제 **활동**)을 열정적인 감시와 이윤의 논리에 이어진 또 다른 밧줄로 식민화함으로써, 그 소중한 52분간 당신의 주의는 이제 최고 입찰자에게 경매로 넘어갈 채비를 마치게 된다. 당신을 더 내밀하게 알고자 하는 이들은 이 세상에서 당신의 이동 패턴을 얻을 수 있을 것이다. 그래서 당신의 행위를 조종하는 심도 있는 독점적인 과학을 개발할 것이다. 자율주행차는 한 조각 사적인 빈 공간을 제시할 수도 있었을 일상의 모든 순간을 차지해 금전화하려는 전쟁에서 한 걸음 나아간 진일보로 이해해야 한다.

내게 쉼터를

리서치 기관인 퓨 센터**Pew Center**에 따르면 미국인 3분의 2 이상이 운전하는 동안 노래를 부른다. 우리는 운전대에 앉으면 사회적 시선에서 벗어났다고 느끼는 듯하다. 마치 샤워할 때처럼! 이보다 더 미묘한 해방도 있다. 규정하기 더 어려운 압박으로부터의 해방이다.

만일 통근이 순조로울 경우 운전은 의식의 많은 부분을 차지하지 않기 때문에 당신은 마음껏 백일몽에 빠지거나 여러 쓸데없는 몽상을 할 수 있다. 이런 유형의 운전은 아주 많은 걸 요구하지는 않지만, 다른 무언가를 해야 한다는 모든 의무에서 당신을 벗어나게 한다. 얼마나 자주 **그럴** 수 있을까? 주말이면 당신은 일상을 유지하기 위한 온갖 자잘한 항목들을 **챙겨야 하고**, 종교 교리처럼 당신을 물고 놓아주지 않는 지긋지긋한 자기계발 명령 가운데 하나에 **착수할 수도 있다.** 요구가 계속 불어나는 가운데 당신이 아무 일도 안 할 수도 있지만, 그 하루는 찜찜한 회피와 일요일 오후의 '권태'로 물든다. 휴식의 모든 순간들이 '기회비용'이라는 가차 없는 논리 앞에 정당화되어야 하는 사회에서 출퇴근을 위한 운전은 어쩌면 우리에게 마지막으로 남은 진짜 안식일인지 모른다. 통행 속도가 느릴 수도 있지만, 흐름이 원활하다면 당신은 **앞으로 나아가고** 있을 것이고, 이는 현대인을 내리누르는 시간에 대한 죄책감을 진정시키기에 충분할 것이다. 이런 운전의 자동에 가까운 상태는 마치 염주처럼 약간의 주변적인 의식과 육체적 개입만으로도 당신이 무언가 필요한 일을 하고 있고, **그러므로** 자유로운 상태라는 기분을 선사한다.

오늘날 자본주의의 게걸스러운 논리에서는 이런 순간들을 몰아내 시스템 안으로 편입시켜야 한다. 당신이 자동차 안에서 보내는 안식일이 생산적인 활동으로 전환될 수 있다면 GDP가 얼마나 향상될지 생각해보라! 당신은 이메일에 답해야 하고, 쇼핑을 하거나, 당신의 상상력을 북새통 같은 중심지에 잘 통합된 상태로 유지해줄 오락에 접속해야 할 것이다.

내 핵심은, 운전이 숱한 좌절을 안기지만 우리는 자동차를 인간다워지는 공간, 쉼의 공간으로 경험할 수 있다는 것이다(3장 "운전자의 분노"에서 이 좌절을 길게 살펴볼 것이다). 퓨 센터는 2006년 자동차에 대한 미국인의 태도를 조사했다. 물론 그동안 사람들의 태도가 바뀌었을 것이다. 하지만 그 단서를 염두에 두기만 하면 일부 연구결과는 여기에 인용할 만하다.

> 사람들에게 운전을 좋아하는지 아니면 귀찮은 일로 여기는지 물었더니 운전자의 69퍼센트가 좋아한다고 답했고, 28퍼센트가 귀찮은 일이라고 답했다. (…)
>
> 통행과 관련된 귀찮은 일들이 늘어나고 있음에도 많은 운전자들이 자신의 자동차에 대해 강한 친밀감을 느낀다. 가령 31퍼센트는 자신의 자동차에 인격이 있다고 생각한다고 말한다. 그리고 휘발유 가격이 비싼데도 4분의 1 이상(27퍼센트)이 지난주에 "그냥 재미로" 운전을 했다고 말한다. (…)
>
> 그냥 재미로 운전을 한 적이 있는 비율은 남성과 여성이 거의 동일하다.[6]

미래주의 비즈니스

자율주행차가 대거 등장할 것이라고들 한다. '미래'라고 하는 무언가에 의해 그렇게 결정되었기 때문이라고. 자율주행차를 개발하려는 노력이 소비자 요구에 대한 대응이 아니라, 대중에게 팔아야 하는 하향식 프로젝트임이 분명해진다.[7] 여기에는 딱히 새로운 것이 없다.

100년간 마케팅 과학은 새로운 필요를 창출하는 일에 종사해왔다. 그리고 이 경우 선동 프로그램은 충분히 그럴싸한 어떤 주장에 입각한다. 안전의 강화라든가 혼잡의 감소 같은 주장 말이다. 하지만 대중을 자율주행차에 앉히는 데 있어서 중요한 요소는 불가피하다는 단언이었다. 그 서사를 충분히 통제할 수 있을 경우 이 단언은 순수한 되풀이의 노력을 통해 자기예언적이 될 수 있다.

하지만 자율주행차의 추진은 바로 여기, 서사관리의 영역에서, 시기가 좋지 않음이 드러난다. 하필이면 우리의 이익을 관리하고 미래의 목자 역할을 한다고 생각했던 '빅 테크(일류 첨단기술 기업)'에 대한 대중의 신뢰가 조금씩 무너지고 있는 시기와 일치하기 때문이다. 미래주의는 어떤 바람직한 결과를 중심으로 불가피하다는 기분을 생성하고자 하는 신화 만들기의 한 장르다. 어떤 그림을 **마치 예언이라는 듯** 제시하는 것이다. 이는 투자를 끌어모으는 좋은 방법이다. 그리고 투자금의 흐름은 불가피함의 코러스에 목소리를 얹을 대중연사(저널리스트, '사고의 선도자들' 등)를 끌어모으는 좋은 방법이다. '과거에 매달리기(이는 완벽하게 합당한 현재, 즉 지금 존재하는 것을 그냥 받아들인다는 의미일 때가 많다)'보다는 미래를 받아들여야 한다. 당신은 '향수'라는 안락한 자기위안 속에서 뒹굴기를 원하는가?

자율주행자는 혼잡을 완화하고, 이로써 공동선에 기여할 수 있는 현실적인 잠재력을 보유하고 있지만, 자율주행차를 가능하게 만들 인프라를 공공사업으로 다루는 이야기나 자율주행차의 프로그래밍을

검사할 수 있게 하는 이야기는 일절 없다는 점에 유의할 필요가 있다. 지금 제안되고 있는 것은, 홍보용 언어의 안개를 헤치고 최대한 정확하게 표현하자면 IT 회사의 카르텔이 소유하게 될 이동성의 '도시 운용 시스템'이며, 여기에 참여하는 것은 어떤 유의미한 뜻으로도 선택 사항이 아니게 될 것이다.

실리콘밸리 사람들은 스스로의 자아상에 따르면 자유지상주의자들로 유명하다. 하지만 그들이 국가 앞에서 그 자유를 지켜줘야 한다고 생각하는 '사람'은 법인, 즉 기업이다. 2016년 12월 우버는 캘리포니아 차량관리국의 행정명령을 거부하고, 등록이 철회되었음에도 샌프란시스코 도로에서 자율주행차를 계속 운행했다. 〈뉴욕 타임스〉는 "우버는 지역 법률을 무시하고 새로운 시장 속으로 질주하는 경향이 있는데, 이는 전 세계적으로 확장하는 전투적인 접근법의 일환"이라고 보도했다. 우버는 "미국에서만이 아니라 그 회사가 활동하는 70여 개국의 많은 곳에서" 그렇게 한다.[8] 법인 자유지상주의의 정신세계에는 독점자본의 권력 앞에서 시민의 이익을 보장하는, 적법한 공적 권위 같은 개념이 전혀 없다.

칼럼니스트 존 해리스John Harris는 이렇게 묻는다. "만일 유례를 찾을 수 없을 정도로 저렴한 (무인) 택시를 타는 게 규범이 되면 버스와 기차의 운명은 어떻게 될까? 이 모든 차량들이 믿을 수 없을 정도로 극심한 혼잡을 초래하지는 않을까?"[9] 타당한 질문이다.

뉴욕시 교통국의 전임 교통차장 브루스 스캘러Bruce Scaller에 따르면 2013년 6월부터 2017년 6월 사이에 뉴욕시에서 우버화가 진행되는 동안 이런 변화가 있었다.

> 택시와 영업용 차량의 수가 59퍼센트 늘어났지만 손님을 태우지 않은 차량의 수가 81퍼센트 늘었고 각각의 영업용 운전자는 승객을 태우기까지 평균 11분을 기다렸다. 오후 혼잡 시간대인 4시부터 6시에는 1만 대의 영업용 차량이 맨해튼에서 움직인다. 택시와 다른 영업용 자동차는 이제 주요 도로에서 낮 시간대 통행량의 절반 이상을 차지한다.
>
> **결론**: 우버와 그 경쟁자들이 승객에게 아주 편리한 운행을 할 수 있는 유일한 방법은 빈 자동차로 도로를 꽉 채우는 것이다. 당신은 도로에서 택시를 기다리며 서 있을 필요가 없을지 몰라도, 이제는 온통 검은 차가 늘어선 도로 위에서 검은 차를 타고 다른 검은 차 뒤에서 하염없이 기다리게 된다.[10]

물론 이 승차는 버스와 기차가 사라질 때까지만 저렴할 것이다. 그러고 나면 독점가격 법칙이 적용될 것이다. 그게 계획인 듯하다.[11] 그리고 사실 지자체가 대중교통에 지원하던 재정이 크게 감소했다. 이에 많은 도시에서 대중교통 이용자 수가 줄고 그 인프라가 허물어지고 있다. 그러는 동안 우버는 꾸준히 매년 수십억 달러의 적자를 내고 있다 (2014년부터 2018년까지 140억 달러).

　이 마지막 부분에 호기심을 가질 경우 우버의 이야기는 상당히 흥미로워진다. 2019년 교통 산업 컨설턴트 휴버트 호란Hubert Horan은 우버의 경제학에 대한 연구를 발표하면서 이 회사는 흑자로 돌아설 가능성이 전혀 없다는 결론을 내렸다. "강력한 경쟁우위가 없을 뿐만 아니라, 사실상 자신이 밀어내고 있는 경쟁자들보다도 효율성이 낮다."[12] 더 자세히 들여다보면 우버는 경쟁시장에서 사람들을 태워주는 것으로 이윤을 낼 의도가 전혀 없었던 것으로 드러난다. 폭발적인 성장을 "스타트업 회사의 가치를 평가하는 방식에서 유일하게 중요한 결정 요인"으로 여기는 투자세계가 있음을 알았던 이 회사는 낮은 요금을 통해 초기 투자자들이 승차에 대대적인 보조금을 제공하게 함으로써 "온갖 희생을 감수하고 성장"을 추구했다. 상장 이후 우버의 비즈니스 모델은 본질적으로 폰지 사기와 다를 바 없었는데, 이는 그 성장을 책임지는 것이 사실 (투자자들이 제공한) 막대한 요금 보조금이라는 데 주의가 쏠리지 않게 해야만 가능한 일이었다. 호란은 우버가 실제로 혁신적인 기업이라고 말한다. 하지만 그 혁신은 '테크' 또는 과거 택시 산업이 알지 못했던 효율성을 발견한 것과는 거의 관련이 없다. 그보다 "우버는 일반적으로는 당파적인 정치 캠페인에서 채택하는 날조된 서사를 사용해 새로운 대기업에 대한 대중의 인식을 전적으로 창조한 획기적인 사례. 어쩌면 우버의 가장 막강한 경쟁력은 서사 구축인지 모른다." 이 서사는 낡은 사상에 붙들린 부패한 규제자와 영웅적인 혁신가를 대비시켰다(어째서 택시에 규제가 필요한지를 생각해보자. 택시는 한 도시의 교통 인프라로서 순수한 시장에서는 실현하기 어려운 공동선을 제공한다. 그 혜택의 일부는 승객과 운전자 한 쌍의 거래 '외부에' 있기 때문이다).[13]

비즈니스와 테크놀로지 관련 언론들은 기술진보와 경제적 자유를 위해 싸우고 있다는 우버의 홍보에 그대로 넘어갔다. 이 회사의 실제 자본환경에 대한 검토는 이루어지지 못했다. 우버는 "자신의 궁극적인 시장지배가 불가피하고, 경쟁이나 규제의 저항은 소용이 없으며, 저널리스트의 탐사는 무의미하다"는 신호를 보내기 위해 할 수 있는 모든 일을 했다. 그러는 한편 수십억 달러에 달하는 우버의 요금 보조금은 "시장 가격과 서비스 신호를 완벽하게 왜곡해 자원의 대대적인 할당 실패로 이어졌다."

이런 할당 실패 때문에 손님을 태우지 못한 승차 공유 차량들이 도시의 도로들을 꽉 메우게 되었다. 물론 '버튼만 누르면 차에 타는 것'이 거의 즉각적으로 가능해진 이유는 바로 이 조건 때문이다. 마치 마법처럼 보인다. 그래서 우리는 테크놀로지가 다음에는 무엇을 가능케 할지 혀를 내두르기만 할 수 있다. 호란의 분석에 비추어 질문을 던져야 한다. 자율주행차에 대한 우버의 두드러진 관심이 정말로 저임금 운전자를 자율주행 차량으로 대체하고자 하는 희망에서 비롯된 걸까? 어째서 우버 자동차의 자본비용을 금융 문제에 눈이 어두워서 가차 없는 자동차 리스 약정에 묶이는 이민자들에게서 가져가는가? 요란스럽

70

게 자율주행차와 관계를 맺는 것이 노동과 금융 거래의 특히 공격적인 실행자로서보다는 '테크' 기업으로서 우버의 이미지를 지키는 데 도움이 되기 때문은 아닌지 의심해볼 만하다.[14] 우버의 "운전자-파트너들"은 최첨단의 말장난에 속아서 빠져나오기 어려운 소작인 경제에 발을 들이게 된 듯하다.

　이 장에서 우리는 잘 드러나지 않는 비즈니스의 동학과 공공의 이익을 일부 살펴보았다. 이 순간 우리가 이런 것들을 들여다봐야 하는 것은 한 세기 전 자동차가 출현한 이래로 우리의 기본적인 이동성 체제가 그 어느 때보다 아귀다툼의 대상이 되었기 때문이다. 다음 장에서는 좀 더 사적인 이야기로 방향을 돌려 칠흑 같은 밤에 고속도로에서 차가 퍼져버린 경험을 전할 것이다. 이것은 풍경 속에, 이방인들의 곁으로 아무런 준비 없이 내던져진 이야기, 자신의 기지에 의지해야 했던 이야기다. 휴대전화도 GPS도 손전등도 없이.

PART

손수 자동차 만들어 타기

차가 퍼지다
− 1972년형 지프스터 코만도

마실 생각도 없으면서 커피를 한 잔 더 주문했다. 카운터에서 남의 부동산을 차지하고 앉아 있었으니 그렇게 해야 할 것 같았다. 내가 있는 곳은 산미겔 101번 고속도로변의 한 식당이었다. 마을이라기보다는 중앙 캘리포니아에 있는 '인구조사 지정구역'에 가까웠다. 나는 지칠 대로 지친 상태로 대체 앞으로 어떻게 해야 할지 고민 중이었다. 1987년 1월, 새벽 2시경이었다. 웨이트리스는 그런 시간에 스물한 살짜리가 계산서를 만지작대는 모습이 별로 익숙지 않았던 모양이다. 그녀는 할 말이 있는 사람처럼 내 의자 근처에서 서성였다. 그래서 나는 그녀에게, 만일 내가 내 트럭에서 잠들어 있는 모습이 발견되면 지역 경찰이 와서 날 체포할지 물었다.

"어디 가는 길인데요?"

"아무 데도요, 딱히."

어감이 마음에 들어서 연습을 하던 표현이었다.

나는 상황을 설명했다. 그녀는 정면 도로를 따라 1.6킬로미터 정도 가면 고물상이 하나 있다고 알려주었다.

"정말요?" 희망의 온기가 사지로 천천히 퍼져나갔다. 그녀의 시큼한 커피를 그토록 들이켠 것보다 훨씬 나았다.

"그리고 경찰은 걱정 말아요. 이 일대에는 캘리포니아 고속도로 순찰대밖에 없어요." 하지만 그 문제는 이제 중요하지 않았다. 더 이상 자야 할 필요가 없었다. 고물상은 앞으로 여섯 시간만 지나면 열릴 터였다.

그날 밤 일이 꼬이기 시작한 건 다섯 시간 전부터였다. 1972년형 지프스터를 타고 101번 도로에서 남쪽으로 가던 중 엔진실에서 끔찍한 소리(빠르게 닷닷닷닷닷 하는 소리)가 플랜 A는 물 건너 갔음을 선언했다. 그 소리를 듣는 순간 어떤 세부사항이, 좀 지나치게 무질서한 나의 마음속 할 일 목록에 있는 100가지 중 하나가 떠올랐다. 이번에는 라디에이터의 설치에 관한 것이었다. 내 기억이 맞다면 볼트 네 개가 아니라 두 개를 썼고, 그마저도 한 개는 나사 홈에 맞지도 않아 보이는 걸 억지로 욱여넣은 상태였다. 엔진 교체를 마무리할 때 '당분간' 라디에이터를 잡아두려고 그런 거였는데. 그 당분간을 더 이상은 끌 수 없었다.

지프스터를 구입한 건 그 전해 여름, 친구의 1964년형 인터내셔널 하베스터 스카우트에 매혹되고 난 뒤였다. 네 명이서 그 차를 타고 산악지역으로 캠핑 여행을 떠났다. 고등학교 졸업 후 다시 뭉친 그 여행의 하이라이트 중에는 얼음물 폭포, 뒤집힌 거대한 화강암판석 위에서 별 보며 잠들기, 4륜 드라이브로 바퀴자국이 깊이 새겨진 흙길을 따라 튀어오르는 아찔한 즐거움 같은 것들이 있었다. 여러 하천들이 너무 깊어서 차량으로 건널 수 없는 건 아닌지 반신반의하기도 했다. 하지만 여차하면 밀고 끌고 땅을 팔 수 있는 네 명의 건장한 청년이 있다는 것이 약간의 보험이었다. 우리가 힘을 모은다면 반 마력 정도는 낼 수 있을 것 같았다! 하지만 수동잠금 앞바퀴 허브가 달린 귀여운 4기통 스카우트는 만사를 침착하게 헤쳐나갔다. 차체를 들어 올리는 개조를 하지 않았고, 얇고 작은 타이어에 부드러운 서스펜션을 달고 있었다. 그러니까 완벽했다. 브라이언은 800달러를 주고 그 차를 샀다. 그을린 사막 같은 황갈색 페인트칠이 되어 있었다.

내가 《베이 지역 자동차거래 안내서Auto Trader for the Bay Area》(편의점에서 살 수 있는 주제별 광고책자)를 뒤져서 찾아낼 수 있었던 것 중 그 스카우트와 가장 가까운 모델이 1972년형 지프스터 코만도였다. 얼마 안 가 등장하게 된 SUV의 조상격인 차다. 연한 파란색이었고, 차체를 들어 올리는 개조가 되어 있었고, 금속 지붕을 제거할 수 있었고, 롤바는 없었다. 나는 바로 지붕을 떼어냈다. 회전속도가 낮은 엔진 때문에 종종 노를 젓듯 기어를 바꿔가며(수동 4단 기어가 6기통 직렬엔진에 맞춰진 차였다) 누가 봐도 불안정한 죽음의 덫 꼭대기에 자리를 잡고 차에서 바람을 직접 맞으며 운전을 하면서, 나는 어떤 모험담에 나오는 사악한 인물이 된 듯한 기분을 느꼈다(젊은 남자들은 자신이 모터가 달린 무언가로 등장하는 이야기를 지어내는 경향이 있다). 잘한 건 하나도 없으면서 내게 카리스마가 있다는 기분이 들었다. 그래서 내 장점을 찾아내야겠다는 의욕은 뒷전으로 밀렸다.

하지만 이 이야기는 첫 장에서부터 꼬이기 시작했다. 그 차를 산 바로 다음 날 샌프란시스코에서 맛보기로 야간 4륜주행을 하다가(굳이 알고 싶다면 장소는 공사장이었다. 별로 자랑스러운 사실은 아니다) 모터가 갑자기 서버린 것이다. 차를 버클리에 있는 집으로 견인해서 끌고 간 뒤에 알게 된 사실이지만 낡은 모터 마운트 때문에 엔진이 이리저리 흔들리다가 오일 필터가 모터 마운트에 의해 구멍이 나는 지경에 이르렀고, 유압 경고등도 작동하지 않았다. 그래서 모터가 말 그대로 기름에 튀겨졌다.

나는 고물상에서 다른 지프 모델의 엔진을 구입했고, 아빠 집 앞 도로에서 엔진을 교체했다. 여러 주가 걸렸다. 오르테가**Ortega**라는 아주 열성적인 주차관리요원을 만족시키기 위해 도로를 따라 그 트럭을 다른 장소로 밀고 가야 했다. 오르테가는 작동 불가능한 차량에 관한 내 이력을 근거로 이미 내게 앙심을 품고 있었다. 엔진 교체를 완료하고 나서 며칠 뒤, 환한 대낮에 밴크로프트웨이**Bancroft Way**에서 그 트럭을 도난당했다. 몇 달 뒤 경찰이 그 저주받은 물건을 찾아냈고, 나는 마침내 그 차를 타고 산타바바라로 진짜 여행을 떠날 수 있었던 것이다.

앞서 언급한 닷닷닷 소리를 듣는 순간 나는 갓길에 차를 세우고 후드를 열었다. 나에겐 손전등이 없었다. 하지만 손으로 느껴보니 라디에이터가 정말로 마운트에서 냉각팬 쪽으로 내려앉은 게 분명했다. 달달한 냄새와 미끈미끈 축축한 걸로 봐서는 냉각수가 사방에 유출된 모양이었다. 물건이 한가득인 뒷자리를 열심히 뒤졌다. 나는 산타바바라캘리포니아대학교 겨울학기를 위해 버클리에서 산타바바라로 가던 중이었다. 코트걸이와 펜치 몇 개를 발견했고, 라디에이터가 냉각팬을 가로막지 않도록 철사로 묶어 위로 올렸다. 이제 관건은 유실된 냉각수가 어느 정도인가였다. 그리고 내가 다시 모터에 시동을 걸면 어떤 속도로 유출될 것인가. 저장통 안에는 워셔액이 하나도 없었다. 나는 한 시간 전에 차를 세우고 소변을 본 것을 후회했다. 유사시에 더 소중하게 쓸 수 있는 액체였는데.

트럭 안에는 물이 하나도 없었지만, 나는 어떤 물건을 물통으로 사용할 수 있을지 차분하게 생각했다. 오일 몇 리터를 희생제물로 삼아 도로에 쏟아버리면 물통으로 쓸 용기를 얻을 수 있었다. 6년간 망할 올드 카들을 만지작거리면서 저지른 환경 범죄 중에는 이보다 더한 것도 있었다. 그리고 내가 벼랑 옆에서 불을 피우거나 해변 서핑여행에서 임시 바비큐를 할 때 사용하던 커다란 스테인리스스틸 냄비가 있었다.

하지만 물을 어디서 구한담? 도로는 칠흑같이 어두웠다. 24킬로미터 정도를 지니는 동안 출구가 한 번도 나타나지 않았고, 앞에도 출구 표지판은 전혀 보이지 않았다. 나는 몬테레이 카운티와 샌루이스오비스포 카운티의 경계 근처 어딘가에 있었다. 중부 캘리포니아 깡촌의 중심지. 가축과 상추와 딸기와 마늘이 있는 곳. 달도 없는 밤이었다. 땅바닥에 있는 내 발도 안 보일 지경이었다. 하지만 동쪽 멀리 전등 하나가 눈에 들어왔다. 나와 그 전등 사이에 무엇이 있는지는 보이지 않았다. 사람을 반기는 불빛은 아니었다. 색을 보아하니 상업용이 아니라 산업시설이었다. 현관등일 수는 없었다.

나는 내 물그릇들을 모아서 고속도로를 건너 앞도 안 보이는 상태로 제방 아래로 내려갔다. 모래지형 안에는 내륙해안의 향긋한 수풀이 모여 있었다. 나는 평평하고 상대적으로 고른 지역을 건넜다. 물이 말라버린 강바닥 같았다. 그 전등이 시야에서 사라졌을 때는 지형의 오르내림이 고속도로와 평행이라는 막연한 감각에만 의지해서 방향을 예측했다. 나는 인공적인 참호 같은 곳으로 여러 번 심하게 곤두박질쳤다. 아주 난데없고 각이 살아 있는, 70~90센티미터 깊이의 구덩이였다. 2차선 도로에 닿았고, 이제는 내 북극성이었던 눈부신 하얀 빛의 광원을 눈으로 볼 수 있었다. 그 등은 어떤 문 위, 철책으로 둘러싸인 작은 주름강판 건물 단지에서 유일하게 눈에 보이는 입구 위에 달려 있었다. 높이가 3.5미터 정도 되고 맨 윗부분이 바깥으로 꺾인 근엄한 철책이었다. 나는 그 전등이 비춰주는 한도 내에서 최대한 그 건물을 훑어보았지만 호스나 수도꼭지 같은 건 보이지 않았다.

근처에 사람이 있기는 할지 의심스러웠다. 그리고 어떤 경우든 나는 성가신 존재가 되는 걸 너무 싫어한다. '아, 어쩐다' 하면서 거기서 5분 정도 서 있었다. 패배의 소리다. 하지만 그러다가 이 망할 전등에 도달하기까지의 험난한 여정에 생각이 미쳤다. 나는 이미 상당한 에너지를 쏟아부은 상태였다. 알 게 뭐람. 나는 철책 밖에서 소리를 지르기 시작했다. 아무런 반응이 없었다. 몇 번 더 소리쳤다. 여전히 아무 일도 없었다. 막 뒤로 돌아 고속도로 쪽으로 되돌아가려던 찰나 문이 열렸다. 누군가가 내게 손전등을 비추고 있었다.

"아, 안녕하세요. 깨워서 죄송해요. 제가 물을 좀 구하는 중이에요." 나는 더 이상 고함은 치지 않고, 큰 목소리로 말했다. 아무 반응이 없었다. 하지만 10초 정도 시간이 지난 뒤 투광조명등이 들어왔고, 이제 나는 남자가 조명을 등지고 나를 향해 걸어오는 실루엣을 볼 수 있었다. 그가 철책 바로 앞에 선 뒤에야 얼굴을 제대로 볼 수 있었다. 나는 그에게 내 상황을 설명했고, 남쪽에 있는 다음 마을이 얼마나 먼지도 물어봤다.

"여긴 어떻게 왔수?"

나는 엄지로 내 어깨 너머를 가리켰다. "저기로요."

그는 잠시 말없이 생각하는 듯했다. 됐어, 이제 내 물그릇을 채워줄 거야. 나는 간이 커져서 혹시 나에게 줘버려도 상관없는 더 나은 용기가 있을지 물어보았다. 그에겐 그럴 생각이 없었다. 그는 철책을 따라 20미터 정도 걸어가라고 내게 말했다. 거기에 문이 있다고. 그는 그 문을 열었고, 내 용기를 가져가더니 10분 뒤에 물을 가득 채워서 가져왔다. 다음 출구는 군사기지인 캠프로버츠였다. 그다음에는 그도 잘 몰랐다. 나는 그에게 내가 계속 곤두박질쳤던 참호가 대체 뭔지 물었다.

"그건 탱크 지국이요. 이 지역은 탱크 훈련과 실탄사격 연습을 하는 곳이거든."

"아."

이제 나는 물을 몇 통 안아 들고서 왔던 길로 되돌아가기 시작했다. 첫 번째 문제는 돌아가는 길을 안내해줄 빛이 전혀 없다는 것이었다. 두 번째 문제는 출렁거리는 물이었다. 내 몸이 상당히 젖고 있었기 때문에 (1월치고는) 따뜻한 밤인 게 반가웠다. 나는 지형을 살피려고 애쓰면서 전보다 더 좁고 자신 없는 발걸음으로 천천히 움직였다. 나는 탱크 포탑에서 야간용 쌍안경으로 보면 내 모습이 어떨지 상상해보았다. 따뜻한 몸통에 찬물이 든 냄비를 품은 열화상 이미지가 습지에서 섬세하게 발을 내디디며 학춤을 추는 것 같겠지?

101번 도로에 다시 돌아와서 어둠 속에 서 있는 트럭을 찾았을 때쯤에는 물 2리터와 냄비에 담긴 물 3분의 2 정도가 수중에 남아 있었다. 나는 물을 내려놓고 운전석에 들어가 땀을 흘리며 앉아 있었다. 사방이 고요했다. 달은 이제서야 남동쪽에서 뜨고 있었다. 나는 의지의 힘과 육체적 노력으로 무언가를 성취했을 때 찾아오는 일시적인 평온함에 빠졌다. 그리고 다른 인간에게 도움을 요청하지 못하는 성격의 나로서는 가장 불편한 억압을 이겨냈다는 데서 기쁨을 느꼈다. 내가 고생 끝에 그 철책에 이르렀다는 점 때문에 그게 용이해졌다. 나는 대책 없는 무능력자처럼 도로가에 서서 손수건을 흔들지 않았다. 나는 그 남자에게 물을 달라고 요청할 권리를 **획득했고**, 그래서 그가 내게 물을 주었다.

나는 오래전에 식어버린 라디에이터의 마개를 열었다. 냄비를 높이 들어 올렸다(차체를 높이는 개조공사를 한 지프스터였다). 어깨가 화끈거리는 느낌이 들었다. 직렬 6기통 밸브 커버에 냄비를 올려놓고 엔진실의 모습을 볼 수 있도록 달빛을 가리지 않게 내 몸의 위치를 잡았다. 냄비를 라디에이터 입구에 조심스레 기울이고 물을 부었다. 처음 몇 초 동안 내 목표는 대강이나마 조준하는 것이었고, 물이 사방으로 튀었지만 점점 물을 흘리지 않고 천천히 잘 쏟아넣게 되었다. 하지만 물이 바닥에 닿는 소리가 줄어들지 않았다. 오히려 커지는 것 같았다. 이제는 내가 물을 쏟아부을 때와 거의 같은 속도로 들릴 정도로 콸콸

거렸다. 나는 근엄하게 물을 계속 부었다. 이 망할 물로는 달리 할 수 있는 일이 없었다.

그제서야 나는 마지막 두 시간의 여정 전체를 순전한 가설, 그러니까 라디에이터가 완전히 망가지지 않았다는 희망으로 버텼다는 생각이 떠올랐다. 상황이 암담하지만 정확히 어떤지 자신할 수 없을 때, 우리는 자신에게 가장 매력적인 이론을 세운다. 가장 그럴듯해서가 아니다. 그게 무언가 **할 일**을 제시하기 때문에, 그리고 무언가를 하는 것은 불쾌한 불확실성과 절망이 으스러뜨리지 못하는 유일한 것이기 때문이다. 물을 길어오는 일은 내게 목적을 부여했다. 우리 같은 유한한 존재들에게 자주 있는 일이지만 그 목적은 사실 의미 없었음이 드러났다. 하지만 이런 것들을 충분히 휘저으면 대충 인생이라는 것이 완성된다. 우리는 신의 노리개이고, 즐거움을 제공하는 일은 하찮지 않다.

지금은 이렇게 말하기 쉽지만 그때는 그렇게 철학적인 기분이 아니었다. 자동차를 만질 때 사람은 그 차와 자신을 동일시하게 된다. 자동차의 필요가 최고다. 그 필요를 충족시키는 데 몰두하게 된다. 그런데 그게 나에게도 필요가 있었다. 나는 이 망할 곳에서 헤어날 필요가 있단다, 지프스터야. 어쩌면 널 **팔아넘길** 수도 있어.

열교환은 개나 주고 이제 다시 길을 떠날 시간이었다. 나는 다시 차에 올라 시동을 걸고 차를 몰았다. 내가 그 차를 무법자처럼 몰았다고 말하고 싶지만 그렇지 않았다. 나는 시종 자동차의 온도 게이지를 살피고 있었다. 바늘이 너무 빠르게 움직여서 초침처럼 휙 쓸고 지나가는 것처럼 보였다. 3킬로미터 정도가 지나자 빨간 등이 켜졌다. 나는 차를 갓길에 세우고 시동을 껐다. 말을 말자.

　20분쯤 기다렸다가 다시 몇 킬로미터를 갔다. 그런 식으로 몇 번 가다 서다를 반복하고 난 뒤 조금도 환대하는 기색이 없는 캠프로 버츠 출구를 통과하고 산미겔에 도착해서 식당 주차장에 차를 세웠다. 점화장치를 끈 뒤에도 족히 15초 동안 모터가 계속 돌았다. 새빨간 연소실이 계속해서 스로틀 판을 통해 흡입된 탄화수소를 연소시켰기 때문이다. 이 활발한 연쇄반응은 음식점에 앉아서 오래 기다려야 하는 상황이 임박했음을 알렸다. 어째야 할까나.

　아침 8시경, 식당 칸막이 자리에 접어놓은 재킷에 파묻혀 있던 머리를 들고 트럭에 올라 고물상으로 달렸다. 나는 주인에게 17달러가 있다고 말했다. 그는 나를 물끄러미 쳐다보면서 무언가 판단을 하는 것 같았다. 그러더니 라디에이터 더미를 뒤져보라고 했다. 관건은 맨 위 오른쪽에 주입구가, 바닥 왼쪽에 배출구가 있고, 원래 것과 호스의 직경이 동일하며, 그 자리에 적당한 부피를 가진 부품을 찾는 것이었다. 설치 지점은 상황을 봐가면서 해결해야 할 것이었다. 가능한 후보는 컴팩트 카에서 나온 것뿐이었다. 나는 그게 산타바바라에 도착할 때까지는 충분히 식어 있으리라고 생각했다. 지금 와서 생각해보면 그건 심리학자들이 말하는 '동기화된 추론'의 사례였다. 나는 그게 사실이기를 원했고, 내 전공인 물리학이 그 바람을 뒷받침했다. 물리학자들은 실제적인 것에 대해 이야기할 때(비마찰면이나 완벽한 진공 같은 것과는 반대로) '자릿수'의 차이에만 관심을 둔다. 그보다 작은 것은 뭐든 너무 사소해서 이론적인 관심의 대상이 되지 못했다. 이 라디에이터는 두 배 정도 더 작았으므로 사소했다.

나는 그 물건을 되는 대로 내 트럭에 끼워 넣었다. 완전히 거지 꼴이 되었지만 행복했고, 다음 입구 경사로구간을 향해 정면 도로를 따라 의기양양하게 출발했다. 그런데 101번 도로에 닿기도 전에 온도 게이지가 치솟았다. 처음에는 그걸 보고도 일시적인 문제라고 생각했다. 어쩌면 시스템에 기포가 있어서 그런 걸지 몰라. 빠져나가면 괜찮겠지. 아니면 다른 무언가가 있든지. 나는 온도가 떨어지기를 바라는 마음을 담아 절박하게 가설을 만들면서 시속 60킬로미터 정도로 101번 도로에 들어섰다. 그다음 1.6킬로미터 정도가 지나자 현실이 부정할 수 없을 정도로 고집스럽게 이어졌다. 나는 제대로 논박당했다.

나는 다음 출구로 트럭을 살살 몰고 갔고, 맨 처음 나타난 시설물의 주차장에 차를 세웠다. 모텔이었다. 나는 밖으로 나가서 무릎 위에 팔을 기대고 연석 위에 가만히 앉아 있었다. 할 건 다 했다. 의지도, 아이디어도, 돈도, 아무것도 남지 않았다. 지프스터는 제대로 진짜로 저주받은 물건이었고 나는 거기서 손 뗄 준비가 되어 있었다. 그냥 부랑자처럼 101번 고속도로를 따라 걸어가고 말지. 난 분명 그런 역에 딱이었다.

거기 앉아 있는 동안 재미있는 일이 벌어졌다. 내 절망이 활짝 열려 길을 터주면서 다른 감정이 들어설 여지가 생긴 것이다. 나는 자유를 느꼈다. 어쩌면 산미겔에서 일자리를 구해서 잠깐 살 수도 있지 않을까. 언덕을 돌아다니면서 까마귀에게 말을 걸 수 있지 않을까. 어떤 육감적인 싱글맘이 나를 자기 집으로 데려가서 스프를 먹여주지 않을까. 나는 건강했고, 능력이 있었고, 처음 보는 사람에게 말을 거는 법을 알았다.

지금 와서 그 순간을 돌아보니 그게 신념의 자유였다는 것을 알겠다. 나 자신의 능력에 대한 신념, 또한 내가 믿음을 가지고 나 자신을 내던지기만 한다면 이 세상은 기본적으로 친절하다는 신념.

가벼움과 강인함 같은 느낌이 내 온몸에 퍼지고 있는 바로 그 순간 모텔 주인이 나와서 물었다. "도와줄까요?"

나는 갑자기 통 큰 사람이 되어 뒤를 돌아 고개를 까딱하며 말했다. "지프스터 필요해요?"

그가 차를 쳐다보았다. "딱히 그렇진 않은데. 얼만데요?"

"오클랜드행 기차표가 얼마에요?"

"50달러 정도."

"그거면 돼요."

그는 파소로블레스까지 나를 태워다주었다. 거기서 북쪽으로 가는 암트랙 기차를 탔다. 거기서 **다른** 고철덩어리를 수리했다. 아버지의 진입로에서 부식되어 가던 1963년형 폭스바겐 마이크로 버스였다. 모터를 떼어내고 새 클러치를 끼우고 다시 한 번 산타바바라로 향했다.

그런 차에서는 핸들이 거의 수평이고 거대하다. 그래서 지지물 없는 넓은 판금이 드럼처럼 기계적인 소음을 증폭시킬 때 동네 여기저기서 두 손을 번갈아가며 큰 원을 그리며 운전을 하고 있으면 정말로 버스를 모는 기분이 든다. 핸들은 장거리 여행에서 훌륭한 쉼터 역할도 한다. 그 위에 팔을 올려놓고 쉴 수 있다. 평평한 앞유리에서 머리가 몇 센티미터밖에 안 떨어져 있다 보니 마치 뱃머리에 앉아 있는 기분이 든다. 내 앞에는 평평한 유리 말고는 아무것도 없다. 이런 식으로 웅크리고 앉은 자세는 느긋한 폭스바겐의 속도로 중부 캘리포니아의 농장과 언덕이 흘러갈 때 몽상에 빠져들기 좋다. 때로 자동차는 우리를 이 세상 속에서 이동시키기만 하는 게 아니라 더 철저하게 이 세상 속에 빠뜨리는 듯하다.

02 ←

랫로드 프로젝트

인지심리학자 L. 엘리자베스 크로퍼드L Elizabeth Crawford 는 쥐에게 운전을 가르칠 수 있을지 궁금했다. 이 질문이 떠오르게 된 데는 몇 가지 요소가 있었다. 첫째는 환경 속에서 우리의 신체적 운동능력이 공간기억력 같은 능력에 미치는 방식에 대한 직업적인 관심이었다. 둘째는 그보다는 우발적이었다. 안식년을 보내면서 그냥 재미 삼아 센서와 작동장치를 연결해서 이상한 짓을 하면서 전자공학에 어설프게 손을 대던 중이었다(포식자가 들끓는 동네에서 닭을 키우던 그녀는, 암탉이 달걀을 낳았음을 감지하면 아주 적절하게도 "쩩!"이라는 단 한 단어로 알림을 보내주는 닭장을 만들었다). 이 즈음 그녀의 남편은 운전에 대한 책을 막 쓰려던 중이어서 그 둘은 '체화된 인지'에서부터 동물의 지능, 인간-기계 인터페이스와 자동차 운전의 기묘한 즐거움, 때로 **정신**을 무력하게 만드는 자동화의 효과를 아우르는 대화를 나눴다. 육체적 기술과 다른 형태의 지능 간의 관계는 문화와 테크놀로지에 대한 영양가 있는 질문들을 제기했다.

그렇다면, 쥐에게 운전을 가르칠 수 있을까?

크로퍼드는 쥐에 대해서 많이 알지 못했지만 리치먼드대학교 심리학과 동료인 켈리 램버트Kelly Lambert는 알았고, 그래서 두 사람이 한 팀을 꾸렸다. 램버트에 따르면 우리는 쥐가 무엇을 할 수 있는지 전혀 모른다. 이제까지 쥐 연구는 항상 고도로 통제된 실험실 환경에서 이루어졌고, 이런 연구의 핵심은 **한 가지** 변수의 영향을 연구하고 교란변수를 최대한 제거하는 것이었기 때문이다. 하지만 동물의 진화된 능력을 진전시키는 것은 바로 그 동물이 살아가는 환경의 풍요로움이다. 동물의 많은 능력은 수 세대에 걸쳐 그 종에 영향을 미친 선택의 압력만큼이나, 자연환경 안에서(쥐의 생애 동안) 진행되는 발달과정에 좌우된다. 그녀의 말에 따르면 연구자들은 일정한 자극에 반응해서 간식을 꺼내기 위해 버튼을 누르는 것 같은 단순하고 분절된 능력이 아니라, 털북숭이 실험대상의 전반적인 **기술**이라는 문제는 한 번도 탐구해본 적이 없었다. 하지만 쥐는 대단히 똑똑한 동물로 알려져 있다. 크로퍼드는 궁금했다. 쥐에게 완전히 낯선 이동방식을 이용해서 이 세상에서 길 찾는 법을 가르칠 수 있을까? 그러려면 완전히 새로운 '운동기능'을 학습하고 이 기능을 이 세상에 대한 자신들의 지도와 새로운 방식으로 통합해야 할 것이었다. 원하는 곳을 찾아갈 수 있을 정도로. 램버트 실험실에서 전에 했던 실험에서처럼 프루트루프 시리얼이 있는 곳을 찾아갈 수 있을 정도로 말이다. 하지만 이번에는 멋진 바퀴를 달고 세련되게.

　　잠시 샛길로 빠지겠다. 인지에서 움직임의 역할, 그중에서도 특히 수동적으로 옮겨지는 것이 아니라 **자발적인** 움직임의 역할을 탐구했던 고전적인 실험을 살펴보자. 열 쌍의 아기고양이를 어둠 속에서 기르면서 매일 세 시간 동안 각 쌍을 회전목마처럼 생긴 기구에 올려놓고 한 마리는 마음껏 돌아다니게 하고 다른 한 마리는 그 고양이의 움직임에 따라 수동적으로 옮겨지게 했다. 능동적인 아기고양이는 회전목마 위아래로 기어오르거나 중심을 향해 또는 멀리 움직일 수 있을 뿐만 아니라 이 회전목마의 모양을 따라 작은 원을 그리며 뱅글뱅글 돌 수도 있었다. 아기고양이들은 서로를 볼 수 없었고, 주변 환경은 두 고양이 모두 움직이면서 동일한 시각적 자극을 받도록 설계되었다. 유일한 차이는 한 마리는 스스로 움직이는 반면 다른 한 마리는 수동적으로 옮겨진다는 것뿐이었다. 능동적인 고양이는 정상적으로 성장했다. 하지만 수동적인 고양이는 시각의 안내를 받아 발 디디기, 눈에 보이는 절벽 피하기, 빠르게 접근하는 물체에 대한 눈깜빡임 반응 또는 움직이는 물체를 시각적으로 쫓기 같은 능력이 발달하지 못했다.

　　이런 연구결과는 '체화된 인지'라고 하는 빙산의 일각이었다. 이제 이 분야는 심리학에서 두각을 나타내는 연구 프로그램이다. 알바 노에Alva Noë의 표현에 따르면 "우리는 인지할 때 움직임의 가능성과 관련된 어법으로 인지한다." 게다가 이런 가능성에 대한 우리의 인지는 우리가 돌아다닐 때 사용하는 도구의 종류, 그리고 거기에 해당하는 기술집합에 좌우된다.[1]

　　크로퍼드가 제일 먼저 할 일은 쥐가 탈 자동차를 만드는 것이었다. 역사학자들은 분명 이를 선구적인 '쥐-기계 인터페이스' 디자인 시도로 평가하리라(쥐가 그냥 버튼을 누르게 만드는 것과 어떻게 다른지는 곧 알게 된다). 그녀는 라디오색 Radio Shack (전자기기 판매 프랜차이즈-옮긴이)에 가서 저렴한 무선조종 자동차를 샀고, 차대와 모터를 떼어낸 뒤 투명한 캐슈너트 통(코스트코에서 파는 것 같은 정말로 큰 통)에 쥐가 주변 환경을 후각으로 감지할 수 있도록 창을 몇개 뚫어서 차체를 만들었다. 그녀는 초보 공작인들이 좋아하는 아두이노 Arduino 플랫폼(오픈소스 컴퓨팅 플랫폼의 하나-옮긴이)을 활용해서 제어메커니즘을 만들었다. 나는 자랑스럽게도 초기 원형에 들어갈 쥐 친화형 조이스틱을 용접하는 영광을 누렸다. 하지만 쥐는 조이스틱을 좋아하지 않는 것으로 드러났다(최소한 마리오와 루이지는 **내 조이스틱**을 좋아하지 않았다). 그들은 독립적인 왼쪽, 오른쪽, 직진 제어 장치를 더 선호한다. 크로퍼드는 지금 이 랫로드(나는 끝까지 이렇게 부를 것이다) 실험을 반복하면서 쥐가 그 앙증맞은 손으로 거머쥠으로써 회로를 닫아버릴 수 있는 전도성 막대를 사용하고 있다(원래 랫로드 rat rod는 외관을 의도적으로 낡고 완성되지 않은 것처럼 보이게 만든 맞춤형 자동차를 의미하는 표현이지만, 여기서 저자는 쥐에게 운전을 가르치는 실험에 이 표현을 익살스럽게 갖다 붙이고 있다-옮긴이).[2]

크로퍼드와 램버트는 약 1년 동안의 원형개발을 거치면서 기본적인 쥐의 인체공학을 파악하고, 실험 설계의 여러 요소들을 미세조정했다. 예를 들어 쥐는 시각만큼이나 냄새를 이용해서 길을 찾는데, 시리얼에는 향이 많지 않기 때문에 여러 가지 냄새가 있는 물질을 시리얼 옆에 놔두었다. 확인해보니 젖은 티백이 안성맞춤인 것으로 나타났다.

더 중요한 점은 이 실험을 통해 쥐 운전자의 장기적인 교육 프로그램에 착수하기 위해 신념의 도약이 필요했다는 사실이다. 이것과 아주 조금이라도 비슷한 실험은 한 번도 시도된 적이 없었다. 100년 동안 쥐를 상대로 한 연구는 '조건 반응'을 유도함으로써 여러 일을 하도록 가르치는 것이 기본이었다. 기본적으로 쥐는 어떤 범위의 행위를 내보이도록 훈련시킬 수 있는 자극-반응 기계처럼 다뤄진다.

전염성 있는 괴짜처럼 카리스마가 넘치는 크로퍼드는 2019년 4월의 어느 아침 주방에 서서 나에게 이 프로젝트가 어떻게 다른지를 설명했다. 쥐들이 학습해야 하는 초기의 과제는 그냥 막대를 눌러서 자동차가 시리얼이 기다리고 있는 곳으로 직행하게 만드는 것이었다. 쥐들은 빠르게 이 과제에 성공했는데, 이는 기본적으로 실험용 쥐들이 오랫동안 해왔던 훈련과 별로 다르지 않았다. 이 초기의 훈련은 쥐가 자동차에 익숙해지고, 환경에 편안함을 느끼며, 특정한 사람들(주로 흰 실험복을 입은 학부생들)과 안면을 익히는 기능을 했다.

그다음으로 쥐들이 배워야 하는 과제는 오른쪽에 있는 막대를 눌러서 자동차가 그냥 오른쪽으로 **방향을 틀게** 만드는 것이었다. 그쪽으로 가면 시리얼을 얻을 수 있었다. 이 과제 역시 학습이 수월했고, 전통적으로 실험용 쥐들에게 요구했던 것과 비슷한 계열의 과제였다 (쥐에게 좌회전을 가르친 적은 한 번도 없었는데, 그 의미는 곧 밝혀질 것이다). 이런 기본 능력들은 다음 단계의 훈련을 쌓아 올리기 위한 뼈대가 되었다.

자동차는 운전용 공간에서 시리얼의 반대편 끝에 놓였고 잘못된 방향으로 틀어져 있었다. 몇 달간 쥐들이 벽을 향해 질주하고 오도 가도 못하는 등 각종 좌절에 빠지게 내버려두며 지난한 시행착오의 과정을 거치고 나자, 무언가 눈에 띄는 일이 벌어졌다. 좌회전하는 법을 스스로 터득한 쥐들이 지그재그 경로에서 방향 조종과 전진이 가능한 이동 장치를 숱하게 두들기다가 결국 시리얼로 가는 길을 찾기 시작한 것이다. 크로퍼드는 이 과제가 과거의 실험과는 어떤 점에서 질적으로 다른지를 내게 설명했다. 첫째, 익숙하지 않은 새로운 종류의 기민함을 요구한다는 점에서 단순하게 더 어렵기만 한 게 아니다. 최종적인 운전 과제는 쥐가 해결해야 하는 **문제공간을 확장하는 것**이다. 사실 자동차의 출발지점과 초기 방향설정에서 쥐가 시리얼에 닿을 수 있게 해주는 위치와 방향 설정까지 취할 수 있는 경로의 수는 말 그대로 무한하다. 쥐는 이쪽으로 방향을 꺾고 나서 새로운 상황에 맞춰 저쪽으로 방향을 꺾어야 한다. 이것이 바로 우리가 걸어 다닐 때 훨씬 미세한 시공간 규모에서 하는 일이다(모든 동물이 반무의식적으로 이렇게 미세하게 경로를 수정한다). 이 탁 트인 문제공간은 특정 행위를 이끌어내기 위해 설계된 실험실 환경과는 달리 어떤 동물의 자연환경과 유사하다. 하지만 쥐들은 보통 문제를 해결하기 위해 자신의 신체 기구에 의지하지만 이 경우에는 이상한 기계를 거쳐야 한다.

의문의 여지 없이 점점 부드럽게 **운전을 하는** 쥐의 영상을 보면 입이 절로 벌어진다.[3] 크로퍼드는 이 영상이 쥐가 진짜로 도구를 사용하는 첫 사례라고 믿는다. 그게 행위자의 어떤 목표를 향해 상황의 꾸준한 진행을 다듬는 인지와 행동의 피드백 과정에서 변화하는 환경에 대응해 도구를 **유연하게** 쓸 수 있는 능력, 그러니까 숙련을 의미한다면 말이다. 자동차는 일종의 보조 신체, 즉 쥐가 가진 육체의 연장이 된다. 마치 처음에는 낯설고 어색하던 젖먹이의 사지가 발달과정에서 뇌의 보조 신체로 받아들여지면서 점점 뇌와 통합되듯이 말이다. 그러므로 체화된 존재는 그 환경적소에 특화된 방식으로 능력을 갖추게 된다. 우리의 사지와 손 그리고 나중에 우리가 익숙하게 사용하는 다양한 도구들은 더 이상 보조 신체로 느껴지지 않는다. 그것들은 배경으로 희미하게 사라지고 투명해진다. 즉 행동과 인지 모두를 위한 눈에 띄지 않는 전달기관이 된다.

　　나는 크로퍼드-램버트 쥐 운전 프로젝트가 운전을 비롯한 인간 문화에 대해 갖는 함의의 몇 가지 단서들을 램버트의 초기 연구에서 찾을 수 있다고 믿는다. 그녀는 쥐와 사람 모두를 대상으로 한 실험에서, 자신의 표현에 따르면 "노력 주도 보상"을 탐구한 바 있다.**4** 램버트는 "움직임(특히 원하는 결과로 귀결되는 손의 움직임)이 우울증과 다른 감정이상의 발병을 예방하고 이에 대한 회복력을 구축하는 데 핵심적인 역할을 한다"는 점을 밝혔다. "게다가 우리는 조상들이 생존을 위해 해야 했던 손의 움직임(양육, 청소, 요리, 몸치장, 쉼터 만들기, 농사에 필요한 활동)을 선호하는 경향이 있다." 램버트는 지난 몇십 년간 불안과 우울증 발병률이 어마어마하게 늘어난 것은 부분적으로 우리가 자신의 육체적 필요를 확보하기 위한 기본 과제들, 그리고 그런 과제들이 우리에게 요구하는 "온갖 복잡한 움직임과 사고과정"에서 분리되었기 때문일 수 있다는 이론을 제시한다.

> 점점 노력 없이 얻어지는 보상으로 인해 뇌의 활성화가
> 감퇴하면서 시간이 흐르면 환경에 대한 통제지각이 감소
> 하고 우울증 같은 정신질환에 대한 취약성이 증대될 수

있다. (…) 우리가 노력과 결과 간의 분명한 연관성을 볼 수 있게 해주는 일체의 것(그리고 우리가 도전적인 상황을 통제하고 있다고 느끼는 데 유익한 일체의 것)은 회복력을 증대하고 우울증에 대한 완충제 역할을 하는 일종의 정신적 비타민이다.

램버트는 노력 주도 보상에 대한 자신의 연구와 아주 유사하게, 해결해야 할 문제가 있는 자연세계와 더 유사한 '자극이 많은 환경'을 만끽한 쥐들은 표준적인 실험실 폐쇄 환경에 갇힌 쥐에 비해 문제를 해결하는 데 더 끈질기고, 스트레스로 나가떨어지는 일이 더 적다는 점을 발견했다. 그리고 크로퍼드와 램버트는 쥐 운전 연구를 통해, 자극이 많은 환경에서 성장한 쥐들은 운전을 더 수월하게 배운다는 점과 직접 운전하는 쥐들은 수동적으로 탑승만 하는 쥐와 스트레스 호르몬 반응이 다르다는 점을 발견했다. 이 차이는 인간의 낮은 불안감과 유사하다.

내가 보기에 이 연구는 인류에게 분명한 함의를 갖는다. 자동화라는 과제와 씨름할 때 우리는 자신의 환경을 초조해하는 쥐들이 사는 과잉결정된 세상보다는 행복한 쥐들이 사는 세상과 유사하게 만들고 싶을 수 있다. 물론 우리는 자연환경에서 그냥 살아가는 게 아니다. 하지만 테크놀로지와 문화적 실천들로 구성된 건조 환경 역시 우리가 가진 모든 지능을 활용해야 할 정도로 충분히 다채로울 수 있다. 쥐든 인간이든 진화와 문화적 발전이 우리에게 유산으로 남긴 심신 활동을 활용할 수 있는 '문제공간이 개방된' 환경이 있어야 잘 살아갈 수 있는 것 같다. 이런 정교하게 연마된 인간의 능력 중에는 한 세기에 걸친 영광스러운 자동차의 발전, 놀라운 도구 그리고 우리가 도로를 함께 공유하기 위해 발전시켜 온 사회적 지능이 있다. 만일 우리가 가장 기본적인 필요가 모두 충족된 플렉시글라스 밀폐공간 속에 들어가 있는데 거대한 사회공학 실험실 안에 있는 표준적인 실험용 쥐처럼 느껴진다면 그 탓을 자신에게 돌릴 수밖에 없다. 그게 더 안전하리라는 것은 분명하다. 하지만 기억하라. 모든 쥐가 죽는다. 하지만 모든 쥐가 진정으로 살지는 않는다.

올드 카
– 미래의 골칫거리

풀이 무성한 버지니아 인터내셔널 레이스웨이Virginia International Raceway, VIR의 주차구역에서 1960년대 중반에서 튀어나온 AC 코브라처럼 생긴 차를 본 적이 있다. 보통은 가까이 다가가 보면 조립용으로 나온 부품을 사서 제작한 모조품인 경우가 대부분이다. 하지만 이 물건은 마치 50년 동안 야외에서 생활하고 그만큼 오랫동안 열심히 몰고 다녔던 것처럼 추레한 몰골이었다. 소유주에게 말을 걸어보니 1980년대부터 그 차를 가지고 있었다고 했다. 그리고 펜실베이니아부터 VIR까지 그 차를 몰고 왔다고 했다.

나는 용기가 솟는 기분이었는데, 여기에는 이유가 있다. 이런 상징적인 차들은 보통 유통에서 끌려나와 과도한 복원의 희생양이 된다. 사람들의 과시욕 때문에 트레일러 위에 올라가 주차된 상태로 눈요기와 상찬의 대상이 될 뿐이다. 어마무시한 자동차가 이런 식으로 전락한 모습을 보면 마치 한때 세상을 호령하던 포식자가 동물원에서 맥없이 늘어져 있는 모습을 보듯 어떤 정의롭지 못한 일이 저질러졌다고 느끼지 않을 재간이 없다. 하지만 이 코브라는 수십 년간의 마케팅용 저급 예술품(자동차 이미지들은 온갖 물건을 파는 데 사용된다)은 안중에도 없이 야생 상태 그대로였다. 이 자동차가 세월의 흔적을 고스란히 품은 채 어떤 자의식도 없이 질척대는 주차장에서 행복해하는 모습을 보니 이 모델 주위에 드리운 클리셰의 안개가 내 앞에서 벗겨지면서 그 속의 물건 자체를 내보였다.

올드 카는 다양한 감정을 자아낸다. 그중 하나는 때로 우리가 '진정성'이라고 하는 난감한 단어를 붙이려고 하는 묘한 감정이다. 그 차에는 제대로 살아낸 삶이 남긴 눈에 띄는 상처들, 현재에 깊이를 부여하는 과거의 흔적들이 남아 있을 것이다. 〈도로와 트랙Road and Track〉의 칼럼니스트 피터 이건Peter Egan은 경주로에서 호되게 우그러진 자신의 로터스 자동차(영국 스포츠카 브랜드-옮긴이)를 복원하기 싫었던 기분을 이야기하면서, 어느 재규어광의 지혜를 들려주었다. 그는 이건에게 "살릴 수 있는 건 뭐든 절대로 교체하지 말라"고 이야기했다고 한다. "대시보드 뒷면에 공장 감수자의 오래전 분필 자국들이 남아 있는 걸 보면 그 차 전체가 영국의 혼으로 가득하다는 걸 깨닫게 됩니다. 그것들이 빠져나가게 내버려두면 (…) 다시는 돌아오지 않아요."[1]

또 다른 자동차광은 이렇게 썼다. "녹청은 삶의 증거를 부여한다. (…) 그것은 꽉 찬 세월의 이야기를, 절대 수정 불가능한 역사의 이야기를 들려준다. 그 독특한 질감은 얼마를 줘도 살 수 없고, 제아무리 무게를 잡아도 따라 하지 못한다."[2]

　　우리 대부분은 클래식 카를 소유할 일이 없을 것이다. 내가 몇 년 전에 팔았던 1992년형 캠리에 있던 건 '녹청'이 아니라 그냥 산화된 페인트였다. 내부의 벨루어(벨벳 질감이 나는 실크나 면직물–옮긴이)와 개털의 비율은 수년 전에 어떤 중요한 임계점을 넘어섰지만, 이것은 아무런 정서도 자극하지 못했다. 아직은. 우리는 2004년에 내가 그 차를 구입하고서 1주일 만에 워터 펌프와 타이밍 벨트를 교체해야 했던 일을 비롯해서 숱한 투쟁을 함께 통과했고, 이렇게 함께했던 역사 속에서 어떤 충성심 같은 것이 일어났다. 클래식 카와 그냥 **다 끝난** 차를 분간하기란 생각보다 어렵다!

　　올드 카 찬가는 향수병에 젖은 늙은이의 소일거리쯤으로 치부하기 쉽다. 또는 다른 사람들의 과거를 도용해 자신의 삶에 인공적인 깊이를 더할 소도구로 삼으려고 시골에서 골동품을 찾아 돌아다니며 좋은 물건을 감식하는 심미안을 드러내는 것으로 보일 수 있다. 하지만 좀 더 너그러운 해석을 따를 경우 올드 카의 가치를 아는 사람들에게 그것은 세상에서 방향을 잡고 그 속에서 의미를 찾는 방법의 중심점이 된다고 말할 수 있다. 올드 카는 그런 식으로 책임감 있는 관리라는 도덕적 정서를, 지속성을 중시하는 세계관을 실천한다. 그리고 이는 오래된 재규어를 소유한 중년의 중산층 남자뿐만 아니라, 똑같이 소중한 1990년대 초반형 혼다 시빅을 소유한 베트남 이민자에게도 마찬가지다. 그 역시 "요즘 사람들은 자동차를 전만큼 못 만든다니까" 하고 말할 가능성이 높다.

　　그게 자동차에서 그리고 그에 대한 우리의 사랑에서 재미난 부분이다. 오늘의 별 볼 일 없는 모델이 내일의 클래식이 된다는 점. 이 중 어떤 모델은 그냥 그렇게 된다. 어떤 모델이 클래식이 될지는 미리 알 방법이 없다. 청춘의 사물에 정서가 부착되려면 한 세대 정도가 흐르거나 자동차에 홀린 유년기를 거쳐 후회의 무게를 짊어진 성인기 정도의 인생을 겪어봐야 하는 것 같다. 아이러니하게도 기술의 발전을 원동력으로 돌아가는 디자인 용광로는 복고적인 매력의 원재료를, 한 세대 뒤 광팬들이 소중하게 여기는 기이한 특징을 제공한다. 진보가 없으면 우리에게는 향수에 젖는 즐거움도 없을 것이다! 다르게 보면 '복고'는 새로움의 가차 없는 살육에서 몸을 피할 수 있는 안식처라는 명백한 매력을 지닌 정서다.

마당의 재산

2016년 나는 내 보험회사로부터 내 집 주변에 있는 "잡쓰레기"를 치워야 한다는 편지를 받았다. 머리를 최대한 쥐어짠 결과 아무래도 내가 가진, 엄청나게 인기 많은 1970년대 중반형 싱글 사이드 커버 폭스바겐 트랜스액슬을 말하는 것 같았다. 아니면 축 하나하나가 완벽한 차량 전면부를 말하는 것일 수도 있었다. 내가 기증자의 차에서 떼어낸 이 부품은 카르만 기아(폭스바겐의 구형 스포츠카-옮긴이)에 옮겨 달기 전에 완전히 재조립되기를 기다리며 **잠재력을 품은 채** 내 차고에 놓여 있었다. 집 옆면을 따라 자리를 잡고서 녹슬고 있는 보디 패널을 말한 걸 수도 있나? 완벽하게 작동하는 토션 하우징과 트레일링 암을 수거할 때를 기다리고 있는 그 부품을? 아니면 타프 아래 놓여 있는 가죽 열선 시트를 말하는 걸까? 체스터필드 자동차 부품상(마을 남쪽에 있는 폐차장)에 있던 1990년대 말의 한 아우디에서 세 시간 걸려서 떼어낸 건데. 확실히 약 2.6대의 비포장도로용 오토바이를 말하는 건 아닐 거야. 이 중 두 대는 쌩쌩한 배터리 하나와 카뷰레터 재조립에 필요한 건데. 좀 뻐기는 것 같지만 나에게는 새것과 헌것이 뒤섞인 인상적인 금속 무더기이기도 했다. 막대, 평판, 금속판, 사각 관, 파이프, 판금, 단단한 강편 몇 개 모두가 합금의 형태, 크기, 유형에 맞춰 질서정연하게 모여 있다.

버지니아 시골 지역을 지날 때면 낡은 전자제품, ATV, 가구, 온갖 종류의 잡동사니들이 그냥 널브러져 있는 게 아니라 집 앞에 분명하게 **정돈되어** 있고 그 주변의 잔디를 세심하게 관리한 마당들이 눈에 들어온다. 뒷마당 벼룩시장이라도 하는 것 같지만 그렇지 않다. 그럼 무엇일까? 듣자 하니 보편적인 무언가다. 요한 하위징아의 설명에 따르면 트로브리안드제도(뉴기니 인근의 군도-옮긴이) 사람들 사이에서 식량은 "그 유용함 때문만이 아니라 부를 과시하는 수단"으로서도 중시된다. "얌 하우스는 들보 사이의 넓은 틈으로 들여다봤을 때 밖에서 얌이 얼마나 많은지를 계산할 수 있고, 얌의 품질도 영리하게 추측할 수 있도록 지어진다. 최고의 과실은 가장 눈에 잘 들어오는 곳에 놓고, 특히 질 좋은 견본은 틀에 넣어 페인트로 장식해 얌 저장실 밖에 매단다."

우리 집은 마당에 있는 나의 재산이 도로에서 보이지 않는 위치이기도 하고, 나는 대체로 바로 붙어 있는 이웃의 눈에 띄지 않게 신경을 쓰는 편이다(나는 트로브리안드제도 사람도 아니고 허세에 쩐 시골뜨기 백인도 아니다). (내 보험회사의 선호와는 별개로) 토지이용제한법이 어떤지는 잘 모르지만 확실히 리치먼드 웨스트엔드 이쪽의 전반적인 분위기는 전에 살던 사우스사이드보다 경직되어 있다. 거기서는 프로젝트 카를 가진 사람들이 많았다. 젖먹이와 엄마들은 인도에서 서로 어울렸던 반면, 그 동네 남자들의 사회생활은 주로 도로 사이, 작업장과 창고가 인접한 비포장 골목에서 일어났다. 누구에게 모래 분사기가 있고 용접 장비가 있고 금속 선반이 있는지, 누가 전기 고장을 일으키는 괴물을 진단하는 데 탁월한지 모르는 사람이 없었다. 부탁을 들어주면 맥주 여섯 병들이를 한 팩 선물받는 훌륭한 비공식 경제가 있었다. 내 옆집 이웃은 경찰이었다. 우리는 서로를 절대적으로 증오했지만 주기적으로 이런 종류의 관계에 엮이곤 했다.

새로 이사 온 동네는 잔디가 지나치게 단정하고 집이 서로 멀찍이 떨어져 있으며 골목이나 인도가 없고 재활용이 아주 진지하게 이루어진다. 중고 자동차 부품을 야외에 쌓아두는 것은 이런 상황과 어울리지 않았다. 왠지 몰라도 에너지와 물질을 대륙 건너로 이동시켜 만들어낸, 연비가 리터당 13.2킬로미터인 4만 달러짜리 하이브리드 SUV가 동네에서 찾아낸 헌 부품을 가지고 조립한 후줄근한 모양새의 리터당 13.6킬로미터짜리 낡은 폭스바겐보다 더 '친환경'인 모양이다.[3] 그리고 사람들이 놓지 못하는 어떤 미학이 있다. 바로 깔끔함이다. 눈에 띄지 않는 건 더 좋다. 친환경으로 간주하려면 녹슬어가는 1970년대의 못생긴 강철 덩어리들은 치워서 **재활용해야** 한다. 석탄 화력 용광로에서 녹여 가령 어떤 전기(즉 석탄으로 발전되는) 자동차의 원재료로 변신하기 위해 대양을 건넌 뒤 다시 디젤유를 동력으로 이용하는 컨테이너 선에 실려 미국으로 되돌아와야 한다. 이런 세세한 내용은 고려의 대상이 되지 못하도록 철저하게 밀려난다. 중요한 것은 이 여행을 통해 그 금속의 도덕적 정화가 완결된다는 사실이다.

보험감독관은 우리 집 차고 한쪽에 늘어선 모든 물품들에 대해 불쾌감을 드러낼 것이다. 한 양동이의 폐유, 수명이 끝난 배터리 약간, 폐브레이크오일이 가득한 캐슈너트 통 하나, 다양한 맛이 나는 빨간 플라스틱 가솔린 용기들(잔디와 정원용품을 위한 2스트로크 혼합유로, 내연 용으로는 너무 상태가 나쁘지만 아직 용제가 필요할 때 또는 모닥불을 피울 때, 그리고 신선한 고급오일에는 쓸모가 있다). 여기에 부품을 닦을 때 사용하는 휘발유 한 캔. 염탐하러 오는 시기에 따라 반쯤 증발된 에폭시 프라이머가 든 요거트 통이 있을 수도 있다(증발하도록 내버려두었다가 남은 고체를 쓰레기통에 버리는 것이 에폭시 프라이머를 처리하는 표준적인 방법이기 때문이다). 내 보험회사가 더럽고 위험해 보이지만, 사실 사용과 재사용, 대안적인 사용 또는 폐기를 위해 세심한 주의를 쏟고 있는 이 휘발성 물질을 용접과 연마 불꽃이 바로 옆에서 튀는 작업장 안에 놔두는 것을 좋아할까?

공해의 현장 바로 옆에 살고 싶은 사람은 없다. 나도 안다. 내가 하려는 말은 '책임'에 대한 우리의 판단이 계급을 발판으로 한 자존감과 미덕 과시의 형태들로 포장된 미학적 고려사항들로 애매해진다는 점이다. 부르주아 환경주의라는 비공식 규범과 토지이용제한법은 사회적 경계를(그리고 그와 함께 편차가 너무 큰 부동산 가치를) 유지하는 역할을 한다. 또한 우리 경제의 발판인 계획된 진부화를 실행한다.

자동차광으로서든 필요에 의해서든 올드 카를 만지는 사람들은 이 체제에 장단을 맞추지 않는다. 이 갈등을 조금이나마 분석할 수 있으면 오늘날의 정치와 경제의 중심부에 있는 더 광범위한 사회적 긴장 일부를 조명하는 데 도움이 될 수 있다.

올드 카와 강탈의 논리

데이비드 N. 룩스코David N. Lucsko는 빼어난 책 《폐차장, 자동차광, 부식Junkyards, Gearheads and Rust 》에서 이런 일화를 들려준다.

1999년 봄 다니엘 그로프Daniel Groff는 폭발했다. 펜실베이니아 엘리자베스 타운십에 거주하는 그는 20년 넘게 지역공무원들과 자기 땅의 상태를 놓고 분쟁을 겪었다. 그로프는 장거리 트럭 운전사로, 농업 노동자로, 기계공으로 일했고 수년간 낡은 자동차, 트럭, 중장비, 온갖 부품들이 그의 토지에 축적되었다. 그로프에게 이 땅은 그가 생계를 이어갈 수 있게 해주는 긴요한 비상용품들의 저장소였다. 하지만 타운의 관점에서는 '불법 고물상'이었고 그로프는 무책임한 땅주인이었다. 1998년이 거의 끝나갈 무렵, 숱한 공청회와 법원명령과 항소가 있는 끝에 타운은 법적으로 우위를 점했고 하청업체를 고용해서 그로프의 땅을 정리한다는 계획을 그에게 통보했다. 하지만 이듬해 3월 하청업체가 도착했을 때 그로프는 협력을 거부했다. 그는 엽총으로 무장한 상태로 전면부 적하기를 타고 하청업체의 장비를 향해 돌진해 트레일러에서 밀쳐서 못쓰게 만들었다. 그러고 난 뒤 적하기를 공회전시키고 엽총을 무릎에 올려놓은 상태로 방어태세로 들어갔다. 그 이후 적하기의 연료가 떨어질 때까지 대치가 이어지다가 경찰이 들이닥칠 준비를 하자 그로프는 총구를 돌려 자기 자신을 겨누었다. 그의 토지가 정리된 직후, 슬픔에 빠진 그의 부인에게 타운십에서 보낸 하청업체의 서비스 비용 청구서가 날아들어 남편을 잃은 상처에 모욕감까지 더했다.**4**

룩스코는 "그 끔찍한 결말만 빼면 그로프의 사례가 이례적이지는 않았다"고 말한다. 그는 종종 장기 거주민보다 부동산 개발업자들의 입장에서 시행되는 관료주의적 해적질의 연대기로 독해할 수 있는, 점점 공격성이 짙어지는 토지이용제한 및 "흉물" 법령의 역사를 풀어놓는다. 표적 중에는 옆집의 자동차광뿐만 아니라 폐물을 거래하는 업계(심지어 농촌 지역에서도)가 있다. 여기에는 다양한 법적 장치들이 사용된다. 지자체 규약을 고지 없이 바꾸기, 복잡하기 짝이 없는 허가 요건 또는 프로젝트 차량이 놓여 있는 주거용 부동산을 이윤추구 산업을 대상으로 한 모든 규정이 적용되는 불법적인 고물상으로 독단적으로 재분류하기. 룩스코는 농촌과 교외 지역의 공권 남용 사례를 세세하게 제시한다. 반면 도시에서는 "산업지구 전체의 내장을 도려내기 위해" 수용 권한을 사용해왔다. 공간에 대한 욕심은 채워질 수 없다.**5**

보통 그렇듯 이 이야기는 좋은 의도에서 출발한다. 버드 존슨 여사**Lady Bird Johnson**(미국의 36대 대통령 린든 존슨**Lyndon Johnson**의 부인-옮긴이)

가 미국을 정화하자는 취지의 발의를 했고, 이것이 1965년의 연방고 속도로 미화법으로 이어진 것이다. 이전까지는 고속도로가 아무런 규 제 없는 광고판과 쓰레기장, 안전이 확인되지 않은 폐차장, 도로에서 도 눈에 뜨이는 잡철상 때문에 상당히 꼴사나운 모습일 수 있었다. 우 리가 국가적 자부심의, 그리고 공동선에 대한 존중의 중요한 표현으로 서 미학에 전보다 익숙해진 것은 버드 존슨 여사 덕이다. 하지만 룩스 코의 설명에 따르면 미화를 강조하는 이 법 때문에 결국 죽도 밥도 아 닌 것으로 판명난 문화적 전환이 촉발되었다. "지난 50년간 고물상과 폐품상에 적대적이고, 표현이 좀 그렇지만, 추레한 똥차에 적대적인 님비즘이 훨씬 급물살을 타게 된 것이다."[6]

피상적으로 보면 쓰레기와 폐차의 녹슬어가는 사체 모두 눈에 거슬린다. 하지만 쓰레기가 물건을 쉽게 버리는 사회의 윤리적인 핵심 인 책임 있는 관리의 부재를 상징한다면, 올드 카의 시각적 존재감은 바로 그와 정반대를 나타낸다. 하지만 이 둘은 환경주의적인 미학 아 래 혼동되기가 쉽고, 그 결과 낡은 것에 대한 미국인들의 편견에 우쭐 한 도덕적 지위를 부여해서 이제는 시민의 책임감이라는 표현으로 위 엄까지 갖추게 되었다.

낡은 것에 대한 편견은 미국인의 정서상 중요하다. 토크빌은 1831년 어느 미국 선원과의 대화를 전했다. "나는 그에게 어째서 그 나라의 선박은 오래 버티지 못하게 만들어지는지 물었고, 그는 항해술 이 매일 워낙 빠르게 진보하므로 가장 아름다운 배도 몇 년만 지나면 금방 거의 쓸모없어질 거라고 주저없이 대답했다." 여기서 진보에 대 한 믿음이 자연스럽게 조잡함에 대한 옹호로 귀결되는 것을 볼 수 있다. 어쩌면 이 선원은 우리 물질 문화의 이해할 수 없는 허술함을 설명하는 신비의 삼단논법을 발견한 건지도 모른다.

20세기의 정치철학자 마이클 오크숏**Michael Oakeshott**은 이렇게 썼다. "(우리는) 미래라는 거울에 확대된 이미지에 홀려서 입에 물고 있는 뼈다귀를 포기할 준비가 되어 있다. 모든 게 부단히 향상되고 있는 세계에서는 그 무엇도 그럴싸한 발전을 이겨내지 못한다. (…) 변화의 속도는 지나치게 깊은 애착을 경계하라고 경고한다."**7** 올드 카에 열광하는 이들의 문화적 부적응은 바로 여기, "지나치게 깊은 애착"에 있다.

재빠른 진부화가 자동차의 역사 초반부터 디자인 기준이자 비즈니스 모델의 일부였다는 점을 감안하면 이런 애착의 아이러니는 불가피하다. 그 공은 일반적으로 제너럴 모터스의 회장인 앨프리드 슬론**Alfred Sloan**에게 있는 것으로 평가된다. 자동차 모델 하나만이 아니라 (포드가 모델T로 했던 것처럼) 다양한 시장의 틈새를 공략하기 위해 여러 모델을 선보이자는 아이디어를 제시한 것이다. 이런 차이를 나타내는 다양한 스타일의 남자, 여자, 다양한 소득 수준의 사람들을 위해. '모델 연도' 개념이 도입되었고, 이 각각의 모델 연도는 약간의 개선을 약속했다. 이 마케팅 전략의 핵심에는 미국인들에게 쉽게 울림을 주는 '기술진보'라는 표현이 있었다. 그 바탕이 되는 기술혁신이 때로는 피상적이거나 아예 전무하더라도 말이다. 1956년부터 1958년까지 크라이슬러, 패커드, 포드, 에드셀이 고급 모델에 도입한 버튼식 변속기는 기어를 바꾸는 데는 썩 훌륭하지 않았지만 어쨌든 버튼이 달려 있었다.

낡은 것은 나쁘고 새로운 것을 좋다고 여기는 이런 문화적 배경 속에서 폐품처리장은 "볼썽사납기만 한 게 아니라 낡은 기계가 도로 위에 머물러 있게 함으로써 진부화의 논리를 거스른다는 점에서 유죄였다"고 룩스코는 말한다.[8] 낡은 것에 대한 이런 편견은 1960년대의 미화노력, 그리고 1970년대에 등장한 때로 덜떨어진 환경적 감성과 결합하면서 쉽게 내다 버리는 정서에 진취적인 광휘를 부여했다.

이 편견, 그리고 이에 대한 관료주의의 장려를 시사적으로 보여주는 것이 1990년대 초 이후 되풀이되는 사건에서 밀어붙인 다양한 '가속화된 차량 은퇴', 일명 노후차량 현금보상 프로그램이다. 다시 한 번 우리는 좋은 의도에서 시작된 법안을 만나게 된다. 이 경우에는 1990년의 청정대기법이다. 이는 수상쩍은 인센티브와 기회들을 만들어냈다. 여기서 법안의 핵심 요소는 처음부터 기업 이해당사자들에 의해, 전적으로 공공성에 충실하지만은 않은 목적을 위해 착안되었다.

1990년 석유회사 유노칼은 1971년 이전에 제조된 자동차를 가진 로스앤젤레스 주민이 그 차를 폐차하고 고물로 팔기만 하면 700달러와 한 달짜리 버스승차권을 주겠다고 발표했다. 유노칼은 이를 남해안 자동차 재활용 프로그램South Coast Recycled Auto Program, SCRAP이라고 부르면서 7,000대의 노후차량을 이런 식으로 영구적으로 운행불가능하게 만들겠다는 계획을 수립했다. 유노칼은 국가의 대기질 명령에 맞추기 위해 정유 시설에 상당한 투자를 해야 했고, 노후차량을 없앤다는 이 발의는 일종의 홍보전략이었다. 이 발의에서 핵심은 유노칼이 노후차량을 전체 자동차 배출량의 가장 큰 몫에 책임이 있는 '중대한 오염 요인'으로 규정했다는 점이었다.

룩스코는 유노칼의 SCRAP이 어떻게 "숱한 기업 임원, 언론인, 환경주의자, 정치인으로부터 대기오염 문제에 대한 창의적이고 진취적인 접근법으로, 모든 관련자에게 유리한 해결책으로 환영받았는지" 상세하게 설명한다.[9] 이 "모든" 사람은 주로 포드와 신차를 판매하는 데 혈안이 된 남부 캘리포니아의 포드 딜러 네트워크에서부터, 새로운 오토론에 할인요금을 제공하는 은행, 남해안 대기질 관리지구에 이르기까지 상업과 관료집단의 축을 따라 늘어선 당사자들로 구성되었다. 이들은 그 발의를 추켜세우는 데 그치지 않고 확장에 필요한 더 많은 돈을 지원했다. 그해 여름 남부 캘리포니아에서는 1971년 이전(즉, 대체로 녹슬지 않은) 자동차(자동차계의 황금) 약 8,400대가 돌이킬 수 없는 상태로 파괴되었다. 낡은 것이여, 안녕.

유노칼의 SCRAP 프로그램은 공공의 인식에 대한 추론적인 투자로 출발했음에도 괄목할 만한 보상을 받았고, 지금 와서 생각해보면 정교한 형태의 입법 로비로 볼 수도 있다. 당시 초안을 작성 중이던 제2차 청정대기법은 이후 SCRAP의 기본논리를 채택하고, 이동하는 오염원과 정지한 오염원을 서로 대체 가능한 것으로 취급해 오염경감 크레딧 또는 상쇄시장을 만드는 데 기여하게 된다. 노후차량을 폐차해서 공기를 정화할 뿐만 아니라 그 명도 질긴 후진성의 상징을 해치울 수 있는데 뭐 하러 정유시설을 더 깨끗하게 개조한단 말인가?

이는 레이건-부시-클린턴 시절의 전형적인 접근법으로, 정치이론가 낸시 프레이저Nancy Fraser가 최근에 말한 "진보적 신자유주의"의 초기적인 표현으로 볼 수 있다. 이는 진보적인 사상과 좀 더 약탈적인 자본주의 형태의 결합을 일컫는데, 여기서 진보적 사상은 약탈적 자본주의를 포장하는 역할을 한다. 그녀는 이런 체제하에서는 "환경보호가 탄소거래제를 의미했다. 주택소유권 활성화는 꾸러미로 묶여서 담보

증권으로 재판매되는 서브프라임 대출을 의미했다"고 말했다.[10]

우리가 이 노후차량 보상 프로그램의 바탕이 되는 탄소거래제를 어떻게 평가하는지는 경험적 질문에 부분적으로 좌우된다. 신차에 비해 이런 노후차량의 배기구에서 나오는 배출물질이 실제로 얼마나 더러웠을까?

공교롭게도 나는 산타바바라캘리포니아대학교 물리학 학위를 갓 딴 직후인 1989년, 산타바바라 대기질 관리지구에서 과학 관련 일자리를 얻기 위해 면접을 본 적이 있었다. 또 캘리포니아 리버모어의 스타트업 테크노어Technor에서 두 차례의 여름에 걸쳐 연소 연구를 실시한 적도 있었다. 샌디아 국립연구소의 한 과학자가 시아누르산이 촉매 역할을 하는 과정을 활용해서 연소제품에서 나온 질소산화물을 감축하는 것으로 특허를 받았는데, 이 기법을 상업화하기 위해 만든 기업이 테크노어다. 그가 나를 고용한 것은 내가 물리학 전공자인데다가 폭스바겐광이었고, 공랭식 폭스바겐 엔진이 그의 초기 연구에서 유독 중요했기 때문이었다(공랭식 폭스바겐 엔진은 상대적으로 단순한 실험용 플랫폼을 제공한다). 우리는 실험실 안에 완전히 기계화된 연소 반응기를 만들고 질량분광법을 이용해서 기체를 분석했다. 또한 산맥의 산록에 있는 화목발전소에 원형적인 시스템을 설치했다.

내가 이런 이력을 언급하는 것은 '새로운 테크놀로지'에 대한 일체의 회의주의는 낭만적이고 모호한 '반테크놀로지적' 편견 때문일 뿐이라고 추정하는 일부 비판가들의 반사적인 태도를 저지하기 위해서다. 내가 느끼기에는 보통 이런 입장을 취하는 비판가 자신부터가 전문적인 배경지식이 없는 경우가 많다. 이 경우 이런 반사적인 태도는 우리에게 유익하지 않을 것이다. 노후차량이 '중대한 오염요인'인지는 진위판별이 가능하기 때문이다. 바로 이 일을 한 사람이 룩스코였고, 그의 세심한 연구는 공식적인 빈말을 단칼에 베어버리는 기술사의 모범이다.

관료 집단에서 앵무새처럼 되풀이하는 서사가 사실이 들어서기 전에 자리를 잡았고, 이후 역사에서 줄기차게 원인의 역할을 했다. 정책 전문가들이 노후차량의 배출량과 신차의 배출량을 비교할 때 인용하는 통계는 이 논쟁의 초기에 편차가 컸다. 사실의 실체가 이런 식으로 어지럽지만 무언가를 **하긴 해야 한다**는 대중적인 합의가 있을 때, 해답을 향한 거대한 갈망이 솟아난다. 지나치게 단순화하는 화법은 일종의 인지적 위안을 제시한다. 정치인들의 전문분야이기도 하다.

1971년 당시 캘리포니아 주지사였던 로널드 레이건Ronald Reagan 은 즉흥발언에서 연합통신사에 "나는 우리가 특정 연한보다 더 노후한 차량에 돈을 주고 폐기하는 가능성을 살펴봐야 할 지점에 이르고 있는 것은 아닌가 종종 생각했다"고 말했다. 한 달 뒤 캘리포니아 상원 교통위원회 의장이었던 톰 캐럴Tom Carrell은 이와 유사하게 예언적인 사색으로 최고행정가에게 화답했는데, 이번 사색에는 숫자가 포함되었다. "노후차량을 도로에서 몰아내는 것이 유일한 문제 해결법이다. 나는 자동차 스모그 문제의 50퍼센트가 고속도로를 달리는 노후차량에서 비롯된다고 확신한다." 여기저기서 맞장구를 쳤다. 사람들은 자동차 배출가스의 50퍼센트가 도로 위에 있는 가장 낡은 자동차 10퍼센트 때문에 발생한다는 통계를 떠들고 또 떠들었다. 나중에 캘리포니아 대기자원위원회Air Resources Board의 한 공무원은 이를 두고 "도시의 전설"이라고 일컬었다. 하지만 당시만 해도 이 통계는 너무 커서 틀릴 수가 없고, 성공적인 경력과 지지층까지 보유한 사실과 다름 없는 명제였다.[11]

원래의 1970년 청정대기법 이동오염원 조항들이 완전히 효력을 발휘하게 된 1980년 무렵 미국시장에 나온 신차들이 배출가스를 크게 감축한 것은 사실이다. 하지만 몇 년 뒤 동일한 차량을 임의의 도로변 검사를 통해 확인해보니 조절장치가 크게 어긋나 있어서(또는 촉매 변환 장치가 손상되어서) 배출량이 늘어난 경우가 종종 있었던 반면, 관리가 양호한 노후차량들은 인상적인 수준으로 청정하게 연소할 수 있었다. 게다가 1985년 미국에 등록된 차량 가운데 1970년 이전에 만들어진 것은 6.7퍼센트에 불과했다. 이 수치는 자연 감소를 통해 1990년대 초에는 2퍼센트를 겨우 웃도는 수준으로 하락했다.[12]

미국에서 대기질 문제가 끊이지 않는 이유는 연간 주행거리가 1970년부터 1990년 사이에 거의 두 배로 증가했기 때문이라는 점도 새겨둘 만하다. 같은 기간 동안 인구는 겨우 20퍼센트 늘었다.[13] 여기서는 통근의 장거리화가 대기오염에서 하는 역할이 중요하다. 보험업계에 따르면 노후차량은 최근 모델의 자동차에 비해 연간 주행거리가 훨씬 적기 때문이다. 맞는 말이다. 만일 당신이 매일 통근을 위해 160킬로미터를 운전하거나 할 일이 산더미 같은 사커맘(아이의 축구 연습을 지켜볼 정도로 열성적인 중상류층 엄마라는 의미의 단어-옮긴이)이라면 낡은 고물차나 소중한 클래식 카를 탈 가능성은 별로 없다. 요컨대 예나 지금이나 노후차량이 대기오염의 절반 또는 거기에 근사한 어느 정도라도 책임이 있었던 적은 없다.

하지만 그들의 즉흥적인 제안 덕에 대중들은 유노칼의 "중대한 오염요인" 작전을 받아들일 마음의 준비가 되어 있었다. 노후차량 현금보상 프로그램의 실제 동력은 정치인이나 환경과학자, 또는 대기질 개선이라는 과제를 담당하는 다른 누군가로부터가 아니라 정부의 명령을 우회해서 자신의 배출가스를 정화하려는 정유회사들로부터 나왔다.[14]

비뚤어진 환경주의는 노후차량을 돈이 되는 오염상쇄 크레딧으로 (정치의 연금술을 통해) 전환할 원재료로 보고 **산업적인 수요**를 만들어내는 지경에 이르렀다. 이로 인해 그 법이 통과된 뒤 1990년대 초 15개 주에서 '폐차 열병'이 일었다. 수요가 있는 곳에서는 노후차량의 공급처를 찾아야 했다. 이는 전문가의 합의라는 포장이 없으면 불행하고 약탈적인 시선이 될 수 있었다. 따라서 정부와 비정부기구들을 끌어들여야 했다. 그래서 예를 들어 룩스코에 따르면 시카고에서는 일곱 개의 지역 석유회사들이 제너럴 모터스, 환경방어기금**Environmental Defense Fund**, 일리노이 환경청과 손을 잡고 노후차량을 파괴하기 위한 팀을 꾸렸다. 1994년 캘리포니아 대기질 위원회는 매년 **7만 5,000대**의 차량을 파괴하는 주 전체 차원의 프로그램을 촉구하며 어마어마한 열의를 불태웠다. 이런 폐차 프로그램 중에는 노후차량을 잘게 부수기 전에 차에서 어떤 부품도 꺼내서는 안 된다고 지시하는 경우가 많다. 완전한 파괴가 목표였던 것이다. 거기에 못 미칠 경우 노후차량이 도로에서 존속하는 시간을 늘릴 뿐이었다.[15]

이런 노후차량 프로그램을 어떻게 이해해야 할까? 이런 프로그램이 대기질에 미치는 순 영향은 논쟁의 대상이다. 이런 프로그램을 통해 우리는 노후차량을 대체한 신차를 제조하는 데 사용된 전기를 생산한 발전소, 새 강철을 만든 광석의 제련, 이런 재료를 이 바다 저 바다 건너 이동시키는 수송 등에서 발생하는 모든 배출가스를 계산에 넣고, 대기질의 지리적 **분포**에 미치는 영향 역시 고려할 수도 있다. 이 모두를 파악하려면 더 심도 있는 경험적, 역사적 연구가 필요할 텐데, 일부 데이터는 클라우드 속에 회수할 수 없는 형태로 흩어져 있다. 그러니까 완전한 평가는 품이 많이 드는 작업이 될 것이다. 하지만 내가 여기서 짚고자 하는 더 큰 지점은 이런 시시콜콜한 내용에 좌우되지 않는다. 나는 더 넓은 힘의 결합을 들여다보는 창으로서 노후차량의 정치적 고난을 고려하고자 하기 때문이다.

지난 반세기에 걸쳐 득세하게 된 물질경제에서는 진보에 대한 믿음의 당연한 귀결로서 진부화가 집행된다. 여기에는 비용이 숨어 있고, 모두가 이를 동등하게 나눠 짊어지지 않는다. 이런 것들을 설명하려면 우리는 대기질 같은 것만이 아니라 **인간** 환경 역시 고려해야 한다. 삶에 형체를 부여하고 한 세대를 다른 세대와 연결하는 그런 "지나치게 깊은 애착"과 실천에서 때로 중요한 것은 인공물이다.

자동차광: 미래의 더 지독한 골칫거리

1990년대 로스앤젤레스의 젊은 베트남 이민자(미국의 인도차이나 전쟁에서 발생한 난민 "보트피플"의 자식들)는 80년대와 90년대식 혼다를 구입했다. 그들의 경제적 여건에 맞는 차였기 때문이다. 그러다가 이 자동차는 수입 중소형 자동차 튜닝 업계가 미국에 뿌리를 내리는 토양이 되었다. 마치 몇십 년 전에 폭스바겐 개조 현장이나 소형 블록 쉐보레계에서 그랬던 것처럼 민간공학 지식생태계가 자라났다. 아니면 영국의 포드 에스코트와 닛산 닷선510을 중심으로 1970년대에 만들어진 공동체를 생각해보라. 즉 특별한 특징이 전혀 없는 단순한 다용도 또는 상업용 자동차가 본질적으로 사회성을 띠는, 지적 몰입도가 높고 시간을 많이 잡아먹는 활동의 구심점이 되었고, 거기에 사로잡힌 사람들의 삶에 일정한 영향을 미쳤다. 나는 그게 어떤·자동차 모델(거의 항상 저렴한 모델)이 이 세상을 창조하는 활동에서 어떤 역할을 해서 민간-클래식의 지위를 획득하기 때문이 아닌가 싶다. 지난 후에 생각해보면 자동차는 그것이 살아낸 삶의 상징이 된다. 하지만 오래된 사진과는 달리 자동차는 세월이 흐르는 동안 그 자체가 주의와 관심의 대상이다. 그 물리적 역사의 가시적인 흔적은 한 인간의 삶에서 중요한 일부로서 만져지는 사물에 모여 있다.

하지만 진짜 클래식 카와는 달리 민간-클래식이 이 역할을 하는 것은 자동차광이 단순한 책임관리 또는 골동품 수집 취미로서 그것과 관계를 맺지 **않기** 때문이다. 자동차광은 그 차가 더 빨리 달리고, 더 단단하게 제동이 걸리고, 코너링에서 흔들림이 적고, 그러면서도 더 날렵해 보이게 만들고 싶어한다(〈어니언〉은 1990년대 어느 헤드라인에서 "불가사의한 아시아 자동차 개조"라는 표현을 쓴 적이 있다). 자동차의 매력은 그것이 정적인 숭배의 대상이 아니라 **일을 한다는** 데 있다. 아이러니하게도 나중에 수집가에게는 숭배의 대상이 될 수 있다. 수집가는 개조가 충분히 순수하기만 하면 "시대상을 반영하는" 개조가 이루어진 차에 프리미엄을 지불할 것이다. 이로써 처음에 개조를 하게 만든 정

신이 완벽하게 반전된다.[16]

　　한정된 예산을 가지고 자동차의 출력을 높인다는 것은 중고 부품을 얻는다는 뜻이고 이는 다른 제조사와 모델의 부품을 내 자동차에 맞춰 개조하는 방법을 찾아낸다는 의미일 때가 아주 많다. 고물상은 이런 발견이 이루어지는 장소이고, 룩스코는 이걸 훌륭하게 설명한다. 줄자와 스케치북을 들고 고물상을 돌아다니다 보면 '이랬다면 어땠을까' 싶은 격렬한 감각이 꼬리에 꼬리를 물면서 무한한 가능성의 감정에 압도될 수 있다. 이 지프의 트랜스퍼 케이스가 5센티미터 짧았다면 어땠을까? 그렇다면 구동축을 쉽게 줄이고, 사륜구동 지프 구동렬 전체를 사용하고, 그 주위에 서브 프레임을 만들 수 있었을 거고, 그러면 전체 패키지가 폭스바겐 스퀘어백 차체의 휠베이스 안에 딱 맞게 될 덴데, **그럼** 얼마나 멋질까?

　　대도시 인근의 폐품상에 가면 마치 올드 카를 '폐허 포르노'처럼 음미하면서 돌아다니는 사진작가를 볼 수 있다. 폐차의 표면은 그윽하게 낡아 있다. 현대의 예술적 감수성의 관점에서 부식에는 태생적으로 사람을 끌어당기는 무언가가 있는 듯하다. 왜 그런지는 말하기 어렵다. 그것은 얼마나 의식적인지에 관계없이, 현대의 예술가가 자신의 의무라고 느낄 수도 있는 또 다른 태도에 대한 거부, 즉 과거에 대한 증오일 수 있다.[17] 이 관점에 따르면 예술은 무에서의 창조를 가능케 하기 위해 과거로부터 최대한 해방될 것을 요구한다. 하지만 그렇게 살기는 힘들다. 가차 없는 부식의 과정에 둘러싸여 고물상에서 시간을 보내다 보면, 삶에서 지속되고 안정된 것은 별로 없다는 불안감이 누그러지기도 한다. 오래된 것 안에는 선택의 여지를 넘어선, 돌이킬 수 없는 역사가 깃들어 있다. 그것들은 참을 수 없이 가벼워 보이는 존재에 중력을 또는 최소한 중력의 **기운**을 선사한다.

자동차광도 폐품상에서 몽상에 빠질 수 있지만 성격이 다르다. 그는 사람들이 머릿속으로 어떤 구상을 할 때 그러듯, 이상한 손동작을 하면서 집중하는 표정으로 흙바닥에 앉아 있을지 모른다. 그의 관심을 끄는 것은 세월이 흔적을 새긴 표면이 아니라 태생적으로 나이들지 않는 그 기능이다. 그는 자신이 다른 용도로 사용하려는 부품을 처음 디자인한 사람이 겪었던 것과 같은 공학적인 도전으로 진입하고 있기 때문에, 시간의 격차를 넘어서 최초 설계자들에게 일종의 지적인 동지애를 느낀다. 그리고 반대로 그 익명의 공학자들은 그가 하려고 하는 바를 이해할 수 있을 것이다. 그들은 거기에 찬성할 수도, 찬성하지 않을 수도 있지만, 대화를 상상할 수 있는 근거는 많다. 같은 언어로 말하는 사람들 사이에서만 가능한 우정 어린 말다툼이리라.

룩스코는 1950~1970년대의 "길거리 자동차 개조 기술자들"에게 폐품상이 갖는 의미에 대해 이야기하면서 1981년 조 메이올^{Joe} **Mayall**의 글을 인용한다.

> 나는 기억하기 어려울 정도로 오래전부터 폐차장의 사냥개였고, 내게 최고의 시간은 손에 줄자를 들고 그곳에 있는 모든 차량의 내부와 아래를 살피며 그냥 돌아다닐 때였다. 때로 구체적인 필요가 있기도 했지만, 그 기회를 활용해서 당장 쓸 생각은 없어도 미래를 위한 아이디어를 줄 수도 있는 것들을 확인해보곤 했다. 뭉개진 자동차 아

래를 들여다봄으로써 얼마나 많은 창의적인 사고가 피어
오를 수 있는지를 알면 여러분은 놀랄 것이다.[18]

이 단락은 〈스트리트 신Street Scene〉이라는 오래전에 사라진 무
명 잡지에서 발췌한 것이다. 이 잡지에는 보통 야한 표지와 싸구려 광
고가 실리곤 했다. 하지만 20세기의 가장 눈부시도록 소박한 사상가
중 한 명인 마이클 오크숏의 주장을 단적으로 예시한다. 오크숏은 보
수적인 성향을 갖는다는 게 어떤 의미인지 설명하려고 하면서 이를 과
거에 대한 갈망이나 미래에 대한 두려움이 아니라 **현재에 대한 애착**
이라고 규명한다. 실제로 존재하는 것을 소중하게 여기는 이유는 그
속에서 가치를 보기 때문이다.

> (이런 성향은) 젊은 사람보다는 나이 든 사람들에게서 더
> 자연스럽게 나타나는데, 나이 든 사람들이 상실에 더 민
> 감해서가 아니라 자신이 속한 세상의 자원들을 더 온전
> 하게 인식하는 경향이 있고, 그러므로 어떤 자원이 부적
> 합하다고 판단할 가능성이 더 적기 때문이다. 어떤 사람
> 들에게 이런 성향이 약한 것은 단지 자신이 속한 세상에
> 서 자신이 무엇을 얻을 수 있는지에 무지하기 때문이다.
> 이런 사람들에게 현재는 유실된 기회의 잔재로밖에 보이
> 지 않는다.

이는 자동차 즉흥예술가가 폐차장을 경험할 때의 심리적 진실

을 포착하고 있는 듯하다. 그에게 있어서 폐차장은 매일 채굴하고 만끽해야 하는 문화적 광석들의 집합소다.

이제까지 우리는 그릇된 환경주의에 기댄 노후차량의 강압적인 진부화를 살펴보았다. 현재와 점점 빠른 속도로 거리가 멀어지고 있는 강요된 새로움의 논리 밖에서 모습을 드러내는 풍요로운 창의적인 가능성들도 살펴보았다. 자동차광들은 이 양쪽 전선에서 반문화적인 참조 지점을 제시해 우리의 자아성찰을 활성화하고 이로써 때로 '진보'가 갖는 강압적인 성질을 볼 수 있게 돕는다. '폐품 활용'의 정치경제에는 거기에 상응하는 도덕경제가 있고, 양쪽 전선에서 자동차광은 현대사회에서 가장 득의양양한 것들과 불화한다.

더 이상 버티기 힘들 때까지 엽총을 들고 관계당국을 저지했던 남자를 떠올려보라. 분명 그는 오늘날의 정치적 분류 안에서는 '개탄스러운 자'로 여겨질 것이다. 진보에 전념하는 체제하에서 구축된 문화적 억울함은 일반적인 패턴에 대한 반응으로 이해될 수 있다. 사람들은 돈이든, 정치적 영향력이든, 도덕적으로 우월한 직업이든(이런 것들은 같이 몰려다니는 경향이 있다), 자신보다 더 많은 권위를 지닌 다른 사람들에게 삶의 양식, 즉 일생 동안 이 세상에 방향을 잡을 때 사용한 관심사의 집합을 강탈당한다. 자신의 올드 카가 공적인 민폐라고 선언될 때 이런 시민들은 세대를 넘어선 물질적, 정서적 재산을 잃게 된다.

천치도 쓸 수 있게 한
디자인

2018년 어느 날, 내 1970년형 카르만 기아에 석유가 떨어졌다 (연료 게이지가 작동하지 않았는데, 나중에 알고 보니 접지불량 때문이었다). 나는 몇 블록 떨어진 주유소까지 걸어가야 했다. 석유통이 없었지만 그 주유소에 판매용 석유통이 있어서 그걸 샀다. 거기에 석유를 채워서 다시 내 차로 걸어왔다. 하지만 석유통에서 석유를 따를 수가 없었다. 나로서는 한 번도 본 적 없는 주둥이가 달려 있었고 그게 난감하기 짝이 없었다. 안전성을 강화하려고 고안한 물건이었던 것 같다. 그래서 나는 그게 대체 어떤 특수한 위험을 예방하려는 건지 알아내려고 애썼고, 그 단서로 그걸 고안한 위원회의 사고과정을 역으로 되짚어서 그들이 내가 그 주둥이를 가지고 수행하기를 바라는 행위를 유추하려고 했다. 때로 천치도 쓸 수 있게 만든 설계는 오히려 정말로 똑똑하지 않으면 정복하기 힘들 때가 있다. 당신은 당신의 직장에 대한 온갖 심리학 이론을 개발해야 한다. 만일 당신이 나 같은 천치라면 시험을 통과해 이런 종류의 주둥이를 사용할 자격을 얻지 못하리라. 결국 나는 주둥이를 벗겨내고 석유를 내 차와 바지와 신발 위로 줄줄 부었다. 그중 일부는 연료탱크로 들어가기를 바라면서. 특별히 안전하다는 기분은 들지 않았다.

어쩌면 내가 그날 현대적인 차를 몰았더라면 그 정도까지는 아니었을 수도 있지만, 카르만 기아 때문에 훨씬 선명해진 대비가 플라스틱으로 된 이런 성가신 물건이 자아낸 비뚤어진 적개심을 심하게 자극했던 것 같다. 기아는 내가 안전벨트를 매지 않았다고 해서, 전조등을 켜놓았다고 해서, 자동차 열쇠를 꽂아두었다고 해서 요란한 소리로 알려주지 않는다. 연료 게이지가 작동이 될 때는 탱크의 약 3분의 1 범위 안에서 정확하다. 만일 주차 브레이크를 걸어놓은 채 운전을 한다 해도 대시보드에 이를 알려주는 경고등 같은 건 없다. 기아가 말을 할 수 있다면 "이봐, 그건 네 몫이야. 난 그냥 내 일을 하는 거고"라고 말할 것이다. 하지만 사실 기아는 무생물이고 나를 어떤 식으로도 들볶지 않는다. 먼저 위원회에 쪼르르 달려가 보고하지 않고, 그냥 내가 하라고 하는 일을 한다. 내가 그 차에서 좋아하는 건 이 부분이다.

내 기아에 승객을 태우면 그 사람이 좌석과 문 사이에 떨어져 있는, 알아서 말려 들어가지 않는 안전벨트를 찾기 위해 더듬거리고, 손잡이를 돌려서 창문을 열고, 문이 쾅 닫히면서 주석이 **절그럭**하는 소리가 날 때 어떤 뜨악한 표정을 내게 보이곤 했다. '**이 차는 좀 다른데.**' 대시보드는 속도계와 앞서 언급한 연료 게이지, 그리고 하루에 두 번만 정확한 시계로 이루어져 있다. 대체로는 아무것도 없이 훤하다 (새로 나온 포드 익스플로러의 마인드풀 모드 대시보드와 다를 바가 없지만 값은 더 저렴하다).[1] 차를 출발시키면 동승자의 얼굴에 미소가 번지는 것을 볼 수 있다. 우리 뒤에서 흡입 밸브와 배출 밸브가 달가닥거리며 열리고 닫히는 소리가 들리고, 운전석은 거의 유리로 둘러싸여 있다. 나의 승객은 시속 24킬로미터에서 생기를 띠다 못해 아찔해하는 듯하다. 내가 보기에 승객의 즐거움은 이 승차의 기계적인 감각성(그 적나라한 물질성)뿐만 아니라 우리가 허락도 없이 달린다는 기분에서 비롯되기도 하는 건 아닌가 싶다. 우리는 현대적인 차에 달린 버저와 딸랑대는 소리에 너무 익숙해진 나머지 별로 신경도 쓰지 않지만, 의식의 경계지점 아래 어딘가에서 그것들은 우리가 감시당하고 있음을 상기시킨다. 부두에서 미끄러져 나온 카누처럼 무단으로 막 떠나는 것이 조금 불법적인 느낌이다.

하지만 이건 시적 감상에 불과하다. 이 장의 관심사는 자동차 안전이고 이는 낭만적인 분위기가 아니라 건조한 분위기로 다룰 주제다. 오늘날 만들어지는 자동차는 수십 년 전의 자동차보다 훨씬 안전하다. 우리는 지금의 자동차를 안전하게 만든 다양한 개선사항들을 살펴볼 것이다. 또한 자동차의 개선사항들이 운전자의 행태 변화를 어떻게 유도할 수 있는지도. 그러므로 어째서 이것이 항상 개선이라고 보기는 어려운지 역시 고찰할 것이다. 안전의 최종적인 모양새는 테크놀로지 진보로 시선을 한정했을 때보다 더 복잡하다.

여기서 우리의 초점은 내비게이션 화면과 인포테인먼트 시스템처럼 운전자의 도로에 대한 주의를 분명하게 악화하는 '테크'가 아니라, 안전성 향상을 목적으로 하는 특징과 디자인 요소들이다. 나의 의도는 최근 수십 년간 자동차에 더해진 안전성 향상의 최종적인 긍정적 결과에 맞서려는 것이 아니라(이는 반박의 여지가 없다) 우리가 최근에 들어선 경로를 펼쳐 보이고, 그것이 어디로 이어지는지 알아보는 것이다.

자율주행차의 입장에서 그리고 같은 방향에서 손을 쓸 필요가 없는 운전을 가능하게 만드는, 이미 이용할 수 있는 다양한 단계들의 입장에서 내세우는 안전 주장을 자세히 들여다보면 이런 분석의 필요가 분명해진다. 2017년 1월 전국 고속도로 교통안전국National Highway Traffic Safety Administration은 에어백 전개를 기준으로 했을 때 "새로운 운전자 보조 시스템 컴포넌트인 오토스티어Autosteer가 포함된 오토파일럿 테크놀로지 패키지Autopilot Technology Package를 장착한 테슬라 승용차에서 충돌사고율이 40퍼센트 가까이 줄어들었다"는 주목할 만한 주장을 발표했다.[2] 이 주장은 발표된 바로 그날 언론에 대대적으로 보도되었다. '미국의 유력 일간지newspaper of record(〈뉴욕 타임스〉)'와 영향력이 큰 블룸버그 조직 등을 통해서 말이다.[3] 발표 직전이었던 2016년 12월 말 테슬라의 주가는 216달러였다. 그리고 6개월 뒤 383달러로 뛰어올랐다.

테크놀로지와 비즈니스 웹사이트인 〈아르스 테크니카Ars Technica〉는 2018년 3월 오토스티어 관련 충돌사고로 테슬라 운전자가 사망하는 사건이 또 일어나자 테슬라가 그 기술을 옹호하려고 블로그 포스트에 고속도로 교통안전국의 긍정적인 보고서를 인용했다고 밝히고 있다. 몇 주 뒤 테슬라의 CEO인 일론 머스크Elon Musk는 "오토파일럿의 안전상의 장점을 알리는 대신 충돌사고 이야기에 초점을 맞춘 기자들을 비판했다." 머스크는 2018년 5월의 수익결산 발표회에서 "그들은 자율주행차가 어째서 정말로 안전한지에 대한 기사를 써야 한다. 하지만 그건 사람들이 클릭하는 이야기가 아니다. 그들은 근본적으로 독자들을 잘못된 길로 인도하는 선정적인 헤드라인을 뽑는다"라고 말했다. 머스크 씨가 잘못된 정보에 대해 우려하고 있으니 우리가 이 정보를 바로잡아 보자.

오토스티어가 충돌사고를 40퍼센트까지 감소시켰다는 주장은 위험감소 분야에서 '과학수사 통계 서비스'를 전문으로 하는 작은 연구컨설턴트 회사를 보유한 랜디 윗필드Randy Whitfield의 관심을 사로잡았다. 놀랍게도 그는 결국 고속도로 교통안전국의 발표에는 "이 충격적인 주장을 뒷받침하는 데이터가 전혀 들어 있지 않아서" 검증이 불가능하다고 썼다.[4] 윗필드는 테슬라의 충돌 관련 보험 기록을 살펴보았는데, 이는 정부의 수치에 부합하지 않아 보였다. 품질 통제 시스템 회사Quality Control Systems Corporation라는 인상적인 이름의 이 작은 회사는 데이터를 얻기 위해 정보공개법 청원을 했다. 고속도로 교통안전국은 이 청원을 무시했다. 결국 윗필드는 교통안전국을 고소했다. 고속도로 교통안전국의 입장은 청원에 응할 경우 테슬라에게 "상당한 경쟁상의 손해"를 초래할 가능성이 있다는 것이었다. 또한 자신들이 그 극적인 주장을 할 때 사용한 데이터의 출처도 알려주지 않았다. 정보공개법 소송과정에서 그 데이터는 테슬라가 제공한 것이었음이 드러났다.

이 중대한 사실을 염두에 둔 상태에서, 안전성이 개선되었다는 주장 이면의 기본적인 개념은 오토스티어를 작동하기 전의 테슬라 충돌사고 건수를, 그 상태에서 주행거리로 나누는 것이었다. 그다음에는 오토스티어를 작동한 뒤에 주행거리를 가지고 똑같이 계산한 다음 두 가지를 비교하는 것이다. 품질 통제 시스템 회사가 결국 청원을 넣은 지 2년만에 그 데이터를 입수해보니 상태가 영 엉망이었다. 데이터세트 안에 있는 많은 차량의 주행거리가 "알 수 없음, 보고되지 않음, 아니면 누락됨"이었던 것이다. 내가 그 분석을 정확하게 이해했다면 이런 누락된 주행거리는 테슬라에게 유리할 것 같을 때는 0으로 추정되었고, 그래서 이런 경우의 주행거리당 사고율이 부풀려져서 오토스티어를 작동시킨 상태가 안전성이 크게 향상되었다고 나온 것이었다.[5] 게다가 이 연구의 저자들은 다양한 군집의 자동차를 그냥 종합했고, 그 결과 분자(충돌 건수)와 분모(주행거리)가 동일 운전자의 동일 차량에서 나오지도 않았다.[6] 하지만 그건 방법론적 실책 가운데 빙산의 일각이었고, 모든 실책이 순수해 보이지도 않았다. 윗필드가 오토스티어 이전과 이후에 대한 정보가 완벽한 소집합에 대해서만 계산하려고 했더니 원래의 연구에 포함된 4만 3,781대 중에 5,714대만 남았다. 정보가 더 온전한 이 사례들을 가지고 그는 어떤 결과를 얻었을까? "오토스티어 설치 이후 (…) 에어백이 펼쳐지는 충돌사고율이 59퍼센트 **증가했다**"는 결과였다.

어떻게 이게 가능할까? 곧이어 우리는 컴퓨터가 더 잘할 수 있다는 가정하에 인간을 운전석에서 내몰려는 시도에 따르는 특수한 도전과제들을 살펴볼 것이다. 품질 통제 시스템 회사의 보고서가 발표되자 정부는 자체 연구결과를 "엉성하다"고 일컬으면서 오토스티어에 대해 테슬라 친화적인 안전주장에서 조용히 발을 뺐다. 테슬라로 말할 것 같으면 충돌사고가 40퍼센트 줄어들었다는 주장을 중단했고 지금은 웹사이트에 '분기별 안전 보고서'를 게재하는데, 그 보고서에 따르면 이렇다. "오토파일럿이 개입된 테슬라 자동차가 오토파일럿이 개입되지 않은 테슬라 자동차보다 주행거리당 사고가 더 적다. 그리고 이런 차는 도로 위에 있는 평균적인 자동차보다 주행거리당 사고가 더 적다."

앞서 인용한 〈아르스 테크니카〉의 기사를 쓴 티모시 리^{Timothy B. Lee}는 윗필드에게 연락을 취해 테슬라가 지금 하고 있는 안전주장에 대한 견해를 물어보았다. 윗필드는 테슬라가 전보다 더 소박한 주장을 하고 있긴 하지만 누가 봐도 중요한 변수들을 여전히 통제하지 않고 있다고 지적했다. 오토파일럿 패키지는 고속도로에서만 사용하도록 되어 있는데 고속도로는 원래 다른 도로보다 주행거리당 사고가 더 적다. "그래서 오토파일럿이 개입되었을 때 주행거리당 충돌사고가 적다는 사실이 반드시 오토파일럿이 주행을 더 안전하게 만든다고 입증하지는 못한다. 고속도로에서 주행거리당 충돌사고가 그냥 더 적다는 사실을 반영하는 것일 수 있다." 이와 비슷하게 테슬라가 상대적으로 신형이고, 새차는 오래된 차보다 사고율이 낮다는 사실을 근거로, 테슬라의 사고율이 낮은 거라고 예상할 수도 있다. 테슬라는 비싼 차이기도 한데, 이는 운전자들이 평균적인 운전자보다 더 부유하고 나이가 많을 가능성이 높다는 의미다. 중년의 운전자는 젊은 운전자보다 안전하다. 부유한 운전자는 가난한 운전자보다 차량 관리를 더 잘하는 경향이 있다(닳아서 매끈해진 타이어로 굴러다니는 테슬라는 많지 않다). 리는 "테슬라의 충돌사고율이 상대적으로 낮다는 사실은 차량의 안전 특성보다는 고객층의 인구학적 특성을 반영하는 것일 수 있다"고 말한다.

그리고 그는 "우리가 아는 한 테슬라는 이런 종류의 요인들을 통제해서 엄격하게 오토파일럿의 안전성을 평가할 능력이 있는 독립적인 전문가들에게 최근의 충돌사고 데이터를 제공하지 않았다"고 전한다.[7]

잠시 이 우화의 교훈을 음미해보자. 여기서 카리스마 있고 진취적인 한 테크기업이 정부 회의실에서, 그리고 진보의 추진력에 발맞추는 데 혈안이 된 기성 언론계 안에서 신뢰할 만한 동지들을 발견했다(하지만 〈아르스 테크니카〉의 훌륭한 노력 역시 잊어서는 안 될 것이다). 이제 민간통계학자 랜디 윗필드의 말로 마무리하는 게 가장 좋을 것 같다. 그는 이 일화의 교훈을 존경스러우리만치 명료하게 전달하고 있다.

> 더 큰 질문은 자율주행 차량과 선진적인 운전자 보조 시스템이 공공 도로에서 "베타테스트"를 거치는 동안 이 테크놀로지의 현장경험이 대중의 안전을 보장할 책임이 있는 공적인 관료들에게 공정하고 투명하게 평가를 받게 될 것인가다. 우리의 사례에서 사건기록은 고속도로 교통안전국과 테슬라 모두가 테슬라가 입을 경쟁상의 손해에 대한 두려움을 근거로, 납세자의 돈으로 시행된 연구에 대한 공적인 조사를 막기 위해 어떤 자원들을 기꺼이 쏟아부었는지를 보여주고 있다.

규제당국과 산업 간에, 그리고 이 양자와 언론이라는 전문영역 간에 수립되어야 하는 적대적인 관계가 '정실자본주의'하에서 허구가 된다. 더 이상 독립적인 엘리트가 존재하지 않고, 공공의 이익을 희생시켜서라도 진보의 서사를 입맛에 맞게 관리하는 데 혈안이 된 슈퍼엘리트로 혼연일체가 된 듯하다.

우리에게는 위험예산이 있다

개념적인 차원에서, 교통사고의 원인이 되는 요인과 사상자 수를 분석하는 작업은 1975년에 샘 펠츠먼Sam Peltzman이 영향력 있는 연구 〈자동차 안전의 규제Regulation of Automobile Safety〉를 발표했을 때만큼이나 여전히 어렵다. 자동차는 통행 밀도, 제한속도, 교통 규칙 집행율, 도로의 설계와 상태, 운전자 교육의 품질, 병원 트라우마센터의 이용 가능성과 품질, 젊고 미숙한 운전자의 비율, 음주운전의 비율 등에 영향을 받는 더 넓은 위험생태계 안에서 운행된다. 하지만 관심의 범위를 물리학(충돌 테스트용 인체모형의 영역)으로 축소할 경우 충돌 시 자동차 자체의 안전은 분명하고도 상당하게 개선되었다. 가장 큰 개선은 1960년대 중반에 두 가지 새로운 안전장비를 널리 채택하면서 찾아왔다. 바로 안전벨트와 에너지 흡수형 조향간이다(이 조향간은 전방충돌시에 운전자를 찌르는 대신 안으로 들어간다).[8] 이후 중요한 개선은 1990년대에 안전벨트 보조 장치로 에어백이 폭넓게 채택되면서 찾아왔다.[9]

펠츠먼은 새로운 안전장비가 도입되면 이에 대한 대응으로 사람들의 운전 행태가 바뀌는 경향이 있고, 이는 안전상의 이득을 부분적으로 상쇄한다는 중요한 지적으로 공을 세웠다. 그는 정부가 안전장비를 의무화할 때 "더 많은 안전을 구입하라는 게 아니라, 사고 발생 시 목숨과 사지가 치르게 될 비용을 줄여줄 수 있는 장비를 구입하라고만 요구할 수 있다. 사고의 위험을 감수한다는 결정이 병리적 행위의 변치 않는 결과가 아니라면 이 차이는 중요하다"라고 말했다. 그보다 이 결정의 바탕에는 위험감수의 비용과 편익이 있다. "(실효성 있는) 안전(즉 장비)의 한 결과는 이런 위험의 비용들을 줄이는 것이고, 이 비용 감소는 운전자가 더 기꺼이 위험을 감수하게 만든다. 운전자가 추구하는 것은 위험 그 자체가 아니라 거기서 파생된 편익이다. 한 장소에서 다른 장소로 더 빠르게 도달하는 것, 젊은 운전자가 가족의 차를 사용할 수 있게 하는 것 등등."

펠츠먼은 우리에게는 상당히 일관된 "위험예산"이 있는데, 안전이 향상되었다고 느낄 때 거기에 대응해 행위를 변경함으로써 위험을 재분배한다고 주장했다. 죽고 싶기 때문이 아니라 이 세상에서 무슨 일을 하든 위험이 따르게 마련이라는 사실을 받아들이기 때문이라는 것이다.

사고 **위험**을 줄이는 안전장치와 디자인 요소들, 사고가 **일어났을 때** 생명과 사지에 미치는 피해(경제학자들의 화법을 따르자면 그 "비용")를 줄이는 것들은 서로 구분할 필요가 있다. 후자로는 안전벨트, 함몰형 조향간, 에어백, 연료 탱크의 위치와 디자인, 진공 활성식 연료 차단 밸브(엔진이 멈추면 연료 흐름을 차단한다), 관성 스위치에 의해 제어되는 연료 펌프 릴레이(충격이 일어나면 펌프를 차단한다), 그리고 승차자를 보호하기 위해 설계된 완충용 크럼플 존과 다른 충돌 완화 구조물들이 있다. 전자에 해당하는, 1차적으로 충돌위험을 줄이는 디자인 특징들로는 전후방의 브레이크 유압 시스템을 분리시켜 하나가 작동하지 않아도 다른 하나로 기능을 유지하는 듀얼 서킷 마스터 실린더(미국에서는 1968년 이후로 판매되는 모든 신차에 의무화되었다), 브레이크 압력이 유실되거나 유체 수준이 낮을 때 알려주는 계기판 경고등, 전방에서 디스크 브레이크(드럼 브레이크보다 열을 더 잘 발산시키고, 돌아가면서 브레이크 패드가 회전날개에서 물을 털어내기 때문에 젖었을 때 더 효과적이기도 하다)의 폭넓은 채택, 대기로 새지 않게 막아주는 브레이크오일 저장통 위에 달린 벨로스(이는 시스템으로 습기가 침투하지 못하게 예방한다. 습기가 침투하면 운전온도에서 기화해 시스템으로 기체를 유입시켜 유체를 압착 가능하게 만들고 따라서 압력전달 능력을 떨어뜨리는 한편, 브레이크 부품들의 부식을 유발할 수 있다), 광범위한 온도에서 젖은 조건과 건조한 조건 모두에서 타이어의 접지력을 크게 향상시킨 합성고무 혼합물과 타이어 구조 개선, 잠김 방지 브레이크, 견인력 제어 장치, 전자식 주행 안정 장치 같은 전자적으로 제어되는 보조 장치가 있다.

　　마지막 두 개는 혼동하기가 쉽다. 견인력 제어 장치는 잠김 방지 브레이킹 시스템의 일부인 휠 스피드 센서를 이용해서 피동바퀴 중 하나가 이동 중인 다양한 경로 때문에(회전을 할 때처럼) 예상보다 큰 편차로 다른 것보다 더 빨리 돌고 있는 조건을 탐지한다. 이런 상태는 더 빨리 돌아가는 바퀴에 유효한 견인력에 지나치게 많은 스로틀을 적용하게 되기 때문에 그 바퀴의 견인력 상실을 나타낸다. 시스템은 돌고 있는 바퀴에 브레이크를 걸거나 그 바퀴의 토크를 감소시키는 방식으로 개입한다. 전자식 주행 안정 장치는 견인력 제어 장치 위에 심화된 정보, 가장 중요하게는 요각(수직축에 대한 자동차의 자세와 이동 방향 간의 차이)과 조향각을 추가한다. 자동차가 앞바퀴가 가리키는 방향을 향하지 않으면 전자식 주행 안정 시스템은 "스키드의 방향을 추정한 다음, 차량의 수직축에 대해 토크를 만들어서 스키드를 저지하고 차량을 운전자가 명령한 방향에 맞게 되돌리기 위해 개별 휠에 브레이크를 불균형하게 적용한다.[10] 전자식 주행 안정 장치는 2012년 이후로 미국에서 판매되는 모든 승용차와 소형트럭에 의무요건이 되었고, 자동차 안전에 현실적인 기여를 했다.[11]

시카고대학교 경제학자였던 펠츠먼의 분석은 인간이 비용편익 계산에 따라 행동하는 '합리적인 행위자'라는 가정에 따른 특유의 한계를 보여준다. 이런 접근법이 비현실적인 이유 하나는 이런 계산에 관련된 고려사항들이 '의식에 존재하는' 정도를 감안하지 않기 때문이다. 완전히 존재감을 드러내지 않는 안전 장치들(에너지 흡수형 조향간이나 관성 연료 펌프 릴레이 같은)과 존재감을 드러내는 것들(높은 문틀이 달린 충돌구조물, 높이를 올린 후드, 넓은 기둥 같은)은 구분을 해야 한다. 내가 아는 한 펠츠먼은 이런 구분을 전혀 하지 않았지만 그게 그의 기본적인 입장에서 핵심인 듯하다. 그는 우리에게 '위험예산'이 있음을 시사하는 다양한 **상관관계**를 뒷받침하는 데이터를 제시하지만, 인과적인 그림은 대체로 비워놓고 합리적인 행위자 가설로 채우려 한다.

새로운 안전장치의 도입이 우리의 운전행위를 바꾼다면, 그 장치는 그냥 언어적인 계획으로서가 아니라 운전자의 마음에 인지되어야 한다. 어쩌다 보니 운전자가 정보가 많은 '안전 매니아'라면, 함몰형 조향간 같은 눈에 띄지 않는 것을 이용할 수도 있다. 이걸 한 문장으로 표현하자면 이렇다. 그는 자신에게 그런 장치가 있다는 것을 알고 있다. 이는 누가 그에게 조향간에 대해 물어보면 떠올릴 수 있는 작은 의사사실factoid(심리철학자들이 쓰는 말로 하면 약간의 "명제적 지식")이다. 하지만 일상활동에서 우리는 모든 관련 사실을 머리에서 종합하고 계산에 따라 행동을 조절하면서 이 세상을 관통하지는 않는다. 우리는 컴퓨터가 아니라 육체를 가진 동물이고, 제2의 본성이 된 운전 같은 활동에서 우리의 행위를 일상적으로 안내하는 것은 명제가 아니라 우리의 감각과 신체적 상호작용을 통해 스스로를 드러내는 세상이다. 이것이 지난 20년 동안 일어난 '체화된 인지' 혁명의 요체다.[12]

펠츠먼이 위험을 감수하는 데는 비용과 편익이 있다고 강조한 것은 분명 옳았다. 하지만 위험은 본성상 통계적이어서 현실화되는 일이 드문 반면, 편익은 구체적이고 항상 존재하기 때문에 이 장부의 비용 측면이 실제로 어떻게 운전자의 행위를 침해하는지에 대해서는 심리학적으로 현실에 맞는 설명이 필요하다. 1975년경 시카고식 경제학의 가정과는 **달리** 우리는 전지적인 상태에서 효용을 극대화하지 못한다. 사실 민간통계학자로서 우리 인간은 위험을 추정하는 데 끔찍하게 무능하다. 행위의 결과라는 측면에서 우리가 무릅쓰는 실제 위험보다 더 중요한 것은 '운전 중에 얼마나 노출되었다고 **느끼는가**'라는 주관적인 기분이다. 존재감이 없는 안전 장치들은 여기에 아무런 영향을 미치지 못할 수 있는 반면, 거대한 SUV의 높고 탱크 같은 밀폐공간은 육체적 노출과 관련된 기분에 큰 영향을 미친다. 《폭스바겐이 살아 있게 만드는 방법How to Keep Your Volkswagen Alive》의 저자 존 뮤어John Muir의 말에 따르면 "우리 모두가 마치 아즈텍 제물처럼 자동차 앞에 끈으로 묶여서 충돌 시에 가장 먼저 타격을 입게 될 상태로 운전을 한다면 사고가 엄청 줄어들 것이다." 비과학적인 관찰이긴 하지만 나는 종종 전형적인 2.7톤짜리 SUV의 운전자가 차간거리를 적절하게 유지하지 못한다는 인상을 받는다. 육체적인 피해의 가능성은 순수한 추상의 산물이라는 듯이. 이런 차량을 모는 많은 운전자들이 견인력이 한계에 도달했을 때 어떻게 행동해야 할지 전혀 아는 바가 없다는 의심도 든다.

게다가 오히려 감싸는 듯한 충돌구조물은 근처 차량에 대한 주변부의 의식을 감소시킨다. 사람들은 주의산만이라는 비용만으로 더 큰 사각지대를 커버하는 시야를 얻기 위해 볼록거울에 의지해서 주변 차량을 살펴야 한다("사물이 거울에 보이는 것보다 가까이 있음"). 거울에 나타난 이상한 이미지를 활용할 수 있는 무언가로 바꾸는 약간의 인지적인 작업을 해야 하는 것이다. 이런 거울에 의지하는 습관이 들기만 하면, 그리고 그 왜곡된 이미지를 거울 안에 떠오른 도깨비집 세상 위에 차량의 체적을 나타낸 마음속의 지도에 통합하기만 하면 이 작업은 빠르고 정확하게 할 수 있다.

최근에 가령 1980년대나 그 이전의 차를 몰아본 사람이라면 우리가 그 많은 가시성을, 그리고 그와 함께 거기에 상응하는 상황적인 의식을 포기했다는 사실에 충격을 받을지 모른다. 이런 상황에서는 현재 미국에서 판매되는 모든 2018년형 차량에 후방카메라가 있어야 한다. 이는 오바마 정부의 행정명령이자, 가슴이 미어지게도 후진을 하다가 자신의 딸을 치어 숨지게 한 어떤 운전자가 시작한 캠페인의 결과다. 우리가 차량에 방어물을 두르고, 차체를 높이고, 덩치를 키우는 방식으로 안전을 추구해왔기 때문에 이런 명령이 필요해진 것이다.

더 크고 육중한 차량은 실제 충돌 시 더 안전하다. **승차자에게 말이다.** 모든 사람이 자기 자신을 위해 군사경쟁을 하듯 차량의 덩치를 키워왔다. 하지만 어떤 디자인 요소가 다른 디자인 요소와 서로 상충하는 안전추구 수확체감 지점에 도달했다면 이제 슬슬 이런 디자인 경향을 문제 삼기 시작해야 하는 게 아닐까? 쉽게 성취할 수 있는 안전상의 이득은 안전벨트와 에어백 의무화로 손에 넣었고, 성취가 어려운 열매는 잠김 방지 브레이크와 전자식 주행 안정 장치로 확보했다. 아직 딸 열매가 남아 있긴 하지만, 거기에 닿기 위해 기어올라야 하는 가지가 점점 가늘어지고 있다. 그러니까 운전자에게 (그러므로 역설적으로 안전에) 미칠 의도치 않은 영향이 더 클 가능성이 있다.

2019년 3월, 유럽연합의 집행기구인 유럽연합 집행위원회는 2022년부터 유럽에서 판매되는 모든 신차에는 속도 제한 장치와 데이터 기록 장치(이 데이터에 누가 접근하는지는 특정하지 않았다), 그리고 차선 유지 시스템과 자동화된 브레이킹 시스템을 포함시켜야 한다고 발표했다.[13]

이 새로운 안전장치들로 얻을 수 있는 **안전상의** 효과를 분석하기 전에 또 다른 고려사항도 인정하자. 〈타임스 리터러리 서플먼트 Times Literary Supplement〉에 쓴 글에서 에드워드 루트왁 Edward Luttwak은 대도시 중위소득을 근거로 적정한 자동차 최고 가격을 산출한다(1년 소득의 약 3분의 1). 이 가격은 산호세의 경우 3만 2,855달러였고 디트로이트의 경우는 6,174달러였다. 미국에서 2016년에 판매된 가장 저렴한 신차는 1만 2,825달러인 닛산 베르사였다.

1977년부터 2016년 사이에 신차의 평균가격이 거의 두 배가 된 것(인플레이션을 감안해 조정한 것이다)은 1970년대 이후 임금의 하락 또는 정체와 맞물려서 이해해야 한다. 요즘 자동차는 어째서 그렇게 비싼가? 가격상승의 주동력은 안전 때문에 훨씬 많은 장치와 디자인 요소들을 요구하고, 이로써 자동차를 더 복잡하고 비싸게 만드는 규제 체제다. 루트왁은 자동차 가격이 조금 상승했을 때 어떤 결과가 발생하는지를 지적한다. "추가적인 후방카메라 비용(겨우 몇백 달러) 때문에 수천 가구가 새차를 살 기회를 박탈당할 것이다."[14]

아마 이 추가비용은 미국 가정들이 짊어지는 소비자 신용의 무게를 가중하리라는 게 더 현실적인 가정일 것이다.[15] 어느 쪽이든 어떤 주장은(자유지상주의적인 열성과는 반대로) 경제적 정의의 입장에서 무한한 안전체제에 문제를 제기한다. 대중교통 서비스가 제공되는 대도시 중심부 사람들보다 주변부 사람들에게 자동차 소유는 필수다. 루트왁은 "탁 트인 도로의 낭만보다는 노동을 위한 이동성이라는 거역 불가능한 고된 현실을 반영하는, 숱한 글과 영화에 그려진 강렬한 안도감을 주는 자유의 감각"을 지적한다.

하지만 새로운 테크놀로지와 규제가 추구하는 안전상의 이득이라는 문제로 돌아가서, 그쪽의 안전주장을 살펴보자. 일단 그러기 위해서는 최근 몇십 년간의 발전과정을 한 번 더 살짝 돌아볼 필요가 있다. 이 경로에서 각각의 새로운 안전장비는 그 이전 것에 비해 존재감이 큰 편이고, 그러므로 운전자를 재교육한다는 의도치 않은 효과가 더 크다.

에어백, 듀얼 서킷 브레이크, 함몰형 조향간, 연료 차단 기기 같은 존재감이 별로 없는 장치들은 운전자의 행동에 그다지 영향을 미치지 않는 확실한 개선이다. 그에 비해 안전벨트는 존재감이 더 있고, 그래서 펠츠먼은 이 안전벨트가 우리의 위험예산을 변경해 운전을 더 부주의하게 만든다고 밝힌다. 펠츠먼이 연구를 했을 때는 존재하지 않았던 잠김 방지 브레이크와 전자식 주행 안정 장치는 다른 범주에 속하는 듯하다. 이런 관리형 장치들은 공포상황에서 도움을 줄 수 있지만 약간의 탈숙련 효과도 있다. 이런 장치들은 운전자가 견인력이 한계일 때 자동차의 행태를, 그리고 조향과 브레이크 입력의 타이밍과 조정에서 자동차의 섀시 동역학이 어떤 식으로 운전자에게 유리하거나 불리하게 작동하게 될 수 있는지를 학습하지 못하게 만든다. 예를 들어, 자동차의 무게가 한 번의 회전에서 바깥쪽 휠로, 또는 브레이크를 걸었을 때 앞쪽의 휠로 옮겨지는 데는 약간의 시간이 걸린다. 이 무게가 한 번 옮겨지면 더 많은 견인력을 이용할 수 있다. 그러므로 한계시의 브레이크와 조향 입력은 약 1초 정도의 시간규모에서 어떤 인내심을, 그리고 자동차의 무게 분산과 탄성률과 감쇠율에 상응하는 차분한 리듬감을 요구한다. 이런 지식은 운전자의 몸 전체에 자리잡고, 책을 읽는 게 아니라 오직 행동으로써, 한계를 탐험함으로써 획득된다. 이런 지식, 아니 어쩌면 기술은 전자적인 보조 장치가 있다 하더라도 대단히 현실적인 안전상의 이점이다.[16]

하지만 대부분의 운전자들은 이런 미세한 지점에 무심하기 때문에 잠김 방지 브레이크와 전자식 주행 안정 장치는 안전에 상당한, 순수하게 긍정적인 기여를 해왔기.[17] 이런 장치들이 우리의 기술을 아무리 좀먹더라도, 그런 일은 대부분의 운전자들이 거의 맞닥뜨릴 일 없고 굳이 경험해보려고 하지 않는 한계 시에만 벌어진다.

자동화된 차선 유지와 자동화된 브레이킹은 이런 점에서 상당히 다르다. 훨씬 마구잡이로 개입해서 운전자가 주의를 기울일 필요를 덜어준다. 반드시 **이럴 수밖에** 없는 걸까? 이런 영향을 피할 수 있도록 개입의 문턱을 높이 설정할 수는 없을까? 이런 자동차 감독 장치들이 만들어낸 피드백 고리를 살펴보자. 그리고 그것이 처음에 우리가 운전에 능숙해지게 된 과정에 지장을 초래하면서 동시에 우리가 꾸준히 경계심을 조율하는 과정을 위태롭게 하는지도 살펴보자. 이런 기술 획득과 유지는 구사일생의 상황을 거치면서 일어난다. 겁을 먹고 충격을 받아서 자신이 얼마나 속수무책인지를 인정함으로써 일어난다.[18] 이런 경험 자체가 박탈되면 우리의 경계심이 퇴화하고, 그러면 자동화 시스템이 고삐를 죄지 않을 수 없다. 이런 피드백 고리가 돌아가면 우리가 무능력하다는 자동화의 근본 가정이 점점 그 예언을 실현하게 된다. 이것이 우리가 다음에 살펴볼 문제다.

반자율 자동차

부분적인 자동운전(테슬라 오토파일럿 패키지가 제공하는 것 같은)에 대한 인적요인 문헌들은 인간-컴퓨터 협력이라는 더 일반적인 문제에 실마리를 제공한다. 이 두 형태의 지능이 잘 협력하는 게 가능할까?

고속도로 교통안전국은 자동차 자동화라는 혼돈의 공간에 질서를 부여하기 위해 운전이라는 일에서 인간의 개입이 점점 적어지는 다섯 단계를 지정했다. 0단계는 사용자가 완전히 조작하는 자동차이고 4단계는 인간이 어떤 식으로도 개입하지 않는 자동차다. 재미있는 일은 중간 단계에서 일어난다.

스티븐 캐스터Stephen M. Casner, 에드윈 허친스Edwin L. Hutchins, 돈 노먼Don Norman은 관련 인적요인 문헌을 종합하는 리뷰논문을 썼는데,

검토 대상 문헌 중에는 자신들의 연구가 많았다(돈 노먼은 일부 독자들에게 일반 대중을 위한 훌륭한 책《디자인과 인간심리The Design of Everyday Things》의 저자로 알려져 있다).[19] 이 논문에서 이들은 자동차 디자인 앞에 놓인 도전과제를 냉정하게 설명한다. 문제는 기본적인 애매함으로 집약된다. 이들은 "운전자의 책임 일부가 일정 기간 동안 컴퓨터에게 대체되어 부분적으로 자동화된 자동차에서 운전자의 역할은 무엇인가?"라고 묻는다. 자율주행차로의 이행은 어려울 것이다. "특히 자동화가 완전하지도 완벽하지도 않아서 인간 운전자가 감시 역할을 맡아야 하고 때로는 끼어들어서 더 밀착통제해야 하는 기간"에는 말이다.

그들이 검토한 시스템은 단순히 운전자에게 정보나 조언을 제공하는 것(GPS와 차선이탈 경고 같은)에서부터 컴퓨터가 안전하지 않은 상황이라고 판단할 때 차량을 제어하는 것에 이른다. 내비게이션 시스템의 문제는 우리 대부분에게 익숙하다. 첫째, 시스템에 목적지를 설정하는 데는 주의가 요구된다. 이상적으로는 출발 전에 목적지를 설정하지만 우리가 항상 이상적으로 행동하는 것은 아니다. 고속도로 교통안전국은 차량 내 정보시스템과의 소통은 한 번에 2초 이상 하지 말라고 권장한다. 그러니까 눈과 손가락으로 소통하는 데 들어가는 시간 말이다. 하지만 목소리만으로 내비게이션 시스템과 소통하는 것 역시 똑같이 주의를 분산시키는 것으로 확인되었다.[20]

내비게이션 시스템에 대한 의존이 야기하는 두 번째 부주의 문제가 있다. 내비게이션이 장시간 문제 없이 돌아갈 때 우리는 우리 주변으로부터, 또는 최소한 "모든 것이 명목상 계획대로 되어갈 때" 주변 환경에서 길을 찾아내는 인지적 과제로부터 분리된다.[21] "명목상"이라는 단어가 핵심이다. 인공지능에 의존하는 복잡한 자동화 시스템은 "어렵고 비일상적인 경우에 맞닥뜨려 문제를 해결하지 못하기 전까지는, 대부분의 문제를 수월하게" 해결한다. 자동화 시스템은 문제를 해결하지 못해도 자신이 실패했다는 사실을 **모를** 수 있다. 내비게이션이 예를 들어 오솔길을 도로로 착각하고 운전자에게 절벽에서 뛰어내리라거나 호수로 들어가라고 지시한 일화를 모두 한 번쯤 들어보았을 것이다. 데이터베이스상의 사소한 오류는 엄청난 결과를 몰고 올 수 있다. 이것이 취성[brittleness] 문제(힘을 받았을 때 갑자기 깨지거나 부러지기 쉽다는 뜻-옮긴이)다. 즉 '어리석은 실수가 발생하기 쉽다.'

운전자가 자동차를 잠수함처럼 다룬다면 우리는 보통 운전자의 어리석음을 탓할 것이다. 하지만 고도의 훈련을 받은 비행기 조종사에게서도 동일한 현상이 일어난다. 문제는 자동화 시스템이 일상에서의 완전무결한 수행능력을 바탕으로 우리의 **신뢰**를 획득한다는 점에 있다. 자동화가 제일 똑똑하다는 생각 말이다. 1995년 콜롬비아에서는 비행운영 시스템이 내리는 지시를 따르던 보잉 757 승무원이 산 속으로 비행기를 날려보냈다.[22]

자동차의 경우 설계자가 시간을 들여 인터페이스를 고민해서, 가령 도로의 중앙에 자동차를 보이게 할 뿐만 아니라, 그 도로가 어디로 이어지는지도 보여주는 방식으로 좀 더 상황적인 맥락을 제공한다면 내비게이션 시스템의 취성을 누그러뜨릴 수 있다. 이런 주변 맥락이 없으면, 무언가 잘못되었다는 단서를 알아차리기가 어려워진다. 흥미롭게도 일부 연구자들은 차에 동승자가 있으면 길을 찾을 때 이 동승자와 협력하는 경향이 있다는 연구결과에서 통찰력을 취하고 있다.

자동화 시스템이 이런 협력적인 접근법을 채택할 수 있을까?[23]

인적요인 연구의 핵심이 다소 김을 빼놓을 수 있다. 캐스너 등은 이렇게 말한다. "내비게이션 시스템은 **사람들이 이미 합리적인 수준의 능력을 갖춘 것으로 보이는** 과제를 자동화하기 위해 도입한 테크놀로지의 훌륭한 사례다. 그렇다. 내비게이션이 도입되기 전에 운전자들이 길을 잃긴 했지만 안전이 위태로운 사고에 이르는 일은 거의 없었다. GPS 내비게이션은 우리가 예상하지 못한 숱한 인적요인 문제들을 유발했다(강조는 저자가 추가한 것이다)."

또 다른 부류의 운전자 보조 장치는 운전자가 무언가 그릇된 행동을 하고 있을 때 알려주는 경고 시스템들이다. 차선 유지 경보는 운전자가 옆 차선으로 이탈하거나, 다른 차가 있는데 사각지대를 확인하지 않고 차선을 변경할 때 운전자에게 경보를 울린다. 캐스너 등은 "경보 시스템의 의도치 않은 결과는 일부 운전자들이 주의를 기울이는 1차 과제를 경보음에 귀를 기울이는 2차 과제로 대체할 수 있다는 점"이라고 지적한다. 이를 "1차-2차 과제의 전도"라고 하는데 고도로 자동화된 비행기 조종사들에게는 익숙한 문제다. 가령 이들은 잠재의식적으로 올바른 고도를 유지하는 과제보다는 고도 경보에 귀를 기울이는 것이 자신의 과제라고 여기게 될 수 있는데, 알람이 제대로 작동하지 않을 경우 이는 명백하게 문제가 된다. 인적요인 문헌에서는 이를 '자기만족complecency 문제'라고 한다. 이와 연관성이 있지만 또 다른 문제로는 성가신 경보의 문제가 있다. 캐스너 등은 이렇게 말한다. "항공에서 조종사가 문제를 발견하지 못한 상황에서 경보음이 울릴 경우 조종사들은 그 경보를 무시하게 된다. 제한속도를 시속 8킬로미터 넘었다고 계속 알려주는 시스템에 대한 우리 자신의 반응을 생각해보면 쉽다." 하지만 유럽연합 집행위원회가 2022년부터 신차에 의무적으로 요구하고 있는 장치가 바로 이런 시스템이다(425쪽의 13번 주석을 보라).

차선 유지 경보와 과속 경보는 운전자에게 단순히 정보와 조언을 제공하는 관리형 장치의 범주에 속한다. 그다음 수준의 개입은 우리가 이미 살펴본 시스템들로 구성된다. 잠김 방지 브레이크, 견인력 제어 장치, 전자식 주행 안정 장치. 이런 것들은 한계상황에만 개입해 운전자가 제어루프 안에 머물러 있도록 한다. 그다음 수준의 개입장치는 일관되게 적극적으로 차량을 제어하고 운전자를 피드백 고리에서 제외시키는 시스템들로 구성된다. 이미 우리는 크루즈 컨트롤이라는 형태로 이런 장치에 약간 익숙하다. 그리고 우리는 운전자가 자신의 차량을 제어하는 고리 밖에 있을 때는 졸음이 밀려오고 경계심이 늦춰지는 경향이 있으며, 따라서 돌발상황에 반응하는 데 더 긴 시간이 걸린다는 사실을 배웠다.[24] 이는 비행기에서보다는 자동차에서 더 심각한 문제다. 도로는 하늘에 비해 훨씬 예측 불가능한 장소이고, 운전자가 다시 그 고리로 되돌아가 상황을 평가하고 적절하게 반응해야 하는 시간규모는 비행기 조종사의 경우 보통 몇 분이지만, 자동차에서는 1초 미만일 수 있기 때문이다. 이를 '신속한 온보딩' 문제라고 한다.

이 문제에 대한 한 가지 대응은 인적요인 연구자 얼 와이너Earl Wiener가 말한 "컴퓨터 해법 하나 더one more computer solution", 그러니까 자동화 장치를 하나 더 추가하는 것이다. 적응형 크루즈 컨트롤은 앞 차량의 속도에 맞춰 차량의 속도를 자동으로 조절할 수 있다. 이 시스템에 자동 차선 유지까지 더하면 손을 쓰지 않는 운전이 가능하고, 이는 이미 많은 차에서 이용할 수 있다. 이 장치에 딸린 작은 글씨에 따르면 고객은 상황을 꾸준히 모니터하고 항시 수동 컨트롤을 재개할 준비를 하고 있어야 한다. 하지만 이런 기대는 비현실적이다. 자동화에 의한 제어가 완벽할수록 우리는 더 오랫동안 다른 데 주의를 쏟는 경향이 있다. 휴대전화에서 얼마나 자주 시선을 떼고 고개를 들까? 그리고 고개를 들었을 때 필요하면 운전에 다시 개입해 적극적인 제어를 한다는 것이 말처럼 쉬울까?

캐스너 등은 이렇게 말한다.

> 운전자는 언제든 자동화가 어떤 운전 기능을 처리하고 있고 어떤 기능이 운전자의 책임으로 남아 있는지 판단할 수 있어야 한다. 비행기 조종사에 대한 안구추적 연구는 그들이 상태를 직접 설정했을 때라 해도 자동화 상태를 제대로 기억하지 못한다는 사실을 보여준다. 그들은 자신이 버튼을 눌렀다는 기억에 의지해서, 실제 상황을 전달하는 시스템-상황 디스플레이를 습관적으로 무시한다. 조종사가 속도제어 기능을 사용하려고 버튼을 눌렀는데 나중에 예기치 못하게 속도가 올라가거나 감소하는 사건이 비일비재하다. 조종사들은 때로 자동화 기능이 작동하지 않는데도 작동 중이라고 잘못 생각한다. 자동화 기능은 때로 조용히 아무런 이유도 없이 저절로 꺼지기도 한다.

부분적인 자동화의 부자연스러운 인지적인 요구를 감안해서, 위험한 상황에서는 자동화 시스템이 인간 조작자로부터 통제력을 빼앗을 권한을 가져야 한다는 주장도 가능하다. 사실 통제력을 갖는 것은 잠김 방지 브레이크, 전자식 주행 안정 장치, 견인력 제어 장치가 하는 일이고, 이는 현대적인 자동차의 안전을 크게 개선시켰다.

하지만 이보다 더 걱정되는 것이 있다. 자동화에 대한 오늘날의 인적요인 연구 물결을 이끈 사건은 아마 1988년 프랑스 아브샤임 **Habsheim** 에어쇼에서 일어난 에어버스 A320 충돌사고였을 것이다. 이 비행기에는 최신의 경이로운 비행기를 선보이는 이 행사에 선발되어 운이 좋다고 느꼈을 복권 당첨자들과 언론인들이 가득했다. "그 비행의 목적은 비행기의 컴퓨터 시스템이 조종사가 컨트롤을 조작하는 방식에 관계없이 부양을 반드시 가능하게 만든다는 점을 보여주는 것이었다."[25] 하지만 조종사가 군중들 옆으로 저공비행을 하자 비행기는 스스로 착륙 모드에 돌입했다. 조종사들은 앞에 활주로가 전혀 없고 나무뿐이라는 사실을 눈으로 똑똑히 볼 수 있었고, 그래서 상승을 시도했다. 조종사와 자동화 시스템이 비행기의 제어를 놓고 싸움을 벌였고, 결국 자동화가 이겼다. 비행기는 숲으로 추락했고 불이 붙었다. 승무원들이 영웅적으로 승객들을 대피시켰지만 세 명의 사망자가 발생했다. 안전벨트를 풀지 못한 어린 소녀(소녀의 오빠가 도와주려고 했지만 공황상태에서 출구를 향해 돌진하는 승객들 때문에 통로를 따라 밀려갔다), 선실이 연기로 가득 찼을 때 소녀를 도우려고 되돌아온 어른, 그리고 장애가 있어 이동이 불가능한 소년이었다.

투자 부족으로 도로와 다리의 상태가 형편없을 때 자동차의 컴퓨터와 과거에 편찬된 GPS 지도 간의 내적인 대화에 통제력을 넘긴다는 것은 조금 위험해 보인다. 도로에 아주 커다란 분화구가 새로 생겼다고 생각해보라. 통제력을 놓고 주도권 싸움이 벌어지면 우리는 누구든 올바른 쪽(컴퓨터든 운전석에 앉은 사람이든)이 그 싸움에서 이기기를 바라지만 실패 가능성은 양쪽 모두에게 있다. 부분적인 자동화가 제기하는 인지적인 도전과제 때문에, 인간의 실패 가능성은 과거보다 높아졌다.

니콜라스 카Nicholas Carr는 《유리감옥The Glass Cage》에서 이렇게 말한다. "우리 모두 정보 과부하의 부작용을 안다. 그런데 정보의 과소부하 역시 똑같이 인간을 약하게 만들 수 있음이 확인되고 있다." 그는 인간에게 일이 너무 쉬워지는 것이 어떻게 역효과를 낳을 수 있는지를 보여주는 인적요인 연구를 인용한다. 우리의 "주의용량이 (…) 정신적인 작업량 감소에 맞춰 줄어들기 때문"이라는 것이다. 이는 감지가 어렵기 때문에 특히 우려스럽다. 조작자는 할 일이 충분치 않기 때문에 그냥 멍해진다. 게다가 운전자(또는 조종사)가 틀에 박힌 조작을 하는 동안 자극을 적게 받으면 자동화가 제대로 작동하지 않을 때처럼 자극이 커졌을 때 공황 상태에 빠질 가능성이 높다.[26]

자동화가 운전자의 개입을 요청할 때는 편안함을 느낄 정도로 충분히 긴 전환 시간을 제공해야 한다. 하지만 자동화가 예측하지 못한 문제에 맞닥뜨렸을 때 종종 여기에 대처하지 못하고 운전자는 거기에 반응할 시간이 거의 주어지지 않는다는 골치 아픈 문제가 남아 있다. 예측하지 못한 사건과 "자동화의 기습"에 반응하는 비행기 조종사에 대한 연구를 참고해도 희망을 느끼기가 힘들다.

복잡함에는 불투명함이 따라오고, 이는 지금 구상 단계에 있는 자율주행차의 핵심 장치 중 하나에 의해 더 악화된다. 자동차가 서로 소통할 수 있어야 충돌을 방지하는 동시에 차량의 흐름을 원활하게 유지하면서 서로의 움직임을 조율할 수 있다(이로써 도로수용력의 이득이 실현된다).²⁷ 그런데 이런 소통은 기계의 언어로, 아주 빠르게 이루어지기 때문에 운전자가 모니터할 수 없을 것이다. 캐스터 등은 "운전자가 그런 상황에서 하는 거의 모든 행위가 자동적으로 컴퓨터화된 해법을 악화시킬 가능성이 있다"고 지적한다.

인적요소 문헌에서 배울 만한 종합적인 교훈이 있다면 아마 이 점이리라. 자동화에는 일종의 전체화 논리가 있다. 매 단계에서 인간이 판단할 여지와 재량을 남기는 것은 해결해야 하는 버그처럼 보인다. 더 중립적으로 말하자면 인간의 지능과 기계의 기능은 통제력을 공유하느라 힘든 시기를 보내고 있다. 이는 부분적인 자율주행차가 제기하는 문제에서 확연해지고, 완전한 자율주행차가 인간 운전자와 도로를 공유해야 할 때 제기되는 문제에서도 분명하다.

자율주행차는 교통규정을 글자 그대로 준수하고 지나치다 싶을 정도로 조심하도록 프로그램되어 있어서 인간이 조종하는 다른 자동차와는 썩 잘 어울리지 않는다. 〈뉴욕 타임스〉는 구글 자동차는 "사거리 정지신호를 통과하지 못하는데, 차에 달린 센서가 계속 다른 (인간) 운전자가 완전하게 멈춰서 자신을 보내주기를 기다리기 때문이다. 인간 운전자들은 계속 조금씩 앞으로 움직이면서 유리한 상황을 탐색해 구글 로봇을 마비시킨다"고 말한다. 물론 인간 운전자는 그런 상황에서 눈을 맞추거나 다른 사회적 상호작용의 단서를 독해해서 선행권이 애매한 상황에서 협상을 벌이고 그때그때 문제를 해결한다. 공격적인 운전자도 있고 방어적인 운전자도 있다. 운전에 일종의 신체언어가 있다고 말해도 무리는 아니다. 이런 즉흥적인 해법은 대부분의 경우 별 무리가 없다.

하지만 사회적 지능을 기계가 실행할 수 있는 논리로 재생하기는 힘들다. 그러므로 로봇에게 친절한 도로를 만들려면 인간이 기계에 가까워져야 한다는 결론이 나온다. 똑같은 〈뉴욕 타임스〉 기사에 따르면 "구글 자율주행차 프로그램의 소프트웨어 팀장인 드미트리 돌고프 **Dmitri Dolgov**는 자신이 프로젝트에서 배운 한 가지는 인간 운전자가 '덜 천치 같아질' 필요가 있다는 점이라고 말했다." 우리가 이성은 컴퓨터 과학자들에게나 있는 것이라고, 그러니까 비사회적이고 기본적으로 규칙과 유사한 것이라고 생각할 때 이런 추론이 쉽게 나온다. 이런 관점에서는 인간이 정말로 버전이 낮은 컴퓨터처럼 보인다.

통제권을 두고 벌이는 인간과 컴퓨터 간의 경합은 때로 전혀 경합의 모습을 띠지 않고 정치적 현실로 표출된다. 보도자료와 어수룩한 저널리즘의 렌즈로 봤을 때, 대중들의 마음에서 자동화의 논리는 마찬가지로 그 확대를 무제한적으로 허용하는 안전이라고 하는 도덕적 논리와 결합한다.[28] 안전주의가 더 심화된 자동화라는 비즈니스 논리에 합리성을 제공한다는 의미에서 이 둘은 공생관계에 있다. 이 둘 모두 올바른 사고방식을 가진 모든 사람들에게 의심의 여지가 없고, 단일한 진보의 팀에 토를 다는 것은 죽음을 옹호한다는 비난을 자초하는 일이다.

자율주행차로부터 얻을 수 있는 안전상의 이득에 대한 사실적인 질문에 초점을 맞출 경우 가장 신중한 입장은 인적요인 연구자들의 불가지론에 합류하는 것인 듯 싶다.[29] 캐스너 등의 말처럼 "향후 몇 십 년간 무지막지한 비통제실험이 도로와 고속도로에서 일어날 때 우리 모두가 운전연구에 참여하게 될 것이다." 그들은 마치 우리가 이 문제에 있어서 아무런 선택의 여지가 없다는 듯 기정사실처럼 기술한다. 자동성은 공학 프로젝트인 만큼이나 정치적인 분위기가 된다.

05

도로를 느끼다

내 첫 자동차는 열다섯 살이던 1980년에 구입한 1963년형 비틀이었다. 당시 나는 캘리포니아 에머리빌에 있는 직영 포르쉐 수리점에서 일하고 있었다. 911에 대해 시시껄렁한 이야기를 주고받으며 주로 하찮은 노동(부품 세척, 가끔은 휠베어링 싸기)을 하는 수준이었지만. 내가 구할 수 있는 수준에서 포르쉐에 가장 가까운 것이 딱정벌레차였다.

비틀을 모는 방법을 배운 직후 나는 모로 운전하는 즐거움을 발견했다. 괜찮은 날이면 40마력까지 나오는 1,200cc 모터로는 직선차로 가속에서 즐거움을 얻지 못한다. 하지만 '스윙 액슬'식 리어서스펜션이 있는 상황에서는, 코너를 돌면서 처음에 가지고 있던 미약한 견인력마저 상실하는 지점에 이르러 무게가 실리지 않으면 안쪽 뒷바퀴가 안쪽으로 말려 들어가는 경향이 있다(내 타이어는 1970년대 초부터 쓰

던, 건조부식된 바이어스플라이 타이어였던 것 같다). 그리고 바로 여기서 재미가 시작된다. 코너를 빠르게 달리면서(여기서 말하는 '빠르게'는 순전히 주관적인 용법이다) 조향바퀴를 갑자기 젖히는 동시에 스로틀을 해제해 앞으로 조금 하중이동을 하면 뒤쪽이 옆으로 틀어지게 된다. 이제 조향에 신경 쓰면서 슬라이드를 하면 시속 32킬로미터에서 액션히어로가 된 듯한 기분을 느낄 수 있다. 스윙 액슬과 후방장착형 엔진의 결합이 만들어내는 이 기이한 핸들링 때문에 랄프 네이더**Ralph Nader**는 쉐보레 코베어가 "어떤 속도에서도 안전하지 않다"는 유명한 말을 남겼다. 하지만 그는 이런 차는 "어떤 속도에서든 재미있기도" 하다는 사실은 언급하지 않았다.

내게 가장 달콤한 10대 시절의 기억은 버클리를 굽어보며 화려하게 빛나는 흰 탑이 있어 호화로운 클레어몬트 리조트까지 차를 타고 올라가서 재규어와 메르세데스가 늘어선 주차장에서 엉성하게 지그재그로 운전하며 내 기량을 뽐내던 일이다. 엉성하다고 말하긴 하지만 사실 그 즐거움은 내가 정확하게 그리고 통제력을 충분히 발휘해서 4륜 드리프트를 할 때 경험하는 기교가 향상된다는 감각에서 비롯되었다. 비가 오면 이런 슬라이드를 시작하기가 특히 쉬웠다. 모서리를 누르면 슬라이드 경사도가 더 깊어졌다. 근처에 있는 비싼 장애물은 스릴을 고조시킬 뿐이었다.

아침마다 차를 몰고 버클리고등학교로 가는 길에도 마찬가지로 몇몇 교차로를 돌 때 약간 모로 달리는 루틴이 포함되었다. 시야가 탁트인 좌회전이 가장 좋다. 일찍 꼭지점에 도달하는 차선을 고를 수 있고, 꼭지점을 벗어날 때 두 차선을 가로지르는 우아한 측면 움직임을 발휘할 여지를 남겨둘 수 있기 때문이다.

　　기술이 향상되자 나는 차를 조금 손봤다. 일단 더 좋은 타이어를 달았다. 하지만 이것 때문에 안 좋은 일을 겪었다. 해안가로 뻗어나가는 파월스트리트 끝에서 뒤쪽을 바깥으로 틀어지게 하려고 속도를 줄이지 않은 채 인접도로로 방향을 틀었다. 그런데 뒤쪽이 바깥으로 틀어지는 대신 타이어가 버텼고, 숨 쉴 수 없는 꽤 긴 시간 동안 나는 두 바퀴로 차를 몰았다. 재미있기는커녕 대경실색할 일이었다. 차를 전복시키기 직전까지 갔던 이날 이후 나는 더 튼튼한 충격흡수기와 롤바를 추가했다. 새 충격흡수기는 바디롤을 크게 줄여서 핸들링을 바꿔놓았다. 그다음으로는 (가벼워진 플라이휠 때문에) 산뜻한 스로틀과 마력이 거의 두 배에 가까운 팔팔한 1,650cc 모터를 새로 달았다. 이제는 스로틀로 오버스티어를 할 수 있을 정도로 마력이 빵빵해서 재미가 배가되었다.

　　2019년으로 빨리감기해보자. 나는 폭스바겐을 개조하는 10년짜리 장기 프로젝트의 후반 단계에 들어선 상태다[이 프로젝트에 대해서는 1장 "민간공학"에서(아마 독자들이 원하는 것보다 더) 자세히 다룰 것이다]. 차체외각이 페인트칠 단계에 가까워져서 색깔을 고를 때였다. 내게는 세라믹 같은 느낌이 있는 소박한 비금속성 페인트인 나르도그레이**Nardo Grey**를 비롯한 짧은 목록이 있었다. 이 페인트는 아우디와 포르쉐에서 제공하지만 그중에서도 가장 레이스카 같은 모델에만 적용된다. 나는 동네 아우디 대리점에 전화를 걸어서 나르도그레이 색을 입힌 차를 보유하고 있는지 물었다. 불빛을 받았을 때 여러 각도에서 직접 보고 싶었기 때문이다. 전화를 받은 여성은 컴퓨터로 재고 목록을 불러내더니 잠시 후, "네, 있어요. 나르도그레이 RS3가 있네요. 시험주행 일정을 잡으시겠어요?"하고 말했다. 나는 이런 가능성을 한 번도 생각해 보지 못했지만 오래 생각할 것도 없이 "네!"하는 대답을 토해냈다.

아우디 RS3는 패들 시프터가 달린 세븐스피드 듀얼 클러치 자동 변속기와 어울리는 터보충전식 5기통 엔진에서 400마력을 만들어 낸다. 서류상 그 성능은 이 플랫폼에서 예상할 수 있는 모든 부분이 인상적이다. 실제 상황 테스트에서 3.7초면 약 시속 100킬로미터까지 도달한다(아우디가 주장하는 것보다 더 빠르다). 나는 아무리 속속들이 개조했다고는 하지만 오래된 폭스바겐을 운전하는 경험을 이 시험주행이 망치지는 않을지 살짝 걱정이 되었다.

나는 오토바이를 타고 대리점에 나타났다. 내가 보유한 낡은 차들은 '장래의 구매자'라는 사기를 순식간에 망쳐놓을 것이기 때문이었다. 영업사원은 일단 복사를 해둬야 한다면서 내 운전면허증을 가져갔다. 그가 한동안 나타나지 않자 문득 아무래도 신원조회를 하면서 내 차량관리국 기록을 뽑아보는 게 아닌가 하는 생각이 들었다. 하지만 그가 다시 돌아왔고 우리는 함께 차가 있는 곳으로 갔으니 그건 확실히 아니었나 보다. 백인인 게 좋긴 좋구나!

우리는 주차장에서 천천히 빠져나와, 교외의 도로를 거쳐서 고속도로에 들어섰다. 운전 중에는 램프구간이 몇 번 있었고 통행량이 많지 않아서 해보고 싶은 조작을 모두 해볼 수 있었다. 하지만 나는 그 자동차와 연결되었다는 느낌을 받을 수 없었다. 가장 공격적인 드라이빙 모드에서는 그런 느낌이 좀 들긴 했지만(드라이빙 모드는 스로틀 맵,

시프트 반응, 서스펜션 세팅을 결정한다), 여전히 어떤 의사결정의 층위가 다른 어딘가에 존재하는 기분이었다. 패들 시프터는 실제로 그게 의미하는 바, 즉 단순한 논리 게이트로 느껴졌다.

물론 그 차와 함께 오랫동안 살아보면 더 많은 감정과 연결의 감각이 개발될 게 분명하지만, 내 첫인상은 그 차에 고유의 우선순위가 있는 듯하다는 것이었다. 그것은 나의 시프트 명령을 일반적인 분위기 진술로, 위원회가 다음 개정을 할 때 충분히 고려해볼 만한 요청 정도로 받아들였다. 이 차는 내가 1963년형 비틀을 전복시킬 뻔했을 때처럼 결코 내가 틀렸다고 무례하게 말하지 않았다. 그보다는 "당신의 의견은 우리에게 중요합니다"에 더 가까웠다. 내가 **무언가** 그릇된 짓을 하고 있는 게 틀림없는데도 그게 무엇일지(아마 수동 변속기를 조작할 때처럼 상단 시프트에서 스로틀을 해제한 게 문제였을까?) 곰곰이 생각하도록 내버려두었다.

저단 시프트에서는 컴퓨터가 오토 블립으로 분당회전수에 맞춰 스로틀을 보완했다. 나는 내 발뒤꿈치로 직접 하는 걸 선호하는 사람이다. 이런 오토 블립이 관리에 유익해 보이는 시기에 도달하긴 했지만, 모퉁이에서 내가 의도한 선회의 순간과는 아무런 관계가 없었다. 마치 어느 날 자신의 업무가 외주 가능해졌음을 알게 된 칸막이 노동자처럼 내게는 아무런 할일이 남아 있지 않았다. 그리고 그 아우디의 어마무시한 토크(회전력)에도 불구하고 그것이 전달될 때 생생하거나 난폭한 느낌은 전혀 없었다. 그 차는 내게 아무 인상도 남기지 못했다.

내가 무언가 잘못된 건가? RS3는 요즘 살 수 있는 가장 짜릿한 스포츠세단 중 하나라고 하던데. 내게 그 차는 기계적인 현실이 운전자에게 닿기 전에 전기적인 필터를 통과해야 하는 디자인 윤리가 얼마나 완고한지를 보여줄 뿐이었다. 이 요구 이면에는 무엇이 있을까? 그리고 그것은 기술의 획득에 어떻게 영향을 미칠까?

아이스하키를 배우는 과정을 생각해보라. 스틱을 사용하는 이유는 퍽을 조작하려는 것이지만 퍽의 현 상태를 감지하려는 것이기도 하다(예를 들어 퍽이 미끄러지고 있는지 아니면 구르고 있는지). 프로선수에게 스틱은 의수와 비슷하다. 절단수술을 받은 사람이 인공 사지를 자신의 행위와 지각의 매끄러운 전도체로 경험하게 되는 것과 동일한 방식으로 스틱은 선수의 육체적 의식에 통합된다. '인지의 확장'이라는 이 개념을 뒷받침하는 문헌이 점점 늘고 있는 상황이다. 우리가 도구와 의수의 사용법을 배울 때 레퍼토리에 추가하는 새로운 기술은, 우리의 행동과 지각을 조직하는 뇌가 그것들을 어떻게 처리하는지라는 측면에서, 타고난 신체와 구분할 수 없어진다. 이런 통합을 가능하게 만드는 핵심적인 사실은, 행위와 지각 사이에는 닫힌 고리가 있다는 점이다. 그러니까 우리가 무엇을 인지하는지는 무엇을 하는지에 의해 결정된다. 마치 우리가 자기 손을 사용할 때처럼 말이다. 또는 1963년형 폭스바겐을 사용할 때라든가.

프로 하키선수의 주의는 스틱을 향하지 않는다. 스틱을 **통해서** 퍽을 향한다. 마치 피아노 연주자의 주의가 손가락을 향하지도, 심지어는 피아노의 건반을 향하지도 않고, 자신이 연주하는 선율을 향하듯이. 실제 '운전자의 자동차'는 이와 유사한 사라지기 행위를 완수해, 정보와 의도를 전달하는 투명한 양방향 전도체가 된다. 하지만 이런 이상과, 운전자와 도로 사이에 훨씬 많은 전자적인 중재의 층위들을 끌어들이려는 흐름 사이에는 긴장이 있다. 자동차광에게 이것이 금시초문은 아닐 테지만, 자동차 디자인에서 앞에 놓인 도전과제를 분명히 하고자 한다면 그 이유를 자세히 분석할 가치가 있다.

이제 우리에게는 우리의 운전 입력사항을 변조하는 견인력 제어 장치, 전자식 주행 안정 장치, 잠김 방지 브레이크뿐만 아니라 전자식 스로틀, 전자식 브레이크, 전자보조식(유압보조식이 아니라) 조향 장치가 있다. 종종 이는 운전자에게 도달하는 정보의 양이 터무니없이 적어지는 결과를 초래하고 의도와 행위 사이에서 거름 장치 역할을 한다. 게다가 기계적인 '과도 상태'에 대한 지나치게 열성적인 제동 때문에 자동차는 육감과 경험보다는 다른 수단으로 우리에게 정보를 전달할 수밖에 없다.

나는 첫 아이가 생겼을 때 처음으로 새 차도 구입했다. 토요타 사이언 xB였다. 나는 어째서 내가 코너를 돌 때 한 번씩 차가 삑삑대는지 의아했다. 완전한 미스터리였다. 안전벨트 경보 장치에 어떤 헐거운 부위라도 있나? 몇 년 뒤에야 나는 그게 전자식 주행 안정 장치이고 내게 자신의 개입을 알리는 것임을 깨달았다. 내가 마침내 이것을 알아낼 수 있었던 이유는 대시보드 위에 작은 문구('안정')가 떴기 때문이었다. 보통은 코너를 도는 동안 내가 대시보드를 잘 바라보지 않으므로 견인력을 흐트러뜨렸다는 사실도 알아차리지 못했다. 도로와의 관계에서 자동차의 상태에 대한 정보를 직접 전달하는 일이 줄어들고, 이를 만회하기 위해 상징(단어와 벨소리)으로 **재현되었다.** 이 접근법의 한 가지 문제점은 이런 정보가 다른 전자장비에서 나온 정보와 함께

'인지적 채널'을 공유한다는 점이다.[1] 예를 들어 문자 도착을 알려주는 벨소리 같은 어떤 것은 더 많은 흥미를 자아낼 수도 있다. 어떤 경우든 그 차는 내게 너무 쓸데없이 삑삑거려서(자동차 열쇠를 꽂아뒀거나 헤드라이트를 켠 상태로 문을 열 경우, 안전벨트를 채우기 전에 차를 움직이기 시작할 경우) 이제는 그냥 잔소리겠거니 한다.

자동차 제조업체들은 재현의 층위를 개입시켜 행위와 지각 간의 자연스러운 유대를 약화시켰다. 단어나 벨소리의 문제는 그 자의성에 있다. 어떤 상징과 그것이 의미하는 바 사이에는 필연적이고 내재적인 관계가 없다. 운전자는 거기에 의미를 부착하기 위해 약간의 추론과 해석이라는 노동을 해야 한다. 추론은 느리고, 인지적으로 대가가 따르는 활동이다. 추론은 더 고차원적인 지적 역량의 기초이긴 하지만, 이 세상에서 길을 찾아내는 기본적인 운동기능이 이 추론을 발판으로 이루어질 경우 능란함이 반감된다. 상황이 천천히 그리고 부드럽게 진행되는 비행기 조종간 같은 환경에서는 받아들일 만하다. 하지만 도로라는 통제되지 않은 환경에서 갑작스럽고 난데없는 만일의 사태를 염두에 두고 자동차를 운전할 때는 체현된 인지라는 '빠르고, 간소한' 경로에 의지할 수 있어야 최선의 상태에 이를 수 있다.

1990년대 초에 시작된 새로운 로봇공학 연구물결은 흥미롭게도 유아의 학습과정에서 영감을 얻어서 육체(또는 로봇)와 그 환경 간의 관계에서 이미 이용 가능한 질서의 원천을 이용하고자 한다. 핵심은 재현을 바탕으로 앞질러서 환경을 **본뜨려는** 게 아니라 행동을 통해 학습하는 것이다. 로드니 브룩스**Rodney A. Brooks**가 1991년의 고전적인 논문에서 밝혔듯 "세상은 그 자체로 최고의 모델이다."[2]

이를 자동차 디자인의 새로운 방향을 잡기 위한 모토로 삼을 수 있다. 그렇게 하는 것은 곧 디자인 기준이 다른 아주 딴판인 두 부류의 자동차가 존재함을 받아들이는 것이 된다. 무인 자동차와 유인 자동차다. 자율주행차가 날로 성공을 거두고 있는 것은 도시 도로의 복잡하고 역동적인 환경을 본뜨려는 철두철미한(그리고 진정으로 인상적인) 노력 덕분이다. 이는 그 문제에 쏟아부은 막대한 양의 처리 능력(그리고 엔지니어들의 창의력) 덕분에 가능한 성취다. 하지만 인간 운전자도 아주 인상적일 수 있다. 행동과 인지 간의 유대를 보존하는 간단한 도구를 갖추고 있을 때는 말이다. 지금 우리에게는 심신의 정교한 관계를 거의 활용하지 않는 인간의 통제력과, 상징들로 이루어진 조야한 인터페이스를 갖추고 제 기능을 상실한 하이브리드만 존재한다.

물론 오늘날 운전자의 단절은 자동차의 질량이 계속 늘어나면서도 악화된다.[3] 현실을 더 철저하게 드러내는 가벼운 자동차는 걸러지지 않은 모호한 정보를 늘어놓는데, 이 정보의 풍요는 개입을 유발한다. 운전자에게는 시속 97킬로미터의 속도로 달리는 게 자신의 **몸**이라는 뚜렷한 감각이 있다. 그런 실존적인 참여는 주의를 요구하고 에너지를 북돋는다. 이 때문에 가볍고 원시적인 스포츠카를 모는 일이 그렇게 짜릿한 것이다. 장차 운전 중의 주의산만을 완화하는 데 도움이 되고 운전의 즐거움을 복원할 수 있는 디자인 원칙은 인간의 진화 과정에서 우리가 개발한 감각운동 능력을 활용하게 될 것이다.

지난 20년 동안 자동차 안으로 조금씩 스며든 자동성과 분리에 대한 집착은 '테크놀로지'의 경향이라고 부를 수 없다. 테크놀로지의 기준은 그저 기능에 국한된다고 주장한다면 말이다. 무언가 다른 일이 벌어지고 있다. 그게 무엇인지 이해한다면 최근의 자동차 디자인을 비판적으로 평가하고 그로부터 조금 더 거리를 유지할 수 있을 것이다. 이는 인지과학이 아니라 문화 비판의 과업이다.

풍요로운 서구에서는 혁신의 많은 에너지가 소비자에게 압박을 가하지 않으면서도 좋은 기분을 느끼게 해주는 **경험을 창조하는** 쪽으로 쏠린 듯하다. 이런 경향을 '정동자본주의'라고 한다. 여기에 해당하는 사례로는 컴퓨터 게임, 포르노그래피, 향정신성 약물 또는 잘 짜인 생태투어리즘이 있다. 제조된 경험이 이 세상과 직접적으로 대면하지 않게 해주는 대체품으로 제공되고, 이는 분명히 우리에게 일정한 호소력을 갖는다. 우리는 현실의 사물들과, 그러니까 우리의 의지를 거역하고 그럼으로써 우리의 제한적인 이해력과 기술을 폭로하는 사물들과 드잡이해야 하는 부담에서 벗어난다. 우리를 중심으로 설계된 경험들은 다른 사람들을 그리고 물질적인 현실을 상대하는 데 따르는 좌절감에서 벗어날 수 있게 해준다. 이런 경험은 유능하고 권력을 쥐고 있다는 환상 안에 안락하게 웅크리고 있을 수 있게 해준다. 가령 스케이트보드를 탈 때처럼 밥 먹듯이 실패를 경험하는 일에서 안전하다는 기분을 만끽하면서.

2016년 나는 포르쉐 중개자로 일하는 어떤 광고회사의 연락을 받았다. 이 자동차 제조사는 내가 자신들의 연례보고서에 들어갈 만한 에세이를 써주기를 바랐다. 이례적인 요청이라는 생각이 들었다. 보아하니 포르쉐는 건조한 재정보고서와 회사통신문에 곁들일 에세이를 독립작가들에게 주문해온 듯했다. 그들은 내게 무언가 철학적인 글을 원했고, 나의 자유분방함을 강조했다. 재미난 숙제가 될 것 같았다.

나는 포르쉐가 현재 취하고 있는 방향을 훑었고, 그들이 자율주행차 테크놀로지에 큰 투자를 하고 있음을 알게 되었다. 포르쉐의 장점과 유산을 생각하면 내게는 놀라운 일이었다. 그러다가 가까운 미래의 포르쉐에서는 버튼 하나만 누르면 뉘르부르크링(난코스로 유명한 독일의 자동차경주용 도로-옮긴이)에서 미하엘 슈마허Michael Schumacher가 최상의 한 바퀴를 돌면서 입력했던 스로틀, 조향, 브레이킹의 정확한 재현을 즐길 수 있게 된다면 어떨지 상상해보라는 최고경영자의 공개연설문을 접하게 되었다(슈마허는 타의 추종을 불허하는 F1 운전자였다). 나는 이 장에서 거론했던 것과 동일한 주장을 담아서 이 관점을 비판하는 에세이를 썼다. 이런 시각에서 고성능 자동차는 본질적으로 놀이공원의 놀이기구가 된다. 아주 비싼 놀이기구. 우리를 대신해 '경험을 창조'하고자 하는 자동차는 가상의 놀이들을 비롯해서 훨씬 저렴한 오락들과 우리의 변덕스러운 유흥비를 놓고 경쟁을 벌이리라. 소비자, 특히 젊은 소비자들이 '아날로그'와 실체가 있는 모든 것의 즐거움을 재발견하고 있는 시기에 이는 나쁜 비즈니스 전략이라는 생각이 들었고 실제로 그렇게 썼다.[4] 광고회사는 내 에세이를 실을 수가 없다고 말했다. 내 글 때문에 포르쉐 고위직들이 에세이를 옹호하는 쪽과 거부하는 쪽으로 갈라져서 다툼이 일었다고도 말했다.[5]

운전의 즐거움은 무언가를 **하는** 데서 온다. 우리를 반대 방향으로 밀치는 현실에 적극적으로 능숙하게 참여하는 데서 오는 즐거움. 바로 그때서야 우리는 자신의 손아귀 안에 진보가 있음을 느낀다. 숙달된 활동에서 때로 우리는 자기 몸 안에 있는 새로운 힘을 발견하던 인생의 유년기에 하던 놀이의 즐거움을 회복한다. 또한 자아의 기계적

인 연장을 통해 육체적 권력을 확장하는 데서 비롯되는 고유한 즐거움
과 10대 시절의 깡패짓으로 퇴행할 수도 있다.

06 ←

도덕적 재교육으로서의
자동화

자율주행차가 다른 차, 행인 또는 개와의 충돌을 피할 수 없어서 누구와 충돌할지를 판단해야 한다면 무슨 일이 벌어질까? 컴퓨터의 프로그램 안에는 어떤 종류의 도덕적 우선순위가 설정되어 있을까? 지난 20년 동안 학부 철학수업을 들어본 사람이라면 이와 유사한 고전적인 사고실험인 '트롤리 문제'를 접해본 적이 있을 것이다. 트롤리 한 대가 한 무리의 행인과 충돌할 수밖에 없는 경로에 있다고 가정해보자. 하지만 당신은 이를 미리 알아챈 구경꾼이고 손잡이를 당겨서 다른 경로로 트랙을 바꿀 수 있다. 문제는 이 새로운 트랙에도 무고한 사람이 있다는 점이다. 하지만 단 한 명이다. 당신은 소수를 희생시켜 다수를 구하려고 개입할까? 아니, 어쩌면 첫 번째 경로에서는 트롤리가 유모차를 끌고 있는 한 여성을 깔아뭉개는 반면, 두 번째 경로에서는 고령의 노숙자 한 명의 목숨을 앗아갈 수 있다(이런 식으로 끝없이 변형을 만들어낼 수 있다). 이 조건이 당신의 도덕적 직관에 변화를 일으키는가?

이런 연습은 '분석적 도덕철학'이라는 지적 스타일에 속한다. 그것이 가장 체계적일 때는 단순하면서도 정확하게 표현될 수 있는 알맹이로 우리의 도덕적 직관을 압축시키고자 한다. 한편에는 경험적인 사실들로 구성된 입력사항들이 있고, 다른 한편에는 이 세상의 새로운 상황들로 구성된 출력사항들이 있으며 중간에는 **원칙**을 적용하는 한 사람이 있다. 이 원칙은 마찬가지로 정확하고, 분명하게 표현할 수 있으며, 보편적으로 적용 가능해야 한다.

그러므로 트롤리 문제의 한 가지 매력은 컴퓨터의 입력-출력 논리와 유사한 도덕적 계산에 적합하다는 점이다. 가장 널리 채택되는 도덕 운영 시스템은 '최대 다수를 위한 최대의 선'을 모토로 하는 공리주의일 것이다. 트롤리 문제의 또 다른 매력은 사람들에게 시나리오 속에 놓인 자신을 상상해보라고 주문하고, 시나리오의 세부사항을 변주하고, 그들이 어떻게 반응하는지를 알아보고, 이로써 사회적인 데이터를 수집할 수 있다는 점이다. 이 변형에서의 희망은 도덕률이 결국 경험과학이 되리라는 것이다. 이상주의적 버전과 경험적 버전 모두에서 이는 유서 깊은 윤리에 대한 사고방식이며, 거의 그만큼 오랫동안 비판을 받았지만(아마 '잉글랜드 도덕주의자'를 다룬 니체의 글에서 가장 신랄하게) 최근 들어 명백한 이유로 새 삶을 얻게 되었다.[1] 그것은 기계 논리와 찰떡으로 어울리는 것으로 보이며 지적인 측면에서 다루기 쉽다.[2]

그리고 아니나 다를까, 이야기가 무인 자동차가 제기하는 윤리적 딜레마로 방향을 전환하면, 자동차 산업과 학계와 저널리즘 내의 그 협력자들은 마음이 놓일 정도로 완결적인 공리주의 윤리의 난제인 트롤리 문제를 방패막이 삼아서 '사망 알고리즘' 논쟁을 이어간다(메르세데스-벤츠는 자동차 제조업체 중 처음으로 자신들의 자동차는 승차자의 목숨을 우선시하도록 프로그램화할 거라고 선언했다). 윤리에 대한 이런 사고방식은 도덕적 부담을 기계로 전가해도 된다고 허용하는 듯하다. 사실 이런 전가는 자동화라는 불가피한 진보에 의해 **요구된다.** 〈네이처〉 지에 실린 글 "도덕기계실험The Moral Machine Experiment"의 저자들은 "인공지능과 자율 시스템을 위한 윤리디자인 표준화하기Standardizing Ethical Design for Artificial Intelligence and Autonomous Systems" 같은 제목이 달린 연구들을 인용하면서 "도덕적인 기계의 창조를 포기하는 것은 사치"라고 말한다.[3]

이는 안전주의의 도덕적 긴박함과도 일치한다. 개괄된 경로의 불가피함이나 타당함을 문제 삼는 것은 죽음의 신봉자를 자처하는 것이다. 장래를 생각하면 좋은 선택이 아니다. 하지만 '기계 윤리'에 분석의 골격을 제공하는 고전적인 사고실험을 더 자세히 살펴보자.

트롤리 문제를 이용해서 사람들의 도덕적 직관을 탐구하는 사람들의 연구결과 중 하나는 만일 단순히 스위치를 눌러서 다섯 명을 살리고 한 명을 죽이는 대신, 어느 뚱뚱한 남자와 드잡이를 해서 어떻게든 그 사람을 다리에서 떨어뜨릴 수 있는 위치로 데려가야 한다(그러면 그 사람의 몸이 트롤리를 막을 수 있다)고 말하면 사람들이 아주 다르게 반응한다는 것이다. "아니, 잠깐만요!"하고 말이다. 변함없는 공리주의를 위해 계산은 똑같은 방식으로 유지될 테지만, 사고실험이 소환한 사망자 최소화라는 직관에 불편한 부분이 삭제되지 않은 시나리오가 심각하게 끼어든다. 어쩌면 우리는 이 사고실험을 통해 마치 적극적인 도덕적 개입을 하지 않고도 충분히 선택을 할 수 있다는 듯이 불편한 부분을 삭제한 버전이 얼마나 인공적인지를 알 수 있다는 결론에 도달할지도 모른다.

하지만 좀 더 많은 개입이 연루된 실험은 우리에게 추상화(어떤 일이 일어나게 만들기 위해 스위치나 버튼을 누르기)의 효과에 대해 실질적인 무언가를 가르치기도 한다. 이런 추상화는 우리가 자신의 행위와 거리를 두고 이 세상에서 조금 다른 방식으로 살아가게 한다. 이와 같은 무언가는 분명 암살 현장에서 멀리 떨어진 콘솔 뒤에서 비디오 게임을 하듯 죽음을 처리하는 군사용 드론 조작자에게 해당되는 문제다. 요즘에는 그들이 감내하는 "도덕적 상처"에 대한 문헌도 있다. 외상후 스트레스 장애와 증상이 아주 유사하다고 한다. 어떤 연구자의 말에 따르면 "생명의 존엄성과 연관된 가치의 위배에서 비롯되는 도덕적 상처는 트라우마보다는 실존적 위기와 더 연관이 많다."[4]

나는 드론 조작자가 교훈적인 사례라고 생각하지만, 우연한 사고로 어떤 사람의 목숨을 빼앗게 된 무인 자동차의 승차자인 상황은 아주 다르다는 점 역시 지적하고 싶다. 이런 사건을 "가치의 위배"로 보기는 합리적이지 않을 것이기 때문이다. 사실 양심이 어떤 식으로 개입되는지는 확인하기가 어렵다. 승차자는 판단을 내리지 않고 버튼을 통해 그 집행을 위임한다. 그러니까 승차자가 하는 일은 **아무것도 없다.** 그리고 그 부분이 흥미로운 지점이다. 사건의 프레임에서 인간이 빠져 있는 것.

폭넓은 자동화와 그에 수반된 인간 행위주체성의 외부화에서 비롯된 위임 또는 대대적으로 인간이 부재하게 된 상황이 어떤 사회적 효과를 유발할까? 산발적으로가 아니라 이런 식으로 완전히 변경된 세상에서 살아가는 기본 특성으로서, 자신의 행위에서 한발 물러난 곳에 서 있는 것은 무엇을 의미할까? '행위'에 대해 말을 할 수 있기나 할까? 이런 변화는 미꾸라지 같은 추상화를 토대로 삼지 않는 도덕적 직관을 형성하는 우리의 능력을 훼손할지도 모른다.

버나드 윌리엄스**Bernard Williams**는 자신의 고전적인 주장에서 내가 '인간 부재**absenteeism**'라고 표현하는 것이 200년 전에 처음부터 공리주의 이론으로 굳어졌다는 사실을 강조했다. 이 역사를 잠시 들여다보면 긴 명맥을 유지하고 있는 지적 분파 내에서 '도덕적인 기계'를 만들어내려는 지금의 움직임을 파악할 수 있을 것이다.

윌리엄스가 선택한 기본적인 문제는 공리주의가 결과 또는 영향에만 관심을 두기 때문에 나의 행위주체성과 다른 누군가의 행위주체성을 실제로 분간하지 못한다는 점이다. 그보다 공리주의는 행위자 자신이 보편성의 관점에서 자신의 행위를 봐야 하고, 그 행위가 고유한 방식으로 스스로에게 지장을 초래하는 방식에 대해서는 무심해야 한다고 고집한다. 행위자는 이 세상의 입력물과 출력물 사이에 서서, '최대 다수를 위한 최대의 선'이라는 척도로 심판받아야 하는 단순한 통로로 전환된다. 하지만 저것을 **어떻게** 판단해야 할까? 각자에게 무엇이 중요한지를 알고, 공정한 산술에 따라 서로 경쟁관계에 있는 선들을 어느 정도 화해시킬 수 있는 우주에 대한 신의 관점을 가진 초지능 같은 것을 요구한다고 보일 수 있다. 개별 행위자는 이것을 마냥 따라야 한다. 하지만 우리는 그 계산의 결과를 어떤 식으로 학습할까? 실시간으로 합산표를 고치고, 사제처럼 중재자 역할을 하는 사무원이 있나? 윌리엄스는 개인이 자기 행위의 평가자로서 그 계산 과정에서 벗어나 있다는 주장은 터무니없다고 말한다. "이는 그를 자신의 행위로부터, 그리고 확신에 찬 행위의 근원으로부터 현실적으로 소외시킨다. (…) 그러므로 그것은 가장 있는 그대로의 의미에서 행위자의 완전무결함에 대한 공격이다." 가장 기본적인 문제는 소피-그레이스 채플 **Sophie-Grace Chappell**이 윌리엄스에 대한 자신의 에세이에서 밝혔듯 "공리주의가 요구하는 공정함이라는 의미에서, 그런 공정한 행위주체성 같은 건 없다"는 것이다.**5**

　공리주의자가 책임을 맡게 되었을 때 공정함에 대한 이 혼란은 실제적인 해악을 유발할 수 있다. 인간사의 방향을 이끌고자 하는 사람들은 항상 자신이 보편적인 계산을 끝냈다고 믿고, 공정한 관점의 라이벌일 수 있는 개인의 다양한 관점과 프로젝트의 도덕적 자격을 박탈함으로써 이 세상에서 자신의 계산이 효력을 갖게 하고자 한다. 오늘날 우리는 인간이 자기 차를 더 이상 몰지 않게 만드는 것은 이런 변화에서 많은 돈을 거머쥘 수 있는 위치에 있는 특정 사람들의 프로젝트가 아니라, 도덕률 자체가 요구하는 프로젝트임을 이해해야 한다.

　공리주의 윤리가 돈 많은 이익집단을 위한 고의적인 연막이라는 말이 아니다. 이데올로기는 보통 그렇게 작동하지 않는다. 그보다는 우리 사이(특히 경쟁관계의 도덕 전통들이 대체로 빈사 상태인 영어권 세계)에서 공리주의가 워낙 그럴싸하게 여겨지기 쉽다 보니, 메시아적인 기술광들의 이해관계에 따른 자기기만이 우리의 집단적인 혼돈과 자기만족의 토양이 될 수 있는 조건이 만들어지는 것이다.

3장 "통행관리 – 세 가지 합리성의 경쟁"과 "운전자의 분노"에서 다루겠지만, 도로를 원만하고 안전하게 공유하는 능력은 상호예측 능력을 토대로 한다. 이는 사회적으로 실현되는 지능의 한 형태로, 타인의 행위에 대한 건전한 기대를 튼튼하게 받쳐줄 수 있는 단단한 사회적 규범들의 존재에 좌우된다. 그러면 사회적 응집력이 감소할 경우 이에 대한 대응으로 자동화가 매력을 갖게 될 수도 있다. 신뢰와 협력을 기계에 의한 확실성으로 대체하려는 시도인 것이다. 앞 장에서 천치도 쓸 수 있게 한 디자인 원칙에 대해 살펴보았듯 이 접근법은 우리가 이미 가지고 있는 기술을 더욱 무력하게 만들 수 있다. 그렇게 무력해질 수 있는 기술 중에는 협력의 습관을 공유하는 데 뿌리를 둔 집단적 자치가 있다. 그렇게 되면 행동조절 과학이 필요해진다.

프로메테우스의 수치심일까, 영혼 있음일까?

트롤리 문제, 그리고 공리주의 윤리 안에 있는 그 선배들로부터 물러나 인간 행위주체성에 대한 완전히 다른 사고방식을 살펴보고, 그것이 자동화를 다른 각도에서 어떤 식으로 조명할 수 있는지를 알아보자.

고대 그리스에서는 우리를 향해 외부에서 요구하는 (그러므로 파악하기가 어려워서 사제의 안내가 필요한) '도덕성'이 아니라, 행위로 표출되는 특수한 탁월함을 의미하는 복수의 '미덕들'에 대해 이야기했다. 여기서는 윤리적인 것과 실용적인 것이 분리 불가능하면서 동시에 경험과 밀접하다.

　윌리엄 하셀버거William Hasselberger가 설명한 아리스토텔레스의 관점에서, 미덕은 (트롤리 문제에서처럼) 정황적인 세부상황과 결합해 도덕적인 계산으로 진입한 뒤 보편 원리를 적용하여 풀어내 올바른 행위로 구성된 산출물을 내놓는 참인 명제들의 집합으로 구성되지 않는다.[6] 그보다는 삶의 기술을 오래 연습해 획득한 기술에 더 가깝다. 그것은 상황을 제대로 해석하는 분별력을 갖추고, 거기에 적절하게 대응하는 패턴에 익숙해지는 것으로 구성된다. 적절한 길잡이가 될 만한 규칙의 집합 같은 것은 없다. 게다가 별개의 도덕적 선택 일화에 적용하기 위해 불러낼 수 있는 독립적인 도덕적 추론 능력 같은 것도 없다. 그보다 우리는 **어떤 부류의 사람이** 된다. 우리의 윤리적 성향은 우리가 세상을 인지하는 방식에 맞춰, 그리고 우리가 습득하지만 분명하게 설명하기 힘든 암묵적인 지식과 함께 꾸준히 발전한다. 우리는 말로 표현 가능한 것보다 더 많은 것을 알고 있고, '제대로 된 일을 하는 것(또는 하지 못하는 것)'은 사례마다 번번이 숙고해야 하는(또는 전문가에게 맡겨야 하는) 무언가라기보다는 습관이 된다. 때로 어떤 상황에 대한 우리의 반응은 이미 우리가 그 상황을 인식하는 방식 안에 잠재해 있다.

　체화된 실용적 기술로서의 미덕은 실천하지 않으면 퇴화한다. 이 여담의 핵심은 자율주행차에 아리스토텔레스적인 미덕이 없다고 불평하는 것이 아니라, 그것이 **우리에게** 미칠 영향과 우리가 '지능적인' 기계에 책임을 이양하고 있는 여타의 모든 방법들을 함께 고려해보려는 것이다. 지능적인 행위의 공간이 기계에 잠식됨에 따라 우리의 지능은 점점 왜소해져 심화된 자동화를 더욱 요구하게 된다. 여기서 내가 말하는 지능이란 육체적 기술, 인지적 기술, 윤리적 기술을 의미한다. 이것들은 서로 밀접하게 연결되어 있기 때문이다. 인간 행위와 별 의미 없는 단순한 사건을 구분하는 실존적 참여로부터 점점 멀어진다는 의미에서, 궁극적으로 자동화되고 있는 것은 바로 **우리**다. 그 누구도 사건에 대한 책임을 짊어지지 않는다.

　실용적인 판단과 전문적인 기술로 포장된 이런 식의 윤리적 자질에 유용한 결말이라는 게 있을까? 나는 그것이 부분적으로 자동화된 운전이라는 기묘한 도전을 이해하는 데 도움을 줄 수 있다고 믿는다. 앞서 살펴보았듯 대체로 그 도전 과제는 연방교통안전위원회 **National Transportation Safety Board**에 따르면 "자동화에 대한 과잉의존과 조종사의 시스템 이해 부족"이 주원인이었던 최근의 비행기 사고에서 드러난 것과 동일하다. 조종사들은 때로 "비행기의 자동화 논리에 대한 그릇된 심적 모델"을 가진다.[7] 내가 들여다보고 싶은 지점은 자동화 논리의 불투명함이 어떻게 조작자에게서 '영혼 없음spiritlessness'이라고 할 수 있는 일정한 성격적인 기질을 독려하는 동시에 요구하는가다. 하지만 때로 비상상황에서는 '영혼 있음spiritedness' 같은 자질이 필요하다. 그러니까 책임을 질 준비가 된 상태 말이다.

　고도로 자동화된 자동차가 이제 막 도로에 등장하고 있기 때문에 아직은 상당한 또는 정교한 사고분석이 쌓이지 않은 상태다. 하지만 비행기에 대해서는 가능하다. 고도로 자동화된 비행기와 관련된 가장 인상적인 최근의 사고들은 조종사들을 훈련할 때 비행기의 자동화 시스템에 더욱 철저하게 복종할 것을 강조하는 항공사들에서 터졌다.[8] 특히 개발도상국에서는 조종사들이 보통 훈련에서 경험하는 수동 비행시간이 훨씬 적고 일상적으로 자동화를 이용하라는 권고를 받는다.[9] 이런 체제 안에서 조종사는 어떤 특정 모델의 비행기를 수동으로 조종하면서 무언가가 심하게 잘못되어 가고 있다는 감각을 비롯해 그 비행기에 대한 느낌을 발달시키는 것에서 비롯되는 반사신경과 기계적인 직관을 그만큼 확실하게 발달시키지 못한다.

이런 기술을 날카롭게 유지하는 것은 고도로 자동화된 조종간에 앉은 모든 조종사에게 쉽지 않은 일이다. 천치도 쓸 수 있는 디자인에 대한 장에서 확인했듯 이는 인적 요인 연구에서 중요한 연구분야다. 하지만 기술의 위축과 관련된, 윤리적 성향의 더 미묘한 문제가 있다. 자동화된 시스템을 넘어서려면 어느 정도의 **과단성**이 필요하다. 추론은 항상 자동화 시스템 편이기 때문이다. 이는 자신의 기술뿐만 아니라 돌아가는 상황과 그것을 손보는 방법에 대한 자신의 이해에 **자신감**이 있을 때만 가능하다. 이런 자신감이 있으면 **결정을 이양하는 습관**을 발전시키는 게 아니라 그 반대가 된다. 조종사의 이런 성격적 기질은 오랜 육체적 실천과 인지형성을 통해 만들어진다.

물론 자신감과 과단성은 조종사(또는 운전자)가 정말로 상황을 제대로 파악한 경우에만 바람직하다. 자동화보다 더 제대로 파악한 경우에만 말이다. 2018년 10월 보잉737 MAX8이 인도네시아에서 추락했고, 그 뒤 같은 모델이 2019년 3월 에티오피아에서 한 번 더 추락했다. 공교롭게도 737은 새로운 시스템이 필요할 거라고 전혀 예상하지 못한 채 새 비행기 기체로 개조될 때 반복 적용되며 생명을 유지한 레거시 디자인 중 하나다. 특히 엔진효율이 좋은 새 엔진과 잘 맞아서 비행기의 경쟁력을 유지할 수 있었다. 하지만 날개 아래 늘어진 이 엔진들은 원래 이 비행기를 설계할 때 장착했던 엔진보다 훨씬 크다. 공기역학적으로 보면 지금 버전의 비행기인 MAX8은 태생적으로 불안정하다. 보잉은 이 문제를 소프트웨어 조정으로 해결했다. 오토파일럿이 (비행기 속도가 떨어지는 상황에 대응하기 위해) 비행기의 앞부분을 아래로 내리는 권한을 갖는 속도가 과거보다 네 배 더 빨라진 것이다. 보잉은 비행기의 자동화 시스템에 생긴 중대한 변화에 대해 고객인 항공사에 알리지 않았다. 내부 문서에 따르면 그들이 그렇게 하지 않기로 선택한 이유는, 만일 이를 알릴 경우 항공사들 입장에서는 자기 조종사들이 비행기의 행동에 익숙해지기 위해 시뮬레이터에 쏟은 시간을 노동시간에 포함하지 않도록 자제시켜야 하기 때문이었다. 이는 상당한 비용이어서 항공사로서는 그 비행기에 대한 매력이 줄어들 것이었다.[10]

비행기가 예측하지 못한 방식으로 행동하고 조종사는 비상사태가 자신의 책임임을 깨닫고 시스템으로부터 통제권을 가져오려고 싸우는 상황을 상상해보자. 이때 조종사는 결정을 이양해야 할 기분을 느끼지 않는다. 상황을 진단하기 위해 강렬한 정신적 노력을 기울인다. 어쩌면 공황 상태에 빠져서 사고가 어려워질지 모른다. 조종사는 자동화로부터 통제권을 되찾아와야 한다는 의지와 자신에 대한 의심 사이에서 갈팡질팡한다. 컴퓨터가 제일 잘 아는 게 아닐까? 737 MAX8의 경우 이 의심은 사실 적절했다. 조종사에게 충분한 정보가 없었기 때문이다. 그리고 돌이켜 생각해보면 그 이유는 비행기 판매라는 비즈니스 논리에서는 별로 놀랍지 않았다(공공 도로에 무인 자동차를 도입하는 것도 어떤 경우에는 공공 안전에 대한 이와 유사한 무신경한 태도를 노출시켰는데, 그 이유는 '최초 출시'를 해야 한다는 압박 때문일 것이다[11]).

조종사는 자신이 이해하지 못하는 것을 얼마나 신뢰할까? 비행기 컨트롤 시스템의 복잡도가 커질수록 조종사의 일상적인 비행에서 이런 신뢰가 차지하는 비중이 증대된다. 이는 주관적인 심리의 문제이므로 거의 항상 모든 것이 원만하게 돌아가다 보면 이 신뢰가 자신감(어쩌면 그릇된 자신감)으로 전환될 가능성이 높다. 그는 자신이 통제한다고 느끼지만, 조종사의 통제권의 한계는 조종사가 생각하는 곳에 있지 않다. 따라서 위기가 발생하면 갈피를 잡지 못하게 된다.

책임을 지겠다는 영혼 있는 태세는 당연히 적응이 어렵다. 자동화 시스템을 설계하는 위원회의 입장에서 조작자의 이런 기질(자신만만한 인간 **개인**)은 시스템상의 버그로 보일 수 있다. 그래서 조작자는 자기 역량의 한계를 강조하는 재교육을 통해 일종의 성격 형성을 거칠 필요가 있다.

그리고 실제로 이런 재교육은 이미 오늘날의 물질 문화 속에 거주하는 모두에게 절반은 이루어진 상태다. 우리는 자신이 직접 만들거나, 유지관리를 통해 자신이 친밀하게 개입한 기계는 오류가 없다고 여기지 않는다. 하지만 기계가 거대한 협력 속에 설계되고 만들어진 경우, 그리고 개인의 역량으로는 완전히 이해하기가 불가능하고 99퍼센트의 시간 동안 오류 없이 작동할 경우, 아주 다른 태도를 취한다. 우리는 이런 기계의 이해하기 어려운 논리에 기가 꺾일 뿐만 아니라 기계에 대한 책임이 우리 자신에게 있다고 느끼고, 무언가 일이 틀어질까 두렵고, 그래서 아무리 컴퓨터-비행기가 지면을 향해 날아가거나 GPS가 우리에게 호수 안으로 차를 처박으라고 지시를 해도 거기에 맞서기를 꺼린다.

인간 지능의 역할을 최소화하는 방향으로 설계된 시스템은 우발적인 상황을 속속들이 예측할 수 없기 때문에 취약하다. 이런 시스템이 실패할 때 그 실패는 통제권의 포괄 범위에 비례해서 시스템 전체에 걸치게 된다. 기본적으로 우리는 (보잉에, 에어버스에 있고 곧 테슬라와 웨이모에 있을) **위원회**가 시스템을 설계할 때 관련된 모든 고려사항을 (반대편에서 작용하는 비즈니스 상의 고려사항에 의해 타락하지 않은 공학적 고결함을 가지고) 파악할 수 있었다는 데 전적인 신뢰를 보내라는 요구를 받는다. 등식 가운데 이런 디자인 측면에는 분명 약간의 자만심이 존재한다. 하지만 시스템의 사용자인 조종사 또는 운전자에게는 아주 다른 정신상태를 권장한다. 자만심의 정반대에 가까운 정신상태를.

기계에 대한 복종이라는 기질을 이해하려면 귄터 안더스^{Günther Anders}가 도움이 될 수 있다. 나치독일의 난민(한나 아렌트^{Hannah Arendt}의 첫 남편)이었던 안더스는 전쟁 기간 동안 캘리포니아에 정착해서 노동자로서 기이한 일을 숱하게 많이 했다. 그는 《프로메테우스적 수치심에 대하여^{On Promethean Shame}》라는 제목의 에세이를 썼다. 우리는 프로메테우스적 자존심이라는 말에 익숙하기 때문에 이 표현은 참신한 데가 있다. 프로메테우스 신화의 핵심은 자만심에 대한 경고다. 그는 1942년 캘리포니아에서 쓴 일기로 에세이를 시작한다. 그는 친구 'T'와 함께 새로운 테크놀로지 전시회에 갔다고 말한다. 안더스는 전시된 새로운 기기보다는 친구를 구경하는 데 더 정신이 팔렸다. "대단히 복잡한 물건 하나가 작동을 시작하는 순간 그는 눈을 내리깔고 조용해졌다. 이보다 더 놀랍게도 그는 자신의 두 손을 등뒤로 감췄다. 마치 이 무겁고 품위 없고 한물간 도구를 이렇게 정확하고 정교하게 작동하는 일단의 기계들 앞에 가져온 것이 수치스럽다는 듯이."[12]

이틀 뒤 일기에서 안더스는 자신이 본 바를 곱씹는다. "프로메테우스의 반항은 다른 누군가에게 자기 자신을 비롯한 그 무엇도 빚지지 않겠다는 거부다. 프로메테우스의 자존심은 자신을 비롯한 만물을 자신의 성취로 바라보는 것으로 구성된다. 19세기의 자수성가형 남성에게서 아주 전형적인 이런 입장은 분명 오늘날에도 여전히 그 흔적이 남아 있다. 하지만 나는 그것이 여전히 우리의 특징이 아닌가 싶다."[13]

이 에세이를 작성하기 전 남부 캘리포니아에서 동료 지식인 망명자들과 이 문제를 놓고 토론을 하면서(이 동료들 중에는 베르톨트 브레히트**Bertolt Brecht**와 헤르베르트 마르쿠제**Herbert Marcuse**도 있었다) 안더스는 이렇게 말했다. "역사를 거치면서 인류의 인공성이 증가한다. 인간이 자신이 만든 산물의 산물이 되었기 때문이다. (…) 인간과 그 산물 사이에는 어떤 불일치가 입을 크게 벌리고 있다. 인간은 더 이상 자신의 산물이 자신에게 하는 요구에 부응할 수 없기 때문이다."[14]

이 요구가 우리의 타고난 힘과 걸맞지 않거나 종류가 다를 수도 있다. 때로는 언어를 바탕으로 한 능력 가운데 협소한 일부를 요구하기도 한다. 가령 비행기 조종사의 경우 다양한 오토스로틀 모드를 묘사하는 설명서를 읽는 정도의 일 말이다. 그러나 그것은 몸 안에 고정되지 않는다. 이 요구들은 이런 식으로 제한되는 동시에 강화되고, 거기에 입각해서 직접 실행함으로써 세상을 학습하는 우리의 타고난 동물적 천재성과 묘하게 엇갈린다. 이에 반응해 우리는 동물이 익숙한 서식지에서, 그러니까 자신의 탁월함을 온전히 뽐낼 수 있는 곳에서 이탈했을 때처럼 기가 꺾일 수 있다.

이렇게 기가 꺾인 상태에서 우리는 사실 무능해진다. 이 궤적의 최종 지점은 충분히 분명하다. 세상은 〈월-E〉에 나오는 멍한 표정의 생명체들처럼, 아니면 플렉시글라스 밀폐공간에서 사육된 실험용 쥐처럼 패배자들을 위한 테크노-동물원이 된다.

다음 장에서는 기계와 함께 살아가는 다른 방식을 살펴보겠다.

07 ↰

민간공학

"이후 몇 개의 장에서는 철물업을 다루는데, 이 안에서 나는 다소 세세하게 파고들었다. 하드웨어의 성패는 세세함에 달려 있기 때문이다."

_해리 리카도Harru Ricardo 경

"인내심을 잃기 전에 마샬 드 색스Marshal de Saxe의 말을 떠올려보는 것이 좋겠다. '세세함에 관심을 갖는 사람들은 제한된 지능을 가진 취급을 받지만 내게는 이 지점이 본질적인 듯 하다. 그것이 토대이기 때문이다. (…) 건축을 좋아하는 것으로는 충분치 않다. 석재 절단에 대해서도 알아야 한다.'"

_미셸 푸코Michel Foucault

빨간 1975년형 비틀이 내가 드나드는 건물 주차장에 나타나기 시작했을 때, 그리고 칼이 그 차를 처분할 생각이라는 것을 알게 되었을 때, 중년에 접어든 내 자동차 금욕 생활이 시험에 들었고 순식간에 무너졌다. 그는 내가 운전석에 앉게 해주었고, 그러자 마치 고향 땅에 들어선 기분이었다. 이런 자동차의 조종석은 차분하면서도 친밀하다. 모든 게 손쉽고 자연스럽게 손에 닿는다. 페달에 발을 올리고 조향 바퀴와 변속 레버에 손을 그냥 올려놓기만 했는데 내 의식이 오랫동안 잊고 지냈지만 내 몸에 어떤 식으로든 저장되어 있던, 어떤 휴지 상태의 기계적인 습관들이 깨어났다. 저속기어로 내리막에 접어들던 기억들과 함께, 몸이 "오, 이거야" 하고 말했다.

싸구려 독일 비닐로 만든 내장재에는 독특한 냄새가 있다. 아니 어쩌면 내가 맡은 냄새는 천정 부분에, 그리고 수다스러운 스프링 위에 놓인 오래된 시트 안에 채워진 말총 냄새인지도 모른다. 오래된 자동차에는 유기적인, 정말로 말과 비슷한 성격이 있다는 말은 과장이 아니다. 1975년형 자동차는 절정에 달한 산업경제의 산물이지만 당신은 그 자동차를 구성하는 재료들의 수수한 출처와, 그 자동차가 만들어진 과정을 (정확하지 않더라도) 머릿속에 떠올릴 수 있다. 이런 식으로 당신의 상상이 그것을 품을 수 있기 때문에 당신은 거기에 **솜씨를 부리고 싶다**는 생각을 하기도 한다. 그러니까 민간공학자가 되고픈 유혹을 느낄 수도 있다는 것이다.

당신이 나와 비슷해서 가능성만을 놓고도 섣부르게 흥분하는 사람이라면 쓰라린 실수를 할 수도 있다. 가령 당신은 장래에 구입할 자동차에 녹이 있는지 카펫을 들어 올려 제대로 확인하지 않을지 모른다.

내가 이 글을 쓰는 시점은 그 차를 산 지 8년째 되는 해인데, 원래의 차에서 남아 있는 것은 핵심 골격과 뒤쪽 토션 하우징 그리고 차체 껍데기의 상부뿐이다. 나머지는 광택제의 도움을 받아 그저 습관대로 폭스바겐의 형태를 유지하고 있는 산화철 가루들이었다. 이 기간 동안 내가 투자했던 시간이면 좀 더 취향이 세련된 어떤 사람은 중국어를 배우거나 바이올린 실력을 닦는 데 상당한 진척을 보일 수 있었으리라.

어째서 이런 프로젝트에 골몰하는 걸까? 나는 이 질문에 답하기에 적당한 사람이 아닐지 모른다. 집착은 자기이해에 별로 도움이 되지 않는다. 하지만 내가 앞 장에서 왜 운전의 짜릿함을 되찾으려면 자동차의 초기 개발단계를 살펴보는 게 좋은지를 보여주었다고 생각한다.

내 눈에는 자동화와 단절에 대한 숭배가 프로메테우스적인 수치심을 향해 등을 떠미는 문화적 소용돌이 같다. 우리가 보통 테크놀로지와 결부시키는 통달이라는 정신상태와는 상극이다. 반대로, 그리고 역설적으로 내가 손보고 있는 비틀은 단언컨대 '모던한' 자동차가 될 것이다. 모던에 대한 전통적인 좋은 의미에서 말이다. 사실 나는 DIY 플랫폼 '메가스쿼트MegaSquirt'를 이용해서 최첨단 디지털 엔진 운용 방식을 도입 중이다. 나는 테크놀로지와 완전히 자유로운 관계를 맺은 상태에서는 테크놀로지를 소외를 유발하는 마법으로 여기고 피하지도, 블랙박스 안에 봉인된 의제를 무비판적으로 수용하지도 않는다고 생각한다.

내가 비틀을 손볼 때 채택하는 디자인 원칙은 간단하다. 가벼움, 견고함, 통제의 직접성. 그리고 당연히 높은 마력이다. 내가 희망하는 결과는 자동차가 마치 몸에 잘 맞는 의족처럼 느껴지는 유연하고도 능란한 운전 경험이다.

어쨌든 나의 환상은 그렇다. 첫 5년간 나의 프로젝트는 완전히 후진했고 여기에는 한 가지 이유가 있다. 바로 녹이다. 녹은 환상과는 정반대다. 나는 자동차를 분해하는 동안 숨은 공간에서 점점 더 많은 녹을 찾아냈고 그래서 결국 부식된 부위를 완전히 노출시키려고 판금을 조각조각 잘라냈다. 자동차는 그야말로 너덜너덜해졌다. 새롭고 끝내주는 무언가를 만드는 데 전념하는 인터넷 공론장에서 내 환상의 삶이 펼쳐지는 동안, 정비장에서 내 실제 삶은 부식과 점점 얽히고설키는 관계 속으로 소용돌이쳤다.

2011년부터 2017년까지 나는 판금 패널 두 개가 맞닿는 이음매 속으로 습기가 모세혈관을 따라 스물스물 진입하는 모습을 떠올리며 밤에도 잠들지 못하고 누워 있곤 했고, 이런 상상을 하다 보면 간지러움을 느끼곤 했다. 부식의 음험한 특징은 그것이 어떻게 스물스물 번지는지를 알면 알수록 당신의 마음이 점점 그것을 물리치고자 하는 계획에 잠식된다는 점이다. **부식을 뿌리 뽑아야 한다.** 나는 한 번도 아마추어 화학자가 되고자 한 적이 없었지만 녹 억제제와 녹 용해제와 녹 캡슐화제와 녹 전환제, 그리고 그런 용어가 전달하는 온갖 희망적인 생각을 옹호하는 다양한 주장들을 이해하려면 도리가 없다.[1] 산화 과정에 대한 진정으로 합리적인 반응은 체념밖에 없다. 수년을 들여 올드 카를 복원하는 사람은 "너희를 위하여 땅에 보물을 쌓아두지 말라. 거기에는 좀과 녹이 부식을 일으키나니"라고 말하는 사도의 말을 귀담아 듣지 않은 것이다.

이런 지혜는 말하기는 쉬워도 행동에 옮기기는 어렵다. 나는 희망과 영감이 샘솟았을 때 여러 주에 걸쳐 재건하던 히터 채널 깊이 에폭시 코팅을 밀어넣기 위해 기다란 막대에 얇은 호스를 부착했다. 내가 패널을 제자리에 용접시키고 나면 완전한 부식 처리에 닿지 못하게 되는 장소에 사용하기 위해, 용접의 열기를 견딜 수 있는 구리 비중이 높은 프라이머를 발견했다. 나는 고압 세척기를 중간 발파 장치로 사용하는 사이펀을 급조했다. **깨진 유리로 가득한** 3,000프사이**psi**(평방인치당 파운드. 타이어 등의 압력을 나타내는 단위-옮긴이)의 물줄기를 상상해보라. 나는 그걸 가지고 켜켜이 쌓인 도로의 때와 언더코팅과 페인트와 프라이머와 보디 필러와 이음매 봉인제, 그리고(여기 있네!) 녹을 제거한다. 아이러니하게도 이 허접쓰레기는 대부분 녹을 방지하려는 헛된 노력에서 이전의 주인들이 누적시킨 것이었고, 이제는 이 암적인 존재를 찾아내 파멸시키려는 **나의** 노력을 방해하고 있다. 그리스어로 '진실'은 '알레데이아**aletheia**', 즉 발견되지 않은 것이다. 날것의 금속을 **보고자** 하는 욕망이 장악한다. (누가 봐도) 자신의 숙제를 하지 못한 다른 사람들이 쌓아놓은 모든 혼란의 층들을 없애버리고 싶다. 사물의 바닥, 나의 면밀한 조사와 의지에 완전하게 노출된 백지 상태에 도달하는 것이다. 올드 카를 복원하는 일은 일체의 정직한 손익분석을 거부하는 형이상학적인 집착이 된다.

아내는 내게 '매몰비용' 개념을 상기시키는 걸 즐긴다. 원래는 해방적인 성격이 다분한 개념이었다. 때로는 이미 투자한 무언가에서 그냥 손을 떼는 게 합리적일 때도 있다는 의미니까. 형편없는 영화를 한 시간 동안 보며 앉아 있었다고 해서 끝까지 앉아 있을 필요는 없다

(투자한 관람료가 아까워서 **그래야 한다고** 느끼더라도 말이다). 아내는 진입로에 있는 그 어떤 특별한 눈엣가시를 언급하지 않고 순수하게 이론적인 분위기로, 때로는 한발 물러나서 중립적인 사람의 신선한 시선으로 어떤 프로젝트를 바라볼 필요가 있다며 큰 소리로 혼잣말을 할 것이다. 아내는 너무 합리적이라서 녹슨 금속 무더기에 **충성한다**는 개념이 전혀 없다.

내부 연소: 궁극의 위키

내연 엔진은 기적이다. 기본 개념은 아주 간단하다. 실린더 안에서 피스톤이 아래로 움직이면 피스톤 위쪽 공간의 부피가 늘어나서 진공 상태가 형성된다. 이 진공은 열린 구멍을 통해 공기와 원자화된 연료의 혼합물을 실린더 안으로 끌고 들어온다. 그러다가 이 구멍이 봉해지고 움직임이 반전되어 피스톤이 위로 올라가면 공기-연료 혼합물이 훨씬 작은 공간(실린더 크기의 약 10분의 1 정도인 연소실)에 압축된다. 최대치로 압축되기 직전에 점화가 일어난다. 모든 게 잘 돌아가면 느린 폭발이 일어난다(가솔린은 TNT보다 질량 단위당 에너지가 더 많다). 이 압력파는 '폭발'로 간주할 수 있을 정도로 충분히 빨리 움직이기를 꺼린다. 이 때문에 피스톤이 다시 아래로 내려간다. 피스톤은 크랭크축과 연결되어 있기 때문에 그 직선 반복 운동은 회전 동작으로 변환된다(바퀴 가장자리에 부착된 축에 의해 구동되는 옛날 기관차의 바퀴를 생각해보라).

피스톤을 내리누르는 폭발적인 에너지는 토크, 즉 회전 동작에서 힘을 발휘하는 능력으로 변환된다. 이 에너지 중 일부는 자동차의 바퀴를 굴리는 데 사용되고, 일부는 크랭크축 끝에 부착된 플라이휠에 저장되었다가 사용된다. 이 지점에서 피스톤은 에너지를 다 써버려서 기력이 없다. 하지만 플라이휠이 은혜를 갚아서 회전 어셈블리의 추진 력이 피스톤을 다시 위로 밀어 올린다. 이렇게 밀고 올라올 때 우리는 연소된 공기-연료 혼합물이 빠져나갈 수 있도록 실린더 맨 위에 다른 구멍을 열어주게 된다. 그게 배기가스다. 그 다음 이 구멍이 닫히고 다 시 첫 번째 구멍이 열리면 우리는 전체 과정을 되풀이할 준비가 끝난 다. 이것이 '4행정' 엔진의 네 가지 순환이다. 흡입, 압축, 힘, 배기가스. 네 가지 순환에서 크랭크축은 완전한 회전을 두 번 하고 피스톤은 내 려갔다 올라갔다 내려갔다 올라간다.

　　내연기관 작동 방식의 세부사항에 대해, 그리고 내연기관이 자 기 일을 하려면 얼마나 많은 것들이 딱 맞춰서 자기 일을 해야 하는지 에 대해 알면 알수록 그런 일이 가능하다는 게 터무니없어 보인다. 관 리나 불평을 거의 하지 않고도 모터 하나가 32만 킬로미터를 주행하 는 동안 겸손하게 이 일을 해낼 수 있다는 건 말할 것도 없다. 대충 계 산해보니 모터의 일생 동안 이런 과정을 통해 약 10억 번의 회전이 일 어난다.[2] 6기통 4행정 엔진의 경우 30억 번의 작은 폭발이 일어난다. 주로 디지털에 익숙한 사람들에게 이는 추상으로 느껴질 수 있다. 기 가바이트를 구성하는 0보다 더 인상적이지 않은, 9개의 0이 단순히 나 열된 것으로 말이다. 하지만 엔진에서 왕복 운동을 하고, 회전하고, 수 축하고, 마모를 일으키고, 연소시키고, 두드리는 구성요소들은 고속도 로 위에서 녹초가 되어 더러운 공기를 흡입하면서 이런 일을 한다. 게

다가 모든 구성요소가 손으로 쥐고, 그림을 그리고, 줄로 자국을 내고, 화가 나면 방에다 집어던질 수 있는 완전히 확인 가능한 물건들이다. 중량과 형태가 있다. 그 앙상블 전체는 클라우드에 있다고 하는 알 수 없는 존재들을 불러내지 않고도 알아서 돌아간다. 모터의 속 편하고 비마법적인 물성thingness은 인간의 기본적인 이해 욕구를 자아낸다. 나는 이보다 더 든든한 계몽의 동맹군을 알지 못한다.

내연 엔진의 발전은 공학의 진보에 대한 비범한 이야기를 제공한다. 그것은 처음부터 수리과학의 대상이었지만, 인류의 역사에서 가장 끈질기고 폭넓게 확산된 실제 실험의 수혜자, 궁극의 위키이기도 했다.[3] 오늘날의 성취는 한 세기 이상에 걸친 숙련된 공학자와 아마추어 정비공 간의, 불법적인 길거리 레이서와 환경 규제자 간의, 고가의 모터스포츠와 저가지향형 자동차 제조사 간의 먹임과 되먹임이 만들어낸 결과다.

해리 리카도는 1885년 런던에서 귀족 출신의 어머니와 건축가 아버지 사이에서 태어났다[세파르디 유대인(스페인, 포르투갈, 북아프리카 혈통의 유대인-옮긴이)인 아버지의 성을 따라 포르투갈계 성을 얻었다]. 1898년 할아버지가 자동차를 한 대 구입했고, 어린 해리는 잉글랜드에서 자동차를 본 최초의 사람 중 한 명이었을 거라고 짐작할 수 있다. 그는 엘리트 학교인 럭비 스쿨Rugby School을 다녔고 열살에 엔진을 만들기 시작했다. 케임브리지대학교에서 첫 해를 보낸 뒤 대학교 자동차 클럽에서 개최한 대회에 참가해서 석유 1쿼트(약 1.1리터)로 가장 멀리 이동할 수 있는 기계를 설계하고 제작해서 우승했다. 리카도는 64킬로미터를 갈 수 있는 6기통 오토바이를 만들었는데 리터당 약 57킬로미터의 연비였다. 1904년에 말이다. 리카도가 속한 상류층 사람들이 엔진 작업에 그렇게 푹 빠져 지내는 사람의 모공에서 발산되었을 신사답지 못한 냄새를 어떻게 생각했을까.

21세기에 가장 중대한 엔진 개선점 하나는 층화된 공기-연료 주입을 가능하게 한 '직접 분사'의 사용이다. 이는 공기와 원자화된 연료의 비율이 연소실로 들어가는 전체 투입 분량에서 동질적이지 않다는 뜻이다. 밀도가 높은 혼합물로 이루어진 작은 부분이 스파크에 의해 먼저 점화되어 빠르게 움직이는 불꽃면을 만들어내고, 이는 다시 연소실에서 더 많은 공간을 차지하는 훨씬 밀도가 낮은 혼합물을 점화한다. 그 결과 연비가 향상되고 열효율이 높아진다. 리카도는 아직 10대일 때 이 개념을 활용한 엔진을 만들었다. 그것이 널리 상업화되기 무려 한 세기 전에.

대학 졸업 후 그는 작업실을 만들었고, 제1차 세계대전 동안 연기를 적게 배출하는 탱크용 엔진을 개발하는 데 착수했다. 연기는 탱크의 위치를 노출시키기 때문에 심각한 문제였다. 그의 첫 시도였던 6기통 엔진은 연기 문제를 해결했다. 또한 동력 출력을 105마력에서 150마력으로 끌어올렸고, 전쟁이 진행되는 동안 한 번 더 개선시켜 260마력으로 향상시켰다. 제2차 세계대전 기간 동안에는 비행기 엔진으로 선회해 이와 유사한 놀라운 결과를 얻어냈다. 전시 업적으로 영국왕립학회 회원Fellow of the Royal Society으로 선출된 그는 대영제국 훈장 사령관 작위를 받게 된다. 나는 여왕이 무릎을 꿇은 리카도 경의 어깨에 그 유서 깊은 칼을 갖다 댈 때 그에게서 여전히 카뷰레터 세척제 냄새가 났을지 궁금하다.

리카도의 걸작《고속 내연 엔진**The High-Speed Internal-Combustion Engine**》
은 1923년에 처음 출간되고 1953년에 다시 쓰였다. 이 책은 어떤 디
자인이 다른 디자인보다 우수해지게 된 과정에서 우연이 하는 역할에
대한 흥미로운 관찰로 시작한다.

> 과거 기계공학의 진보를 살펴보면 실험과 암중모색을 통
> 해 광범위한 유형들이 서서히 진척되는 시기에 각각의 새
> 로운 개발이 시작한다는 것을 알게 된다. 이 범위는 제거
> 의 과정을 거치면서 한두 개의 생존자로 아주 금세 축소
> 된다. 이 생존자들을 대상으로 한 최종 선택에서는 종종
> 우연이 장점만큼 제법 중요한 역할을 한다. 우리는 소수
> 의 특별한 개인이 발명의 재능을 독점한다고 생각하기를
> 지나치게 좋아한다. 하지만 농익은 발명의 씨앗은 어디에
> 나 풍부하고, 이 중에서 어떤 것이 발아할지는 필요, 환경
> 그리고 어쩌면 가장 중요한 우연의 결합이 결정한다.
> 반드시 최고라고 보기는 힘든 한둘의 생존자에 공학계
> 전체의 관심이 집중되어 몰라볼 정도로 조금씩 개선되어
> 전권을 휘두르다가, 그 역량이 한계에 거의 도달할 때쯤
> 새롭고 근본적으로 더 나은 유형이 결국 그것들을 밀어
> 낸다.**4**

그러나 리카도가 예상하지 못한 점이 있다. 어떤 사람들은 앞선

엔진 구조의 노후함을 전혀 의식하지 않고 그냥 계속 밀고간다는 것이다. 1980년대 초 내가 고등학생이었을 때 톱 퓨얼 드래그스터^{Top Fuel} **dragster**가 3,000마력이었다. 21세기 초에 1950년형 크라이슬러 디자인을 기반으로, 동일한 500입방인치, 실린더당 밸브 두 개, 푸시로드 V8이 1만 마력을 내리라고는 아무도 상상하지 못했다. 당시에는 악마적인 숫자라고 생각했던 180마력의 크라이슬러 최초 버전보다 **55배 더 강력해진** 것이다.

인간은 때로 최적에 못 미치는 무언가에 황소고집을 부리며 집착한다. 충성심이라고도, 괴팍함이라고도, 문화적 유산이라고도 할 수 있는 이 보수주의는 때로 역설적이게도 놀라운 도약을 책임졌다. 리카도가 말한 "어디에나 풍부한" "농익은 발명의 씨앗"이 "반드시 최고라고 보기는 힘든" 어떤 안정된 플랫폼 근처에서 발아하기 시작하고, 덕분에 한 무리의 공동 전문지식이 성장하게 된다. 성마른 최적화주의자는 유산을 장애물로, 전진의 이름으로 밀어버려야 할 무언가로 볼 것이다. 하지만 전통 자체가 진보의 엔진일 수 있다. 전통은 지식의 전수를 체계화한다. 또한 어떤 공동의 노력을 위한 표현양식과 일단의 역사적인 기준점을 제시함으로써 사람들이 먼저 살았던, 그리고 똑같은 기본 제약 안에서 노력했던 특정 인류를 넘어섰다고 상상할 수 있게 해준다. 그러므로 전통은 탁월함을 겨루는 장소, 때로는 공동체 전체를 예기치 못한 새로운 장소로 데려다줄 그런 장소를 제공한다.

이런 점에서 나는 자동차 개조를 예술 행위로 불러 마땅하다고 생각한다. 알록달록한 페인트칠이나 자동차 지붕 낮추기 같은 공식적으로 '창의적인' 일을 말하는 게 아니다. 공학적인 측면을 말하는 것이다. 예술에서 재료의 한계는 **그냥** 한계가 아니고 예술가의 상상력에 형상의 경계를 설정해 예술가가 발명을 위해 떠올리는 가능성에 영향을 미친다. 게다가 예술가의 매체에 내재한 고정된 특징은 예술가와 그보다 앞서 살았던 사람들의 노력을 연결시킨다. 조각가라면 미켈란젤로가 대리석을 가지고 만든 작품에 대한 인식에서 벗어날 수 없다. 이 조각가는 그런 탈주(무█로부터의 자유라는 영역으로)를 추구할 수 있지만 그러다가 식상해질 위험이 있음을 알고 있다.

나는 이 비유로 예술에 성큼 다가서기는 어려울 수 있음을 인정한다. 그렇게 한 이유는 내가 어째서 그 많은 시간과 돈을 고성능 공랭식 폭스바겐 엔진을 만드는 데 쏟아부었는지를 정당화하거나 최소한 이해시키기 위해서다. 약간의 비용만 있으면 스바루 엔진을 내 비틀에 교체해 넣고 더 확실하게 비슷한 성능을 얻을 수 있는데도. 그런 식으로 엔진을 교체하는 방법이 있고 그렇게 하면 만사형통이었다. 그리고 나는 그걸 고려하기도 했다. 하지만 그게 뻔한 느낌이어서, 내지는 그런 차를 만드는 프로젝트는 유서 깊은 발명의 오솔길 안으로 **깊이 들어가지** 않는 느낌이어서 내키지 않았다.

지난 35년간(그리고 특히 지난 10년간) 나는 내 궁극의 폭스바겐 모터를 아주 세세한 부분까지 머릿속으로 구축해왔다. 내가 기술에 꽂혀 있다고 말하면 사람들은 묻는다. 어째서? 중년의 향수가 분명 일정한 역할을 하고 있다. 나는 전작인 《손으로, 생각하기Shop Class as Soulcraft》에서 어떤 대단히 반문화적인 폭스바겐 정비공이 10대 시절 내 성장에 중요한 영향을 미쳤다고 말했다. 하지만 그게 다가 아니다. 나는 내가 태어나기 전으로 거슬러 올라가고, 오늘날에는 폭스바겐 공론장에서 활기 있고 때로는 과열된 토론이라는 모습으로 지속되고 있으며, 이 작은 마그네슘 케이스 안에 든 보물을 가지고 미래에 무엇이 가능할지에 대한 경탄에 영감을 제공하는 역사에 끌린다. 나는 이 모터를 두 차례 만들고 있다. 첫째는 일반적인 흡기식으로 180마력 정도일 것이고, 둘째는 터보 과급기가 달린 연료 분사식으로 300마력 정도될 것이다.

인민의 자동차: 역사 맛보기

1902년, 당시에는 오스트리아-헝가리제국의 일부였던 오늘날의 체코공화국에 살던 한 젊은 노동자가 군대에 징집되었다. 그는 판금 두드리기panel beating 장인이었던 아버지 안톤 포르쉐Anton Porsche의 작업장에서 일하면서 어린 시절을 보냈다(판금 두드리기는 손으로 판금에 복합곡선을 만드는 기술이다. 초창기에는 객차와 항공기 동체가 이런 식으로 만들어졌고 지금도 주문제작 차체를 만들 때 핵심 기술 중 하나다. 지금은 금속 성형이라고 부른다). 젊은 페르디난트 포르쉐는 군대에서 프란츠 페르디난트 대공의 운전수로 상당히 좋은 보직을 얻었다. 아마 고등학교 역사 시간에 들어본 적 있는 이름일 것이다. 오스트리아 황태자였던 그가 암살당한 사건은 제1차 세계대전의 도화선으로 평가받는다. 징집 당시 페르디난트는 아버지의 작업장을 떠나 몇 년간 빈에서 일하고 있었다. 처음에는 전기기기 제조업체에 있다가 나중에는 야콥 로너 앤드 컴퍼니Jakob Lohner & Company라는 마차 제조업체로 옮겼다. 그는 일이 끝나면 가끔 지역 대학에 몰래 들어가 수업을 청강하곤 했다. 페르디난트 포르쉐는 이런 식의 도강과, 부모님 집에서 살았을 때 고향에 있는 전문학교에서 야간 수업을 들은 것 외에는 엔지니어로서 고등교육을 받은 적이 한 번도 없었다. 하지만 20세기가 끝날 무렵 그는 세계 자동차 선출 재단Global Automotive Elections Foundation 으로부터 '세기의 자동차 엔지니어'라는 호칭을 받게 된다.

로너에서 일하는 동안 그는 회사에서 1898년에 공개한 최초의 자동차 만들기에 매달렸다. 이 22세 청년은 포르쉐 1번 디자인을 나타내는 'P1'이라는 글자를 모든 핵심 부품에 자기 마음대로 신중하게 새겼다. 지금 생각해보면 정당하다고 볼 수 있는 작은 치기였다. 그 회사가 제작한 그의 두 번째 디자인은 전기 허브 모터와 전자 제어식 스로틀이 들어간 하이브리드였다. 출시년도는 1901년이었다.

페르디난트 포르쉐는 히틀러 치하의 제3제국을 위해 자신의 재능을 계속 쏟아부었고 독일의 전쟁 노력에 기여했다는 이유로 프랑스의 감옥에서 복역하게 된다. 이 시기의 자동차 역사가 대단히 흥미로운 한 가지 이유는 그 추악한 정치적 흐름이 인민의 자동차 폭스바겐의 진정으로 **서민적인** 성격과 불가분의 관계라는 점이다.

독일의 1930년대는 바이마르 시절의 대대적인 사회적 붕괴 이후 찾아온 이상하고도 끔찍한 시기였다. 당시에 떠다니던 정치적 열정은 지금의 관점에서는 이해하기가 어렵다. 당시에는 자연스러워 보였던(대서양 양쪽 모두에서) 사회주의와 국가주의 간의 친연성 같은 것이 특히 그런데, 지금은 이 두 개념을 좌-우로 떨어뜨려 놓는다. 미국에서는 허버트 크롤리의 '신국가주의' 사상이 뉴딜을 잉태하는 데 큰 영향력을 행사했다. 독일에서는 정계를 장악하게 된 정당이 국가사회주의 독일노동자당이라고 불렸다. 우리가 알고 있는 바로 그 나치다. 나치와 사회주의의 관계는 기본적으로 기만적이고 기회주의적이었다.[5] 하지만 조건법적인 역사에서 가치 있는 사고실험은, 만일 1920년대 독일 노동운동이 반유대주의와 산업화된 학살, 세계정복에 부역하지 않았더라면 20세기는 어떤 모습이었을지 질문하는 데서 출발할 수 있다. 국가주의와 사회주의의 혼합이 제정신이 아닌 게 틀림없는 한 남자에게 이용당하지 않았더라면 무슨 일이 벌어졌을까? 이런 질문은 오늘날의 우리에게 완전히 무익하지만은 않다.

노동자와 그 가족들에게 도서관과 알맞은 휴가와 콘서트와 놀이와 당일치기 여행을 제공하는 노동자 여가 조직을 상상해보라. 이 조직은 가족들을 등산에, 영화관에, 피트니스 클럽과 스포츠 행사에 데려간다. 이 조직의 사명 중 하나가 다양한 계급의 혼합이라고 상상해보자. 예를 들어 유람선 여행을 지원할 때는 사회적 지위에 관계 없이 추첨으로 선실을 배당한다. 이는 버니 샌더스[Bernie Sanders]의 유토피아적인 제안이 아니다. 독일 노동전선의 여가 조직 KdF가 실제로 성취한 것들이다. 1939년 KdF는 유급노동자 7,000여 명과 자원활동가 13만 5,000명을 거느렸고, 약 2,500만 명의 독일인들을 휴가지로 보냈다. 머리글자는 '즐거움을 통한 강인함'을 의미하는 'Kraft durch Freude'에서 딴 것이다.

1933년 베를린 오토쇼에서 새 수상(곧 총통이 된다)은 독일이 구매와 유지 측면에서 경제적인 자동차를 만들게 될 것이고 "이 자동차를 인민에게 보급하겠다"고 선언했다. 그 이름은 'KdF-바겐[KdF-Wagen]'이 될 것이었다. 믿음직하고 군더더기 없는 가족용 자동차. 전직 메르세데스-벤츠 딜러인 야코 베를린Jacko Werlin의 주선으로 히틀러와 페르디난트 포르쉐의 만남이 이루어졌다. 당시 포르쉐는 독립적인 디자이너이자 자동차 컨설턴트로 막 간판을 걸고 슈투트가르트에 자기 엔지니어링 회사를 가지고 있었다. 포르쉐는 자신의 생명보험을 담보로 직접 자금을 조달했고, 자체 계획에 따라 췬다프Zündapp라는 회사(곧 오토바이로 유명해진다)와 NSU 모토렌베르크Motorenwerke로부터 불안정한 지원을 받아가며 이미 어느 정도 목적에 맞는 원형에 매진하고 있었다. 이 첫 만남에서 "히틀러는 포르쉐를 아연실색케 한 요구를 했다. 그 자동차는 시속 97킬로미터로 주행할 수 있어야 했고, 연료 소비량은 갤런당 40마일(리터당 17킬로미터)을 넘어서는 안 되며, 엔진은 공랭식이어야 하고 차체는 다섯 명이 탈 수 있는 공간을 제공해야 하며 완성품 자동차는 소매가로 1,000마르크 이하여야 했다."[6] 이건 포르쉐가 보기에는 "완전 비현실적"이었다. 하지만 총통은 그런 반응을 원하지 않았다.

〈오토카Autocar〉 1969년 5월 1일자 발행호의 부록 〈폭스바겐〉에 글을 쓴 에드워드 이브스Edward Eves에 따르면 "포르쉐가 1936년에 KdF-바겐을 위한 동력장치 제안서를 보여주자 기성의 독일 제조업체들은 손사래를 치며 '이 항공기 엔진'은 그 가격으로는 절대 만들 수 없다고 말했다. 오늘날의 그 어떤 생산공학자도 똑같이 말했으리라."[7] 공랭식 폭스바겐 모터는 보통 '단순하다'고 여겨지지만 외관은 약간 기만적이다. 그것은 가령 자동차광의 세계에서 유사하게 확고부동한 지위를 누리는 쉐보레 소형블록 V8 엔진에 비하면 정밀제작의 끝판왕이다. 핵심적인 면에서 1939년의 분할케이스식 마그네슘과 알루미늄 폭스바겐 모터는 20세기 중반 디트로이트의 거친 주철 엔진보다는 현대적인 일본 오토바이 엔진에 더 가깝다.

폭스바겐 엔진의 말도 안되는 경제성은 어떻게 설명할 수 있을까? KdF-바겐이 공개된 1939년 베를린 오토쇼에 참석했던 자동차 저널리스트 페르젠O. G. W. Fersen은 트랙에서 그 자동차를 한 바퀴 몰아보았다. 그는 30년 뒤 똑같은 〈오토카〉 1969년 5월호에서 당시를 회상하며 이렇게 전했다. "그 작은 자동차는 상당히 많은 내부 판금이 노출되고 엔진은 누구도 품위 있다고 말할 수 없는 상태여서 아주 '값싸' 보였다. 하지만 어쨌든 대형 자동차였고 1,000마르크 이하 또는 중형 오토바이 정도의 가격이다." 페르젠은 그 자동차의 경제성을 솔직하게 설명한다. "인민의 자동차는 독재자의 명령에 의해, 즉 비용과 상업적인 이유를 무시한 채 태어났고 일종의 꼭두각시 노조(독일노동전선을 뜻함)에 의해 만들어질 것이었다."

독일 자동차 산업은 이 자동차가 실현 가능하다고 생각하지 않았기 때문에 독일노동전선이 페르디난트 포르쉐의 지시하에 직접 그 프로젝트를 진두지휘했다. 그렇게 탄생한 것이 바로 폭스바겐 비틀이다.

그러므로 사회주의 자동차였다. 저렴한 비용과 서민적인 뒷이야기는 분명 반문화에 빠진 평화를 사랑하는 1960년대 미국 히피들을 사로잡은 매력의 일부였다. 하지만 파시즘의 정확한 경제적 의미에서 파시스트 자동차이기도 했다. 저렴한 가격은 독재권력과 국가주도의 투자, 당의 통제 밖에 있는 독립적인 노동조직의 불법화 덕분에 가능했기 때문이다. 자유로운 노동이라는 이상을 왜곡 또는 모욕한 나치의 행태는 몇몇 죽음의 수용소 입구에 "노동이 너희를 자유케 한다"라는 문구가 게시되어 있었던 사실에 잘 드러난다. 폭스바겐은 전시에 '인민의 자동차'를 제작할 때는 노예노동에 크게 의존했다(대체로 히틀러 체제에서 하자 있는 인종이라는 낙인이 찍힌 체코인들과 다른 슬라브 민족들이 노동자였다). 볼프스부르크에 지어진 공장은 주로 소비자용 KdF-바겐이 아니라 지프 같은 퀴벨바겐**Kübelwagen**과 수륙양용 사륜구동 슈빔바겐**Schwimmwagen**을 군용으로 생산했다(이 차들의 기초는 KdF-바겐과 동일한 플랫폼이었다. 전쟁 기간 동안 '인민의 자동차'는 당 고위직과 외교관의 수요에 맞는 양만 생산되었다). 지금 와서 생각해보면 KdF-바겐에 연료 효율이 높은 공랭식 엔진을 갖추도록 한 히틀러의 요구는 가정경제에 대한 우려에서보다는 연료와 물이 희박한 지역에서 광범위한 정복활동을 할 계획에 따른 것이었다.

어떤 면에서 1930년대 독일 정치의 뒤틀린 이데올로기적 혼돈, 그리고 세련된 사회주의 이미지와 그 밑에 깔린 폭력적 경향 간의 불일치는 공랭식 수평4기통 폭스바겐 모터에 응축되어 있다. 종전 20년 뒤 남부 캘리포니아의 개조자동차 애호가들은 평화를 사랑하는 수백만의 히피들이 사랑하는 인민의 엔진에 군사적인 목적으로 전환할 수 있는 질풍노도 시절의 유산이 숨어 있음을 발견했다.

그러므로 그것은 모순적인 모터이고, 바로 그런 이유로 슬리퍼에 이상적이다.

슬리퍼는 무엇인가

아리스토텔레스는 자신의 우월함을 숨기는 태도를 "아이러니"

라고 정의했다. 그리고 그것을 '미덕'이라고 불렀다. 그는 지체 높은 남성들에게 순진해 보이는 질문을 하면서 아테네를 돌아다니는 추하고 가난하기로 악명이 자자한 남자, 소크라테스에게서 이 미덕을 발견했다. 그들이 미끼를 물 경우 이어지는 문답을 통해 그들의 혼란이 모든 유능한 구경꾼들에게 그대로 노출되었다. 아주 착한 행동은 아니었다.

그러므로 녹슬고 후줄근한 300마력의 낡은 폭스바겐을 소크라테스 문답의 수단으로 여길 수 있다. 정지 신호에 차가 서 있을 때 질문을 던져서 지체 높은 남성들이 도시에서 그 정도 지위를 누릴 자격이 있는지 확인해보라.

값비싼 슈퍼카가 소유주가 직접 만든 자동차[이 중 일부는 진짜 슬리퍼(외관이 수수한 고성능 자동차-옮긴이)다]와 400미터에서 겨루는 넷플릭스 쇼 〈패스트 카Fastest Car〉에서 탐구하는 기본적인 동학이 바로 이 지점이다. 구입하지 않고 제작하기. 람보르기니를 바라보며 '찌질이'라고 생각하는 부류에겐 이게 모토다. 그런 자동차, 그리고 그런 차를 모는 남자의 엉덩이를 찰지게 때려줄 수 있다면 좋을 텐데.

질척한 드라이섬프식 2276 빌드

자동차광의 정신생활을 이해하려면 리카도의 말마따나 철물점에 들어가 봐야 할 것이다. 그러면 친숙한 사람들을 제외한 모든 사람들은 잡초나 다를 바 없는 기계장치들 속에서 의기소침해질 수 있다. 금속공학과 측정기법이 당신의 관심사가 아니면 그냥 편히 앉아서 은은한 향을 풍기는 탄화수소 속에서 호흡하고, 내가 이 모터를 위해 건축 저널에 쓴 몇 개의 항목을 모사하며 내가 하는 일을 설명하려 애쓰는 모습을 그저 따분하게 바라보기만 해도 된다.

> 2017년 5월 25일
> 메인 베어링 저널 1과 3에 있는 정밀 V-블록에 크랭크가 닿아 있는 상태에서 다이얼 게이지를 이용해서는 소진을 거의 관측할 수 없다(메인 2에서 약 0.0003인치, 메인 4에서 0.0004인치). 호세 짱!

표준 1,600cc 폭스바겐 모터의 스트로크(피스톤이 실린더 안에서 맨 밑바닥부터 맨 위까지 움직이는 거리)는 69밀리미터다. 이 거리는 크랭크축의 체적으로 결정된다. 내 크랭크는 호세 알바레스라고 하는 동료가 조각조각 잘라낸 이 재고 유닛 중 하나를 가지고 용접해서 붙인 것이다. 호세는 캘리포니아 산타아나에 DPR 머신**DPR Machine**이라고 하는 회사를 가지고 있다. 이 지역은 전후 남부 캘리포니아에서 발달하기 시작한 공랭식 폭스바겐 스피드 분야의 오렌지 카운티 내 구심점이자, 지금은 드물지만 한때 미국 곳곳에 흩어져 있었던 엔지니어링 노하우의 집적지 중 하나다.

호세는 주문형 크랭크를 믿고 맡길 수 있는 사람이다. 나는 전화상으로 그에게 엔진 교체 부위를 늘릴 수 있는 82밀리미터의 긴 스트로크에, 회전을 부드럽게 만들기 위해 평형추를 추가하고(모터가 더 높게 회전하게 해준다), 폭스바겐 표준이 아니라 쉐보레 표준에 맞춰 제작된 로드 저널을 주문했다. 쉐보레 로드는 큰 끝부분에서 약간 더 작다.

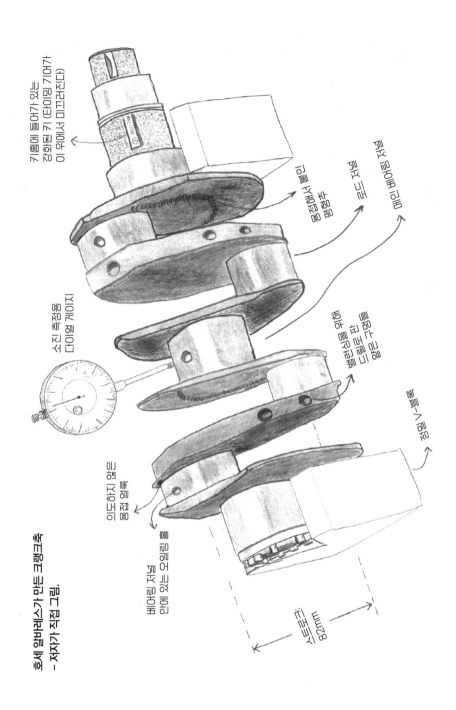

기름에 틈이가 있는
강화된 기 (타이밍 기어가
이 위에서 미끄러진다)

응점해서 붙인
평형추

로드 저널

메인 베어링 저널

소진 측정용
다이얼 게이지

밸런싱을 위해
드릴로 판 둥근 구멍은
얇은 구역

정밀 V-블록

의도하지 않은
응접 얼룩

베어링 저널
안에 있는 오일링 홀

스트로크:
82mm

홋세 알바레스가 만든 크랭크축
- 저자가 직접 그림.

이것을 이용하면 이 특대형 회전 어셈블리에 맞는 여유를 만들기 위해 크랭크 케이스에서 그만큼의 금속을 제거할 필요가 없을 것이었다.

놀랍게도 '트리플-o' 기준(허용오차가 스펙의 0.000X인치 이내라는 의미)에 맞춰 이렇게 손으로 만든 크랭크는 폭스바겐광들에게 제공되는 대량생산된 중국산 크랭크 값 정도밖에 안 된다. 약 400달러 정도다. 중국산 크랭크는 몇 달씩 기다릴 필요가 없고, 크롬-몰리강으로 만들어져서 더 튼튼하다고 한다. 서류상으로는 그렇다. 하지만 표준 폭스바겐 크랭크는 **독일산** 강철로 만들어진다. 이 작은 비틀을 성층권을 뚫을 정도로 높은 토크수와 분당회전수 수치로 끌어올리는 사람들 가운데 이 크랭크를 선호하는 사람들이 종종 있다. 금속공학 주위에는 약간의 신비주의가 항상 소용돌이친다. 다마스쿠스강철(중세 이슬람에서 전투용 검을 만드는 데 사용하던 강철-옮긴이)과 사무라이 칼을 에워싼 종교에 가까운 길드 비법으로 거슬러 올라가는 진짜 불가사의한 과학이다. 중세시대에는 한 군주의 영토 내 금속공학의 수준이 군사적인 우위를 판가름했다. 하지만 산업시대에도 좋은 강철을 만드는 데 필요한 지식과 기술은 말로 완전히 설명할 수 있는 비법으로 압축되지 않는다. 월터 화이트(드라마 〈브레이킹 배드^{Breaking Bad}〉의 주인공-옮긴이)가 만드는 메스암페타민처럼 그것은 요리사의 일에 가깝다.[8]

나는 호세에게 높은 분당회전수에서 크랭크의 휘어짐을 줄이기 위해 표준적인 센터 메인 저널보다 더 큰 걸 원한다고도 말했다. 크랭크를 굽히는 관성력은 분당회전수와 함께 기하급수적으로 증가하는데 표준 모터는 분당회전수가 약 4,500을 넘으면 망가질 위험이 있지만 나는 이 모터를 7,000까지 회전시킬 생각이다. 리카도 경은 이렇게 말했다.

> 저속 스피드 엔진에서는 피스톤과 다른 움직이는 부품들
> 의 관성이 만들어낸 동력이 상대적으로 작다. 그래서 이
> 런 부품들은 구조나 베어링에 과도한 스트레스를 가하지
> 않고도 아주 튼튼하게 만들어질 수 있지만, 동력은 회전
> 속도의 제곱으로 증가하므로 고속 엔진에서는 지배적인
> 요소가 된다. 그러므로 고속 엔진 설계의 정수는 최대한
> 가벼운 움직이는 부품들이 들어간 최대한 견고하고 크기
> 가 작은 구조를 사용하는 것이다.[9]

1968년 폭스바겐이 나중에는 포르쉐 914에 동력을 제공하기
위해서도 사용한, 무거운 차량용 '타입 4' 모터를 소개했을 때, 크랭크
축 메인 베어링 저널의 직경을 늘리고, 거기에 맞춰 크랭크 케이스를
기계로 만들었다. 나는 초창기 모터 구축에서 이 이후의 표준을 채택
했다. 일부 자동차광들은 시간의 안개 속을 헤치고서, 이 각색을 완수
하는 데 사용할 수 있는 특수한 베어링(폭스바겐이 아니라 BMW가 만든
것)이 있다는 사실을 발견했다.

공동체 안에서 이런 정보를 파헤쳐내는 것은 사소한 성취가 아
니었다. 포럼 상에서 쓸데없는 허풍과 수년 묵은 논쟁을 몇 시간씩 읽
어야 했다. 하지만 어쨌든 난 이런 것들을 읽으며 인생의 큰 비중을 낭
비해온 사람이었다. 어떤 실마리는 마치 탐정소설 같아서 결말에 닿기
전까지는 멈출 수가 없다. 때로 기술적인 수수께끼가 해소되기도 하지

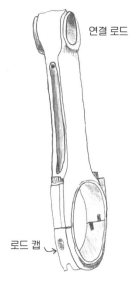

연결 로드

로드 캡 →

**연결 로드가 피스톤을
크랭크축과 결합시킨다.**

만 이야기가 일곱 쪽에 걸쳐 해결이 안 되다가 상충되는 내용만 늘어놓고 사라지는 경우도 그만큼 잦다. 어떤 사람은 화제를 바꿔버린다. 빌 피셔 **Bill Fisher**가 1970년에 《폭스바겐 엔진 개조하는 법**How to Hot Rod Volkswagen**》이라고 하는 중요한 책을 출간한 이후로 이 주제에 대해 저술된 책은 전무하다. 지난 반세기 동안 첨단기술이 상당히 진보하긴 했지만 지식이 제대로 조직되지 않은 것이다.

지난 20년간 있었던 개선사항 중에 상대적으로 덜 알려진 것 중 하나는 존 코널리**John Connolly**가 공랭식 폭스바겐 모터를 위해 개발한 '슈퍼 스쿼시' 피스톤이다. 존에게서 이 모터 세트를 구입하려면 비공개 동의서에 서명을 해야 하고 피스톤 상부를 보여주는 사진을 절대 게시하지 않겠다는 데 동의해야 한다. 나는 이 피스톤을 이용하고 있어서 여러분에게 설명할 수도 있지만 그러면 친애하는 독자 여러분들을 살해해야 할 것이다. 주요 장점은 폭발이 없이도 더 높은 압축을 작동시킨다는 점이다. 리카도 경의 입을 빌려 설명해보자.

과거에 휘발성 석유 연료로 가동할 때 스파크 점화 엔진의 효율성과 동력 출력에 제약을 가하는 것은 오직 하나,

폭발의 발생뿐이라는 깨달음은 오래전부터 있었다. (…)
폭발의 메커니즘은 너무 빠른 속도로 이동하는 압력파
실린더 내에 자리를 잡고, 실린더 벽에 충격을 줌으로써
실린더 벽이 진동하게 만들어서 고음의 '핑'을 유발하는
것이다.[10]

연소실 내 난기류를 고조시키면 연소의 경향은 감소한다. 이는
'스쿼시'를 통해 달성 가능하다. 리카도는 스쿼시가 "피스톤과 실린더
헤드에 있는 일부 평평하거나 거기에 상응하는 면 사이에 갇힌 가스의
빠른 방출"이라고 설명한다.[11] 스쿼시는 피스톤 맨 윗부분과 실린더 헤
드 사이에 개방된 채로 남아 있는 공간의 형태를 조작함으로써 만들어
낸다.

더 이상은 말할 수가 없다. 독자 여러분들의 안전을 위해. 이 불
가사의한 기술은 반드시 악이 아니라 선을 위해 사용되리라는 말이면
충분할 것이다.

2017년 5월 27일
토크 렌치를 미세조정함.
스레드 위의 오일로 로드 캡의 토크를 24ft-lb에 맞춤.
3번 로드는 측면 클리어런스 제로에 연결되어 있었고, 로
드 볼트는 내게 토크 작업이 메스껍다는 기분을 안겼다.
무언가가 잘못되었다. 유심히 살펴보다 로드 저널 옆에
있는 크랭크 스로에 작은 용접 한 방울이 튀어나와 있는

것을 발견했다. 망할 호세!

나는 돋보기로 상황을 연구했고 줄로 원치 않는 금속 방울을 제거하기로 결심했다. 광택이 있는 로드 저널면에서 몇 밀리미터만 줄로 깎아낼 것이었기 때문에 먼저 그 주위를 얇고 부드러운 알루미늄 조각으로 감싸고 호스 클램프로 눌러서 로드 저널을 보호했다.

> 로드 캡에 토크 작업을 했더니 로드 베어링의 오일 클리어런스(플라스티게이지로 측정했을 때)는 모두 0.002였고, 측면 클리어런스는(필러 게이지로 측정했을 때) 다음과 같았다. 1번 0.015, 2번 0.016, 3번 0.014, 4번 0.009.

크랭크와 로드셋이 기본적으로 괜찮은 상태가 확보된 뒤에 나는 보어게이지를 이용해서 타이밍 기어의 내부 직경을, 마이크로미터를 이용해서 크랭크 돌출부의 외부 직경을, 작은 구멍 게이지를 이용해서 키홈의 폭을, 그리고 마이크로미터를 이용해서 키의 폭을 알아냈다. 이 모든 항목이 같이 작동하도록 되어 있었을까? 이론상으로는 그렇다. 그러면 어째서 굳이 모두를 측정하는가? 이런 종류의 일을 할 때 필요하면 생고생을 해가면서 배우게 되는 점은 **아무도 믿지 말라**는 것이다. '고성능', 부품 시장, 부티크 부품, 심지어 오리지널 공장 부품으로 작업을 하면 할수록 이런 태도가 더 굳어진다.

이를 의심의 윤리라고 부를 수도 있고 경험주의라고 부를 수도 있다. 타인의 증언과 이해당사자들의 재현, 수년 전에 획득한 명성은 별로 존중하지 않고, 자신의 도구를 신뢰한다. 있지도 않은 돈을 가지고 환상 속의 모터에 홀려서, 잡지에서 눈에 들어오는 모든 부품의 가격을 더하기만 하고 그게 부품 비용이라고 생각하는 사람은 이런 회의적인 사고방식과는 거리가 멀다. 이보다는 자신이 구입하는 물건을 초안으로, 그러니까 최종 부품의 근사치로 여기는 게 더 낫다. 그러므로 당신이 할 일은 이 금속 잡동사니를 최고의 수준으로 끌어올리는 것이다. 당신은 '담당 정비공'으로서 수십 개의 다른 제조업체에서 만든 부품을 절대 그들의 계획이 아닌 모종의 계획에 따라 통합할 것이다. 도처에 방해물과 불일치가 널려 있을 것이다.

여기서 잠시 본론에서 벗어나야겠다. 자동차를 개조하는 사람이 문외한에게 자신이 모터를 만들고 있다고 말하면 그 문외한은 미심쩍은 표정을 지으면서 "모터를 **다시** 만든다는 말이죠?"라고 말하는 경우가 종종 있기 때문이다. 아니요. "모터를 아예 **아무것도 없는 상태에서** 만든다는 말인가요?" 음, 그것도 아니에요. 우리가 하는 일은 엔진의 "청사진을 그린다"고 불린다. 이 표현의 기원은 무하다. 청사진을 갖는다는 것은 마스터플랜을 갖는다는 것이고, 마스터플랜 안에는 모든 것의 치수가 허용오차 내에서 완전히 명시된다. 하지만 이 용어는 어쩌면 기계 제작자들이 푸른 염료로 깨끗한 금속에 표기를 해서, 아무리 약한 긁힘도 두 개의 부품 사이에서 접촉이 일어난 지점을 확인할 수 있는 증거를 남기게 한다는 사실에서 더 직접적으로 유래했을 수 있다. 이런 방식을 이용하면 예를 들어 밸브가 그 자리와 얼마나 평탄하게 접촉하는지나, 어떤 평면이 완벽한 수평면에서 얼마나 벗어났는지(유리조각에 그 면을 올려놓고 문지른 다음 염료가 어디에 남아 있는지를 확인하면 된다), 아니면 맞물리는 두 톱니바퀴의 이가 얼마나 깊이 맞물리는지를 알아낼 수 있다. 이런 염료 사용법은 눈으로 확인할 수 없거나 일반적인 기계 제작자의 도구로는 측정할 수 없는 어긋남을 드러내는 극도로 민감한 기법이다.

　　나는 크랭크를 하룻밤 동안 냉동실에 넣어둔다. 이 일로 우리 집에 작은 혼란이 일었다. 다음 날 나는 크랭크 끝에 들어갈 타이밍 기어를 가져와서 냄비에 넣고 식물성 기름을 뿌린 다음 기름에서 연기가 나기 시작할 때까지 주방 스토브 위에 올려두었다. 모터를 만들다 보면 종종 주방으로 여행을 떠나게 된다. 굽기, 튀기기 등등. 이 요리는 표현 가능한 모든 것이었다. 나는 차가워진 크랭크의 돌출부에 모터 오일을 뿌려놓은 상태에서, 스크류드라이버로 뜨거운 식물성 기름에서 타이밍 기어를 꺼내 두꺼운 용접용 장갑을 낀 손에 쥔 다음 곧바로 크랭크에 끼워 맞췄다. 힘을 주지 않아도 부드럽게 밀려 들어갔다. 몇 초 동안 열 전도가 일어난 뒤 기어는 크랭크에서 꼼짝하지 않았다. 상온의 클리어런스는 미리 측정한 대로 약 0.0005인치였다. 억지끼워맞춤interference fit으로 약 0.0005가 더 좋았겠지만(억지끼움interference은 클리어런스와 정반대다) 이것도 괜찮았다. 강화된 키가 이 둘이 회전하지 않게 막을 것이다.

　　그런데 타이밍 기어에는 짚고 넘어갈 부분이 있다. 첫째, 타이밍 기어란 무엇인가? 타이밍 기어는 크랭크축과 캠축을 연결시킨다. 크랭크축에 있는 것은 작고 캠축에 있는 것은 크기 때문에, 캠은 크랭크 속도의 절반으로 돌아간다. 표준 폭스바겐 모터에서는 나선형으로 절

타이밍 기어의 내부 직경 측정하기. 이건 직선절삭형이다.

삭되어 있다. 이렇게 하면 타이밍 기어의 소음이 줄어든다[그걸 정면이 아니라 여입사각으로 충돌하는 두 물건(이 경우에는 기어의 톱니)이라고 생각해보라. 톱니는 한 번에 전부가 아니라 넓이를 따라 점진적으로 접촉하게 된다].

하지만 톱니가 맞물리는 각도 때문에 추력$^{thrust\ force}$이 끼어든다. 그러니까 기어가 캠만 회전하게 만드는 게 아니라 길이 방향으로 캠을 밀려고도 하는 것이다. 표준 모터에서는 걱정할 만한 일이 아니다. 하지만 높은 분당회전수로 회전하도록 설계된 모터에서는 더 **빡빡한** 밸브 스프링을 사용할 필요가 있다(밸브가 자체 관성 때문에 떠오르지 않도록, 그러니까 밸브를 통제하도록 되어 있는 스프링과의 접촉을 유지하도록). 이렇게 증가한 스프링 압력은 밸브 트레인을 통해 기어로 전달되어 더 많은 추력을 만들어내고, 이는 캠 베어링을 마모시킨다. 이해가 되는가? 그렇다면 나선형이 아니라 직선으로 절삭된 기어를 사용해야 한

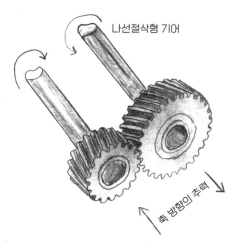

나선절삭형 기어

축 방향의 추력

**나선절삭형 기어는 회전축 방향으로 움직이려 한다.
이를 추력이라고 하는데 별로 좋지 않다.**

다. 이렇게 하면 추력이 사라진다. 맞다. 직선절삭형 기어는 더 시끄럽다. 기어의 맞물림이 헐거울수록 더 시끄럽다. 그러니까 기어가 제대로 꽉 맞물리게 하는 편이 좋다.

　이건 간단치가 않다. 기어가 얼마나 꽉 맞물리는지는 캠보어가 케이스 안에 있는 크랭크보어에서 얼마나 멀리 떨어져 있는지에 의해 결정된다. 이는 당신이 조절할 수 있는 성질의 것이 아니다. 폭스바겐이 여유공간 안에 있는 미세한 편차를 보정하기 위해, 다양한 오버사이즈와 언더사이즈 캠 기어를 만든 것은 이런 이유 때문이다. 하지만 부품 시장에 나온 직선절삭형 기어를 사용할 경우 다양한 사이즈를 구할 수가 없다. 그냥 구할 수 있는 것을 써야 한다. 이상적인 기어래시(인접한 기어 간에 뜬 공간)는 0.000~0.002다. 내 것을 측정해보니 0.0045정도였다.

당신이 무슨 생각을 하는지 안다. 인생은 짧아. 그냥 좀 대충 하라고. 하지만 현실 안주라는 마법에서 깨어나 모터 하나를 책임지게 되면 완벽하지 않은 부품을 받아들이기가 힘들다. 내가 캠 기어에 어떤 재료를 침전시켜서 표면을 두텁게 만들고, 그렇게 해서 톱니 사이의 간격을 좁힐 수 있을까? 내가 찾아본 바로는 포럼 안에 있는 누구도 이런 걸 시도해본 적이 없는 듯 했다. 만일 그 재료가 얇게 부서져서 오일 속으로 유입되면 재앙에 가까운 결과가 초래될 수 있었다.

책임을 진다는 마음가짐은 혁신과 개선의 시도에 박차를 가한다. 대담해진 기분도 들지만 신중해야 할 필요를 느낀다. 다른 아무도 시도하지 않았다면 그만한 이유가 있을 것이다. 아니면 누군가 시도해보았는데, 그 결과가 너무 황당해서 알리지 않았기 때문에 우리가 한 번도 들어보지 못했던 걸 수도 있다. '멍청 비용'에 유의해야 한다. 이는 자동차광들이 KISS라는 예방 원칙을 채택하게 만드는 실패의 위험을 의미한다. KISS는 "간단하게 해, 얼간아Keep it simple, stupid"의 줄임말이다. 관습에서 벗어날 경우 지속 가능한 기여를 하기보다는 '폭망'할 가능성이 더 높다. 하지만 이 교훈은 보통 이미 상황이 다 끝난 뒤에나 분명하게 드러난다.

나는 표면을 두껍게 만들기 위해 기어에 전기도금을 해볼까도 생각했다. 구글을 뒤지다가 전기도금을 할 경우 기어 톱니의 뿌리 부분처럼 반지름이 작은 표면에서는 도금의 두께를 통제하기가 힘들다는 사실을 알게 되었다. 하지만 '무전해 니켈도금electroless nickel plating'이라는 과정이 있는데, 이 방법을 직접 해본 사람들은 두께를 미세하게 통제할 수 있다고 주장한다. 나는 니켈 코팅을 0.0018인치로 하고,

직선절삭형 캠 기어

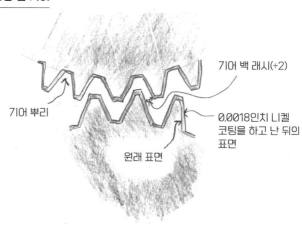

기어 백 래시(÷2)

기어 뿌리

0.0018인치 니켈
코팅을 하고 난 뒤의
표면

원래 표면

래시를 줄이기 위해 도금으로 기어 세트의 표면을 두껍게 하기

적정한 경도에 도달하기 위해 인 함량을 6~10퍼센트로 해달라는 요청을 담아서 내 캠 기어를 보냈다. 기어 톱니 각 면에 추가적인 층이 생기면 내 래시에서 그 수치의 두 배, 그러니까 0.0036인치가 빠지게 되고, 그러면 바라던 대로 사양에서 딱 중간인 0.001의 래시를 얻게 될 것이었다. 기어를 돌려받은 나는 도금가의 지침에 따라서 그 기어를 두 시간 동안 오븐에 넣고 섭씨 288도로 구웠다. 도금가는 이렇게 하면 표면 경도가 록웰 C 스케일에서 약 56 정도로 향상될 것이라고 했다.

　이는 다채로운 산업 과정에서 끝없이 이어지는 교육 가운데 하나의 일화일 뿐이다. 손에 넣을 수 있는 부품의 적당함을 더 이상 당연하게 여기지 않게 된 이후로 나는 이런 교육을 피할 수 없게 되었다. 지금도 이어지고 있는 이런 교육 과정에서(그 차는 아직 완성되지 않았다) 나는 금속 선반lathe을 구입했고 밀링 머신을 써보았고, 이런 것들도 없이 지냈다는 걸 믿을 수 없게 되었다. 모든 것을 측정하라, 누구도 신뢰하지 말라, 그리고 필요하면 아무것도 없는 상태에서 만들어라.

이런 마음가짐은 근대성을 이야기할 때 아주 자주 다루는 그 순간, 그러니까 갈릴레오가 자신이 직접 만든 도구의 도움을 받아서 기성의 권위를 거부하고 자신의 눈을 믿었던 바로 그 순간을 상기시킨다. 어떤 전문 분야를 깊이 파고드는 것은 마음의 독립성이 성장하고, 자신의 권력에 비례해서 성장하는 임기응변의 자유를 느끼는 것이다. 이는 프로메테우스적인 수치심으로 우리를 짓누르는 무거운 마법 담요와는 대조적으로, 다시 모던해지는 것이다.

자동차의 모든 측면을 재고하지 않고서는 자동차의 설계 당시보다 마력을 다섯 배 높이고 그것을 유지할 수 없다. 녹을 모두 손보고 난 뒤부터 내 시간은 롤케이지를 만들고, 차체가 더 튼튼해지도록 연결 부위를 용접하고(공장식 점 용접과는 다르다), 새로운 힘을 받게 되는 다양한 장소를 보강하고 삼각측량으로 계산하고, 네 개의 독립적인 마스터실린더를 사용하는(원래는 하나밖에 없었다) 클러치와 브레이크를 위해 유압 계통을 만들고, 맞춤 차축을 주문제작하고, 더 무거운 CV 조인트를 사용하는 데 들어갔다. 목록은 계속 이어진다. 나는 몇 년간 내 작업장에 굴러다니던 오래된 브레이크 드럼 한 쌍을 가지고 내 선반에서 맞춤형 리어 허브를 만들었다(교훈: 주철은 넌덜머리 나는 금속이다. 더럽고, 먼지 날리고, 공구 비트를 미친듯이 먹어치운다). 나는 포르쉐 914에서 나온 브레이크 회전자에 맞는 허브를 설계했다. 폭스바겐 골프에서 나온 브레이크 캘리퍼(이베이에서 구했다)와 폭스바겐 파사트에서 나온 캘리퍼 브라켓과 짝을 맞췄다. 존 룩스코John Lucsko는 이런 과정에 "고성능 브리콜라주"라는 알맞은 이름을 붙였다.

　　이런 식으로 시스템을 짜맞추려면 많은 연구가 필요하다. 인터넷은 일견 무한해 보이지만 아주 기본적인 한 가지 정보는 인터넷 어디에서도 찾기가 어렵다. 바로 사물의 **체적**이다. 그리고 이는 오늘날의 물질 문화에 대해 흥미로운 점을 드러낸다. 어떤 사물이든 목적에 따라 다양한 방식으로 재현될 수 있다는 점이다. 웹상에서는 부품의 사진, 부품의 가격, **부품 번호**를 확인할 수 있다. 만일 그냥 어떤 부품을 동일한 복제품으로 교체하려고 한다면 이 정도면 충분하다. 부품 번호는 자동차 제조업체의 방대한 카탈로그에서 물품 목록을 관리하는 시스템이다. 전 세계에 흩어져 있는 하청업자들이 만드는 부품의 우주에 질서를 부여하는 방식이지만, 이는 요동치는 전 세계 자본주의 안에서 인수합병을 거치며 변화하는 소유권에 휘둘린다. 어떤 자동차 대리점의 부품 관리자(당신이 운이 좋다면 이 사람은 부품 카운터 출신일 수도 있다)가 장기근속자라면 이 시스템의 대학자이자 부품 숫자의 문헌학자다. 어쩌면 12자리 부품 숫자를 읽고서 그 부품이 무엇인지, 어느 자동차 모델을 위한 것인지뿐만 아니라 어느 해에 출시된 자동차에 해당하는지까지 이야기할 수도 있다. 물론 이 모든 정보가 부품 카운터의 모든 직원 앞에 놓인 컴퓨터 안에 **들어 있어야** 한다. 만일 점원이 어수룩해서(그리고 내 경험상 이런 일은 어느 정도 규칙적으로 일어난다) 이 관리자를 부른다면 관리자는 잠시 확대된 부품도표를 응시하다가 시선을 떼고 허공을 바라보며 자신의 대뇌피질 깊이 박혀 있는 시냅스 꾸러미에 접근하여 정보를 끌어올릴 것이다. 그러다가 그는 자신의 불가사의한 세상에서만 통용되는 말을 할 것이다. "접두사가 틀렸군. 1993년에는 문자코드로 바꿨어. 그리고 캠리에는 미드-모델-연도 생산변화가 있었지." 뭐 이런 식의 말들.

이는 한 사람이 접근할 수 있는 제도적 지식의 최고봉이며, 이를 위해서는 보통 부품 카운터를 직접 찾아가야 한다. **뭘 좀 아는** 사람들은 전화응대에 시간을 쓰지 않으므로.

하지만 이런 종류의 정보는 한 사람이 제도가 정해놓은 세상 안에 머물러 있을 때만 지식으로 인정받는다. 부품 관리자에게 이런 식의 질문을 해보라. "스핀들과 만나는 브라켓에서 마운팅홀의 중심 간격은 어떻게 되나요?" 긴 침묵이 돌아오리라. 이는 마치 중국 황제의 궁궐에서 가장 학식이 높은 고관에게 진짜 스페인식 빠에야를 만들려면 어떤 종류의 사프란을 써야 하는지를 물어보는 것과 같다. 그가 그 대답을 알아 마땅하다는 듯한 어조로. 그는 이런 식의 대화를 한 번도 해본 적이 없다. 이건 그가 재미있어 하는 종류의 질문이 아니다. 만일 (측정을 위해) "저기, 캘리퍼 세트 있나요?"라는 질문까지 추가한다면 당신은 골칫덩이 인증을 하는 셈이다.

고성능 브리콜라주에 참여하는 것은 부품 번호의 세계와 완전히 작별을 하고 보편적인 단위로 표현된 체적의 세계에 진입하는 것이다. 체적으로 말하자면 몇 가지 기본적인 측정 도구만 있으며 누구든 쉽게 접근할 수 있다. 하지만 이런 체적들은 물품 목록 시스템에 빠져 있다. 물질적인 것을 다룰 때 통과해야 하는 지식 시스템 안에 포함되어 있지 않은 것이다. 결국 금속 선반과 밀링 머신 같은 것을 사게 되는 이유도 바로 이것이다. 관료제를 상대하느니 부품 몇 개를 만드는

게 속 편하다. 게다가 좌절감을 안기는 행위를 즐거운 행위로 대체할
수 있다.

"누구에게든 접근 가능하다"는 이 개념과, 보편적인 표준(측정단
위 같은)이라는 그 연관개념은 지식에 대한 계몽주의적 개념의 핵심이
다. 요점은 사람들을 암흑 속에 가둬두고 손쉽게 통제하는 성직자와
율법학자들의 독점적인 시스템을 우회하는 것이었다. 모던이란 무엇
인가를 이야기할 때 우리는 **이 한 가지** 이야기에만 집중한다. 우리가
하이퍼모던해 보이지만 중세와 더 많이 닮은 지식 시스템을 이미 구축
했다는 사실은 알아차리지 못하고서.¹²

아직 당신이 참을 만하다고 넘겨짚고 변속기 이야기를 하겠다.
그 변속기는 원래 모터의 마력보다 다섯 배 큰 마력을 감당하면서 두
동강 나지 않고 끈적한 레이스 타이어를 통해 지면으로 그 힘을 전달
할 수 있어야 했다. 그리고 나는 원래의 4단보다는 5단 변속을, 코너에
서 휠 스핀을 최소화하며 그 힘을 억누를 수 있는 미끄럼 제한 차동 기
어 limited slip differential 를 원했다. 다소간 크기를 맞출 필요도 있었다. 최
신 모델 스바루에서 떼어낸 변속기가 정답인 것 같았다. 몇 인치 줄이
기만 하면 되었기 때문이다. 그리고 전륜구동에서 이륜구동으로 변환
할 필요도 있었다. 게다가 오래된 폭스바겐에서는 엔진이 후면에 있는
데, 스바루에서는 엔진이 전면에 있다. 스바루 변속기를 비틀에 그냥
바꿔 넣으면 전진기어 하나에 후진기어 다섯 개가 된다. 주차장에서
재미난 장난질을 치는 데는 도움이 될 수 있지만 별로 실용적이지는
않다. 변속기 출력은 그 설계자가 의도했던 것과 (입력에 비해 상대적으
로) 정반대 방향으로 돌도록 만들 필요가 있었다. 감사하게도 이 모든

문제를 토드 트리블러Todd Triebler라는 오스트레일리아의 변속기 권위자가 해결해놓았다. 그는 뒤집힌 링과 피니언 기어 세트를 제작하고, 교체가 좀 잘 되게 만드는 비법을 가지고 있다.

어디까지나 '좀'이다. 문제는 플라이휠이었다. 플라이휠은 엔진, 변속기, 클러치, 시동모터가 모이는 곳이라서 서로 조화롭게 돌아가도록 만들어져야 했다. 독일어와 일본어가 모두 유창해서, 자연스러운 우정의 토대가 전혀 없는 이 파워트레인들을 중재할 수 있는 플라이휠이 필요했다.

이 일은 이제 세 개의 대륙에 걸쳐 18개월 동안 펼쳐진 대하소설이 되었다. 나는 1,000분의 몇 인치가 아니라 오스트레일리아에 사는 내 장인이 좋아하는 10분의 몇 밀리미터 단위로 체적을 작성한 연필그림을 조심조심 그렸고, 그는 내 그림을 가지고 전체 조립부품을 컴퓨터 모델로 작성했다(미국에서는 기계 제작자들이 미터법을 따르는 부품을 가지고 일할 때도 인치로 말하는데, 공구와 도구가 모두 인치로 조정되어 있는 데다가, 인치를 오래 사용하다 보니 체화된 전문성을 갖추게 되었기 때문이다. 숙련된 기계 제작자들은 손톱으로 긁어보고서 1,000분의 2 또는 3인치 한 단계가 어떤 느낌인지를 안다). 여러 차례 의견을 주고받은 끝에 그는 내게 3D 프린터로 만든 플라이휠 플라스틱 원형을 보냈다. 약간 조정이 필요했기 때문에 우리는 한 번 더 치수를 측정하고 설계를 거쳤다. 마침내 그는 내게 아시아 어딘가에서 그의 컴퓨터 모델을 가지고 강철을 재료 삼아 기계에서 제작한 플라이휠을 보냈다. 나는 그 표면 마감과 색깔, 그리고 그게 이미 대단히 녹슨 상태로 도착했다는 사실을 가지고 이렇게 말할 수 있다. 해상수송을 하느라 녹이 슨 것이었지만, 원본인 독일 플라이휠처럼 '크롬바나듐'강이 분명 아니기 때문이기도 했다.

　내 선반과 드릴프레스에서 추가적인 기계 작업을 하고, 약간의 용접, 연마, 표시를 남기기 위한 염색 작업, 저 아래**Down Under** 민족(오스트레일리아와 뉴질랜드를 일컫는 표현-옮긴이) 전체에 상냥하지 않은 말을 조금 하고 난 뒤 나는 제대로 작동하는 조립품을 손에 넣었다. 거의. 아직도 무언가 더 필요한 게 있긴 한데 워낙 사소해서 아직 신경 쓰지 못하고 있다. 플라이휠에 클러치 압력판의 위치를 잡아주는 맞춤핀이다. 나는 작은 구멍용 게이지와 마이크로미터를 가지고, 맞춤핀이 들어가야 하는 플라이휠의 구멍 직경을 측정했다. 0.315인치, 그러니까 8밀리미터였다. 압력판(내 변속기의 출처인 2014년형 스바루 WRX에 맞는 부품 시장용 물건)에 해당되는 구멍은 6밀리미터였다. 그러니까 내게 필요한 맞춤핀은 그 안에 단차가 있어서 한쪽 끝은 8밀리미터, 다른 한쪽 끝은 6밀리미터여야 했다. 그런 맞춤핀이 존재할까? 토드는 내가 표준 맞춤핀을 그냥 쓸 수 있도록 스바루 플라이휠에 있는 것과 같은 크기의 맞춤핀 구멍이 달린 이 플라이휠을 만든 건가? 나는 내가 측정한 구멍이 맞는지 확인하려고, 표준 맞춤핀의 체적을 알아보기 위해 인터넷을 뒤졌다. 이번에도 그림, 가격, 부품 번호밖에 없었다. 그래서 스바루 부품 카운터로 가서 맞춤핀을 보여달라고 했다.

　"모델과 연도를 알려주세요."

　"음, 아직 상상 속의 자동차인걸요?"

　"한쪽 끝은 8밀리미터, 다른 한쪽 끝은 6밀리미터"라는 말로는 아무 진전도 없을 것이었다. 나는 부품 관리자에게, 그다음에는 서비스 기술자에게 상황을 설명했다. 실제로 클러치 작업을 **하는** 사람이었다. 그들 가운데 누구도 내가 설명한 단차가 있는 맞춤핀이 뭔지 이해하지 못했다. 그래서 나는 토드가 스바루 표준에 따라 그 구멍들을 만든 게 아니었다는 결론에 도달했다.

이제는 정말로 내 길을 갈 때였다. 나는 맞춤핀 몇 개를 만들어야겠다고 결심하며 집으로 차를 몰았다. 하지만 사회와 결별하고 완전한 유나바머Unabomber(문명이 인류를 망친다는 신념에 사로잡혀 1980년대에 과학 분야 종사자들을 대상으로 폭탄테러를 수차례 감행한 실존 인물-옮긴이)의 길로 접어들기 전에 지푸라기라도 잡는 심정으로 내 수리용 클러치를 만들어준 곳에 전화를 걸었다. 힘들게 기술 담당자와 통화를 할 수 있게 된 나는 비범한 대화를 나누었다. 대화가 비범했던 건 이 사람이 **뭘 좀 아는** 사람이었기 때문이다. 그리고 그는 온갖 다양한 자동차 제품의 교차로에 있기 때문에 여러 제조업체의 내부적인 지침과 무관하게, 보편적인 관점에서 제대로 알았다. 그가 특히 제대로 아는 건 다음 내용이었다. 2001년부터 2014년까지 진짜 끝내주는 V8 옵션은 아니지만 그 V8 엔진이 들어가는 포드 머스탱에는 한쪽 끝이 8밀리미터이고 반대편이 6밀리미터인 맞춤핀이 있다는 것. 맙소사! 그에게 신의 가호가 있기를!

나는 어떤 위대함을 맞닥뜨린 기분이었고, 그에게도 그렇게 말했다. 우리는 부품에 대해, 관리자본주의에 대해 이야기했다. 그의 두뇌 안에 저장된 소중한 정보가 나의 문제를 풀어주었고, 그는 고용주의 인센티브 바깥에서, (나에게) 이 점을 충분히 인정받았다. 때로 진정한 인간의 연결은 가장 예기치 못한 환경에서 일어난다. 그는 전화를 별로 끊고 싶지 않은 것 같았다. 그는 자신과 같은 사람이 제공하는,

그리고 조직의 흐름도에는 거의 등장하지 않는 가치를 이해하는 대화 상대자를 드디어 만났던 것이다. 깊이 있고, 구체적이며, 자의적이지 않은 지식, 특별한 명명법이나 관료제 내부에서만 통용되는 표기 시스템을 사용하지 않고도 진술할 수 있는 종류의 지식이라는.

이 대화는 거의 체제전복적인 느낌이 들 지경이었다. 우리가 마치 같은 파괴공작원 조직에 소속되기라도 한 듯. 〈매드맥스 2〉에 묘사된 기괴한 마력광들처럼 우리는 시스템(**부품 번호**)이 붕괴해도 살아남을 자들이었다. 이런 오지의 즉흥적인 민간공학자들은 조금 타락하긴 했지만 문명의 씨앗 역시 간직하고 있었고, 그래서 그들을 지켜보고 있으면 문명이 다시 피어나리라는 희망을 품을 수 있었다.

이 안에서 그들은 서로에게 의지해야 했다. 내가 지금껏 했던 이야기 안에 있는 큰 문제가 여기서 등장한다. **당신은 혼자서는 사물을 측정하지 못한다.** 대부분의 경우에 말이다. 당신이 궁금해하는 사물(그게 끼워 맞춰질까?)이 당신 앞에 없기 때문이다. 나는 포럼에 있는 사람들로부터 얼기설기 조립해서 만드는 브레이크 시스템의 제작법을 배웠다. 우리는 거인의 어깨 위에 서 있다. 문명은 바로 이런 어깨 딛고 서기다. 우리는 서로에게서 배운다.

지식의 독점은 부품 숫자 같은 임의적 상징시스템의 비호를 받으며 우리를 서로에게서 고립시키고, 혁신을 하려는 인간의 충동, 리카도의 표현을 빌자면 "어디에나 풍부한 비옥한 발명의 씨앗"을 질식시킨다. 자동차광들은 그런 독점에 반대한다.

모터스포츠와 놀이 정신

"처참한 죽음의 가능성은 모든 낭만의 정신이다."

_윌리엄 제임스

모터와 전쟁

드리프팅

100마력이 넘는 오토바이를 구입하는 것은 코카인 1파운드를 구매하는 것과 비슷하다. 당신은 기본적으로 스스로에게 이렇게 말한다, **일단 해보고 예측 가능한 미래에 망나니가 된 다음에 어떤 기분일지 지켜봐야지.** 그건 나머지 세상이 슬로모션으로 움직이는 것 같은 기분이고, 끔찍하게 고통스럽다. 도로에 그려진 선들이 엄청나게 넓어 보인다. 당신과 같은 도로에서 느릿느릿 움직이는 밀폐된 물체들은 본질적으로 가만히 서 있는 것이나 다름 없어서 그들의 규칙을 따르는 것은 전혀 합리적이지 않다.

당신이 스티븐 호킹Stephen Hawking인데, 어느 날 일어나보니 스테판 커리Stephen Curry와 몸이 바뀌었다고 생각해보자. 당신이 그 순간까지 살았던 삶을 더 이상 살 수 없다. 블랙홀과 방정식이 얼마나 큰 지적 즐거움을 안겨주었든, 이제 난데없이 당신 앞에는 예기치 못했던 대단히 동물적인 우주가 놓여 있다. 당신의 현재 능력에서 멀어지면서 당신을 앞으로 끌어당기고 팽창하는 우주다. 더 빠르게! 시공이 확장하고, 당신은 다른 프레임 안에서 움직이게 된다.

7년간 매일 35마력의 오토바이를 타다가 120마력쯤 되는 현대적인 야마하를 샀다. 아일랜드 당나귀 마차에서 스위스 시계처럼 정밀하고 핵발전을 동력으로 삼는 무언가로 바꿔 탄 기분이었다. 코너링은 마치 수술용 메스처럼 날카로웠고 가속은 거의 환각을 유발할 지경이었다.

몇 달 뒤 나는 그 오토바이를 타고 단 한 번의 주말에 잔뜩 밀집한 다양한 모터스포츠 경주를 관람하기 위해 VIR(버지니아 인터내셔널 레이스웨이)로 향했다. VIR 입구를 지나쳐서 노스 패독North Paddock Road을 따라 천천히 달리고 있는데, 묵직한 여름 하늘을 향해 피어오르는 연기 기둥이 눈에 들어왔다. 작은 연기가 아니라 밀도 높고 뭉게뭉게 피어오르는 적운 같은 연기였다. 저건 심상찮은 모양이다. 나는 롤 케이지(경주용 자동차의 운전자 보호용 구조물-옮긴이)에 뒤집힌 상태로 갇혀서 화재진압 장치를 활성화하려고 미친듯이 애쓰는 운전자를 떠올렸다. 하지만 그러다가 이 연기가 가솔린과 플라스틱의 화재에서 예상할 수 있는 검은색이 아니라는 생각이 스치고 지나갔다. 연기는 흰색이었다. 현장에 가까워지자 그건 타이어 연기이고, 어떤 불행의 신호가 아니라 드리프팅의 **요체**라는 걸 알 수 있었다.

드리프팅은 타이어가 미친 듯이 회전하는 상태에서 코너를 옆면으로 도는 모터스포츠다. 어떻게 옆면으로 돈다는 걸까? 가장 우수한 선수들은 때로 거의 **뒷바퀴로** 코너에 진입하는 경지에 이르는데, 이는 자동차를 예비회전시켜서 정반대 방향을 가리키게 하는 시각적으로 우아한 효과가 있다. 진짜 끝내주는 영화 속 자동차 추격 장면을 떠올려보면 무슨 말인지 감이 잡힐 것이다. 두세 대의 자동차가 몇 피트 간격으로 순차적으로 회전하면서 나란히 미끄러져 드리프팅을 하는 모습은 인류가 새로운 형태의 춤을 만들어냈다는 인상을 준다. 그것은 네 바퀴로 할 수 있는 가장 아름다운 일일 것이다.

하지만 지금은 인간의 본성에 더 강한 관심을 느꼈다. 나는 이 1,000마력짜리 야수 중 하나에 탈 예정이었고 만신창이가 되고 싶지 않았다. 운전자 중 일부는 거의 인사불성처럼 보였다. 빨간 닛산 한 대는 슏하게 정신을 놓고 콘크리트 장애물을 향해 달려가는 것 같더니 매번 운전자가 어떻게든 사태를 바로잡기도 했다. 속도, 지축을 흔드는 배기음, 타이어 연기가 만들어낸 자욱한 비행운, 그리고 무엇보다 주행 안에서 분명하게 확인되는 목적의 강렬함은 내가 정말 저 차에 타도 되는 건지 아연하게 만들었다.

차에 민간인이 있으면 운전사가 성질을 조금은 줄이겠지? 나는 리치먼드에서 세 시간 동안 오토바이를 타고 오느라 헬멧에 짓눌린 못난 머리 모양에다가 땀에 전 청바지와 부츠 차림으로 거기 서서, 너무 길어서 다 읽을 수도 없는 각서에 서명을 했다. 그러면서도 "극도로 위험하다"는 표현은 눈에 들어왔다.

나의 운전사 포레스트 왕Forrest Wang은 스물다섯 정도 될 것 같았다. 방화복을 입지도, 한스 장치(표준적인 목 안전장치)를 하지도, 이런 류의 신중함과 관련된 표지는 어떤 것도 하지 않은 상태였다. 힙합 그룹 런-디엠시**Run-DMC** 앨범 표지를 모방했지만 대신 글씨는 RUN 2JZ(2JZ는 엔진코드다)라고 적힌 티셔츠 차림이었다. 이건 F1이 아니었다. 플라이 에미레이트 광고도, 트랙에 늘어뜨려진 롤렉스 현수막도, 근처에서 천천히 선회하는 의료용 헬기 같은 것도 없었다. 나는 기도했다. 포레스트가 자체적으로 롤케이지를 만들었을 거야. "끝내주는걸요!" 내가 말했다. 진심이 완벽하게 담기진 않았다.

이건 연습주행이었고, 포퓰러 D의 포인트 시리즈에 들어가지 않았지만 트랙에는 동일한 시리즈 경쟁자 집단이 함께 섰다. 그래서 명성(이나 후원금)이 걸려 있지는 않았지만, 서로가 얼마나 자존심으로 똘똘 뭉쳤는지 익히 알고 있었다. 내로라 하는 덩치들이 모두 출전했다. 집결지 주변의 다양한 캠프에서 늘 그렇듯 비밀스러운 하드웨어 조정이 미세하게 이루어지고 있었고, 각각의 캠프마다 나일론 텐트 두어 대가 버지니아의 태양을 막아주고 있었다. 포레스트의 엄마는 이런 텐트 중 하나에 앉아서 티셔츠를 팔았다.

때가 되자 포레스트는 튼튼하게 보강된 레이스용 좌석에 나를 단단하게 묶어주는 여섯 개의 벨트를 모아서 고리를 걸고 캠을 조이는 걸 도와주었다. 이 순간에야 나는 헬멧에 대한 작은 사실을 떠올렸다. 나는 얼굴 전면을 가리는 오토바이용 헬멧을 쓰고 있었다. 오토바이용 헬멧은 방화 처리가 되어 있지 않아서 자동차 경주 인가 기구들은 허용하지 않았다. 얼굴 전체에 화상을 입은 피해자가 되는 상상을 하고는 잠시 다른 헬멧을 달라고 할까 했지만 우리는 이미 다른 차 세 대와 함께 대기선에 들어와 있었다. 엔진이 우릉거리고 있었다. 엔진을 열에 담갔다가 냉각시키는 과정을 마음속으로 모니터해보았다. 지금 트랙 온도에서 타이어의 남은 바퀴 수를 어림셈했다. 헬멧에 대한 걱정을 드러내기엔 너무 늦었다.

"엔진이 우릉거리고 있었다"는 말은 마치 정지신호에서처럼 공회전 상태를 연상시킬 수 있다. 그러나 그보다는 로데오 황소의 음낭에 연결된 끈을 사정없이 조이는 순간과 문이 열리고 드디어 최선을 다해 고문시술자의 손에서 도망칠 수 있는 순간 사이에 로데오 황소가 울부짖고, 힝힝대고, 발길질을 하는 소리에 더 가까웠다. 기수가 깃발을 떨어뜨리고 첫 번째 차가 트랙으로 나서고 나서 몇 초 후 우리 차 아래서 아주 커다란 굉음이 뿜어져 나오더니 운전석의 맨 금속껍데기 전체로 퍼져나갔다. 운전석에는 부드러운 재료가 전무했다. 포레스트는 변속기를 1단 기어로 떨어뜨려 놓은 상태였다. 그는 이 소리가 '도그 박스' 순차변속기 때문이라고 말했다. 이 변속기는 아주 빠르고 견고한 변속을 가능하게 하지만 기어 메싱 같은 섬세함이 떨어진다. 여기에 고무 방음재료 없이, 튼튼함이 최고 수준인 솔리드 메탈 마운트의 섀시가 짝을 이뤘다. 우리는 기수가 서 있는 곳으로 요동치며 나아갔다.

우리가 트랙에 진입할 차례가 왔고, 이건 내가 가장 궁금해하던 순간이었다. 600마력에 커다랗고 끈적이는 경주용 타이어가 달린 약 900킬로그램의 자동차에서 가속을 하면 어떤 느낌일까?[1] **난폭한** 느낌이었다. 지배적인 소리는 열린 배기구나 스풀링 터보에서 나는 게 아니었다. 변속기의 기어 소음이었다. 무선조종 자동차의 새된 고음처럼 이상한 소리였다.

첫 번째 코너와 가까워지자 나는 발을 발판에 대고 힘을 주었다. 상당히 급한 왼쪽 커브였다. 포레스트는 휠을 오른쪽으로 살짝 꺾었다가 가속 페달을 꽉 밟은 상태로 왼쪽으로 세게 꺾었다. 그러자 뒤편이 튕겨나갔다. 이제 그는 자동차가 왼쪽으로 돌면서 드리프트를 할 때 빠르게 회전하는 조향 바퀴와 변속 레버를 손이 보이지 않을 정도로 빠르게 조작하면서 오른쪽으로 역조향countersteering 했다. 드리프팅은 도로 레이싱과는 완전히 다른 게임이다. 도로 레이스 강사는 한 번씩 학생들에게 손을 천천히 움직이라고 말한다. 학생들을 진정시키는 것은 심리적/육체적 장치다. '속도를 좇지' 말라, 트랙이 당신을 향해 오도록 하라, 자동차 차대의 역학이 당신의 입력 리듬을 결정하도록 하라. 견인력의 한도를 초과하면 최대의 속도로 달리지 못한다. 반대로 드리프팅을 할 때 운전자는 자동차의 역학을 이용해서 고의적으로 평정 상태에서 벗어나게 만든다. 하지만 아수라장 가운데 또 다른 수준의 평정이 등장한다. 포레스트는 내가 헬멧 안에서 신음을 터뜨리게 만든 유려함으로 연달아 코너를 돌았다. 그것은 순수한 미학적 황홀경의 순간이었다.

이런 측면에서 드리프팅은 호기심을 유발하는 모터스포츠다. 스피드스케이팅보다는 피겨스케이팅과 더 유사하다. 참가자들이 반짝이와 스팽글로 된 옷을 입지는 않지만 기본적으로 심미적인 이상을 향해 노력을 경주하고, 그 때문에 경과시간 같은 단순한 기준으로 판단하기가 어렵다(속도가 기준 가운데 하나이기는 하다). 기량을 제대로 감상하려면 예술 행위에 대한 기본 지식이 필요하다.

우리는 앞서 출발한 자동차들과 점점 가까워졌고, 이제 진짜 쇼가 시작되려고 했다. 두 자동차가 메인 트랙으로 이어지는 우회로로 갑자기 방향을 틀었다. 나는 고개를 돌려 두 자동차가 서로, 옆면으로 추격하는 모습을 지켜보았다. 오른쪽으로 대략 18미터 정도 떨어져 있었고, 그 길로 가다 보면 다시 우리와 만나게 되는 모양새였다. 두 차 아래서 짙은 흰 연기가 피어올랐다. 포레스트 역시 오른쪽으로 눈길을 주면서 속도를 늦췄다. 우리 경로가 다시 만나기 직전에 다른 차들이 우현에서 좌현으로 방향을 바꿨다. 이제는 무게가 왼쪽에 실려서 차체가 시계 방향으로 기울었다. 포레스트가 속도를 올려서 차의 공격 방향을 비슷하게 맞추더니 그 뒤에 바싹 따라붙었다. 아, 그런데 여기서 '바싹'이라는 표현은 결과가 보장되어 있었다는 것처럼 들리지만 사실 극심한 긴장의 순간이었다. 활강스키 레이스에서 통제의 벼랑 끝에 선 보드 밀러**Bode Miller**(미국 출신의 알파인스키 선수-옮긴이)를 보는 기분이었다. 텔레비전으로가 아니라 등에 업힌 상태로.

이제는 자동차 세 대가 1.5~3미터 정도의 간격을 두고 거칠고 불안한 화합 속에 모두 같이 미끄러지고 있었다. 나는 그게 넓은 우회전 스위퍼였다고 생각했다. 첫 회전 이후에는 운전석이 타이어 연기로 완전히 가득 차서 앞유리 너머로 특색 없는 흰색 말고는 분간할 수 있는 게 없어서 확실히 말할 수 없었지만 말이다. 하지만 포레스트는 가속 페달에서 발을 떼지 않았다. 몸이 한쪽으로 기운 느낌이었지만 4, 5초 정도 시각적인 단서가 전혀 없었다. 연기가 걷혔을 때 우린 아주 빨리 달리고 있었다. 포레스트는 코너를 도는 내내 가차 없이 차를 몰았다. 이런 호적수들은 서로를 엄청나게 신뢰한다.

우리의 탠덤 드리프트는 시카고 미드웨이 공항 야외에서 1990년대에 내가 즉석 아이스하키 경기를 했을 때 일어났던 순간들을 연상시켰다. 가끔 퍽이 새로운 방향으로 튀어오를 때 다른 두세 명의 선수 (그 순간만큼은 어느 팀 소속인지가 중요하지 않다)와 함께 마치 대형을 이룬 전투기들처럼 줄을 맞춰 퍽이 회전하는 방향으로 격렬하게 몸을 굽히는 자신을 느끼곤 했다. 우리 각자는 마치 그레이하운드가 토끼를 쫓듯 그 퍽을 원했다. 그걸 얻기 위해서라면 서로의 머리를 날려버릴 수도 있었으리라. 하지만 또 다른 차원에서 나는 나와 함께 그것을 뒤쫓는 움직이는 몸들에 대한 강렬한 사랑을 느꼈다. 우리는 함께 눈부시게 아름다운 어떤 일을 했고, 그 사실을 알았다.

하위징아는 "문화 속 놀이요소"에 대한 고전적인 연구 《호모 루덴스Homo Ludens》에서 놀이의 특징은 "환대와 우정이 결합된 정신"이라고 적었다. 그는 스포츠 안에서 바로 이 정신을 발견했다. 의례로 굳은 전투에서도, 댄스경연에서도, 양식화된 욕설 주고받기와 모든 문화에 생생하게 남아 있는 뽐내기 시합에서도. 나는 이것이 모터스포츠의 사회적 요소를 상당히 잘 포착한다고 생각한다. 하위징아는 이렇게 말한다. "인간이 투쟁을 할 필요"는 "아름다움 속에 살고자 하는 사그라들지 않는 필요"와 밀접하게 연결된다. "놀이에서가 아니면 이 필요를 충족할 방법이 없다."[2]

놀이는 모든 고등동물 사이에서 일반적으로 나타난다. 하위징아는 이렇게 말한다. "강아지만 봐도 인간 놀이의 모든 본질적인 요소가 그들의 즐거운 뜀박질 속에 들어 있음을 알 수 있다. 강아지들은 서로 어느 정도 격식을 갖춘 태도와 몸짓에 따라 놀 것을 권한다. 강아지들은 '형제의 귀를 물지 말아야 해, 물더라도 세게 물지 말아야 해' 같은 규칙을 고수한다. 아주 화가 난 척하기도 한다."

개들의 장난이 인간의 놀이와 비슷하다면, 반대로 놀이가 인간의 "동물적인 정신"을 드러낸다고 말할 수도 있을 것이다. 이는 현대문화에 팽배한 합리적인 통제라는 이상과 배치된다. "감히 위험을 무릅쓰기, 불확실성을 감수하기, 긴장을 견디기, 이런 것들이 놀이-정신의 정수"라고 하위징아는 말한다. 이렇게 이해했을 때 놀이는 아주 기본적인 필요에 해답을 제시한다. 어쩌면 그것은 우리가 하는 가장 진지한 일일지 모른다. 하지만 놀이는 질서에 대한 오늘날의 취향과 불협화음을 일으키는, 그러므로 (안전을 근거로) 무책임하거나 경쟁을 유발한다는 이유로 평등한 자존감의 윤리를 위협한다고 비난받는 정신의 일부분을 나타낸다.

한 세기 전 "정력적인 인생"을 옹호하는 주장을 펼치며 자신이 보기에 급속히 확산하고 있는 "온실 속의 화초" 같은 삶을 비판했던 테디 루스벨트는 동물적인 정신에서 긍정적인 부분을 인정하고자 하는 새로운 "활력론적인" 전통을 내세웠다. 이런 사상적 경향은 행동의 활시위를 늘어뜨리고 영혼 안의 긴장을 늦추며 슬금슬금 확산하는 공리주의에 대한 대응이었다. 프랑스에서는 앙리 베르그송Henri Bergson이 "생의 약동"을 결정적인 인간의 자질이라고 말했다. 독일에서는 프리드리히 니체Friedrich Nietzsche가 경멸을 담아 "최후의 인간", 부르주아의 안락함, 안전, "작은 즐거움"만을 좇는 계산적인 피조물에 대해 글을 남겼다. 미국에서는 윌리엄 제임스가 평화의 시기에 무자비함이라는 특징을 보존하는 "전쟁의 도덕적 등가물"을 탐구했다. 그것을 문화적 필수사항이라고 판단했기 때문이다. 이보다 최근에는 영화 〈파이트 클럽〉이 이런 비평을 새롭게 개조했다. 영화는 신이교도적이라고 할 수 있는 직관에 의지한다. 그것이 강조하는 덕목은 기독교적 온화함과 겸손이 아니기 때문이다.

합리주의자들은 공리주의적 정당화가 불가능한 문화의 원천, 즉 놀이를 의혹의 시선으로 바라본다. 놀이는 잉여적이다. 그 자체를 넘어서는 목적이 없기 때문에 수단-목적 추론의 계산 밖에 자리한다. 놀이는 성취에 목매는 사회의 토대인 **탐색** 행위를 교란시킨다. 시간의 분명한 한계 안에 자리하고, '실세계'에서 떨어진 놀이터(나 경주트랙)에서 벌어지곤 하는 놀이는 즐거움이 끝없이 유예되는 일상생활이 일시정지하는 막간극과 같다.

지금까지는 좋다. 몬테소리파들이 놀이를 긍정하는 이런 입장에 맞춰 고개를 끄덕이는 모습을 충분히 상상할 수 있다. 어쨌든 지나치게 짜여 있고 보호받는 어린 시절을 한탄하는 것은 우리가 빼먹지 않고 하는 문화적 행동이다. 하지만 하위징아는 놀이의 핵심적인 문명화의 요소로 경합의 측면, **남다름**에 대한 갈증을 꼽는다. 우리는 이 지점이 별로 편치 않다. 모두가 동등하게 자존감을 누릴 권리가 있기 때문이다. 모터스포츠로 돌아가기 전에 나는 일반적인 경쟁의 심리 상태에 대한 몇 가지 생각을 제시하고 싶다. 현대문화에서 경쟁을 격려하고 억누르려는 의지는 몇몇 난관의 표면 바로 아래 자리한다고 믿기 때문이다.

놀이와 사회적 질서의 기원
우리의 태생적인 향상심은 모방을 통해 서로를 연결시킨다. 모방(**저런** 자족적인 사람들이 아니라, 바로 **저** 사람과 비슷해지고 싶다는 마음)은 당신이 푹신한 소파에서 엉덩이를 털고 일어나게 만들지만, 궁극적으로 당신이 되고자 하는 것은 더 나은 자신이다. 더 나은 자신이 할 수 있는 일을 발견하는 것이 당신이 할 일이고, 그 전 과정은 다른 사람들을 관찰하고 매서운 평가를 체험함으로써 발동이 걸린다.

하위징아는 이렇게 말한다. "경쟁의 '본능'은 애당초 권력에 대한 욕망이나 지배하려는 의지가 아니다. 중요한 것은 다른 사람보다 뛰어나고자 하는, 최고가 되고자 하는, 그 이유로 존경을 받고자 하는 욕망이다."[3] 다른 사람보다 뛰어나고자 하는 것과 다른 사람을 지배하고자 하는 것 간의 이런 차이는 평등주의 문화에서는 주목받지 못하고, 그러므로 남다름에 대한 갈증은 잠재적인 독재자가 받을 만한 모든 의혹에 시달리게 된다. 아이러니는 경합의 정신에 대한 이런 단속 **자체가** 타인을 독재적으로 통제해야 하는 필요를 뜻한다는 점이다.[4] 가령 부유한 진보 성향의 학교 운동장 지킴이들이 유리 같은 자아 안에서 초기 트라우마의 흔적을 찾는 모습에서 이를 확인할 수 있다.

이 책의 목적 중에는 점점 진화하는 사회적 통제의 수단과 목적을 고찰하는 것도 있으므로, 민주주의는 단순히 평등한 원칙이나 평등한 기회만이 아니라 평등한 존중을 필요로 한다는 생각에는 토머스 홉스**Thomas Hobbes**의 《리바이어던**The Leviathan**》으로 거슬러 올라가는 장구한 역사가 있음을 되새기는 것이 좋겠다. 경쟁의 에너지가 사회적으로 유용한 경로(경제적 생산성)로 안전하게 유도된 사람들은 서로 고립되어서 통제가 손쉬운 사람이기도 할 것이다.

하위징아는 남다름에 대한 욕구를 통제하고 평범하게 만들고자 하는 이런 열망이 사회질서의 진정한 원천을 좀먹게 될 수 있다고 우려할 근거를 제시한다. 영예를 얻기 위한 경합은 선수들 간의 경의와 신뢰를 낳고, 하위징아의 설명에 따르면 바로 여기서 우리는 제도의 기원을 찾아야 한다.[5] 결국 경합과 게임에는 규칙이 필요하기 때문이다. 단순한 권력욕과는 달리 경합과 게임을 하려면 참가자는 자기 의지와 상관없이 정해진 기준들의 정당성을 인정해야 한다.

신생아에게는 이 세상이 자신에게 무심하다는 의식과, 거기에 자신을 적응시킬 능력이 없다. 세상은 자신을 중심으로 돌아가고, 아이는 자신의 엄마를 자기 의지의 전능한 연장으로 경험한다. 자신의 의지를 꺾는 모든 것이 화를 돋운다. 프로이트의 체제 안에서는 이를 유아기적 나르시시즘이라고 부른다.[6] 프로이트에서 가져온 이 부분을 우리가 하위징아에게서 배운 부분과 결합해보자. 세상은 당신이 그저 당신이라는 이유만으로 사랑하지 않는다. 하지만 만일 당신이 세상의 도전에 잘 대처할 경우 당신에게 공적인 성격의 남다름이 있음을 인정해줄 것이다. 사람들은 정해진 게임의 공통된 규칙에 복종하면서 남다름을 위해 대중들이 모두 볼 수 있는 싸움에서 다른 사람들과 겨룬다. 자아와 초자아에게는 서로가 필요하다. 기초가 탄탄한 자신감은 거기에 상응하는 자기혐오의 능력이 있을 때만 가능하고, 이 수직의 눈금에 평가의 눈금을 남기는 것은 다른 사람들(과 그들의 놀이 규칙)이다.

평등주의적 가책 때문에 눈금을 지워 없애거나 그것이 존재함을 부정하는 것은 대대적인 규모로 발전을 지체시키는 것과 같다. 이는 숱한 형태를 취할 수 있는데, 나는 오늘날 유아증의 몇 가지 표현양식을 이해하고자 할 때 프로이트와 하위징아의 관점을 혼합적용하는 것이 도움될 거라고 생각한다. 유아적인 분노를 표출하는 것 말고는 이 세상에 흔적을 남기는, 즉 다른 사람들에게 존재를 알리는 방법을 떠올리지 못해 대중을 향해 총기를 난사하는 젊은 남성들의 비극적인 의식을 생각해보라. 이런 사람들은 다른 사람들의 문명화된 저항과 전혀 대립해보지 못한 전능함이라는 환상을 몸으로 실행한다. 이런 행동은 투쟁과 놀이와는 정반대다.

놀이하는 신사: 목숨을 건 모터스포츠

하위징아는 고대의 문화를 묘사하면서 두 집단이 목숨을 걸고 싸우는 것이 종종 놀이의 사례로 그려지고 (히브리 책《사무엘서》에서) 치명적인 경합을 설명할 때 차용하는 단어가 "웃음의 영역에서 차용" 된다는 점을 지적한다. 그리스의 꽃병에는 플루트 연주자와 무장한 사람들이 벌이는 경쟁이 나란히 그려져 있고, 올림픽 경기에서는 죽을 때까지 싸우는 결투가 있었다.

오늘날에는 여기에 해당하는 것을 아직도 매년 개최되는 맨섬 TT 오토바이 경주에서 찾을 수 있다. 이 경주에서는 매년 몇 명이 목숨을 잃는다(시속 320킬로미터에 달하는 속도로 달리는 최고속력 도로레이스이지만 좁은 공공 도로에서 치러지다 보니 많은 선수가 돌벽에 부딪힌다). 이런 볼거리에다가 가끔은 번지점프나 롤러코스터 타기 같은 활동이 한데 어우러진다. 하지만 단순한 스릴 추구는 러시안룰렛처럼 운에 좌우되는 게임이 그렇듯, 삭막하다. 이런 게임은 참가자의 아드레날린을 뿜어낼 수는 있지만 문화를 생산하지는 않는다. 하위징아는 이렇게 말한다. "놀이가 응용력과 지식과 기술과 용기와 강인함을 요구하는 순간 그림이 바뀐다. 게임이 더 '어려울'수록 관객의 긴장감은 커진다. (…) 개인이나 집단의 삶의 강도를, 격조를 높이기가 쉬울수록 더 순조롭게 문명의 일부가 될 것이다."[7]

〈히팅 디 에이펙스Hitting the Apex〉라는 제목의 끝내주는 영화가 있다. 모터사이클 그랑프리 오토바이 레이싱의 가장 최근 10년을 다룬 영화다. 브래드 피트가 나레이션을 맡았다(그는 우연히도 〈파이트 클럽〉의 스타 중 한 명이다). 영화에는 팀 매니저인 호르헤 로렌소Jorge Lorenzo와의 인터뷰가 있는데, 그는 이 시대 최고의 라이더(선수라고 해도 된다) 중 한 명이었다. 로렌소는 말한다. "내가 운이 좋았죠. 이건 중요한 메시지예요." 그는 자신의 행운은 무언가 아름다운 일에 종사할 수 있었던 것이라고 말한다. "오토바이 세계에서 로렌소나 (마르크) 마르케스처럼 떨어지는 사람, 뼈가 부러진 채로 레이스를 하는 사람은 부상을 당해도 회복 뒤에 계속 꿈에 취한 공기를 들이마실 수 있음을 보여줍니다. (…) 우리는 승리의 향기를 나누고 우리의 모범을 통해 주변 사람들을 행복하게 만들어야 해요." 선수들은 자신의 모범을 통해 주변 사람들을 행복하게 만든다. 모터스포츠는 문명화 효과가 있는 볼거리 가득한 고대의 결투와 공명한다.

제1차 세계대전에는 새로운 전투 형태인 공중전이 등장했다. 이를 죽을 때까지 하는 모터스포츠의 사례로 볼 수도 있다. 역시 제1차 세계대전에서 처음 등장한 산업화된 살육과 비교했을 때 공중전은 놀라울 정도로 고대의 결투와 유사하다. 공중전의 특징을 파악하려면 그 주변의 재난의 본성 역시 파악할 필요가 있다.

19세기 말과 20세기 초 귀족적인 기질의 사람들에게 전쟁의 빠른 기계화는 탐탁치 않았다. 전쟁의 미학은 자신들이 생각했던 전쟁의 고상한 사회적 기능에서 핵심이었기 때문이다. 게다가 운전사처럼 기계에 능숙한 부류의 사람들은 군사적 이상을 구현한 부류보다 지위가 낮다고 인식되었다. 윈스턴 처칠은 1930년대 초에 출간된 《윈스턴 처칠, 나의 청춘My Early Life》에서 끈질기게 명맥을 잇고 있는 이 편견을 드러냈다. 처칠은 1895년 기병장교로 임관해서 제4기병대에서 복무했는데, 이 단락에서 그는 전쟁에 대한 젊은 신사의 관점을 전달한다.

> 빠르게 달리는 기병대의 화려한 짤랑임에는 그 자체로 스릴과 매력이 있다. 그리고 전속력으로 달리는 말 위에서 똑같은 동작이 취해질 때 이는 즐거운 흥분으로 깊어진다. 말의 동요, 마구의 절꺽임, 움직임의 전율, 흔들리는 연기 기둥, 살아 있는 기계 안에 통합된 느낌, 군복의 정중한 품위, 이 모든 게 기병 훈련을 그 자체로 우아한 행위로 만든다. (…)
> 전쟁이 탐욕스럽고 비열하며 기회주의적인 행진 속에 이 모든 것을 내팽개쳐야 했다는 것은, 그리고 대신 구경거리를 만드는 화학자들과 비행기나 기관총의 레버를 당기는 운전수들로 방향을 선회해야 한다는 것은 수치다.[8]

만프레트 폰 리히트호펜Manfred von Richthofen 역시 말을 잘 다뤘다. 1911년에 기병 장교로 임관된 그는 자신의 연대에서 기병 훈련뿐만 아니라 말타기 경주와 점프 시합 등으로 만족스러운 생활을 했다. 그러다가 1914년 8월에 제1차 세계대전이 발발했고, 이 신사는 가차 없이 프랑스 베르됭에 배치되었다. 스포츠를 즐길 만한 곳은 전혀 아니었다. 새로운 종류의 지상전으로 사면초가의 상황이 벌어지자 기병은 하룻밤 새 한물간 집단이 되었고 이 승마인은 참호에 갇힌 신세가 되었다. 우리는 젊은 리히트호펜이 진흙에서, 비참함 속에서, 완전한 막다른 골목에서 고개를 들고 위를 올려다보는 모습을, 높은 곳에서 자유롭게 작전을 펼치는 한 사람을 바라보는 모습을 상상할 수 있다.

그는 이 신식 비행기에 대해서는 아는 바가 전혀 없었고, 대부분의 장교들처럼 이 비행기를 조종하는 남자들을 경멸해왔다. 하지만 보라! 옆으로 기울어진 비행기가 추격선을 삼차원으로 그리며 급강하하는데 어떨 때는 나무 윗부분 정도까지 하강하기도 한다. 두 파일럿은 모두가 볼 수 있는 목숨을 건 드라마를 펼쳐보였다. 낡은 편견이 허물어졌고, 만프레트 폰 리히트호펜은 공군전출 신청을 했다.

그는 1915년 늦여름에 처음으로 공중전을 맛보았다. 9월 17일 그의 비행중대는 연합군 비행기 편대를 마주쳤고, 리히트호펜은 파르먼 F. E. 2b 전투폭격기를 목표물로 점찍었다. 뒤에 프로펠러가 있고, 뒤쪽 윗편에 앉은 파일럿이 비행기를 조종하는 동안 앞에 있는 비행정찰자가 회전형 .303 기관총을 발사할 수 있는 '푸셔' 복엽기였다. 리히트호펜의 중대는 태양을 등지고 급강하했다.

리히트호펜에 대해서는 이렇게 전해진다.

연합군의 비행정찰자는 그의 미숙함을 알아차리고 위험

> 천만한 집중사격에서 벗어나게 해주었지만, 결국 그는
> 가까이 다가가서 연합군의 비행기 아래를 벌집으로 만
> 드는 데 성공했다. 그는 이미 만신창이가 된 비행기를 따
> 라 지상으로 내려가서 가까운 곳에 착륙했다. 그는 독일
> 장병들이 비행기 조종간에서 치명상을 입은 영국 비행사
> 두 명을 끌어내는 모습을 지켜보았다. 리히트호펜을 보
> 고 그가 승리자임을 알아본 비행정찰자는 죽기 전에 그
> 에게 승자를 인정하는 미소를 지어보였다.[9]

리히트호펜의 공식적인 첫 피살자였던 이 영국 비행사는 자신이 인정한 승리자가 80건의 공중전에서 공식적인 승리를 거두며 붉은 남작으로 알려지게 되리라는 사실을 알지 못했을 것이다(양 진영에서 '에이스'로 지정하는 기준은 다섯 건의 승리였다).

우리의 흥미를 끄는 것은 미소다. 어쩌면 이 세부사항은 덧붙여진 것인지 모른다. 리히트호펜의 이야기에는 신화의 냄새가 나기 때문이다. 하지만 신화는 공통의 이상을 가리킨다는 점에서 의미심장하다. 죽어가는 비행사의 미소는 지고한 스포츠정신의 사례로 이해할 수 있다. 그는 성난 패배자가 아니었다. 공중전에는 죽음을 불사하는 게임의 특성, 하위징아가 고대 사회에서 찾아낸 그런 종류의 특성이 있기 때문이다. 공군은 전선 뒤에서 '도전장을 내밀곤' 한다. 놀자며 꼬드기는 것이다.

만프레트 폰 리히트호펜은 결국 캐나다공군 조종사 아서 로이 브라운**Arthur Roy Brown**이라는 호적수를 만났다. 브라운이 리히트호펜을

좇았고 그는 다시 또 다른 캐나다 항공병을 좇았다. 추격전은 프랑스 내 연합군 영토 안으로, 오스트레일리아 포병 53포대의 기관총 밀집 지역으로 이어졌다. 붉은 남작을 격추한 포를 누가 발포했는지에 대해서는 논란이 있다. 한 역사가의 말에 따르면 "공중에서 맞았든 지상에서 맞았든 리히트호펜은 치명상을 입었다. 그는 고글을 벗고 스로틀을 잠깐 연 다음 엔진을 차단하고 불시착을 했다. 그의 비행기는 바닥에서 한 번 튀어 오르면서 프로펠러가 부서졌고, 세일리-르-삭Sailley-le-Sac에서 가까운 비트 밭에서 멈췄다. 몇 분 뒤 그는 숨을 거뒀다. 오전 10시 50분이었다."

내가 특히 의미심장하다고 느낀 것은 그다음 날의 사건들이다.

> 만프레트 폰 리히트호펜은 4월 22일 늦은 오후 베르탕글
> Bertangles에 있는 작고 어수선한 묘지에서 영원한 휴식에
> 들어갔다. 성공회 사제가 짧은 예배를 드린 후 군대가 엄
> 격하게 예를 갖춘 가운데 매장이 이루어졌다. 오스트레
> 일리아 항공대 제3중대에서 찾아온 열두 명이 각각 허공
> 에 대고 세 발을 발포했다. 다른 장교들은 무덤 위에 화환
> 을 바쳤다. 십자가 모양으로 다듬은 날개 네 개짜리 프로
> 펠러가 무덤 표지물로 쓰였고 시신은 발이 이 표지물을
> 향하도록 놓였다.[10]

이 장례식은 무시무시한 적에게 경의를 표했다는 점에서 죽어가던 영국 병사의 미소와 같은 정신을 담고 있다. 이 모든 경기 안에는

경기 공동체가 존재하고, 이는 '다른 사람들(예를 들어 독일군이 자기 마을에 묻혔다고 격분하면서 시신을 파내려고 했던 프랑스 마을 사람들)'과는 거리가 있다. 전쟁을 게임처럼 접근할 때 상대가 인간이라는 사실은 필수적인 전제다. 하지만 사실 상대는 그저 인간이기만 한 게 아니라 **가치 있는** 적수여야 하며, 그렇지 않으면 그 게임은 할 만한 가치가 없다. 경기는 태생적으로 배타적이고, 따라서 이런 식으로 생각했을 때 전쟁은 제한적일 수밖에 없다. 매복이나 토벌에서 그렇듯, 대량살상은 경합의 원칙을 위반한다.[11]

이런 작은 세부사항(미소, 장례식)을 제1차 세계대전에 대한 표준적인 마르크스주의 역사관에 끼워 맞추면 이런 식이 될 것이다. 교전국 엘리트들은 자국민보다는 서로에게 더 동지애를 느꼈고, 그래서 국가적인 충성심을 능가하는 계급연대를 표출하기 위해 이런 정중함의 제스처를 취한 것일 수 있다는 관점이다. 이 말에도 분명 일리는 있다. 참호전의 끔찍한 지루함을(그리고 어쩌면 낮은 계급의 자국 병사들과 함께 지내면서 느끼는 끔찍한 지루함도) 누그러뜨리려고 적국의 장교들이 만나서 포커를 했던 사례도 있었으니까.

하지만 공중전 게임에 들어가는 것은 계급 구분과는 관련이 없었고, 실제로 이 게임의 부정할 수 없는 **고귀한** 성격은 계급 편견에 직접 도전장을 내밀었다. "비행기 레버를 잡아당기는 기사"에 대한 처칠의 일축에 담긴 치기 어린 우월감은 수상이 된 처칠이 1940년 8월 16일 영국의 전투가 벌어지는 동안 억스브리지Uxbridge의 영국공군 벙커에 방문했을 때는 그 흔적을 찾아볼 수 없었다. 벙커를 떠나는 순간 "처칠은 헤이스팅스 이즈메이Hastings Ismay 장군에게 '내게 말을 걸지 말라, 이렇게까지 감동받은 적이 없다'고 말했다. 그는 몇 분간 침묵하다가 '인류 역사상 이렇게 많은 사람이 이렇게 적은 사람에게 이 많은 빚을 진 적이 없었다'고 말했다."[12]

처칠은 "소수와 다수"를 언급하면서 정치의 영원한 주제를 건드렸다. 하지만 이 소수, 영국공군 전투기 조종사들은 대체로 영국사회에서 지위가 높은 사람들이 아니었다.[13] 하지만 그들은 고대의 전쟁이 지향하는 귀족적 이상을 구현하는 듯했다. 더 거대한 집단을 위한 단하나의 전투에서 표현되는, 죽음을 대수롭지 않게 여기는 태도. 처칠이 젊었을 때 말을 탄 장병들이 갈망했던 기사도 정신은 예기치 못한 계급 속에서, 산업화된 살상 가운데 예기치 못한 표현양식을 찾아냈다. 문명은 이렇게 스스로 갱신한다.

샛길로 빠지기
– 자전거 도덕군자들의 등장

하위징아가 묘사한 "인간이 투쟁을 할 필요"는 때로 문화전쟁의 형태를 취하고, 이는 탈것의 정치를 통해 표현될 수 있다. 자전거 도덕군자들의 등장을 생각해보자.

오클랜드에 사는 내 친구가 초등학교 놀이시설에서 천둥벌거숭이 자식에게 주의를 준답시고 "마음챙김!"이라고 외친 어떤 '괴짜 같은 법학자 아빠'에 대한 글을 썼다. 이 아빠는 자기 아이를 자전거에 태워 등교시킨다. "그 남자는 자전거를 타고 다니는 다른 부모들처럼 인도와 학교 운동장을 이용하는 대신, 도로 경계석에 줄지어 선 자동차 사이에 자신의 주문제작형 자녀동반용 자전거를 세우고, 마치 자동차 뒷자리에서 내리듯 아이가 뒤에서 기어 내리게 했다. 나는 유행하는 자전거 친화형 도시주의가 개인적으로 너무 엄격해져서 정신병, 말 그대로 망상의 경지에 이르고 있는 모습을 보는 것 같았다. '내 자전거는 자동차라구!' 그건 〈몬티 파이튼〉의 한 장면이었다."

그 남자가 정말 망상장애는 아니었다고 가정해보자. 나는 그가 자동차 주차선 안에서 기다렸다면 아이를 자전거로 등교시키는 일이 더 많은 논쟁을 불러일으켰으리라 생각한다. "이건 내 자동차야. 갤런 당 무한한 거리를 달릴 수 있지." 만일 그 남자가 남의 이목을 끌지 않고 조용히 학교로 자전거를 타고 왔다면 의식을 고양시키는 효과를 얻지 못했으리라.

또 다른 친구는 런던에서 이런 글을 썼다. "나는 요즘의 자동차 운전자들은 보통 조용하고 수용적인 반면, 쫄쫄이 옷을 입고 자전거를 타고 통근하는 사람들은 좌절된 권리를 분노로 표출하는 경향이 더 많은 것 같다는 점을 알아차렸다. 나는 이런 사람들(온갖 장비를 갖춘 사람들) 중 일부는 (아마도 특히) 자신들만큼 장비를 갖추지 않은 다른 자전거 이용자들을 비롯해서, 도로 위 타인들의 행위를 감시하는 걸 좋아한다고 느낀다. 반면 장비도 별로 갖추지 않은 자전거 이용자들은 빨간 신호등을 무시하고 보행자용 건널목을 빠른 속도로 가로지를 기회를 노리면서 마치 아나키스트처럼 씽씽 돌아다닌다. 나는 요즘은 자동차와 자전거를 구분하는 자전거 전용도로에 훨씬 많이 투자하기 때문에 상황이 예전과는 많이 달라졌다고 생각한다. 이제 분명한 적들은 말하자면 중화되었기 때문에 적개심이 같은 부족 내에서 더 많이 피어오른다. 새로운 위계가 등장하면서 부족 내의 새로운 분파들이 생겨났고, 동지애는 훨씬 적어졌다."

나는 오토바이 이용자들이 자동차(와 그 안에 탄 사람들)를 "새장"

이라고 부를 때처럼, 도시의 자전거 이용자들은 자신과 자동차 이용자 사이에 커다란 존재론적 간극을 느낄 거라고 상상할 수 있다. 아마도 그들은 더 민첩하고 싸움에, 그리고 이 세상에 더 생생하게 간여한다는 데서 우월감을 느끼리라. 평등을 근거로 이 거대한 느림보 머저리들하고 도로를 같이 나눠 써야 한다는, 이런 애석한 존재론적 주장들은 **부당하다**는 기분을 안긴다. 하지만 오토바이 이용자들은 역사의 행진에서 난폭하고, 시끄럽고, 왠지 전혀 친환경적이지 못한(연비가 갤런당 50마일이나 되는데도) 낙오자들로 간주되는 경향이 있는 반면 자전거는 진보적이고, 유럽 냄새가 나고, 도시를 인간답게 만들고자 하는 모든 신도시주의적인 호소의 핵심에 놓여 있다. 그것은 강력한 대비임이 틀림없다. 자전거 이용자들은 옳은 일을 하는 모습을 시각적으로 드러내면서, 고결함에는 어떤 부류의 몸이 딸려오는지를 보여주는 아주 똑똑해 보이는 복장까지 입고 있다.

아마도 내가 성장기를 보냈던 시절의 탓으로(나는 1965년생이다) 나는 자전거와 미덕을 바로 연결 짓지 못한다. 그 시절 자전거는, 그러니까 그냥 재미였다.

우리 동네에는 트로이라고 하는 악명 높은 깡패가 있었다. 떠도는 소문에 따르면 그는 감방에 다녀왔고, 누군가는 그게 살인 때문이라고 했다. 트로이는 열세 살 정도였을 것이다. 나는 여덟 살이었다. 어느 날 가파른 언덕 밑에 있던 우리 집 밖에 사람들이 모여 있었다. 나가보니 자전거 위에 앉은 트로이가 언덕 꼭대기에 있었다. 그의 똘마니와 팬 들이 경사로를 설치하고 그 뒤에 대형 쓰레기통을 열 개 정도 늘어뜨려 놓은 상태였다. 우리 집 바로 앞에서 진짜 에빌 나이벨Evel

Knievel(미국 스턴트맨–옮긴이) 쇼가 펼쳐지려 하고 있었던 것이다! 내가 생생하게 기억하는 건 트로이가 비명을 지르며 언덕을 내려올 때 **맹 렬하게 페달을 밟고 있었다**는 점이다. 트로이는 출발했고, 쓰레기통 을 대부분 쓸어버렸고, 대낮에도 눈에 보이는 불꽃을 엄청나게 튀기면 서 착지했다. 피도 났다. 정말로 꼴이 말이 아니었다. 내가 본 것 가운 데 제일 기막히기도 했다. 그 일은 완전히 차원이 다른 나쁜 놈 부류가 존재한다는 교훈을 각인시켰다.

이와 거의 같은 시기에(1973년 정도였을 것이다) 나는 전에 없이 20달러의 돈이 수중에 있었다. 엄마의 성의 없는 생일 선물이었다. 이 중에서 9달러 80센트를 남겨서 도널드 덕 동전지갑에 넣어두었다. 칼 리턴 가에 있는 아빠의 아파트에 가려면 마을을 가로질러야 했는데 내가 이 돈을 믿을 만한 사람에게 전달할 좋은 방법에 대해 애태우며 고민했던 기억이 분명하게 남아 있다. 나는 위험을 감수하기로 결심 했다. 그리고 아니나 다를까, 세 블록 정도 갔을 때 트로이와 그 패거 리가 BMX 자전거를 타고 다가와서는 나를 한쪽에 몰아넣었다. 나는 너무 겁이 났다. 트로이는 아직 붕대를 하고 있어서 더 하드코어해 보 였다.

"구스넥(거위목처럼 휜 자전거 핸들바의 부품–옮긴이) 좋네," 트로이 가 내 자전거에 눈길을 보내며 말했다. 실제로 그랬다. 그건 (강도를 추 가로 높이기 위해) '열 처리'가 되어 있었는데, 평평한 검은 마감을 보면 알 수 있었다. 이 구스넥은 모토크로스용 핸들바를 제외하면 고물상에 서 건진 내 스팅레이 자전거에서 멋져 보이는 유일한 아이템이었고, 트로이의 눈은 거기에 바로 꽂혔다. "내가 가져도 될까?"

솔직히 나는 그 부분의 대화가 어떻게 전개되었는지 기억나지 않는다. 하지만 내가 다시 가던 길을 가게 되었을 때는 9달러 80센트를 뺏긴 뒤였다.

어른의 도움을 구하는 버릇이 전혀 들지 않은, 체념에 익숙한 아이였던 내가 혀를 조금 놀리기만 했는데도 아버지는 바로 절도를 알아차렸다. 아버지는 격분해서 그 도둑이 어디에 사는지 따져물었다. 나는 아버지에게 말하려고 했다. '아빠, 아빠는 이해 못해요. 트로이란 말이에요. 아빠가 생각하는 그런 사람이 아니라고요.' 하지만 아버지는 물러서지 않았다. 우리는 차를 타고 트로이가 사는 곳을 알 수도 있는 아이의 집으로 갔다. 우리는 늦은 밤 그 아이의 집 현관에 서 있었고, 아이는 이야기를 하지 않으려 했다. 아이는 트로이의 집을 말하라는 요구에 육체적인 고통을 느끼는 것 같았지만 아버지는 굴하지 않고 캐물었다. 나에겐 광기처럼 보였다. 어른들은 세상의 진짜 위험에 대해 이렇게까지 무지할 수도 있다.

아이가 설명한 집은 뒷마당의 오두막에 더 가까웠다. 아빠는 그 집 문을 쾅쾅 두드렸고, 긴 정적이 이어지다가 한 여자가 문을 열었다. 집 안에서 흘러나온 공기에는 담배 냄새가 실려 있었다. 아빠는 그 여자에게 화난 어조로 상황을 설명했다. 그 시절 아빠는 지금의 나와 거의 같은 나이였고, 1973년에는 오토바이 폭주족 같은 외모였다. 실제로는 전혀 그런 부류가 아니었지만 멋대로 늘어진 장발에 빨지 않은 옷, 긴 수염 때문에 무서운 인상이었다. 트로이의 엄마는 미안해했다. 아들에 대한 그 어떤 비난도 믿을 준비가 되어 있는 게 분명해 보였다. 아버지는 없었다. 트로이의 엄마는 오두막 다른 어딘가에서 트로이를 불러냈고(우리의 대화를 모두 들었던 것 같다) 트로이가 나왔다. 자기 모습을 드러낸 그 사람은 내가 알던 무서운 악당과는 거의 닮은 데가 없었다. 트로이는 잔뜩 움츠러들어서 눈을 내리깐 채 질문에 들릴 듯 말듯한 목소리로 웅얼거렸다. 엄마가 돈을 꺼내면서 "내가 그냥 10달러를 주면 어떨까요?" 하고 말했다. 그때 아빠의 반응은 지금도 선명하게 기억난다. "난 **당신을** 벗겨먹으려는 게 아니오." 지당한 말씀이었다. 이즈음 나는 약간 용기가 생겨서 내 생각을 말할 수 있게 되었다. 나는 음, 도널드 덕 동전지갑 비용도 있다고 말했다. 트로이의 말에 따르면 그 동전지갑은 오래전에 사라진 상태였다. 이걸로 20센트 차이는 해결된 듯 했다. 아빠는 10달러를 받았고 우리는 집으로 향했다. 아빠는 차로 돌아가는 길에 내게 그 돈을 건넸다.

나의 감동은 이루 말할 수 없었다. 이 사건은 내게 아버지가 된다는 게 어떤 것인지, 어째서 아이들이 아버지를 원하는지에 대한 교훈을 남겼다.

아빠가 이런 식으로 문제를 해결해준 기억이 한 번 더 있는데, 신기하게도 이번에도 자전거가 엮여 있었다. 아빠는 내가 자전거를 도둑맞자 새 자전거를 사주었다. 그런데 분명히 잠가놓았는데도 며칠도 안 되어 또 자전거를 도둑맞았다. 나는 창피함과 두려움에 떨며 아빠에게 그 사실을 털어놓았고, 아빠와 이야기를 하던 중 우연히 관목이 가장자리에 늘어선 좁은 진입로 너머 길거리를 내다봤는데, 순간적으로 내 새 자전거가 다른 자전거와 함께 길거리를 달리는 모습을 본 것 같았다. 나는 아빠에게 말했다. 우리는 곧장 몸을 날려 아빠의 자동차, 뚜껑이 열리지 않는 빨간 1963년형 포드 페어레인 컨버터블을 향해 뛰었다. 내가 자동차 트렁크로 달려 가서 조수석으로 넘어가는 동안 아빠는 차문을 여는 대신 운전석으로 점프해서 들어갔다. 배트맨과 로빈처럼. 우리는 출발했고 운 좋게 방향을 잘 찍었다. "산파블로 가쪽으로 갔을 거야." 세 블록 정도도 못 가서 두 아이가 도로 한복판에서 자전거를 타는 모습이 눈에 들어왔다. 아빠는 내 자전거를 탄 꼬마 바로 옆에 차를 대고 아이의 배낭을 꽉 쥐어서 멈추게 했다. 같이 있던 아이는 미친 듯이 페달질을 하면서 가던 길을 계속 갔다. 공포 어린 시선으로 뒤를 돌아보면서. 지금 생각해보면 **자동차로** 자전거 탄 아이를 뒤쫓는 행동은 용납할 수 없는 짓이다. 하지만 그때는 다른 시대였고, 사람들이 별 생각 없이 그런 짓을 했던 것 같다. 어쨌든 나는 내 자전거를 되찾았다. 어찌나 꿈만 같던지.

두 개의 더비,
하나의 스크램블

장면 1: 데몰리션 더비

"저 차를 박아! 저 차를 박으라고!"

여자가 손가락질을 하면서 가장자리에 서 있다. 그녀는 자신의 어린 아들에게 장난감 전기자동차로, 플라스틱 차체가 통나무에 걸려서 잠시 오도 가도 못하게 된 다른 자동차를 들이받으라고 지시하고 있었다. 기회를 잡으시게, 꼬마 양반. 스코틀랜드-아일랜드식 육아법에서는 이런 초기적인 형태의 운전교육이 더 넓은 의미를 지닌 학습의 순간을 상징한다. 애팔래치아식 적개심의 윤리 입문 교육이라는.

당신이 캘리포니아 같은 남부 출신 이방인이라면, 2차선 도로에서 당신 기준에는 완벽하게 합리적인 방법으로 추월을 했다가 픽업트럭이 씩씩거리며 따라붙거나 반 정도 차 있는 맥주캔이 날아오는 일을 당했을 때, 어떤 **원칙**이 있음을 기억하라.

　　나는 수요일 밤으로 잡혀 있는 데몰리션 더비 때문에 워런 카운티 축제Warren County Fair에 오게 되었다. 하지만 화요일 밤에 열리는 '파워 휠 더비'를 보려고 하루 일찍 도착했다. 그게 무엇인지도 모르고서. 뭐, 괴물 같은 트럭이려나? 무언가 끝내주는 걸 거야. 알고 보니 파워 휠은 아장아장 걷는 꼬맹이들이 모는 자동차였다. 예의바른 동네에서 가족 중심적인 행사로 시간을 보낸 사람이라면 "들이받지 마", "번갈아 가면서 하려므나", "모두가 승자가 되게 해야지" 같은 명령에, 그러니까 요한 하위징아가 말한 "인간이 투쟁을 할 필요"와는 정반대 방향을 향하는 모든 것에 익숙할 터이다.

　　파워휠 선수의 '기술 검사' 중에는 모든 차의 앞부분과 뒷부분에 강력테이프로 풍선을 매달았는지 확인하는 절차가 있었다. 이 시합은 자신의 풍선을 무사히 지키면서 다른 차의 풍선을 터뜨리는 것이다. 이는 **성숙한** 형태의 데몰리션 더비의 목적에 어느 정도 부합하지만, 풍선은 사실 냉각장치 같은 예민한 부품에 해당한다.

　　수요일 밤에 열린 성위 더비에서는 대부분의 운전이 반대로 이루어졌다. 우승 전략은 자기 차의 뒷부분으로 다른 사람의 차 앞을 들이받는 것이기 때문이다. 연료탱크(싸구려 플라스틱 캔으로 만들어진 경우가 종종 있다)는 박살 나지 않도록 자동차 내부에 재배치된다. 유리는 전부 제거하고, 다른 차가 뚫고 들어오는 것을 막기 위해 앞유리가 있던 자리에는 강철 봉이나 무거운 사슬을 용접해서 붙인다. 문은 용접으로 막아버린다. 나는 어떤 자동차의 엔진 컴퓨터가 대시보드에 붙어 있는 모습을 보기도 했다. 냉각장치와 떨어뜨려 놓으려고 그런 것이었다. 접착제로 사용된 물질은 어떤 지나가던 거대동물이 마구잡이로 뱉은 거대한 지붕용 타르 방울처럼 보였다. 어떤 자동차들은 배기관이 후드 위로 솟아올라 있어서, 〈매드맥스〉 느낌을 물씬 풍겼다. 배기관이 아래 매달려 있으면 무언가에 걸리기 십상이었기 때문이다. 자동차 부품 회사보다는 주택 수리용품점에서 사온 듯한 재료와 스프레이캔으로 작업한 이런 자동차들은 '한 번 쓰고 폐기'된다. 이런 즉흥성의 혼돈 가운데서 자동차 브랜드나 모델을 파악하기는 어렵다. 서른 살 정도 되어 보이는 어떤 체격 좋은 금발 여자는 자기 차에다가 "지옥을 깨워내서 콘브레드를 먹어라"라는 글씨를 스텐실로 박아놓았다.

자동차들이 출발을 하려고 벽에 줄지어 붙어 섰다. 호각 소리가 울리자 다들 뒤로 빠져서 흩어졌고, 운전자들은 고개를 돌려 어깨 뒤를 바라보며 서로를 공격하기 시작했다. 아마 다른 차의 운전석 문을 들이받는 것은 금지사항일 테지만, 미끄러운 진흙탕에서 자동차들이 기교를 뽐내야 한다는 점을 감안하면 운전자가 아주 많은 것을 제어하기는 힘들다.

나로 말할 것 같으면 시간을 거슬러 올라간 듯한 기분을 즐길 준비가 되어 있지 않았다. 여기에는 주의가 필요하다. 시골 사람들을 지나간 덕목의 보유자로 낭만화하거나, 이와 비슷하게 위대한 도약을 지연시키는 사람들로 악마화시키기 쉽다. 하지만 내가 되돌아갔다고 느끼는 문화적 순간은 작은 마을의 한적함이 살아 있는 노먼 록웰 **Norman Rockwell**(미국의 20세기 화가이자 일러스트레이터-옮긴이)의 풍경화가 아니었다. 1983년경의 헤비메탈 밴드 아이언 메이든 **Iron Maiden** 콘서트에 더 가까웠다. 하지만 무대효과 대신 (합선으로 망가진 배터리의) 진짜 폭발과, **불과 죽음**이 가까이 있음을 실감케 하는 냉각장치의 짙은 수증기 기둥이 있었다. 금속판이 요란하게 우그러지고 그냥 눈으로 봐도 머리가 이리저리 흔들리는 가운데서는 이런 가까움이 실제로 느껴졌다. 어떤 자동차는 너무 세게 들이받힌 나머지 공격자의 자동차 후드를 타고 지붕까지 올라갔고 그 상태에서 기우뚱 각도가 틀어졌는데도 공격자는 앞에 있는 콘크리트 장벽을 향해 계속 나아갔다. 속수무책인 피해자동차는 옆면으로 떨어졌고 잠시 불안정하게 서 있다가 뒤집어지지 않고 똑바로 착지하더니 복수의 칼을 갈았다.

"정면으로 들이받아!"

"다시 받아버려!"

울타리가 쳐진 맥주 판매점에서 내 오른쪽에 있던 신사들은 이 새로운 결투에서 서로 다른 쪽을 응원했다. 두 사람 모두 50대 초반으로 보였다. 키가 크고 흐느적거리는 남자의 남부연합 깃발이 그려진 모자 아래로 린스의 힘은 전혀 빌리지 않은 게 분명한 장발이 흘러내렸다. 또 다른 남자는 소화전 같은 다부진 체격에 쥐꼬리처럼 머리를 땋고 나머지는 모두 바싹 밀어버린 스타일이었다. 많은 사람들이 '무분별한 폭력'이 마치 나쁘다는 듯이 말한다. 하지만 진짜 감정가가 보기엔 무분별한 폭력이 최고다.

사회에 잘 적응한 사람들이 이런 종류의 볼거리에 끌리곤 하지만, 그 이유가 무엇이냐고 하면 곤란해할 것이다. 물론 이런 식의 경기는 안 그랬으면 더 파괴적인 방식으로 분출될 수도 있는 에너지를 내뿜는 '출구' 기능을 한다는 식의 쉽고도 점잖은 대답이 있긴 하다. 하지만 이런 대답은 데몰리션 더비를 **책임감**의 우주로 흡수해 버림으로써 명백하게 참가자들이 느끼는 의미의 본말을 전도한다. 데몰리션 더비는 참가자들에게 순수한, 디오니소스적인 파괴의 즐거움을 선사하는 듯하다.

장면 2: 성인 소프박스 더비

소프박스 더비는 보통 아이들이 개최하는 레이스로, 여기에 참가하는 자동차는 중력에서만 동력을 얻는다. 포틀랜드 성인 소프박스 더비는 1997년부터 시 경계 안에 있는, 경사가 심한 공원 타보르 산**Mt. Tabor**에서 매년 개최된다. 웹사이트를 보면 이 행사의 취향을 알 수 있다. 바퀴가 달린 버닝맨**Burning Man**(매년 미국 네바다주에서 한 주간 열리는 축제로, 소비주의에 반하는 방식으로 자신을 독창적으로 표현하는 것이 핵심이다-옮긴이)이라고 하는 게 적절한 비유일 듯하다. 웹사이트에는 그 기원에 대한 설명도 나와 있다. 설립자 중 한 명이 1994년 샌프란시스코에서 유사한 행사를 보고서 따라하기 시작했다고 한다. 그는 먼저 옷("펑크," "후기산업주의적," "찢어지고 더러운 바지")을, 그다음에 그 행위를 설명한다.

> 어떤 자동차가 다른 차를 들이받았다. 무모한 운전자들이 핏방울이 튀는 공중으로, 무자비한 콘크리트로 내동댕이쳐진다. 또 다른 차가 제어를 못해서 관중을 향해 돌진해서 낭떠러지로 떨어지는데, 아직 어떤 차는 결국 바닥에 도착해서 승리를 거머쥐고 전설이 된다. 군중은 서

로에게 맥주를 들이붓고 천국을 향해 주먹을 휘두르며 법석을 떨었다.

　나는 워런 카운티의 데몰리션 더비에서는 이런 식의 기원과 관련된 이야기를 접해보지 못했다. 내가 말할 수 있는 건 거기에는 자기재현self-representations이 전혀 없다는 것이다. 포틀랜드 행사는 폭력, 범죄, 난폭한 방종의 분위기 때문에 조금 으스스했다. 내가 감당할 수 있을까? 게다가 조금 혼란스럽기도 했다. 중력을 동력으로 이용해서 한 번에 한 대씩 출발하는 자동차 레이스는 상당히 차분하고 조용할 수밖에 없지 않나? 아닌가?

　나는 행사 전날 리치먼드에서 비행기로 날아갔고, 레이스 당일 아침에는 그 공원에서 몇 발짝 되지 않는 곳에서 아침식사를 하기로 했는데, 알고 보니 수백만 달러짜리 집들이 늘어선 사랑스러운 동네에 자리잡은 식당이었다. 포틀랜드는 처음이었기 때문에 사람들이 사는 모습이 궁금했다. 주민들이 다양한 계급의 사람들에게 애정을 갖고 있음을 알리는 마당 표지판이 눈에 들어왔다. 이런 표지판 가운데 일부는 내가 이해할 수 없는 아랍어로 적혀 있었다. 그 많은 포틀랜드 사람들이 이 난해한 언어를 애써 배웠다는 게 인상적이었다. 내가 아는 범위에서, 실제로 존재하는 사람들 가운데 마당 표지판에 열거된 범주에 어울리는 유일한 부류는 아름다운 공예가 스타일의 방갈로 밖에서 풍요로운 정원을 가꾸는 일부 히스패닉계 관리인들뿐이었다.

　코퀸Coquine이라는 이름의 그 식당 야외 테이블에 앉아서 토요일 아침에 동네 사람들이 서로 반갑게 인사하는 친밀한 느긋함(즐거운 품위와 완전한 신뢰의 분위기)을 구경하면서 유토피아 같은 것을 살짝 엿보았다. 그 장소의 동질성은 트럼프에 표를 던진 사람들이 원했다고들 이야기하는 바로 그것 같다는 인상을 주기도 했다.

아침식사를 마치고 나서 나는 언덕까지 걷기 시작했고 피크닉용 담요를 들고 모여 있던 레이스 관중들을 지나치다가 대화 한 토막을 주워듣게 되었다. 보기 좋게 타투를 한 어느 여자가 새카만 남성 동반자에게 말했다. "김치 레몬그라스 블러디메리로 할래, 아니면 그냥 블러디메리로 할래?" 언덕 더 위쪽에서는 한 남자가 파란 머리의 동반자에게 이렇게 말했다. "(…) 그리고 그건 **진짜** 자유시장이야, 우리가 자본주의라고 부르는 이 파시즘적인 개똥이 아니라." 동반자는 지루하고 짜증난 표정이었다.

어떤 매대에서는 "깃발을 두려워하라"라고 적힌 예술적인 티셔츠를 팔았다. 깃발은 관중이 레이스 경로에서 안전하게 거리를 유지하도록 다양한 지점에 자리를 잡은 레이스 관리인들을 일컫는 것이었다. 권위를 휘두르는 동시에 비꼬는 이 모토는 이런 행사가 성사되게 하는 그 협소한 주파수와 아주 잘 맞았다. 관리인이 된 반항아의 곤경은 어떤 아릿한 통증 같은 것을 유발한다. 자기 자신에 대한 이해 부족은 동정을 자아내기 때문이다.

나는 출발선 근처에서 빈 자리를 발견했다. 왠지 사랑스러우면서도 동시에 야생성이 느껴지는 강아지를 데리고 있는 한 남자 옆이었다. 나는 말했다. "강아지가 자칼을 닮았네요, 하이에나 같기도 하고." 뒤편의 목소리가 말했다. "아프리칸도그를 말하는 거군요." 뒤를 돌아보았다. 칠순 정도 되어 보이는 여성이었다. 등산용 스틱을 움켜쥔 그녀는 어떤 공식적인 능력이 있을 것만 같은 근엄한 표정이었다. 나는 그녀를 무시하고 까불이 같은 어조로 개 주인에게 말했다. "강아지를 잘 감시하는 게 좋겠어요, 안 그러면 당신 목을 노릴 테니." "진짜 안 웃기네." 큰 스틱을 쥔 그 여성이 말했다. 나는 다른 자리를 찾아 더 돌아보기로 했다.

더비는 두 부류로 나뉜다. 한 부류는 빨리 달리는 게 목적인 자동차들이다. 레이스가 시작되기 전 자동차 집결 지역을 돌아다니다가 이런 차들 가운데서 인상적인 공학술과 훌륭한 제작품을 발견하기도 했다. 이런 부류 가운데 계속 우승하는 자동차는 거기서 위장복을 입고 있던 '유에스 마린스U.S. Marines'라는 팀이 직접 만들고 조종하는 완전밀폐형 공기역학 작품이었다. 이들은 누가 봐도 눈에 뜨였고, 바로 그 점 때문에 묘하게 취약해 보였다. 사회적인 면에서 말이다. 그들은 다른 사람들과 어울리지 않았다. 그날 그 언덕 위에서 말없이 반문화적인 존재감을 느끼게 할 뿐.

두 번째 부류는 '예술 자동차들'로 이루어진다. 여기서 뽐내고자 하는 재주는 속도보다는 위트였다. 내 취향에 제일 위트 있는 팀은 진한 황색 로브를 입고 악명 높은 인도 철학자 오쇼 라즈니시Osho Rajneesh 를 연상케 하는 화환으로 장식한 마분지 롤스로이스를 몰았다. 라즈니시의 추종자들은 오리건의 한 시골마을을 장악했고 결국은 살인기도로 고발당해서 쫓겨났다. 내 마음에 들었던 또 다른 차는 영화 〈월-E〉의 사랑스런 로봇을 복제한 것으로 기묘한 표정을 만들어내는 움직이는 눈과 분절되는 목을 갖추고 있었다.

하지만 대부분의 예술 자동차에서 별다른 해석적 가치를 찾아널 수 없었다. 정말로 찾아낼 만한 일관성이라는 게 있었다면 말이다. 나는 옆 사람만큼이나 예술을 사랑하지만 도시적인 분위기, 정체성, 문화적 태도로서의 '예술'에는 별다른 감흥을 한 번도 느껴보지 못했다고 고백해야 할 것 같다…. 그게 뭔지 잘 모르겠지만, 분명한 점은 그걸 받아들인 사람에게는 꽤 중요한 기능을 한다는 것이다. 나는 그게 공동체 규범, 또는 어떤 지점에 존재했었다고 이야기하는 규범들을 대놓고 위반하는 것과 어떤 관련이 있다고 알고 있다. 하지만 역설적으로 그것은 무언가에 소속되는 방법이기도 한 것 같다. 그리고 아니나 다를까, 폭넓은 출전자 집단, 그리고 이 행사의 중력의 중심은 분명이 부류와 맞닿아 있다. 그들은 포틀랜드의 지배적인 정신을 장착한 듯했다.

나는 커브길에 자리를 잡고 자동차들이 물밀듯 밀어닥치는 모습을 구경했다. 속력을 위해 제작한 자동차들은 날렵했고, 일반적으로 별 드라마 없이 도로를 내려왔는데, 가장 빠른 자동차가 시속 48킬로미터 정도인 것 같았다. 예술 자동차 가운데도 시속 16킬로미터 정도가 나오는 것들이 있었지만 물론 이런 경우에도 핵심은 속력이 아니라 드라마였다. 드라마는 그 전체적 효과가 넌지시 시사하고자 하는 문화적 대상에서 비롯되기도 했고, 참가자들이 볼품없는 장식품(어떤 것들은 어마어마하게 컸다)을 만들어낸 정성에서 빚어지기도 했으며, 인문학 전공자에게서 기대할 법한 종류의 공학기술을 채택한 효과에서 나오기도 했다.

나는 거대한 장난감 목마 형태의 자동차가 격렬하게 춤을 추면서 용트림을 하는 모습을 구경했다. 두 앞바퀴가 레이크각(또는 캐스터

각)이 제로인 독립적인 수직의 조향축 위에 놓여 있었다(미친 듯이 흔들리는 쇼핑카트 위에 바퀴가 놓여 있다고 생각해보라). 제일 느린 자동차를 탄 사람들에게는 동정심을 느끼지 않을 수 없었다. 참가자가 경주 당일을 떠올릴 때는 관중들 앞을 워낙 쏜살같이 지나치다 보니 다들 뭐가 지나간 건지 아리송해하는 가운데 악당 같은 비행운만 남기는, 형체를 파악하기 힘든 자신을 상상한다는 게 내 짐작이었다. 하지만 자동차가 사람이 걷는 속도로 움직일 때는 이 모험 전체가 발 딛고 있는 그 재난에 가까운 분위기를 참아내기가 힘들다. 제일 느린 자동차를 조종하는 사람들은 관중의 차갑고 냉정한 시선에 그대로 노출되었다. 종종 침묵이 흘렀다. 일부 레이서는 자동차 안에 가만히 앉아 있는 대신 자동차를 제어하려고 발버둥치는 우스꽝스러운 동작으로 장식적인 요소를 더했지만, 속도가 시속 13킬로미터 정도이다 보니 별 호응을 얻지 못했다.

나는 거대한 쥐덫을 지나쳐서 결승선으로 걸어갔다. 언덕 아래서 텔레토비처럼 갖춰 입은 일군의 성인 남성들이 거기에 어울리는 만화 같은 이동수단 옆에 서 있고, 또 다른 성인 남성 무리가 기저귀면찬 채 거대한 유모차 근처에서 어슬렁거리는 모습이 눈에 들어왔다. 남자들은 스스로 어린애가 되는 걸 즐기는 듯한 반면, 여자 참가자들은 강인해 보이는 복장(검은 청바지, 남성용 민소매 티, 모토크로스 헬멧)을 하고 있었다. 입문자에게 확연히 눈에 들어오는 법칙을 따르는 상징 게임에 들어와 있는 기분이었다. 2018년경의 포틀랜드 게임에서는 규칙이 남자들은 '무해함'을, 여자들은 '사나움'을 뽐내라는 것인 듯 했다.

여기서는 어떤 정중함을 감지할 수 있다. 남자들이 그 공간을 스스로 비워줌으로써 여자들이 사나움을 각성할 공간을 만들어낸다. 나는 루이 16세의 살롱에서 펼쳐지는 프랑스 귀족들의 궁정극을 관람하는 미국 관객처럼, 이 코스튬 드라마를 바깥에서만 볼 수 있었다. 내가 말할 수 있는 것은 정중한 남자가 되려면 어떤 친절한 예법을 따라야 한다는 정도다. 분을 바른 가발과 남성용 백색 메이크업 같은 걸로 치장하는 게 아니라, 이런 분위기의 여자에게 인정을 받으리라는 기대를 품고 성 대결에서 백기를 흔들어야 한다는 것이다. 18세기에는 곧 무너질 지배 계급 안에서 이와 아주 유사한 규범이 위세를 떨쳤다.

장면 3: 헤어스크램블

2018년 전몰자 추모일 주말, 나는 친구 배런이 헤어스크램블 경주에서 겨루는 모습을 관람하기 위해 10번 도로를 동쪽 방향으로 타고 버지니아주 서리로 향했다. 헤어스크램블은 오프로드용 오토바이를 타고 숲속을 누비는 오토바이 경주다. 오늘의 코스는 약 10킬로미터로 커브가 많았는데 성인 라이더들은 그 코스를 다섯 번 돌 예정이었다. 옷과 장비와 페인트 색상 배합이 워낙 한결같이 화려하고 브랜드명이 정신없이 빼곡해서 라이더와 기계의 경계가 어디인지 분간이 잘 안될 정도다. 그리스 신화에 나오는 켄타우로스처럼 반은 인간이고 반은 기계인 형상을 상상해보라. 트레일 바이크 말뚝 위에 선 채로 트레일의 만곡부에서 파워슬라이드를 하면서 돌출부를 밟고 바로 참나무 쪽으로 날아가는데도 어째선지 허공에서 안정된 자세로 비스듬히 기울어지기만 하는 모습이다. 전문 라이더들은 엉덩이로 방향을 조종해서 공중에 뜬 뒷바퀴를 왼쪽, 오른쪽 그리고 뒤쪽 지면에 떨어지게 하는 것 같다. 땅에 잘 닿지도 않고 붕 뜬 채 고속으로 나무 사이를 가로지르는 동작으로 모아지는 몸짓과 짤막한 수탉 꼬리의 리듬을 타면서 말이다. 여기에는 회전속도가 빠르고 거친 2행정의 쇳소리가 간헐적으로 따라오고, 즉각적인 스로틀 반응은 바이크의 방향을 조종하는 데 도움을 준다. 최고의 라이더는 마치 억겁의 시간 동안 이런 움직임을 진화시킨 동물처럼 바이크를 탄다. 탁 트인 사바나의 스피드를 컴컴하고 은밀하며 좁은 숲속으로 옮겨온 이상하고 아름다운 포식자들.

코스는 커브가 너무 급해서 추월할 기회가 거의 없다. 그래서 출발이 중요하다. 라이더는 해당 등급의 출전자 수에 따라 다섯 줄에서 열다섯 줄로 서 있다가 몇 분 간격으로 연달아 물결 지어 출발한다. 각자는 제일 빨리 출발하는 '홀샷hole shot'이 되기 위해 겨룬다. 홀샷은 첫 코너 전에 선두에 설 수 있다. 출발선에서 앞바퀴를 들고 혼돈의 난투극이 벌어진다. 첫 1미터 안에서 바이크와 라이더들이 서로 부딪혀 넘어지기도 한다. 반칙이나 부정출발을 선언하는 공정한 심판 같은 건 없다. 그냥 한 무녀기의 성인들이 알아서 앞가림을 힐 뿐이다.

사실 성인은 일부에 불과하다. 조무래기 등급(4~6세와 7~8세)도 똑같은 방식으로 출발한다. 어떻게 해야 아이를 강하게 키울 수 있을지에 관심이 있는 사람이라면, 이 스포츠의 육체적인 가혹함보다도 불평을 할 만한 권위적인 인물이 부재하다는 점이 훨씬 인상적일 것이다.

오전에 치러진 첫 레이스들은 이런 아이들 경주였는데, 내가 도착했을 때는 이미 경기가 진행 중이었다. 나는 이따금씩 헬멧 아래로 말꼬랑지 같은 머리카락이 삐져나온 모습을 보기도 했다. 첫 레이스가 끝나고 라이더들이 헬멧을 벗기 시작하자 역시나 4분의 1 가량이 여자아이들이었다. 이 등급의 경기에는 성별 구분이 없다. 여자아이들은 그냥 남자아이들과 같이 서서 돌진한다. 배런의 말에 따르면 이 중 일부는 "사악할 정도로 빠른" 라이더가 되어서 전문 여성**Expert Women** 등급으로 경주에 참여하게 된다.

스포츠 내에서 젠더 평등을 보장하는 감시 기구 같은 건 전무하고 여성을 특별히 배려하는 문화도 없는 듯하다. 이들은 그냥 경기장에 와서 레이스에 들어간다. 나는 전문 여성 등급 레이스에서 몇 사람과 이야기를 나눴다. 대부분은 라이더 집안에서 자랐고 오토바이를 타는 것이 자전거를 타는 만큼이나 자연스러웠다고 했다.

여기에서는 무언가 재미난 일이 벌어지고 있다. 충분히 주의를 기울이면 오프로드용 오토바이 타기 같은 일을 하는 부류들 사이에서 느껴지는, 어떤 강요되지 않은 편안한 젠더 관계에 감동을 받을지 모른다. 이런 영역과 단정하기 이를 데 없는 중상 계급의 문화 현장을 오가보면 그 차이를 알아차리게 된다. 남녀관계에 대한 서로 다른 정서를 말이다. 잠시 이 주제로 새어도 안 될 건 없겠지?

시골뜨기 백인 여성에게 바치는 노래

사람들이 살풍경한 능력주의의 깔대기를 무사히 통과하게 해주는 자격증과 상장을 위해 제도에 더 많이 의존하는 제도지향적 부류들 사이에는 젊은 여성들의 용기를 북돋는 프로그램이 있다. 딸을 둔

아버지로서 나는 그런 프로그램에 기꺼이 참여한다. 그런 세상 바깥으로 나와보면 관리의 손길이 덜 미치는 현장, 토크빌이 말한 "자발적인 결사"에 가까운 무언가가 눈에 들어오곤 한다. 제도적인 명령으로서의 걸 파워와는 대조적으로, 이런 비공식적인 현장에는 모든 여자아이들이 적절하고 공평하게 의기양양한 기분을 느끼게 해주는 관료적인 기구가 전무하다.

나는 헤어스크램블에서 여성 라이더의 수를 보고 놀라움을 금치 못했다. 그리고 용기 역시 솟아올랐다. 내 딸 J에게 오토바이를 가르치고 싶었기 때문이다. 오토바이를 타면 아이가 재미있어할 거라는 단순한 생각에서 말이다. 나는 생각에 빠졌다. 강인한 여성은 어떻게 만들어질까? 여자 왈패의 이미지는 광고에서, 슈퍼히어로 영화에서, 대중오락의 단골메뉴가 된 난폭한 여성 복수 판타지물에서 아주 흔해졌다. 남성에게서는 '유해하다'고들 하는 그런 자질들이 여성에게서는 '씩씩함을 북돋는 것'으로 간주되는 것처럼 보일 때가 많다. 하지만 우리의 여성 영웅이 그렇게 강인해진 과정은 거의 상상의 여백으로 남는다.

분명 선전물 안에는 많은 희망이 배치된다. 내가 말하는 것은 학교와 대학과 직장과 조직된 청소년 스포츠와 육아산업계와 기업형 저널리즘 등에서 하고 있는 온갖 걸 파워 긍정 이벤트들이다. 하지만 젠더 문제를 중심으로 중상 계급 제도 내에 팽배한 성적인 편집증과 피해의식이라는 분위기에서 판단했을 때, 그 결과는 금방이라도 부서질 듯 취약할 때가 너무 많다. 씩씩해진 젊은 여성들의 섬세한 감성을 보호하기 위한 행정적인 명령과 치유적인 교육 프로그램들(발언과 행동을 그 어느 때보다 면밀하게 모니터한다)이 크게 늘어났는데도 말이다. 이런 기구들은 특정 사회적 장소들에서 자신들의 실패를 전환해 자신들의 영역을 훨씬 깊게 확장할 이유로 삼는다. 그래서 어쩌면 우리가 저 멀리 그런 장소들 너머에서 무엇이 여성을 강하게 만드는가에 대한 답을 찾아야 하는지 모른다. 어쩌면 상대적으로 모니터가 되지 않는 사회적 관계 속에 놓인 시골뜨기 백인들에게서 배울 게 있는지 모른다.

이를 들여다보기 위해 24시간 식당에서 일하면서 끈질긴 성희롱에 시달리는 15세 소녀 마릴린 사이먼**Marilyn Simon**의 설명을 살펴보자. 처음에는 굴욕감과 당혹감에 난처해하던 그녀는 일반 요리사들와 겨룰 수 있을 정도로 야한 농담을 던지게 되었다.

> 한 놈은 여덟 시간 근무 동안 내게 숱하게 수작을 걸었지만, 나는 곧 내게 그놈을 거부할 힘이 생겼음을 깨달았다. 그냥 거부하기만 하는 게 아니라 남은 근무시간 동안 그놈을 짧은 주문 대기줄에서 웃음거리로 만들어버리는 장난기 어린 모욕으로 말이다. (…)
> 식당 뒤편 문화의 상스러움은 그 24시간 식당에서 일하는 것을 그나마 견딜 만하게 해주었고, 직장 안의 온갖 상스러운 욕설들은 그곳의 일에 일종의 거친 위엄을 안겼다. 거기서 일하다 보면 가족의 일원이 되었다. 레스토랑 정찬실에서 조심스럽게 준수해야 하는 사회의 우아함을 지배하는 규칙들을 경멸하는 것은 그 부류에 발을 들이는 입문절차였다. 그 여름 이후로 나는 싸구려 식당 주

방의 문화에는 기름진 인류학이 있음을 알게 되었다. 가령 셰익스피어 희극에 나오는 여관에 사는 사람들이 바로 그런 공동체이며, 이들은 관료 집단과 정반대의 기능을 한다. 그런 부류에게서 통용되는 것은 추잡한 속편함이고, 이들의 경제는 사회적 권위와 중산층 도덕성의 양대 기둥인 미덕과 책임에 대한 규범적인 주장들을 전복한다. 주방에서는 형편없는 인간일수록 더 좋다! 주방의 세속적이고 자유분방한 문화는 정치적 올바름의 문화를 지배하는 융통성 없는 무해함의 윤리에 대한 해독제임과 동시에 정찬실의 정중한 절제에 대한 해독제였다.[1]

(10대를 위한) 초보자 레이스 하나가 시작하기 전 나는 신기할 정도로 로잰 바**Roseanne Barr**(미국의 배우. 2012년 대통령 선거에 출마함-옮긴이)와 닮은 여자가, 라이더 복장을 갖춰 입긴 했으나 얼굴에는 주저하는 기색이 가득한 껑충한 젊은 남자에게 고래고래 소리를 지르는 모습을 보았다. "망할 계집같이 굴지 말라구!" 이런 말투를 한 번도 접해본 적 없었던 나는 약간 움찔했다. 플루타르크가 스파르타 여자들 사이에서 기록한 정서의 더 저속한 버전 같았다. 스파르타 여자들은 전쟁터로 떠나는 아들에게 "방패를 들고 올 게 아니면 그 위에 시신으로 담겨서 오라"고 말했다고 한다. 사람들은 중하층 계급에서 가부장제가 가장 흐트러지지 않은 상태로 남아 있다고 말한다. 하지만 가부장제는 남자들을 전혀 문제 없이, 필요하다면 '남자답게 행동하라'고 질책해가면서 통제하는 듯한 억센 여자들과 상당히 양립 가능해 보인다.

어쩌면 계급 차는 누가 바지를 입느냐가 아니라, 사회학자 퍼트리샤 섹스턴^{Patricia Sexton}이 1969년에 쓴 글에서 사용한 용어를 빌리자면, 통치하는 태도가 "남성의 규범"에 부합하는지 아니면 "여성의 규범"에 부합하는지에 있는지 모른다. 이 말이 오늘날의 기준에서 끔찍하게 '이분법적'으로 들린다는 건 나도 안다. 하지만 섹스턴의 요지는 양성이 이런 성향 중 한쪽을 채택할 수도 있고, 어느 성도 채택하지 않을 수 있다는 것이다. 남성과 여성의 문화적 보급과 채택은 가변적이지만, 성향 자체는 가치와 행위의 일관된 군집으로 구분이 된다. 섹스턴의 설명에 따르면 상층 계급 사회에서는 남성과 여성 모두 노동 계급에 비해 좀 더 여성적인 규범을 채택한다.[2] 식당 뒤편 문화 안에서의 연대에 대한 사이먼의 통찰에 이 명제를 더하면 이런 생각이 가능하다. 어쩌면 조야한 성적인 언어의 사용은 남성의 규범일 수 있지만, 그것은 때로 여성에게 공포를 안기지는 않으나 계급 경계를 가르는 기능을 하고, 그 경계의 반대편에는 쉽게 상처받는 약골들이 있다는 것이다.

섹스턴의 설명에 따르면 노동 계급 여성들은 자기 남자가 남성적인 것을 더 좋아하고, 이런 면에서 보면 남성적 규범을 타당하고, 심지어는 핵심적인 것으로 받아들인다고 말할 수 있다. 페미니스트들의 표준적인 반응은 그 과정에서 그들은 자신들의 종속을 보증하는 그릇된 의식에 고통받는다는 것이다. 하지만 실제로 눈에 보이는 광경은 꼭 그렇지만은 않은 듯하다.

사실 노동 계급의 '가부장제'는 가모장제처럼 끔찍한 운명으로 보일 수 있다. 이에 대한 훌륭한 묘사는 남부 캘리포니아 오토바이 갱단을 다룬 텔레비전 드라마 〈선즈 오브 아나키^{Sons of Anarchy}〉에서 확인할 수 있다, 젬마(케이티 사갈Katey Sagal이 연기한다)는 갱단의 우두머리로 추정되는 잭스의 엄마이자 갱단의 설립자와 사별한 여성으로, 분위기를 누그러뜨리거나 고양시키는 여성적인 영향력으로서가 아니라 자신이 완전히 공유하는 갱단의 남성적 규범 내부에서 지배한다. 젬마는 거칠면서도 여성스럽다. 끝내주게 섹시하다.

니체는 연인을 세 부류로 나눠서 설명했다. 그중 가장 수준 높은 사람은 자신을 구해줄 여성, 동정녀 개혁가가 아니라 자신의 사악함을 사랑하는 여성을 갈망한다. 젬마는 그런 부류의 여성이다. 아들이 더 눈을 부릅뜨고 가차 없는 냉혈한이 되도록 채찍질하는, 말 그대로 범죄 파트너다. 그리고 사실 그들 사이에는 오이디푸스적인 역학이 작동하는 듯한 낌새도 있다. 아들은 어머니를 쟁취한 아버지가 설정한 기준에 맞춰 살고자 한다. 루소의 말마따나 남자들이 덕망을 갖추기를 바란다면 여자들에게 덕망이 무엇인지를 가르쳐야 한다. 그게 비기독교적 덕목이든 기독교적 덕목이든 남성적 규범이든 여성적 규범이든 상관없는 것 같다. 남자들은 여자들이 좋아하는 거라면 그게 무엇이든 자신을 거기에 끼워 맞출 것이다.

플루타르크의 말에 따르면 어떤 도시의 군대가 완패해서 도시의 성벽 안으로 안전하게 후퇴하려 했을 때 그 도시의 어머니들이 그들이 들어오지 못하게 문을 막아버리고 성벽 위로 기어 올라 치마를 들추더니 "뭐 하는 짓이지? 다시 **여기**로 기어 들어오려고?"라고 말했다. 군대는 다시 나가서 싸웠고, 승리했다.

하지만 '무엇이 **남자를** 강인하게 만드는지(정답: 강인함을 요구하는 여자)'는 우리가 다루려던 주제가 아니다. '무엇이 여자를 강인하게 만드는지'라는 질문에서 출발했으니 다시 돌아가자. 나는 여자사람친구인 제스에게 헤어스크램블에서 목격한 것을 설명하고 난 뒤 이 질문을 던졌다. 제스는 "그걸 하는 게 여자라는 사실에 신경 쓰지 않고 그냥 하면" 그렇게 된다고 말했다. 맞는 말 같다. 다시 생각하니 너무 뻔하게 들릴 지경이다. 그리고 이는 본질적으로 남성과 여성이 그렇게 다르지 않음을 시사한다. 여성 레이서들 내의 태도 또는 태도의 부재를 잘 대변하는 말이다.

하지만 제스는 우리 사회에서 여자들을 특히 옥죄는 이런 단도직입적인 '실행'의 장애물을 열거하기 시작했다. 대단히 아이러니하게도 제스는 그걸 "극복 콤플렉스"라고 불렀다. 나는 제스의 말을 여성으로서 어떤 일을 할 때면 거기에 어떤 도전이 내재하든 딛고 서서 도덕적 용맹함을 입증하라는 압박에 시달린다는 의미로 이해했다. 여기에는 억압에 맞서는 특별한 투쟁이 반드시 수반된다는 전제가 깔려 있다. 그러다 보면 남의 이목에 신경이 쓰여서 그 행동에서 한발 어긋난 곳에 서게 된다. 하지만 무슨 일이든 좋은 성과를 내려면 완전히 몰입해야 한다. 남성 상대자만큼이나 가장 인상적이고 성공한 여성들은 역사의 수레바퀴를 끌고 가야 한다는 부담스러운 책임감을 느끼지 않는 듯하다. 이런 사람들은 그냥 자기 일을 할 뿐이고, 자신이 따라야 하는 요구사항을 충족하는 데서 만족을 찾는다.

전문 여성 팀이 마지막으로 바이크를 조율하고 고글을 닦고 예선전을 위해 줄을 맞추며 준비하는 동안 나는 진흙이 범벅인 목초지를 돌아다니다가 30대 초반으로 보이는 한 여성에게 말을 걸었다. 다른 사람에 비해 그렇게까지 결연한 표정이 아니어서 다가가기가 조금 더 수월했다. 그녀는 아이를 갖고 난 뒤 몇 년 전부터 레이싱을 시작했고 완전히 빠져버렸다고 했다. 이 스포츠의 문화에 대해, 이런 분위기에서 여성으로 지낸다는 게 어떤지 물었다. 안타깝게도 그 순간 호각이 울렸다. 출발 30초 전이었다. 엔진의 시동이 걸리고 회전수가 높아지고 거미줄처럼 혼잡한 대기공간을 빠져나가는 오토바이들로 목초지는 터져나갈 것 같았다. 나는 그런 순간에 민폐가 되고 싶지는 않았지만 정말로 알고 싶었다. 그녀의 헬멧을 향해 몸을 더 가까이 기울이고 소리쳤다. "이게 당신의 힘을 북돋는다고 생각해요?"

그녀가 내 말을 제대로 알아들었는지는 자신이 없다. 어쩌면 '힘'이라는 친숙한 단어 하나만 들었는지도 모르겠다. 어떻든 그녀는 소리쳤다. "2행정을 시도해봐요! 압축비는 13대 1이고요!"

바로 그때 마지막 호각 소리가 울려퍼졌고 그녀는 출발했다. 내 공책에 수탉꼬리 모양의 진흙이 튀었고 내 안경은 만신창이가 되었다. 다른 참가자보다 먼저 홀샷을 점하려고 안간힘을 쓰는 그녀의 앞바퀴가 허공에서 춤을 추었다.

04

사막에 핀 민주주의
- 칼리엔테 250

렌트한 현대 엑센트를 몰고 라스베이거스에 가기 위해 15번 주간고속도로를 32킬로미터쯤 달린 다음 93번 국도로 접어든다. 나들목에는 트럭 정류소가 있다. 앞으로 이어질 황무지를 생각하니 잠시 들러서 렌트카의 유액을 점검하고 나를 위해서도 물을 비축해두는 게 신중한 행동일 듯하다. 나는 이내 다시 운전석에 앉아서 고지대의 광막한 사막을 가로질러 리본처럼 풀린 2차선로에서 북쪽으로 방향을 잡았다. 내 오른편으로 산 정상이 삐죽 올라와 있다. 태양이 십 레인지 **Sheep Range** 산맥 뒤로 마지못해 넘어가자 엄청나게 큰 쌍회전 군용 헬리콥터 세 대가 나를 지나쳐서 내 왼쪽으로 무리지어 낮게 날아간다. 헬리콥터들은 다 같이 앞에 있던 산마루를 넘어 사라진다.

현대 자동차는 내 의식에서 사라진다. 처음에 수풀이 듬성듬성하던 지형이 다음 160킬로미터 동안 선인장과 기암괴석으로 바뀐다. 한낱 지질의 다산성에 입이 떡 벌어진다. 축구공 크기의 부드러운 암석 무더기는 마치 돌을 숭배하는 고대 부족이 정성 들여 쌓아놓은 듯하다. 한두 시간 동안 바람과 타이어의 공허한 튕김음을 즐기다가 아무 기대 없이 라디오를 켠다. 하지만 이 자동차에는 위성라디오가 있고, 곧 풍경과 잘 맞는 방송을 찾아낸다. 1930년대 고전 서부음악 또는 '카우보이' 음악이다. 노래가 아름답다. 전에는 이런 노래가 있는 줄도 몰랐다.

나는 잠시 볼일을 보기 위해 갓길에 차를 세우고 엔진을 끈다. 사막의 고요함이 참으로 완벽하고 황혼의 하늘은 청색과 흑색으로 점점 흐려진다. 나의 존재가 하늘에 그대로 노출되고, 자갈투성이 흙에 닿는 내 발소리가 너무 크게 들린다. 사막에는 생명체가 많지 않다.

나는 뾰족한 계획 없이 칼리엔테라고 하는 마을로 가는 길이다. 계획이 **있었지만** 무산되었고, 이 하품 나는 마을에 도착한 지금은 호시탐탐 기회를 포착하고 싶은 기분이다. 평상시보다 더 사교적으로 천사를 찾아 두리번거린다. 렌트카를 타고 당신의 작은 마을에 찾아오기를 바라는 그런 외로운 남자를 말이다(남자들은 혼자 여행하는 여성과는 다른 종류의 눈총을 받는다).

레인보우캐니언 모텔의 내 방은 위치 좋은 1층이다. 나는 방에서 접이식 철제의자를 꺼내 피스타치오 한 봉지와 450밀리리터짜리 맥주 한 캔과 함께 어닝 아래 자리를 잡았다. 여기 있으면 45미터 정도 떨어진 이 마을의 유일한 주유소 겸 편의점에 드나드는 사람들을 관찰할 수 있다. 밤공기는 딱 알맞은 온도이고 버지니아의 여름공기처럼 피부에 들러붙지 않는다. 주유소 전등 주위에는 정신없는 벌레 구름이 전혀 없다.

내 상황은 이렇다. 나는 스노어 노티파인 250[SNORE Knotty Pine 250] 경기에 데이브 핸드릭슨[Dave Hendrickson]과 공동운전자로서 그의 레이스 카를 타고 출전하기로 계획했다. 노티파인 250은 네바다 남부 오프로드 매니아[Southern Nevada Off Road Enthusiasts]가 개최하는 250마일(약 400킬로미터) 사막레이스였다. 머리글자인 SNORE는 미디어가 호들갑스럽게 꼬이는 돈잔치인 바하 1000[Baja 1000] (바하캘리포니아반도에서 1967년부터 매년 개최되는 국제적인 오프로드 레이스-옮긴이)을 개최하는 기구 SCORE에 대한 냉소로 해석할 수도 있다(snore에는 코를 골다라는 뜻이 있다-옮긴이). 문제는 데이브가 마지막 레이스에서 발을 다쳐서, 이제 나는 차를 구경도 못한 채 빨리 새 친구를 사귀기만 바라게 되었다는 것이다.

다음 날 아침 나는 노티파인 다목적 시설의 아침식사 카운터에 앉아 있다가 칼 티검[Carl Tygum]이라고 하는 85세의 금니 신사를 만났다. 1982년에 칼리엔테로 이주해온 그는 '나무꾼'과 광부로 일했다. 그는 나를 위해 자신의 시 몇 편을 암송하고, 사우스다코타에서 갓난아기였던 시절에 마을 사람 전체가 콜레라로 목숨을 잃었지만 자신은 제대로 된 치료법을 알고 있던 두 명의 원주민 여성 덕분에 목숨을 건진 이야기를 들려주었다.

모텔 주차장에서는 아주 성격 좋은 핏불과 함께 1980년대 빈티지로 보이는 소형 캠핑카 밖에서 살고 있는 50대의 노마드 그레그 마이어[Greg Meyer]를 만난다. 이 캠핑카 뒤편에는 몇 개의 삽과 갈퀴 하나,

양동이 하나, 러그 하나, 그 외 야영지를 편하게 만들어주는 도구들이 매달려 있고, 대시보드 위에는 피투성이 해골이, 옆면에는 예수에 대한 글귀가, 캠핑카의 옆면을 따라서는 인디언천막 지주 용도인 3.5미터 정도 길이의 용설란 줄기(일종의 알로에)가 늘어져 있다. 그는 정말로 확신을 가지고 에너지를 뿜어내며 이혼의 축복에 대해 이야기한다.

내가 묵는 모텔에서 자갈도로를 사이에 두고 그 건너편에 있는, 아가페 침례교회Agape Baptist Church 밖에 몇몇 사람들이 몰려 있는 모습이 눈에 들어온다. 무슨 일인가 싶어 어슬렁거리다가 페그(실명은 아니다)에게서 알코올중독자 모임이 곧 끝난다는 이야기를 듣는다. 60대 초반으로 보이는 그녀는 칼리엔테에 교회가 일곱 곳 있는데, 다수는 몰몬이지만 침례교, 감리교, 천주교도 있다고 이야기한다. 그녀와 같이 있던 사람 중 한 명은 술집보다 교회가 더 많다고 말했다(나중에 내가 상당히 집요하게 세어보니 술집은 노티파인과 샘록Shamrock 두 곳이었다).

하지만 이 중에는 이번 주말에 레이싱을 할 사람이 아무도 없다. 그래서 나는 차를 몰고 구경거리를 찾아서 돌아다닌다. 밝게 빛나는 싱클레어 주유소와 패밀리 달러상점을 빼면 칼리엔테는 시간이 망각한 장소 같다. 햇볕에 탈색되고 수십 년간 버려진 듯한 가게들이 점점이 흩어진, 쇠락한 서부의 철도 마을. 많은 주택이 간이 차고나 다른 확장시설이 덧붙여진 2대 연결형 이동주택이다. 유니언퍼시픽 철도 부지를 지나치자마자 칼리엔테 청소년 센터가 있다. 얼마 안 있어 알게 되었지만, 범죄를 저지른 청소년을 수용하는 주립시설 세 곳 중 하나다. 패밀리 달러상점의 계산원인 티나의 말에 따르면 칼리엔테는 아이들에게 도움이 되는 일을 하라고 가르치는 강인한 마을이다. 아이들은 주차장에 방치된 쇼핑카트를 제자리에 돌려놓거나, 하천에서 구피를 잡아서 이웃집 연못을 채우곤 한단다. 그녀는 링컨 카운티가 이 주에서 가장 빈곤한 곳 중 하나긴 하지만 마약 문제 같은 건 거의 없다고 말한다.

주민의 대다수가 몰몬교도다. 묘하게도 이 마을은 쇠락했지만 궁기가 없다. 내가 일반적으로 지나치는 농촌 마을처럼 뚱하면서도 위협적인 스코틀랜드-아일랜드 사람들이 별로 많지 않다. 사막이 지배하는 서부의 주로 나오면 방문자는 남들과 말을 섞고 싶지 않게 하는 무거운 의심의 공기를 잘 느끼지 못한다.

아니면 나 자신이 달라진 건지도 모른다. 나는 어떤 계획이나 초대자 없이 혼자 길을 떠나게 되면 별 편견 없이 다른 사람들에게 자신을 열어 보이고, 이는 상대가 나를 받아들이는 방식에 영향을 미칠 수 있음을 알게 되었다. 굳어버린 자신의 삶에서 잠시 벗어나는 경험은 상쾌하다. 그 모든 역할, 입장 그리고 평시의 상념에 나를 가두고 과도하게 매어두던 억울함이 줄어들면 지친 내면의 독백도 줄어들기 시작한다.

나는 초등학교에서 열리는 팬미팅 행사로 향했다. 레이스 전날 레이서들이 학교 밖에 자기 차를 쭉 세워놓고 서로 수다를 떨고 아이들에게 사인을 해주는 오랜 전통이다. 계산원 티나는 동네 아이들이 레이서를 우상으로 여기며 자라고, 어떤 집안은 여러 세대에 걸쳐 동일한 레이스 체크포인트와 피트스톱(레이스카의 타이어 교체와 급유를 위한 정차구역-옮긴이)에 인력을 배출했다고 말한다. 유명한 레이서들은 사막을 가르며 붕 떠 있는 자신의 자동차 사진이 들어간 작은 포스터

나 카드를 나눠준다. 어떤 팀은 마디그라(전통적으로 로마 가톨릭이나 영국 성공회에서 일종의 금욕기인 사순절 전에 벌이던 축제. 미국에서는 주로 남부에서 열린다-옮긴이) 스타일의 목걸이를 나눠주고 있었다. 나는 1970년부터 사막 레이싱을 했다는 반백의 나이 든 퇴역선수와 이야기를 나누었다. 이곳에는 1600등급에 있는 딸의 자동차를 응원하기 위해 왔다고 했다. 케니 프리먼Kenny Freeman 같은 다른 이들은 1980년대부터 사막 레이싱을 하고 있었다(케니는 이번 레이스 1600 등급에서 2등을 하게 된다). 작년 레이스에서 등급 1에 참여해서 종합우승을 차지한 조 데이비드Joe David는 민트 400 우승자였던 톰 코치Tom Koch의 아들이다.

과거 내 운전자였던 데이브 핸드릭슨은 자신이 없더라도 몇 사람과 인사를 나누라고 했고, 그래서 사람들에게 나를 소개했다. 이렇게 인사하게 된 사람 중 한 명이 조니 리처드슨Journee Richardson이었다. 조니는 옷도 분홍색, 트레일러도 분홍색, 앞에 스텐실로 '#팀붐TeamBoob'이라고 찍힌 1600 레이스 카도 분홍색이다. 이 스포츠계의 나이 지긋한 정치인 중 한 명인 데이브는 조니를 딸처럼 여긴다고 말했다. 그와 그의 아들들은 그녀가 필요할 때 자동차 작업을 도와주었다. 그녀는 레이스 공동체가 자신에게 가족과 다름없고 그들이 자신을 돌봐준다고 말했다. 게다가 마침 그녀는 꽤 빠르기도 하다. 그녀의 명함에는 '여자애들도 더럽거든!'이라고 적힌 탱크톱을 입고 자신의 차 앞머리 쪽으로 몸을 기울이고 있는 사진이 담겨 있다. 그날 나중에 나는 다른 이야기를 좀 하다가 그녀에게 그 코스에 바라는 게 있는지 물었다. 그녀는 너무 부드럽다고 말했다.

"거칠면 좋겠어요."

"아."

반 박자 정도, 하지만 너무 길게 이어진 그 정적의 시간 동안 나는 눈을 놀란 듯 치뜨지 않기 위해 애썼다. "바스토 **Barstow**처럼 말이군요." 내가 말했다. "맞아요." 그녀가 여전히 무심한 얼굴로 말했다.

경기 전 운전자들의 모임이 학교 체육관에서 그날 저녁 일곱 시 반에 열렸다. 주와 연방의 토지 관리 문제, 야생동물의 위험, 이 코스의 특징에 대한 말들이 오갔다. 이 코스에서는 곳곳에서 추월할 여유 공간이 제한적이고 커브길에서는 정말로 천천히 달릴 필요가 있다. "느긋해야 해요. 쉽지는 않겠지만. 머리를 써요." 코스 가운데 마을을 통과하는 부분에서는 엄격한 속도 제한이 있는데, 그 이행은 별다른 감시 체계 없이 각자에게 맡긴다. 스노어와 칼리엔테 주민들 간의 좋은 관계라는 오랜 전통이 관건이었다. 이는 토크빌이 설명한 사례에 해당하는 것 같았다. 어떤 관심사를 중심으로 모여서 스스로 결과를 산출하는 사람들의 자유로운 결사. 그는 이런 형태의 결사를 민주적 가치의, 그리고 미국적인 인격에서 최상인 자질의 산실로 여겼다.

"아이들은 게임을 할 때 자신들이 직접 만든 규칙에 복종하고 직접 정의한 일탈 행위를 처벌하는 경향을 나타낸다." 그래서 토크빌은 미국인들의 습관적인 자치와 그것이 어릴 때부터 요구하고 장려하기도 하는 기질에 경의를 표했다. 그는 "동일한 정신이 온갖 사회적 삶의 행위에 배어든다"고 말했다. 요니 아펠바움**Yoni Appelbaum**은 〈애틀랜틱〉에 기고한 글에서 한때 미국인들의 일상을 차지했던 자발적인 결사에 대해 말한다. 노동 조합과 동업자 조합에서부터, 상호보험 조직, 공제 기구, 자율소방대 등.[1] 하지만 하버드대학교 정치학자 로버트 퍼트넘**Robert Putnam**이 《나 홀로 볼링**Bowling Alone**》에 기록했듯, 20세기 말에 이르러 이런 삶의 양식은 거의 붕괴했다. 아직도 자발적인 결사가 있긴 하지만 지금은 통상 회원이 아니라 월급을 받는 전문인들이 운영한다.

이날 회의에서는 "머리를 써"라는 표현이 숱하게 사용되었다. 관리와 소송이 주를 이루는 사회에서 이 말은 다소 생경한 기분을 자아낸다. 이런 사회의 사람들은 점점 놀이공원에서처럼 돈을 내고 안전이 보장된 경험을 건네받기를 기대한다. 그리고 이에 따라 대규모 집단이 어디에서 결사를 꾸리든 환경의 모든 측면을 **통제하고** 모든 행동과 허용되는 모든 용법을 정해놓으라는 압력이 존재한다. 보통 이렇게 하는 곳은 정부가 아닌 민간조직들이다. 설상가상으로 자기 자신을 날것의 방식으로 세상에 대처할 수 있는 합리적인 생명체가 아니라 제조된 경험의 소비자로 여기도록 훈련된 우리들은 스스로 이런 태도를 무의식적으로 채택하게 된다.

그런 태도는 탁 트인 하늘 아래, 방울뱀이 도사리고 있는 사막에서도 씻겨 없어지지 않는다. '서구적인 자유'라는 개념에는 정말로 북적내는 동양 국가들과 대비되는 무언가가 있다. 동양 국가들에서 네가 들이마신 공기는, 습기와 순응의 기대가 잔뜩 실려 있으며 동쪽에 있는 대륙 전체의 인구에 해당하는 많은 사람들이 이미 내쉰 것임이 느껴진다. 하지만 레이서들 사이의 분위기는 분명 사회적 반항과는 **달랐다**. 남이 뭐라고 하지 않아도 알아서 책임을 짊어진다는 점을 고려하면 그들의 태도는 본질적으로 청소년보다는 성인에 가까웠다.

나는 경기 전날 사람들의 환심을 사서 막판에 공동운전자의 자리를 꿰어차려 했지만 실패했고, 그건 당연했다. 버지니아에서 온 글쟁이일 뿐인 나는 응급기술로 제공할 수 있는 게 아무것도 없었다. 전복된 자동차를 바로잡을 수 있는 튼튼한 등도, 어떤 특정 차량의 시스템과 구조에 대한 해박한 지식도 말이다.

다양한 등급이 줄줄이 파도처럼 출발하는 동안 대기 구역을 어슬렁거리던 나는 오프로드 세계에서 민간공학 기술의 상태를 직접 보고 기록할 수 있었다. 경쟁의 압력솥 안에서는 무엇이 성공하고 무엇이 실패하는지가 더 분명하게 드러난다. 논박과 개선이 더 빠르게 반복된다. 10대 시절의 내가 폭스바겐 기반의 5등급(언리미티드 바하 벅스 **Unlimited Baja Bugs**)에 전율을 느낀 이후 수십 년 동안 이 차들의 서스펜션 트래블 양이 상당히 늘었고, 덕분에 거친 길에서도 탄성률이 더 부드러워지고 속도를 높일 수 있게 되었다. 내가 어릴 때는 트로피 트럭이라고 하는 가장 빠른 등급은 존재하지 않았다. 1980년대에는 아무도 3톤에 육박하는 차량이 사막의 큰 장애물들을 헤치며 시속 160킬로미터 이상으로 달릴 수 있으리라고 생각하지 않았다. 하지만 40인치 서스펜션 트래블과 외부 냉각식 대형 충격흡수 장치 덕분에 이것이 가능해졌다. 트로피 트럭은 처음에는 대단히 실험적인 한 가지 모델이었지만 지금은 디자인이 다양해졌다.

나는 하루 종일 레이스가 진행되는 동안 관중으로서 관람 장소를 몇 번 바꿨다. 출발선 근처에서는 자동차들이 너무 좁은 가축용 교량을 건너야 해서 타이어가 양쪽 끄트머리에 반 정도만 걸쳐졌다. 어떤 운전자들은 마치 신경을 조정하기라도 하는 듯 차를 한 번 세웠다가 다리를 건넜고, 어떤 운전자들은 저 멀리 수평선을 바라보며 그냥 한 번에 건너는 게 더 낫다고 생각하는 듯했다. 심지어 자동차 앞부분에 무게를 덜 실어서 부드럽게 넘어가려고, 다리로 연결되는 급경사로 전에 가속페달을 밟는 사람도 있었다. 나는 몇 번 사달이 나기 직전의 상황을 목격했지만 실제로 다리 아래로 곤두박질친 사람은 아무도 없었다(다리 아래는 말라붙은 강바닥이었고 높이는 6미터 정도였을 것이다).

다리 끝에 도착하면 비로소 경쟁이 시작되었다. 여기서 도심 제한속도가 없어졌기 때문이다. 레이스 코스가 빨간 뷰트 지형의 벽에 딱 붙어서 구불구불 이어졌기 때문에 첫 몇 킬로미터가 특히 그림 같았다. 포장도로에 있던 나는 이 뷰트 지형의 좁은 길에서 1970년형 쉐보레 블레이저 빈티지가 엉망이 되어 경사로 아래로 굴러내려가서 강바닥에 옆으로 누워버리는 모습을 보았다. 레이스 코스가 사막으로 더 길게 뻗어나가자, 멀리서도 맑고 파란 하늘 높이 뭉게뭉게 피어오르는 먼지구름으로 그 경로를 알아볼 수 있었다.

그다음에는 렌트한 현대 차를 몰고서 레이스 경로와 교차하는 비포장도로를 따라 가서 레이스 코스 중간에 자리를 잡았다. 이 교차로에는 몇몇 레이스 팀이 미리 연료와 스페어 타이어와 몇 가지 부품을 갖다 둔 체크포인트가 있었다. 이 중 두 팀에는 응급수리를 처리하기 위한 이동식 작업장이 갖춰진, 인상적인 체이스 트럭 장비가 있었다. 이곳의 지형은 더 개방적이고 코스는 사막의 잡목과 선인장 사이로 실트질 토양이 한 겹 덮인 곳이다. 내가 본 가장 빠른 자동차들은 아마 여기서 시속 96킬로미터 정도로 달렸을 것이다. 위로, 아래로, 좌우로 워낙 정신없이 요동치다 보니 정확한 전진 속도를 판단하기가 힘들긴 했지만 말이다. 가끔은 자동차 한두 대가 느린 자동차 뒤에 몰려 있기도 했다. 추월도 할 수 없고 아마 먼지 때문에 앞도 잘 보이지 않왔을 것이다. 자동차들은 충돌을 방지하기 위해 밝은 빨간 등을 뒤로 반짝였지만 밀도 높은 먼지 구름 속에서는 역부족이다.

여기서 다시 마을 쪽으로 되짚어 가서 코스 마지막에서 편한 자리를 찾아냈다. 그곳에서 보니 자동차들이 칼리엔테를 굽어보는 샘록 바로 뒤편의 길고 가파른 돌투성이 언덕을 내려온다. 레이서들은 그곳을 '맙소사 언덕Oh My God Hill'이라고 부른다. 나는 그날 앞서 이 언덕을 걸어 올라보았다. 부분부분 너무 가파르고 표면에 돌이 너무 많아서 걸어서 내려오는 것도 보통 일이 아니었다. 이제 이 구역의 맨 아랫부분에 선 나는 가장 자신만만한 운전자들은 이 언덕을 내려올 때 사실상 **스로틀 상태**라는 사실을 보고서(아니 정확히는 듣고서) 경이로움에 사로잡혔다.

레이스 가운데 이 후반 지점에서는 많은 차가 썩 보기 좋은 모습이나 소리가 아니었다. 나는 윤활유 없이 금속과 금속이 맞닿는 고통스러운 소리를 들었고, 나로서는 상상밖에 할 수 없는 어떤 사고를 당해서, 이제는 사막을 어지럽히지 않겠다는 결연한 의지에서 이탈 방지 와이어에만 의지해 산들바람 속에 펄럭이는 섬유유리 차체 패널의 모습을 보았다. 그리고 이 때문에 문학비평에 조금 발을 담그게 된다. 나는 헌터 S. 톰슨Hunter S. Thompson이 1971년에 쓴 소설 《라스베이거스의 공포와 혐오Fear and Loathing in Las Vegas》에서 민트 400에 대한 묘사에 상당한 오류가 있었다고 강하게 의심한다. 확실히 당시는 다른 시대였고, 어쩌면 1971년의 사막 레이싱은 오늘날과 닮은 구석이 거의 없었는지 모른다. 그래도 나는 의심한다. 정확히 말하면 차이는 주변 문화, 그리고 야망이 큰 작가가 사막 레이싱을 사용하는 방식이 아닌지.

어떤 대도시 중심지의 상대적으로 부유한 젊은이 한 무리가 사회적 책임의 무거운 손에 저항하는 무정부적이고 디오니소스적인 저항의 선봉에 서게 된 시대였다. 톰슨은 직접 대단히 수행적인 방식으로 이런 문화적 분위기의 화신 중 한 명이 되었고, 바로 이런 프로젝트를 이끄는 가운데 사막 레이싱과 조우했다(〈롤링 스톤Rolling Stone〉지를 위한 과제로). 스스로도 인정하듯(또는 으스대듯) 그는 로스엔젤레스에서 끌고 온 마약의 안개 속에 파묻혀서 레이스 자체를 거의 제대로 알아보지 못한 듯하다.

> 나는 심지어 누가 레이스에서 이겼는지도 알지 못했다. 아무도 이기지 못했는지 모른다. 내가 아는 건 끔찍한 반란 때문에 스펙터클 전체가 좌절되었다는 것뿐이다. 규칙을 따르기를 거부한 술 취한 불량배들이 도발한, 무분별한 폭력의 향연 때문에.

사실 자신이 전달한다고 주장하는 환경과는 무관하게, 톰슨 스스로가 직접 주요 구성요소가 되었던 이 풍경은 켄 키지Ken Kesey(《뻐꾸기 둥지 위로 날아간 새》 등으로 히피들에게 크게 영향을 준 미국 소설가-옮긴이)와 폭주족이 뒤범벅된 문화적 잡탕이다. 하지만 사막 레이싱은 방탕한 폭음이 아니라 주도면밀한 기계공학적 준비와 꾸준한 집중에 보상을 하는 현장이고, 그래서 톰슨이 자기 능력을 발휘할 만한 최적의 장소는 아니었다.[2]

레이스가 끝나고 나서 연무가 낀 오후 몇 시간 동안 나는 샘록을 찾았다. 바텐더 마이크는 왜 그런지 번번에 익숙하지 않아 보였다. 내가 메이커스 한 병을 보고서 그걸 그에게 가리켜 보였는데도 말이다. 나는 거기서 사막 레이싱을 이제 막 시작한 20대이자 그보다 더 묵직한 4륜차 등급의 공동운전자이기도 한 빅토리아 헤이즐우드 Victoria Hazlewood를 만났다. 그녀의 자동차에 약간의 기계공학적인 문제가 있어서 차를 세웠다가 시속 136킬로미터 정도로 달리던 다른 차에게 들이받혔다고 했다(가끔은 시야가 0에 가깝다). 그녀는 기억이 안 나는 걸 보니 몇 초 동안 정신을 잃었던 것 같다고 말했다. 나는 "이런, 검사를 받아보는 게 좋겠네요" 하고 말했다. 그랬더니 그녀가 "아, 그거야 익숙해요. 전 로데오를 타거든요"라고 말하는 것이었다. 한 시간 뒤 나는 그녀가 소방서에서 열린 시상식 겸 바비큐 파티에서 무대에 올라 다양한 등급의 우승자에게 명판을 건네는 모습을 보았다.

공동체란 무엇일까? 그것은 한 사람이 부탁을 받고 연설을 할 때 그 말을 듣는 대상 같은 것이다. 1등과 2등이 한 번에 올라와서 마이크를 건네 받았다. 무언가 그럴싸한 말을 한마디 하고 좋은 모습을 선보일 시간이었다.

한 남자가 그 기회에 동료 경쟁자와 그의 아내를 언급했다. 그들은 레이스장으로 오던 길에 타고 있던 트레일러가 달린 트럭이 전복되어 병원으로 이송되었다. 그는 자신의 1등상을 그들에게 바쳤고 다른 사람들에게 문병을 가보라고 권했다. 대부분의 사람에게는 많은 사람들 앞에서 말을 할 일이 별로 없다. 그것은 말로서 자신을 드러내는 순간이다. 당신의 온몸이 노출된다. 당신은 핏속에 있는 아드레날린을, 손바닥의 축축한 땀을, 조여오는 목구멍을, 재난의 가능성을 느낀다.

시상식과 운전자들의 회합을 경험하면서 나는 이것이 행동뿐만 아니라 말을 통해서 스스로를 생성하고 쇄신하는 공동체라는 인상을 받았다. 행동이 개인과 팀의 탁월함을 완성하기 위한 전력투구라면, 말은 공동선에 대한 존중을 드러내는 기회다. 나는 체육관에서 있었던 운전자 회합의 맨 앞줄에 꼬마 소년이 앉아 있는 모습을 보았다. 아이는 어른들의 진지한 용무에 골똘히 귀를 기울였고 나는 아이가 받고 있는 교육에 놀라움을 금치 못했다. 이곳은 토크빌이 묘사한 뉴잉글랜드 시청회합 같은 무언가, 사막에 피는 한해살이 꽃처럼 네바다의 덤불 숲에 매년 6월이면 등장하는 시민정신의 학교였기 때문이다.

자치이거나 아니거나

"우리는 야만인들이 무법적인 자유에 집착하는 모습을
깊은 경멸감을 담아 바라본다."

_임마누엘 칸트Immanuel Kant, 《영구평화론Zum ewigen Friden》

차량관리국에서

차량관리국은 만원이었다. 나는 오토바이 다섯 대(이 중 실제로 굴러가는 건 한 대다)와 자동차 네 대(두 대만 굴러간다)와 트레일러 두 대의 등기 소유주로서 요령을 알고 있었다. 번호표를 받기 위해 줄을 섰고, 앉는 자리에 배정되었다. 내 숫자는 S37이었다. 모니터에는 이렇게 적혀 있었다.

지금 처리 중:

B34

P181

R211

R209

T88

B33

　나는 자리를 잡고 앉아서, 나에게 어떤 일이 언제 닥칠지 모를 때 취하는 자세를 잡았다. 나는 고대 동양의 지혜에서 영감을 받아 차량관리국에 대처하는 나만의 방식을 발전시켰다. 바로 순종이다. 20분 전 차량관리국을 향해 출발할 때만 해도 내 자아는 그날의 애착과 계획과 프로젝트에 여전히 붙들려 있었다. 한심한 인간 같으니라고.

　대기줄의 아리송한 숫자배열학은 차량관리국 내부용임이 틀림없다. 인사부에 업무별 할당량과 일정이 있는 게 아닌가 싶다. 서류를 제대로 갖춰 온 사람을 위한 손쉬운 등록갱신 작업은 처리하는 사람의 입장에서는 한숨 돌릴 기회가 된다. 구중궁궐 관리의 수준 높은 지혜가 요구되는 유독한 사건들에서 잠시 놓여날 수 있는 기회 말이다. 산업심리학의 기본원리에 따르면 쉬운 사건은 동기를 부여하고 마음을 진정시키는 효과가 있음을 유념할 필요가 있다. 그러니까 노동자들의 마음을 진정시키는 효과가 있는 것이다.

　하지만 플라스틱 붙박이의자에 앉아 있는 우리로서는 대기줄의 알 수 없는 특징이 그 무엇보다 자신의 내적 편의성을 우선시하는 관료주의 논리의 명백한 자의성에 깊은 체념을 느끼도록 설계된 것 같다. 차량관리국에 가는 일은 마치 항공사가 경영진이 내린 결정의 결과는 인간이 알 수 있는 영역 너머에 있음을 시사하기 위해 '시스템 에러' 개념에 의지하듯, 스스로를 보호하기 위해 불가해함에 의지하는 어떤 유형의 권위에 대한 복종을 연습하는 시민교육이다.

여기서 우리는 전근대적인 형태의 권위가 다시 살아 움직이는 모습을 본다. 우리는 스스로를 엄청나게 모던하다고 여기지만 미국에서 제도적 삶의 기묘한 특징은 우리를 그와 정반대 방향으로 데려가고, 이 세상을 이해하는 논리의 힘에 대한 시민의 믿음을 무너뜨리는 듯하다. 중요한 것은 우리가 이해의 노력을 기울일 준비가 얼마나 되어 있는가와, 우리 자신의 이해력에 대한 믿음이다. 이는 다양한 계몽주의 사상가들이 설명한 공화주의적 인격의 특징이지만, 우리를 관리하는 시스템이 원하는 것은 아니다. 이어지는 장에서는 이 부분을 살펴볼 것이다.

02

난폭운전에 대하여
– 규칙, 합리성, 권위의 풍미

헌터 S. 톰슨은《라스베이거스의 공포와 혐오》에서 경찰에 대응하는 법에 대해 놀라울 정도로 경솔한 조언을 한다.

> 5마일(8킬로미터)쯤 전에 나는 캘리포니아 고속도로 순찰대와 충돌이 있었다. 차를 세우거나 갓길에 대지 않은 것이다. 일상적인 일은 아니었다. 나는 항상 조신하게 차를 몬다. 어쩌면 약간 빠르게, 하지만 항상 경찰마저 인정할 정도의 신기에 가까운 기술과 도로에 대한 자연스러운 감각으로. 고속도로 입체 교차로에서 **줄곧** 정교하게 감행하는 고속의 제어된 드리프트에 넋을 잃고 빨려들지 않는 경찰은 이 세상에 없었다.

대부분의 사람들이 고속도로 순찰대를 상대할 때 어떤 심리 작전을 펼쳐야 하는지 잘 모른다. 평범한 속도위반 운전자는 뒤에서 커다란 빨간 경광등이 눈에 띄는 순간 공황에 빠져서 즉시 갓길에 차를 대고 (…) 자비를 구하며 사과하기 시작할 것이다.

이건 틀렸다. 경찰의 마음에 경멸감을 불러일으킬 뿐이다. 시속 100마일(160킬로미터) 이상으로 달리다가 난데없이 캘리포니아 고속도로 순찰대 소속 추적자들이 나타났을 때 할 일은 **가속페달을 밟는 것**이다. 첫 사이렌이 울렸을 때 절대 갓길에 차를 세우면 안 된다. 일단 무시하고 그 녀석이 다음 출구까지 줄곧 시속 120마일(193킬로미터)에 육박하는 속도로 추적하게 만들어라. 따라올 것이다. 하지만 당신이 우회전 깜빡이를 넣으면 어떻게 받아들여야 할지 어리둥절해할 것이다.

그는 당신이 차를 안전하게 대고 이야기할 적당한 장소를 찾고 있다는 의미로 받아들이게 된다. (…) 계속 신호를 보내면서 진출 차선을, '제한속도 25'라고 적힌 표지판이 있는 언덕 위 사이드루프 같은 곳을 찾고 있다는 의미로. 이 지점에서 묘책은 갑자기 고속도로로 진출해 시속 100마일(160킬로미터)로 달려 그를 롤러코스터 속으로 끌고 들어가는 것이다.

당신이 브레이크를 잠그는 것과 거의 동시에 그는 자신의 브레이크를 잠그겠지만, 그가 이 속도로 곧 180도 회전을 하게 될 거라고 깨닫기까지는 약간의 시간이 걸릴 것이다. (…) 하지만 당신은 **준비가** 되어 있다. 중력가속도와 빠른 발재간에 대비를 하고, 운을 총동원해서 코너 꼭대기의 도로가에 차를 완전히 세우고, 그가 따라잡았을 즈음에는 당신의 자동차 밖으로 나와서 이미 그 옆에 서 있을 것이다.

그는 처음에는 이성을 잃은 상태일 것이다. (…) 하지만 그건 중요하지 않다. 그가 차분해질 때까지 내버려두어라. 그는 첫 마디를 고를 것이다. 그가 운을 떼도록 내버려두라. 그의 뇌는 아직 아수라장일 것이다. 그냥 되는 대로 지껄이기 시작할 수도 있고, 심지어는 총을 빼들 수도 있다. 그가 긴장을 풀 때까지 지켜보라. 계속 미소를 지어라. 핵심은 당신이 항상 스스로를, 그리고 당신의 차량을 완벽하게 통제하고 있음을 보여주는 것이다. **그가** 모든 것에 대한 통제력을 잃는 동안에.

우리가 법과 부딪히는 순간에 이런 구체적인 자질, 그러니까 그 남자가 정말로 한 인간이고, 미러선글라스 뒤에 인간적인 특징을 숨기고 있다고 간주할 수 있는 그런 자질을 확인할 수 있는 일이 얼마나 자주 있을까? 물론 개자식으로서의 자질까지 포함해서. 콧수염은 그가 어떤 사람인지 알려준다. 여기 훌륭한 구식 말싸움이 어떤 건지 아는 사람이 있다. 나 개인은 법적인 투쟁에서 질 게 뻔해도, 관료주의든 테크놀로지든 비인간적인 메커니즘 뒤에서도 인간의 투쟁은 완전히 지워지지 않는다. 투쟁에서 지는 것과, 투쟁이라는 건 존재하지 않고 오직 공평무사한 이성의 작용밖에 없다는 억박 아래 쥐도 새도 모르게 질식당하는 것은 다른 문제다.

안전산업 복합체: 공권력의 장막 뒤편

서구 세계에서 속도위반 단속 카메라가 파손되고 있다. 닥치는 대로 벌이는 공공기물파손 행위가 아니라, 정치적 폭동에 가까운 무언가다. 이걸 청소년과 여타 불순분자들이 자연스럽게 표출하는 단순한 자유지상주의적 투정이라고 손쉽게 치부해도 될까? 일부 환경에서는 사뭇 다른 모습을 드러낸다. 서구 민주주의 사회에서 일정 기간 끓어오르고 있는 폭넓은 정치적 정당성의 위기가 특히 구체적으로 나타난 현상으로서 말이다. 나는 이 장에서 특히 **자동화된** 교통단속이 촉발한 분노가 우리 시대를 조명하는 데 도움이 될 수 있다는 나의 직감을 파고들어 가고자 한다.

알고리즘은 점점 많은 일상의 영역에서 책임을 추궁당할 가능성이 있는 구체적인 인간의 판단을 대체하고 있다. 자동화된 의사결정이 더 믿을 만하다는 것이 그 이유다. 하지만 그보다 더 강력한 매력은 다양한 형태의 권력을 대중의 분노로부터 보호하는 기능을 한다는 데 있다.

우리가 이를 쉽게 묵인하는 것은 분명 절차적 공정함이라는 이상에서 부분적으로 기인한다. 절차적 공정함은 권력자들이 행사하는 개별적인 재량을 가능하면 언제든 규칙으로 대체할 것을 요구한다. 권력은 남용을 피할 수 없기 때문이다. 이것이 잉글랜드 혁명에서 시작된 자유주의 본연의 핵심이다.

기계화된 판단은 자유주의적 절차주의와 **닮았다.** 그 바탕에는 규칙에 복종하는 습관, 그리고 가시적이고 인격화된 권력에 대한 의심이 있다. 하지만 이는 자유주의 전통의 위대한 성과인 그 절차적 자유를 약화하고 권력을 면밀한 조사의 대상에서 열외시키는 결과를 초래한다.

여기서 우리의 더 큰 목적은 어째서 그 많은 사람들이 분노하고, 혹사당하고, 무기력한지를 이해하는 것이다. 그리고 어째서 그 많은 사람들이 분노를 표현할 때 '기득권'이라고 하는, 모호하고 광범위한 대상을 지칭하는가를. 관건은 제도적 권력기구의 질적인 특성, 그리고 우리가 그것을 경험하는 방식이다.

회계연도로 2016년, 워싱턴 DC는 속도위반 카메라로 1억 720만 달러를 벌어들였다. 신호위반 카메라와 주차위반 범칙금까지 포함하면 총 1억 9,300만 달러로, 이는 이 도시에서 징수한 모든 벌금과 요금의 97퍼센트를 차지한다.[1] 경찰의 논리는 당연히 '안전제일'이다. 자동화된 교통단속 프로그램이 시작된 직후, 경찰서장은 돈이 동기로 작용했을 거라는 주장에 크게 성을 냈다. 하지만 카메라가 설치된 교차로는 우범 장소이기보다는 통행량이 제일 많고 **노란불이 가장 짧은** 곳이라서 선정된 것으로 보인다. 카메라를 설치한 회사(방위산업체인 록히드 마틴Lockheed Martin의 하위 부문)는 시를 설득할 때 딱지를 끊게 될 운전자 대다수가 버지니아와 메릴랜드에 사는 통근자일 거라고, 그러니까 워싱턴 DC 유권자가 아닐거라고 강조했던 것으로 전해진다. 본질적으로 그것은 공짜 돈이었고, 정치적 역풍에서 완벽하게 단절된 세수입이었던 것이다. 워싱턴 DC 자동차 번호판에 들어가는 글씨가 "대의권이 없으면 조세도 없다"임을 짚고 넘어가지 않을 수 없다.

일부 탁월한 탐사보도에서도 미국에서 날로 늘고 있는 자동화된 교통단속 체제를 보도한 바 있다. 워싱턴 DC의 사례는 맷 라바시**Matt Labash**가 〈위클리 스탠더드**Weekly Standard**〉에 5부 시리즈물로 보도했다. 시카고의 사례는 데이비드 키드웰**David Kidwell**이 〈시카고 트리뷴**Chicago Tribune**〉에서 심층보도 기사로 시리즈를 이어가고 있다. 이들의 기사는 과학적 연구와 정부 보고서를 인용하면서 분명한 그림을 제시한다.

"앰버 타임**amber time**"이라고 부르기도 하는 노란불의 지속기간은 교통공학자의 비법 주머니에서 가장 신뢰할 만한 안전수단 중 하나다. 지속기간이 일관되기만 하면 운전자가 행동을 거기에 맞게 조정할 거라는 생각은 순진한 발상일 수 있다. 신호가 노란불로 바뀔 때 운전자의 심신에는 상당히 복잡한 일단의 사건이 일어난다. 인지-반응 시간은 어떤 개인이든 대체로 차이가 없고, 사람의 신경배선과 상당히 "낮은 수준에서(신경생리학자의 말에 따르면)" 함수관계에 있다. 노란불이 '행동 계획'으로 처리되어 파이프라인을 타고 적절한 근육반응을 유발하려면 시간이 얼마나 걸릴까? 이는 개인에 따라 다르므로 앰버 타임을 가장 굼뜬 사람에게 맞추는 것이 신중한 태도일 것이다(교통공학자협회**Institute of Transportation Engineers**의 〈교통공학 핸드북**Traffic Engineering Handbook**〉이 앰버 타임을 계산하기 위해 사용한 공식에서는 반응시간을 1초로 가정한다).

하지만 더 높은, 제대로 '인지적인' 수준에서 벌어져서 이보다 더 느리게 진행되는 우리의 반응에는 또 다른 층이 있다. 우리는 차를 멈출지 아니면 그냥 통과할지를 **결정해야** 한다. 교통공학자들은 이를 '딜레마 존'이라고 부른다. 한 교통전문가는 〈시카고 트리뷴〉에서 이렇게 말했다. "운전자는 노란불이 들어올 때 즉시 판단을 내려야 한다. '내가 교차로하고 얼마나 떨어져 있지? 내가 얼마나 빨리 달리고 있지? 나한테 시간이 얼마나 있지? 노란불이 얼마나 오래 켜져 있을까?' 그리고 일부 운전자는 계산을 잘못해 어쩌면 빨간불로 바뀌고 몇 분의 1초가 지났을 때 교차로에 진입할 수도 있다. 그건 그들이 의도적이거나 공격적이라서 그러는 게 아니다. 그냥 계산을 잘못한 것일 뿐이다." 같은 기사에서 인용한 또 다른 전문가는 노란불이 너무 짧을 경우 문제는 "운전자가 너무 빨리 속도를 줄이거나, 교차로를 통과하려고 속도를 높이는 것 중 하나를 택하게 만든다"는 데 있다고 말했다. "그런데 그런 일은 있어서는 안 된다. 실수를 할 것 같으면 노란불을 너무 짧게 설정해서는 안 된다."

노란불이 짧을수록 딜레마존이 짧아지고, 앞에 있는 운전자가 노란색의 등장에 반응하는 방식의 변동성이 커진다. 앞에 있는 운전자의 행동을 예측하기가 어려워지는 것이다. 노란불의 지속시간을 조금이라도, 그러니까 가령 3초에서 3.5초로 늘릴 경우 교차로 충돌사고를 줄이는 데 큰 효과가 있고, 게다가 그건 돈 한 푼 들지 않는다.[2]

하지만 명명백백한 공짜 안전은 관계당국에 공짜 돈만큼 매력적이지 않다. 2016년, 시카고의 신호위반 카메라 시스템은 약 6억 달러를 벌어들였다. 시카고시 교통부 웹사이트는 교통공학자 협회의 표준공식을 따른다고 주장하지만, 〈시카고 트리뷴〉의 탐사언론인들은 시카고시가 노란불의 지속시간을 줄이기 위해 공식의 가정에 손을 댔고, 그래서 교통공학자 협회가 권고한 10피트/초/초의 감속률 대신 11.2피트/초/초를 사용했음을 발견했다. 또한 이들은 교통공학자들이 지자체에 촉구한 대로 실제 교차로에서 자동차의 속도를 조사하거나 현실적인 가정을 하기보다는 그냥 자동차가 공지된 제한속도로 달린다고 가정한다.

2014년 〈시카고 트리뷴〉은 텍사스A&M대학교 교통연구소의 교통연구자들을 고용해서 시카고의 신호위반 단속 카메라 시스템을 연구했다. 이들의 연구결과는 다음과 같았다. "시카고시는 부상과 관련된 추돌 문제가 거의 없는 교차로에 카메라를 상습적으로 설치했고, 이런 경우는 카메라를 통해 안전을 개선할 여지가 거의 없었다. 동시에 전문가들의 연구결과에 따르면, 70개 이상의 교차로에서 불필요한 카메라 때문에 많은 운전자들이 신호위반 딱지를 피하려고 갑자기 브레이크를 밟았고 이로 인해 도시 전역의 카메라 근처에서 부상과 관련된 후방추돌사고가 크게 늘었다." 2016년 이 신문은 "이런 카메라 대부분이 아직도 사진을 찍고 있고 시청에 수백만 달러의 교통범칙금을 모아준다. 람 이매뉴얼Rahm Emanuel 시장과 그의 교통부 수장에게 많은 카메라가 부상을 예방하기보다는 유발하고 있음을 보여주는 과학적 연구가 이미 1년도 더 전에 전달되었음에도 말이다"라고 보도했다.[3]

카메라를 설치한 회사인 레드플렉스 교통 시스템Redflex Traffic Systems은 오스트레일리아에 본사가 있다. 요즘은 다른 대륙은 말할 것도 없고 쿡 카운티(시카고가 속해 있다-옮긴이) 바깥 출신의 회사는 일단 제대로 된 관계를 정립하지 않고는 큰돈을 벌겠다는 희망을 품고 시카고로 당당히 걸어 들어오지 못한다. 이 회사는 자신들에게 시카고 방식을 알려주고, 시의원과 그 외 시청 생태계의 관련인사 가운데 누가 시민의 안전에서 **이익을 취하는지** 짚어줄 사람이 필요했다. 아이들의 안전을 방패막이로 삼으라고!

여기서 존 빌스John Bills가 등장한다. 그는 1979년에 가로등 수리 기사로 시청에서 경력을 닦기 시작했다. 하지만 그의 진짜 실력은 다른 데 있었다. 〈시카고 트리뷴〉의 보도에 따르면 "20여 년간 빌스가 매디건(1971년부터 2021년까지 장장 50년간 주 의원으로 재직한 일리노이주 하원의원-옮긴이)의 강력한 13지구 정치조직에서 최고 수익을 올리는 선거구 위원장이었고, 후견부대를 통해 초창기에 시카고시 전기국 직원으로 승진했는데, 이 전기국은 13지구 충성파가 워낙 많이 고용된 까닭에 시 노동자들 사이에서는 '매디건의 전기국'으로 알려져 있다." 빌스는 시카고시 교통부에서 2인자 지위에 올랐고, 여기서 약 10년간 "도시 전역에 신규 카메라를 설치하는 대가로 업체로부터 카메라 한 대마다 2,000달러의 현금을 뇌물로 받았다."[4]

보통은 이런 종류의 행동을 하면 도전자가 생기게 마련이다. 〈시카고 트리뷴〉은 "경쟁관계에 있는 카메라 회사가 시의회 재정위원회의 유력한 의장인 (에드워드) 버크 시의원과 공동전선을 폈다"고 보도한다. 버크는 "(레드플렉스의) 거래를 격침하고 그게 자기 편 판매업체인 오토메이티드 트래픽 솔루션스Automated Traffic Solutions(이 회사는 버크의 오랜 지지자를 하청업체로 고용했다)에게 넘어갈 수 있도록 열심히 작업을 했다."

시청에서 졸리엣Joliet에 있는 교도소까지 운영되는 그 진부한 컨베이어에 올라타기(항상 그렇듯 〈시카고 트리뷴〉의 훌륭한 노고 덕분에) 전만 해도 교통관리자 빌스의 순소득은 약 200만 달러였다. 이 가운데 그가 실제로 챙긴 건 어느 정도인지는 분명하지 않다. 그의 변호사는 그가 정계의 먹이사슬 더 위에 있는 후원자들을 위해 수금원 노릇을 했을 뿐이라고 주장한다. 우리는 결코 알 수 없을 것이다. 지금 빌스는 20년 형을 살고 있다. 레드플렉스의 고위간부들은 모든 이사들과 마찬가지로 내부 비망록에서 뇌물에 대한 협의사항을 모두 전달받았다. 이들은 13개 주에서 비슷한 행위로 기소된 경력이 있었다. 또한 카메라가 설치되면 앰버 타임이 줄어드는 것은 일관된 패턴이기도 했다.

시카고 사례는 데이비드 마멧David Mamet(미국의 시나리오 작가이자 영화감독-옮긴이)의 영화를 연상시키는 주요 인물들의 화려한 면면 때문에 지자체 재정의 일반적인 진실을 간과하게 하는 부분이 있다. 그것은 바로 도시는 어떤 형식이든 세수 증가에 목을 매게 되고, 그래서 아무리 자동화된 교통단속 시스템의 폐단이 밝혀진 뒤라 해도, 또는 공직사회 내에서 이에 대한 논의의 장을 마련한다 해도, 교정하기 어렵다는 사실이다.[5] 2017년 워싱턴 DC는 향후 5년간 교통범칙금으로 8억 3,700만 달러 이상을 징수할 것으로 예상했다.[6]

이 사례들을 가지고 한 가지 일반화를 도출할 수 있다. 때로 규칙은 이로 인한 갈등에서 이익을 취하는 당사자에 의해, 합리성과 어긋나는 방향으로 정해진다는 것이다.

앰버 타임 조작은 이를 할 수 있는 특히 손쉬운 방법이지만, 다른 장사 수법들도 있다. 도로의 '기하학적' 요소(도로 폭, 갓길 폭, 곡률,

경사도)는 우리의 운전방식에 영향을 미친다. 따라서 만일 도로 폭이 약 3.6미터에서 약 3미터로 축소될 경우, 고속도로상에서 평균 운전자의 (통행량이 많지 않을 때) '자유 흐름 속도'는 시속 약 11킬로미터 감소하는 것으로 관찰된다.[7] 도로 중앙선에 가까워지는 편치 않은 상황이 자연스럽게 늘어나서 합리적인 선택을 하는 것이다. 따라서 공시된 제한속도에는 거기에 맞는 도로 폭 기준이 있다. 우리의 자연스러운 합리성에 맞춰 법을 조정하려는 의도인 것이다. 하지만 기업가 정신을 장착한 지역 관료들에게는 이 동일한 사실이 기회로 포착된다. 워싱턴 DC에 있는 조지 워싱턴 파크웨이는 악명 높은 속도위반 단속 지역이다. 도로는 시속 88킬로미터 기준에 맞춰 건설되었는데 공시된 제한속도는 시속 72킬로미터인 것이다. 이 전략이 세수 발생에 그렇게 효과적인 까닭은 운전자의 속도가 사실 공시된 제한속도에 상당히 둔감해서다.

연방 고속도로 관리청Federal Highway Administration은 실험을 통해 제한속도가 시속 24킬로미터 바뀌었을 때 85분위 속도(운전자의 85퍼센트 가운데 최고 속도)는 겨우 시속 2~3킬로미터 정도의 변화가 있음을 확인했다. 또 다른 연구에서는 전직 연방 고속도로 관리청의 안전 연구개발 기술 책임자였던 새뮤얼 티그노Samuel Tignor 박사가 이끄는 공학자 팀이 "대다수 운전자가 합리적으로 받아들이기에는 현행 제한속도가 너무 낮게 설정되었음"을 확인했다. "공시된 속도는 합리적이고 안전한 속도로 달리는 운전자들을 범법자로 만든다."[8]

규칙의 확산이 합리성이라는 이름으로 포장되는 다른 정책 영역에서도 유사성을 찾을 수 있지만, 관료집단은 바로 이 규칙과 합리성 사이에 있는 **틈**에서 배를 불린다.**9** 단호한 형량 선고와 '마약과의 전쟁'은 대대적인 수감산업이 등장하는 데 필수적인 역할을 했다. 교통안전국**TSA**은 대부분이 부조리하다는 걸 아주 잘 알면서도 우리 각자가 공연을 해야 하는 '안전극'의 무대 제작에 필요한 규칙을 제공한다. 어떤 기계 속으로 들어가서 엄청난 양의 마이크로파를 쏘인 뒤 블랙박스에 삽입된 작은 수건으로 문질러서 폭발 잔여물을 확인한다고? 쓸데없는 짓이다. 군대는 이런 방식을 쓰지 않는다. 대신 폭발 물질을 찾을 때는 개를 사용한다. 하지만 기계는 거대 산업이고 개 훈련은 그렇지 않다. 그러는 동안 무기를 비행기로 밀반입하려던 독립적인 회계감사를 통해 이 중 약 90퍼센트가 감지되지 않았음이 확인되었다.**10**

자동화된 교통단속처럼 첨단기술이 개입되었을 때, 우리는 우리의 행복을 걱정하면서 정상적인 행위에서 돈을 뽑아내고자 하는 사람들의 주장을 각별히 주의 깊게 살펴볼 의무가 있다. 기계는 판단을 하지 않는다. 물리학 법칙을 따를 뿐이다. 하지만 기계가 제시하는 중립성과 필연성의 이미지 이면에서 인간의 판단이 어떻게 작동하는지를 파악하고 책임을 추궁하기는 더 어려워진다. 〈시카고 트리뷴〉은 시카고시가 자동화된 법 집행으로 무엇을 하고 있는지를 알아내기 위해 다른 주 출신의 포렌식공학자 팀을 고용해야 했다. 현실에서 블랙박스의 진정한 효용은 권력을 대중의 분노에서 보호하는 것이다.

이는 우리가 오늘날 공권력을 경험하는 방식과 대단히 밀접한 관계가 있다. 공권력은 콧수염을 기른 캘리포니아 고속도로 순찰대와는 달리 직접 **대면이 불가능한** 어떤 기관에 의해 행사될 수 있고, 그래서 시청에 있을 가능성만큼이나 오스트레일리아에 있을 가능성이 높다. 이는 분명 자유민주주의 사회에 만연한 정당성의 위기에 기여한다. 권위의 이런 '블랙박스' 같은 속성은 그것이 불가해한 기계 논리 안에 자리하고 있기 때문일 수도 있고, 국가의 주권이 유럽연합 같은 불투명한 초국적 기구에 이전되었기 때문일 수도 있으며, 자체적인 내부규약을 가지고 있는 듯한 지배 집단과 다수 간의 사회학적 간극에서 비롯될 수도 있다.

2018년 말엽 프랑스의 에마뉘엘 마크롱 대통령은 전후 프랑스가 한 번도 경험해보지 못한 대규모 정치소요에 직면했다.[11] '노란 조끼' 운동에 참여한 수십만 명이 프랑스 도시 곳곳에서 행진을 벌인 것이다. 시위를 촉발한 것은 두 가지 조치로, 하나는 탄소배출량을 줄이기 위한 연료세였고, 다른 하나는 제한속도의 하향조정이었다. 이 두 조치는 프랑스판 '비행통과구역', 또는 프랑스 지리학자 크리스토프 길리Christophe Guilluy가 말한 "주변부 프랑스la France périphérique"에 상대적으로 큰 타격을 입혔다. 오지에서는 운전을 많이 할 수밖에 없기 때문에 이런 정책안이 구체적인 이해관계를 건드렸던 것이다.

금융, 미디어, 학계에 있는 대도시 전문직들(마크롱의 핵심 기반)의 이익은 이와 달랐다. 이들은 대도시가 근거지일 뿐만 아니라, 환경주의적 미덕이 계급의 자기 이미지에 아주 중요한 데다 통치 자격 중 하나인 상징적인 도덕경제 안에서 서식한다. 양질의 교육을 받기로 유명한 프랑스 관료집단 역시 이와 동일한 환경 출신이고 엘리트 교육기관인 그랑제콜을 통해 사회에 진출해서 국제적인 유럽연합 정치관료들에게 아주 매끄럽게 영향력을 전달한다. 이들은 개화된 훈령을 발행하는 브뤼셀의 하품 나는 동네보다는 파리에서 계속 거주할 가능성이 높다. 그러나 주변부 프랑스의 관점에서는 이 모든 게 명백하게 자전거 도덕주의자, 전동킥보드로 돌아다니는 애들, 탄소 금욕주의자들의 거대한 오점으로 보이기 시작했던 것이다.

노란 조끼의 왁자지껄한 경제적 불만에 깔린 이 문화적 차이는 아무런 해설 없이 〈뉴욕 타임스〉에 발표된 한 사진에서 그 징조가 분명하게 표현되었다. 2019년 1월 초 경찰과의 혼란스러운 거리전 한가운데 불타는 자전거가 한 대 있었던 것이다. 이는 지배 계급의 자기 이미지에 저항하는 위트 있는 분탕질로 볼 수 있다.

마틴 구리Martin Gurri는 2018년 자신의 책《대중 봉기The Revolt of the Public》에서 2011년 세계 전역에서 분출한 저항 운동(몇 개만 나열하자면 월가 점령 운동, 스페인의 인디그나도스indignados, 런던의 폭력적인 길거리 시위)을 긍정적인 프로그램보다는 비난의 낭만에서 더 큰 동력을 얻는 순수한 부정의 정치로 진단한다. 이런 시위들은 제도화한 목소리에 대한 불신 그리고 사회적 권위의 현저한 몰락을 드러냈다. 사람들은 좌파든 우파든, 트럼프 대통령이 좋아하는 표현을 빌리자면, 시스템이 **조작되었다**고 느낀다. 실제로 정치지도자들은 자기 편이 패배한 선거가 **위법이라**고 주장하면서 이런 확신을 부추겼다. 이런 태도는 위험하다. 구리는 이런 일종의 정치적 허무주의의 근원을, 한때 제도화된 권력을 보장했던 정보독점을 인터넷이 허물어뜨리면서 나타나게 된 인식론적 위기에서 찾는다. 노란 조끼 시위대는 구리의 분석에 들어맞는 것 같다. 그게 아니라면 부정의 정신에 따라 움직이는 준전문가 수준의 선동가들에게 이 운동이 포섭되어서 그렇게 된 것인지 모른다. 하지만 초기 국면에서 노란 조끼들은 이보다 더 실체가 있고 이 책의 목적에 중요한 의미를 갖는 무언가를 표출했다.

시위대는 프랑스의 방대한 속도위반 단속 카메라 네트워크에 대단히 중대한 물질적 피해를 안겼다. 2019년 1월 기준 이 가운데 약 **60퍼센트**가 제 기능을 하지 못했다. 공공기물 파손 규모의 측면에서 나는 현대에 이와 비견할 만한 사례가 떠오르지 않는다. 이런 광범위한 게릴라 행위를 어떻게 이해해야 할까? 일단 이 시위가 많은 주요 도로에서 제한속도를 시속 90킬로미터에서 80킬로미터로 하향조정하려는 계획 때문에 촉발되었음을 주목할 필요가 있다. 별것 아닌 걸로 보일 수도 있는 조정안 때문에 말이다. 하지만 이미 약간 느려 보이는 속도를 굳이 하향조정하려 했던 건 아닐까? 이에 대해서는 도로에 대해 모르고서는 쉽게 말하기 어렵다. 클레어 벌린스키**Clair Berlinski**는 노란 조끼에 대한 글에서 속도위반 단속 카메라가 파괴되면서 "프랑스는 이를 통해 걷어들이는 세수 수천만 유로를 손해볼 것이다. (…) 2017년 교통단속으로 한 달 평균 8,400만 유로를 걷었다. 물론 노란 조끼 시위대가 그걸 파괴한 것은 바로 이 때문이다. 이들은 국가가 과속 단속을 핑계로 갈취를 하고 있다고 믿었다"고 말했다.

관료집단은 예상대로 대응했지만 도덕적인 과시를 살짝 덧붙였다. 크리스토프 카스타네르**Christophe Castaner** 프랑스 내무부 장관은 "나는 소셜네트워크에서 불탄 속도위반 카메라 옆에 서 있는 몇몇 바보들을 보았다. 그들이 어느 날 **도로 위에서의 죽음**이라는 현실을 맞닥뜨리지 않기를 바란다. 이건 숫자 문제가 아니라 목숨이 달린 문제다"라고 말했다. 프랑스 도로안전국장 엠마뉘엘 바흐베**Emmanuel Barbe**는 목숨이 위태로운 지경이라고 말했다. "속도위반 카메라 네트워크가 입은 이 피해는 (…) **죽음으로 귀결될** 것이다. 그리고 이 때문에 나는 심각하게 슬프다"고 말했다.**12**

이 공무원의 슬픔은 심각하다. 죽음은 농담거리가 아니고, **과속이 살인을 부른다**는 건 말할 필요도 없다. 하지만 이런 것도 한번 생각해보자. 갑작스러운 감속 역시 살인을 부를 수 있다. 간단한 물리학 법칙에 따라, 두 자동차가 충돌할 경우 당연히 속도가 높을수록 피해가 크고 부상이나 사망의 가능성도 높아진다. 다른 모든 변수가 일정하다면 말이다. 하지만 뉴턴의 마찰 없는 표면에서 충돌한 당구공은 주행상황을 구성하는 도로 설계, 통행량, 날씨 조건의 복잡한 혼합을 포착하기에 가장 알맞은 이미지가 아닌 것 역시 사실이다. 일부 주가 공시된 제한속도보다 더 중시하는 '기본속도법Basic Speed Law'을 두고 일반적인 조건하에서 안전운행의 책임을 운전자에 지우는 것은 이 때문이다. 단순한 규칙으로 인간이 판단할 필요를 폐기할 수 없는데도, 자동화된 과속단속은 이런 부분에 완전히 둔감하다.

모든 논쟁에서 그렇듯 통계는 지지자들이 제일 좋아하는 수단 중 허나이지만, 정량 데이터를 저절하게 해서하는 일은 우리 대부분의 준비 상태 이상으로 조심할 게 많은 작업이다. 이를 위해서는 취사선별과 선정적인 맥락 부여를 통해 말하고자 하는 핵심을 추리기 전에, 먼저 원 자료에 접근해야 한다. 이런 과정이 없어도, 최소한 그 데이터를 가지고 우리에게 이런저런 식의 설득을 하려는 사람들의 **이해관계**를 알아차릴 수는 있다. 내가 프랑스 내의 다양한 이해당사자들과 이야기를 나눌 수는 없다. 하지만 미국에서는 저널리스트들이 도로에서 과속운전으로 살인을 저지르고 다니는 불한당의 만연에 대한 낚시

성 기사를 작성할 때 가장 많이 인용하는 출처가 고속도로 안전 보험 협회Insurance Institute for Highway Safety이다. 이 협회에서 나온 문헌에 따르면 이 기관은 그 회원인 보험회사로부터 '전적인 지원'을 받는다. 당연하게도 이 협회는 낮은 제한속도를 선호하고, 자동화된 단속을 강하게 지지해왔다. 라바시의 지적처럼 보험산업은 "최대한 많은 법규위반 통지서가 발행되는 데 금전적 이해관계가 있다. 과속과 신호위반은 보험회사들이 고객들로부터 향후 3~5년 동안 높은 보험료를 쥐어짤 수 있게 해주기 때문이다."[13]

미국 정부는 추돌사고에서 과속의 역할에 대한 정보원으로서 그나마 공평무사한 편일 것이다. 보험산업이나, 세수의 상당 부분을 범칙금으로 충당하는 지자체나, 무의미한 대학살 이미지로 운전자들의 봉기를 억누르려고 하는 지지율 20퍼센트 초반대의 자칭 "주피터"(마크롱의 권위주의적인 통치 스타일을 로마신화의 최고신에 빗댄 표현-옮긴이) 정부 부처들에 비하면 말이다. 과속 문제에 대해 전국 고속도로 교통안전국이 제시한 그림은 좀 어지럽다. 일부 정의상의 문제, 그리고 사망자가 발생한 추돌사고에 대해서만 통계로 집계된다는 점 때문에 문제가 복잡해지는 것이다. 경찰은 사망자가 발생한 추돌사고에 한해 관련 데이터를 수집해야 하고, 이렇게 수집된 데이터는 사망 사고 분석보고 시스템Fatality Analysis Reporting System으로 통합된다. 이런 방법론적 공백을 염두에 둔 상태에서, (내가 이 글을 쓰는 시점에 데이터를 구할 수 있는 가장 마지막 해인) 2016년에 과속이 '관련요인'인 사망자 발생 사고의 수는 아래와 같다. "관련 운전자의 18퍼센트가 충돌 당시에 과속 중이었고, 사망자의 27퍼센트가 최소한 한 명의 과속운전자가 관런된 충돌사고를 당했다."**14**

　이 기관의 웹사이트에 따르면 "전국 고속도로 교통안전국은 충돌사고에서 어떤 운전자든 과속 관련 위반을 했거나, 경찰이 레이싱, 해당 조건에서 지나친 과속, 공시된 제한속도를 초과함이 충돌의 기여요인이라고 판단했을 경우, 이 충돌은 과속과 관련이 있다고 간주한다." 그러니까 과속이 추돌사고에서 관련요인이라고 말하는 것은 대체로 담당 경찰관의 재량에 달려 있다. "해당 조건에서 지나친 과속"을 했다는 건 내 생각에는 주 경찰의 재량을 신뢰해도 될 만한 판단이다. 이들에게는 일반적으로 폭넓은 경험이 있기 때문이다. 하지만 "공시된 제한속도를 초과함"은 준수율이 50퍼센트를 넘는 곳이 과속단속 구역 열 개 중 하나뿐임을 감안했을 때 최소한 운전자 대다수가 **해당될 수 있는** 너무 포괄적인 제한이다.

　담당 경찰이 맞닥뜨린 현장의 모호함과 증거 부족, 상충되는 증언들을 감안했을 때, 그리고 담당 경찰이 정해진 매뉴얼의 해당사항에 **표시를 하는** 방식으로 '기여요인'을 찾아낸다는 점을 감안했을 때 "공시된 제한속도를 초과함"은 스키드 마크와 잔해 지역을 상대적으로 손쉽게 측정해서 판별할 수 있다는 장점이 있다. 이 방법은 손쉽게 불길한 분위기를 뚫고 들어가서 현장을 정리하고 다시 차량이 움직이게 만든다. 어떤 충돌사고가 '과속과 관련이 있는지'를 특정할 때 "공시된 제한속도를 초과함"이라는 기준을 포함시키면 당연히 이 범주가 부풀려진다. 그럼에도 과속은 치명적인 추돌사고의 '관련요인'으로서 알코올과 차선 위반보다도 훨씬 적은 역할을 한다.**15**

　숫자를 어떻게 이해해야 할까? 균형 있는 판단을 내리려면 교통

안전 연구 분야의 지식과, 공정한 평가에 오랫동안 몸담아본 경험이 필요할 것이다. 연방 고속도로 관리청에서 안전 연구개발 분야의 전직 기술감독이 이끄는 버지니아 공과대학교의 학계 연구자 팀이라면 이 두 기준을 모두 충족시키는 것 같다. 이들의 연구결론은 "대부분의 과속단속구역이 '최대 안전속도'보다 시속 24킬로미터 낮게 게시되었고, 이는 제한속도를 올리는 것이 준수율을 높이고 가장 위험한 운전자만 단속하는 데 유익할 것임을 시사했다"는 것이었다.[16]

속도제한은 일반적으로 자유와 질서 사이의 긴장이 균형을 잡아야 하는 문제로 파악된다. 대충 맞는 말 같다. 하지만 독일의 사례는 호기심을 자극하고, 이런 대립이 필연적인지 의문을 품게 만들 수도 있다. 최근 한 〈뉴욕 타임스〉 기사는 이 세상에서 제한속도가 없는 장소가 얼마 되지 않는다고 지적했다. 아프가니스탄과 맨섬이 여기에 속하고, 독일의 아우토반 네트워크 역시 그렇다. 하지만 독일은 너무나 많은 삶의 영역에서 규칙에 얽매이고 질서에 집착하기로 유명해서, 지방공무원들이 양산의 색깔 같은 것까지 지정해주는 나라다. 어떤 면에서 독일은 지배력을 행사하는 주택 소유주 협회의 자발적인 보조원들이 돌아다니면서 잔디 길이를 재고 감시하는 미국 교외 개발지와 유사하다. 하지만 독일인 가운데 의미심장한 일부 소수는 고속도로에서 시속 160킬로미터 이상으로 운전하는 게 일상이다.

합법적으로. 웬일인지 이런 일이 독일인의 인성에 부합한다. 3장 "운전자의 분노"에서는 아우토반의 기원과, 과속규제 해제를 가능하게 만든 독특한 문화적 조건을 살펴볼 것이다. 여기서는 그저 아우토반을 둘러싼 최근의 논란이 과속단속에 대한 대중의 반응보다 더 폭넓은 정치적 조류를 예시할 수 있다는 나의 주장에 또 하나의 시사점을 던져준다는 점만 간단히 언급하고자 한다.

〈뉴욕 타임스〉의 보도에 따르면 "정부지명위원회가 (2019년) 1월에 독일의 유명한 고속도로 네트워크인 아우토반에 속도제한을 설정한다는 아이디어를 감히 내놓자 거의 폭동이 일었다. (…) 격분한 운전자들은 방송기관에 호소했다."[17] 이런 안은 독일에서 10년에 한 번 정도씩 나오지만 결과는 항상 비슷하다.

독일 운전자들은 오늘날 프랑스 운전자들의 양상이 그렇듯 오랫동안 정치화되었다. 제한속도 문제는 심지어 해묵은 앙숙인 훈족과 갈족이 연대를 형성하는 드문 장면을 연출하기도 했다. 아우토반에 변화를 도입한다는 안이 제출되자 독일 노동계 지도자들은 "길거리 시위를 암시하며 위협하듯 노란 조끼를 입었다." 증오의 대상이 되고 싶지 않았던 마크롱 스타일의 인물 안드레아스 쇼이어Andreas Scheuer 교통부 장관은 재빠르게 한발 물러나서 고속도로 제한속도는 "모든 상식에 반한다"고 선언했다.

교통법 즉결재판소

버지니아에서는 시속 128킬로미터를 조금만 넘어도 '난폭운전'으로 간주한다. 제한속도가 시속 70마일(112킬로미터)인 고속도로라 해도 말이다. 이는 1등급 경범죄로 징역 1년 이하의 처벌을 받을 수 있다. 2016년 주 상원은 한도를 시속 80마일에서 85마일(137킬로미터)

로 상향조정하는 법안을 고민했다. 한 지역보도에 따르면 "개인상해변호사인 도널드 매키친**Donald McEachin** 민주당 의원총회 의장(리치먼드)은 80마일 이상으로 운전하는 것은 위험하고 법은 이 부분을 계속 반영해야 한다고 주장했다. (…) 그는 '그건 난폭운전이다. 자신의 차량을 통제할 수 없을 정도로 빨리 몰게 된다'고 말했다."[18]

개인상해변호사가 아닌 누구라도 무표정하게 같은 말을 할 수 있는 운전 관련 상황은 당연히 존재한다. 만일 내가 (올해로 90세가 넘은) 캐서린 헵번**Katharine Hepburn**이 전전긍긍하면서도 위엄있게 시속 128킬로미터로 구불구불한 산길에서 덤프트럭을 운전하는 모습을 본다면 안전하지 않다고 느낄 것이다. 하지만 내가 5월의 어느 화창한 날 반듯하게 자로 나눈 듯한 고속도로(360번 노선)를 따라 달리다가 중앙분리대에 있는 주 경찰관을 발견하고 앞바퀴 브레이크를 꽉 그러쥐었을 때는 그렇게 불안한 기분이 아니었다. 나는 쉐보레 서버번 무게의 8퍼센트밖에 안되는 3중 디스크 브레이크가 달린 오토바이를 타고 버지니아 인터내셔널 레이스웨이에서 집으로 돌아가는 길이었다. 그 오토바이는 폭이 고속도로 폭의 3분의 1 정도이고, 측면선회력이 아마 두 배 정도 높을 것이다. 경찰이 측정한 내 속도는 시속 132킬로미터였다. 난폭운전이다.

쓸 만한 산업이라고는 법 집행밖에 없는 것 같은 버지니아 벽지 중 하나인 아멜리아 카운티에서였다. 이런 목적에 이상적이게도, 이 카운티는 리치먼드와 버지니아 프리미어 도로 레이스 코스의 중간 경로에 자리하고 있다. 뉴턴의 법칙이 지배하는 환경에서 버지니아주 법의 영역으로 전환하는 데는 시간이 걸리고, 이는 법 집행관에게 유리한 기회가 된다. 360번 노선은 실제로 그 길을 따라 늘어선 카운티에게는 '비즈니스 회랑'이다. 그 전반적인 경관의 황량함으로 보아, 실제 의미와는 거리가 있긴 하지만 말이다.

이게 몇 달 뒤 내가 법정에 출두하기까지 그 사안에 대한 나의 악의에 찬 해석이었다. 하지만 한 사람의 얼굴에서 오만한 표정을 지우는 데는 징역형에 대한 언급만한 게 없다. 법원의 차고 넘치는 위엄 앞에 서니 정말로 내가 작고, 지독하게 큰 잘못을 저지른 기분이었다. 비현실적인 콧수염을 매달고 곤봉을 휘두르는 보안관이 오전 아홉 시 반 정각에 건물 밖을 배회하던 도로교통법 위반자 무리의 입장을 허락하자 주 정부의 무게감이 방 안에 무겁게 내려앉았다. 보안관은 한 사람 한 사람의 몸에 대고 곤봉을 흔들었다(금속탐지를 위한 거라고 했다). 우리가 착석하자 그는 일장연설을, 그것도 축제 기획자의 화려한 언변으로 늘어놓았다. 방 안은 수용인원만큼 꽉 찼지만 아직도 판사는 보이지 않았다. 자신의 과오를 말없이 곱씹는 것 말고는 아무런 할 일이 없는, 아주 잘 조정된 극적인 정지 상태가 30분 정도 이어졌을까, 갑자기 보안관이 우렁차게 소리쳤다. "일동 기립!" 법복을 입은 한 남자가 들어왔다.

첫 피고는 판사가 이름을 발음하는 데 애를 먹은 아프리카계 이민자였다. 판사는 유죄 또는 무죄라고 생각하는지, 아니면 법원의 처분을 그냥 따르겠는지 물었다. 피고는 답이 없었다. 똑같은 질문이 한 번 더 이어졌다. 나는 그 남자가 질문을 이해하지 못했다고 생각한다. 같은 질문이 여러 차례 반복되었다. 결국 남자는 뭐라고 웅얼거렸고, 판사는 다음으로 넘어갔다. 변호사를 고용할 건지, 스스로 변호할 건지, 아니면 국선변호사를 요청할 건지 말이다. 이번에도 남자는 당황했다. 서류 한 장을 남자 앞에 들이밀었다. 내가 머릿 속으로 "사인하면 안 돼!" 하고 비명을 질렀는데 내 옆에 앉은 여자가 나를 쳐다봤던 걸로 봐서 생각이 입 밖으로 튀어 나왔던 모양이다.

나는 일부 카운티에서 '과속 난폭운전'을 전문으로 다루는 변호사라는 사람의 연락을 받은 적이 있었다. 법적인 판결이 내려지기도 전에 내 소환장이 만천하에 알려진 건가? 나는 카운티가 돈을 내는 변호사들에게 소환일지를 공유해준다는 사실을 알게 되었다. 또 다른 세 수입이었다. 사람들이 과속 난폭운전으로 실제로 얼마나 자주 징역살이를 하는지를 알면 흥미로울 것이다. 어쩌면 부과된 벌금이 일종의 협상처럼 보이게 만들려고 징역이라는 위협을 사용하는지도 모른다. 내 경우는 벌금 150달러가 부과되었고, 크게 안도하며 벌금을 냈다.

혁명 전 프랑스에서는 정부가 세금 농사꾼이라는 명칭을 갖게 된 개인들에게 세금 징수를 위임했다. 이들은 폭넓은 재량을 누렸고, 엄청난 진취성을 보였다. 그들은 세금에서 한몫 챙길 수 있었다. 돈 벌기 좋은 자리였다. 이들은 누구에게나 미움을 샀다. 나는 혁명을 촉발하는 증오에 영감을 제공하는 것은 세금 자체가 아니라(티 파티 근본주의자가 아닌 이상), 공공선이라는 허울을 뒤집어쓰고 행동하는 사심 가득한 정당들의 그릇된 가식이라고 생각한다.

미국의 범칙금 농사는 이걸 변형한 듯하다. 여기에 적용되는 권위는 파산한 군주제의 그것이 아니라, '안전'을 들먹이며 다른 모든 고려사항을 뭉개고, 그 기준을 정당화하기 위해 우리 가운데 가장 무능한 자를 지목하는 일종의 도덕주의적 권위다. 분명 이런 경향은 어떤 환경에서는 들어맞는 듯하다. 가령 나는 미국이 심신장애자들을 포용하는 방식이 남다르고 참으로 존경받을 만하다고 생각한다. 하지만 이 도덕률은 비판하기가 워낙 어렵다는 바로 그 이유로, 자체적인 제한원칙이 전혀 없는 행정국가의 확대에 거의 논박 불가능한 핑계를 제공하고, 이 행정국가의 관점에서 '무책임'해 보일 수밖에 없는 정반대의 고려사항들을 강력하게 피력하는 행동은 종적을 감추게 된다. 공공 안전 체제는 자기 내부논리만으로 점점 늘어나는 고용자 수와 전보다 훨씬 많은 삶의 영역이 식민화되는 것을 정당화할 길을 찾아야 한다. 이는 항상 훌륭한 민주적 가치의 기치하에, 그 고객들을 전보다 더 어린애 취급함으로써 달성할 수 있다.

2018년 7월, 나는 다시 교통법정에 오게 되었다. 이번에는 플루배너Fluvanna 카운티에서였다. 보안관은 순찰차를 움푹 팬 갓길 그늘막에 숨겨놓고 후면발사 탐지기rear-firing radar로 나를 찍었다. 나는 야마하의 브레이크를 꽉 잡았지만 그를 지나칠 때 이미 망했다는 걸 알았다. 나는 내 사이드미러로 그가 거대한 모파Mopar 자동차를 배수로 쪽에서 도로로 움직이는 모습을 보자마자 갓길에 오토바이를 세웠다. 그는 내가 "86에다 가속중이었다"고 말했다. 제한속도는 55마일(89킬로미터)였다. 내가 동서 방향으로 이동할 때 즐겨 다니는 6번 노선 도로 위였다.

그 경찰은 괜찮았다. 그는 그걸 난폭운전으로 적지 않았고(그들에겐 재량이 있다), 86대신 84라고 적었는데, 그게 불량함의 문턱값 바로 밑이었던 것 같다.

팔미라 법원은 1828년에 건축된 올드스톤 감옥 옆에 있다. 법원으로 쭉 걸어가다 보면 바로 밖에 있는 형틀을 알아차리지 않기가 힘들다. 그렇다, 형틀. 당신의 목과 손목을 조이고 당신이 구부정하게 앞으로 숙인 자세를 취하게 만들어서, 아마도 정직한 시민과 꼬마들에게 야유를 받게 하려는 나무로 된 기계 장치 말이다. 물론 (당신은 혼자 생각한다) 그건 **역사의 유물**이지 요즘 정의구현 방식은 아닐 거야. 아마도.

법정 안에 들어와서 보니, 널빤지 같은 조끼가 셔츠 아래 불룩하게 튀어나오고 무선통신 와이어가 벨트에서 옷깃으로 구불구불 이어지고 허리춤에 무기를 완전 장착한 플루배너 카운티 소속 보안관이 여섯 명이었다. 나는 그때 그 경찰을 찾아내려 했지만 이미 몇 달이 흐른 뒤였다. 근육질 체격에 머리를 짧게 자르고, 다른 생에서였더라면 말총머리가 자랐을 위치에 샤페이 강아지처럼 목주름이 자글자글한 이들은 남성성을 과장되게 뽐내는 가죽옷 패거리로밖에 보이지 않았다. 묘하게도 붕어빵처럼 똑같은 모습은 이들의 존재감이 빚어낸 주요 효과였고 이는 무력 과시에 더 큰 힘을 실어주었다.

반면 판사는 아프리카계 미국인 여성이었다. 나는 이 점이 반가웠는데, 경찰과 판사가 술을 몇 잔 걸치면서 법과 질서에 대한 토론을 벌이기 위해 라이언스 클럽에서 회합을 갖는 모습을 상상하기가 어렵다는 단순한 이유에서였다. 법원에서는 내가 이 단 하나의 것, 국가와 맞서고 있다는 느낌이 든다. 물론 **원래는** 동등한 두 당사자인 경찰과 피고가 있고, 이들은 그 어느 쪽 편도 들지 않는 판사 앞에 서게 된다. 좋은 생각이긴 하지만, 사실 적지 않은 공무원들이 정기적으로 만나서 서로 직업적인 유대를 쌓는 것이 사회 문제인 실정이다. 그래서 너무 한 덩어리가 되지 않도록 경찰과 판사를 사회학적으로 구분하는 게 좋다.

나는 불항쟁 답변(유죄를 인정하지 않지만 검사의 주장에 맞서지도 않겠다는 입장-옮긴이)을 하겠다고 했지만 진술은 하고 싶다고 알렸다. 그건 내가 아멜리아 카운티 사건을 위해 작성했던, 그리고 체스터필드 카운티에서 곧 다시 사용하게 될 약간의 장광설이었다. 이런 류의 장광설은 내 앞에서 이 말을 듣게 될 사건 담당 판사의 성향과, 법정의 전반적인 분위기를 고려한 다음 마지막 순간에 손을 좀 봐야 한다. 그리고 아주 간단해야 한다. 하지만 나는 판사들이 그걸 유심히 새겨듣는다는 인상을 받았다. 그들의 하루를 생각해보라. 눈물 없이는 들을 수 없는 이야기들, 뚱한 무심함, 비굴한 굽신거림의 끝없는 행렬. 교통 법정에서 그들이 접할 일이 없는 것은 바로 **주장** 또는 수사법을 활용하려는 시도다. 그들이 로스쿨에 가고 싶게 만들었을 바로 그것.

"존경하는 재판장님, 경찰관은 완벽하게 전문성이 있었습니다(여기서 재판을 받아야 하는 건 그놈입니다). 그래서 저는 경찰관이 사용한 레이더 장비의 측정치에 이의를 제기할 이유가 전혀 없습니다(하지만 저는 이 법원의 위엄 아래, ㄱ 측정치 문제를 관대하게 일축하는 동시에 간단히 언급할 것입니다). 저는 기소 내용대로 유죄이고 변명이나 늘어놓으면서 재판장님의 시간을 허비하지 않을 것입니다. 하지만 재판장님이 허락하신다면 일반적인 오토바이 운전자들을 대신해서 몇 가지 말씀을 드리고 싶습니다(재판장님처럼 나도 공공의 이익에 관심이 있습니다)."

"연구를 통해 확인되었다시피, 그리고 주 경찰이라면 누구든 재판장님께 그렇게 말하겠지만(나는 몸을 살짝 돌려서 그를 본다. 궁극적으로 우리는 여기서 같은 편이다), 주의가 흐트러진 운전은 음주운전만큼이나 위험할 수 있습니다. 우리는 오토바이를 탈 때 문자를 보내거나, 내비게이션 화면을 보거나, 뒷자리에 앉은 아이들과 법석을 떨지 않습니다. 운전 이외에는 아무일도 하지 않습니다. 그리고 여기에는 많은 것이 달려 있습니다. 오토바이를 타다가 넘어지면 일단 피부가 바로 까지죠. 그래서 우리는 주의를 기울이게 됩니다. 오토바이를 타고 시속 80마일로 달리는 것은 다른 운전자들에게 가하는 위협이라는 측면에서, 전자장비가 가득 실린 3톤짜리 SUV로 그렇게 하는 것과는 차원이 다릅니다. 제가 이 사실을 언급하는 것은 오토바이 운전자는 다른 속도제한이 적용되어야 한다(우리는 우리 자신처럼 책임감 있는 사람들이 고려하기에는 무리가 된다는 듯이 X로부터 거리를 두면서도 X라는 생각을 청자의 머리에 주입하려고 'X가 아니다'라고 말한다), 내지는 어떤 면에서 법을 초월한다(법의 위엄은 재판장님께 그렇게 쪽 잘 어울리는 법복만큼이나 찬란합니다, 존경하는 재판장님)는 주장을 하기 위함이 아닙니다. 오직 재판장님이 어떤 처벌이 저의 사건에 적합할지를 판단하실 때 더 큰 맥락을 고려하시기를 바라는 마음에서입니다."

나는 내가 키케로처럼 점잖게 이 연설을 했다고 말하고 싶다. 하지만 아멜리아에서처럼 이 사건에서도 내 목소리는 떨리고 호흡이 가빠서 거의 들리지 않았다. 이런 환경에서는 국가의 엄숙함을 정말로 느끼게 되고 이는 전신에 영향을 미친다. 판사는 분명하게 관심을 가지고 경청했고, 따뜻하고 진지하게 이런 고려사항의 가치를 인정한다고 말했다. 그런 다음 어쨌든 범칙금을 경감하는 것은 거부했다. 하지만 그녀는 친절한 자비심을 담아서 자신의 판결을 발표했고 이 때문에 나는 그저 이 판사가 이 자리에 있어준 것만으로도 감사함을 느꼈다.

빈말이 아니다. 정의는 이루어졌다.

법원 밖으로 나온 나는 형틀에 몸을 집어넣고 셀카를 찍었다.

의무불이행자를 위한 치유법

몇 달 뒤 다시 일이 벌어졌다. 토요일 오후 중앙분리대가 있는 6차선 고속도로 치퍼넘Chippenham 파크웨이에서 한 남자가 오르막 바로 뒤에 몸을 숨기고 있었다. 그의 말에 따르면, 왼팔 안쪽에 보이지 않는 광선을 발사하는 총을 쥐고서. 그에게는 인쇄된 노란 범칙금 양식도 한 묶음 있었다. 오만 사람에게 나눠주고도 남을 것 같았다. 내 범칙금 양식에는 77/55라고 적었다. 지난 18개월 동안 딱지를 숱하게 끊겼기 때문에 사건이 일어나고 나면 항상 내 우편함에 등장하는 변호사의 집요한 판촉물도 전보다 익숙해졌다. 플루배너 카운티에서 마지막 일이 있고 난 뒤 나는 전화로 변호사와 잠시 이야기를 나누었지만, 내 사건이 1,500달러라는 말에 나는 나 자신을 대리(흥미로운 표현이다)했고, 이제 내 차량관리국 전과기록에 "시속 55인 곳에서 84로 달림"이라는 기록이 생겼다. 하지만 이번에 미스터 조이너Joyner 변호사님에게서 받은 우편전단을 보니 겨우 149달러를 청구한다는 게 아닌가. 나는 전화로 그의 보조변호사 중 한 명과 이야기를 나눴고, 그가 내 사건을 맡았다. 그리고 아니나 다를까, 그는 범칙금을 각하시켰다. 내가 기본 라이더 과정을 이수한다는 판사의 조건하에.

조교는 발이 땅에 닿는 귀여운 250cc 오토바이에 우리를 앉히고는 천천히, 앞뒤로, 발뒤꿈치부터 발가락까지 붙인 상태로 굴려보라고 시켰다. 처음에 교실에 있을 때는 '학교는 너무 시시해' 자세로 회귀해서 연습장에 무례한 말들을 끼적대고 옆에 앉은 남자에게 그걸 보여주면서 학급 광대놀이를 했다. 상황이 왠지 그래야 할 것 같았다. 그러다가 이제 우리는 주차장으로 나가서 클러치가 개입하기 시작하는 '프릭션 존'을 느끼는 법을 배웠다.

끝없이 부정적으로 투덜대기만 하는 내면의 독백에 질린 나는 태도를 고치기로 결심했다. 마음챙김 수양으로 여기리라. 나는 클러치 레버를 통해 클러치의 미끄러짐을 정말로 **느끼고**, 내 몸과 오토바이가 하나로 통합된 감각에 도달하려고 애썼다. 효과가 있었다. 나는 30분 정도 학교에서 말하듯 전보다 **적절하게** 사고하고 행동하고 느낄 수 있었다. 우리는 발을 보조 바퀴처럼 이용해서 땅에 대고 나란히 주차장을 가로질러 천천히 움직였다. 한쪽 끝에 도착하면 왼손을 들어 올려 우리가 연습을 마쳤음을 보여주었다. 하지만 이 연습이 하루 종일 이어질 기미가 보이자 나는 이내 다시 고분고분한 태도를 유지하는 게 감정적으로 힘들어졌다. 나는 이틀간 **스무 시간**에 걸쳐 적절한 태도를 선보이고 나면 그들이 내게 건네줄 종이쪼가리가 절박하게 필요했기 때문에, 두 강사의 미움을 받아서는 안 되었다. 앞바퀴 들고 타기는 절대 안 돼.

미셸 푸코는 처벌의 문화사에 대한 글을 썼는데, 핵심은 18세기 일정 시점에 서구 사회가 직접적인 처벌(채찍질이나 형틀에 가둬두기 같은)에서 "훈육"으로 방향을 바꿨다는 것이다. 이는 다양한 제도적 형태를 취한다. 감옥, 의무교육, 공장, 정신병원 등. 이런 제도들은 처벌뿐만 아니라 어떤 부류의 "신민subject(권력이 부드럽게 작동하도록 하는 인격과 자기이해의 형태)"을 양산하는 것이 주 역할이다. 그 방법 중 하나는 '불평등한 시선'을 사용하는 것이다. 이런 훈육제도에는 일방향의 거울 같은 특징이 있다. 당신은 절대 자신이 관찰당하고 있는지의 여부, 또는 관찰당하는 시간을 확신할 수 없다. 감옥에서는 그것이 건축물의 구조를 통해 이루어진다. 학교에서는 무엇을 위반하면 '영구적인 기록'이 남게 되는지 결코 알 수 없다.

안전-산업 복합체는 때로 도로의 자연스러운 특성을 이와 비슷하게 이용한다. 저 수풀 뒤에 광선총을 든 남자가 있을 수도 있고 없을 수도 있다. 평소 같았으면 정상적이고 자연스럽다고 느꼈을 일 때문에 적발될지도 모른다. 무작위로. 여기에 따르는 근심과 불안을 해소하는 유일한 방법은 제도의 요구를 내면화하는 길뿐이다. 다른 부류의 사람이 되기. 가령 중앙분리대가 있는 텅 빈 6차선 고속도로에서 시속 89킬로미터로 달리는 게 올바르고 자연스럽다고 느끼는 부류의 사람 말이다. 물론 훈육기관이 이런 재교육에 **지나치게** 성공해서는 안된다. 이 시스템의 핵심은 의무불이행자를 양산하는 것이므로. 의무불이행자들이 없으면 기구 전체가 정당성(과 예산)을 잃는다. 제한속도와 우리의 자연스러운 합리성이 지시하는 속도 간의 격차, 그리고 법 집행률을 세심하게 조정해서 최적의 의무불이행자 수를 만들어내야 하는 것이다.

무엇이 난폭운전인가

당신이 알아챘을 수도 있지만 나는 과속범칙금 고지서를 받으면 자유지상주의적 반항기가 치밀어오른다. 하지만 어젯밤 나는 교통 단속을 줄이는 게 아니라 더 늘렸으면 하고 바라게 만드는 경험을 했고, 이런 경험은 점점 빈발하는 중이다. 정지신호가 600미터마다 나타나는 4차선 교외 간선도로인 위그노 파크웨이Huguenot Parkway에서 나는 내 사이언 xBScion xB 미러로 어떤 차가 내 뒷 범퍼에서 1미터도 안 되게 바짝 붙어 있는 모습을 보았다. 통행량은 많지 않았다. 내 왼쪽 차선도 비어 있었다. 그는 90미터 정도 이런 식으로 따라오다가 뒤처졌다가 다시 돌진해서 따라붙기를 반복했다. 금요일 밤이었기 때문에 그가 술에 취했을지 모른다는 생각이 떠올랐다. 다음 신호에서 나는 겨우 그와 나란히 서게 되었다. 약간 푸른기가 도는 빛이 아래로 향한 그의 얼굴을 비추었고, 그의 얼굴에는 자신의 무릎 쪽에서 분출된 어떤 경험에 대한 반응으로 무아지경의 표정이 떠올라 있었다.

나는 얼굴에 분노를 가득 담아 그의 옆으로 차를 붙이면서 창문을 내렸다. 그러다가 내 앞에 있는 차를 들이받을 뻔했다. 얼마나 당황했던지 내가 느낀 모든 도덕적 우월감이 한 방에 날아가기 직전이었다. 하지만 다 날아간 건 아니었다. 나는 내 뒤에 붙어오던 운전자와 불친절한 말을 몇 마디 주고받았다. 600미터 정도 지나서, 나는 내 옆 차선에서 혼자 미니밴을 몰고 있는 여자가 조향바퀴 위에 올려놓은 휴대전화를 응시하며 크게 웃는 모습을 보았다. 나는 난폭운전자들에게 둘러싸인 기분에 시달리며 공권력의 집행을 간절히 바라게 되었다.

하지만 나는 그 어떤 법을 통과시키고, 그 어떤 공익광고나 교육 캠페인을 해도 사람들의 딴짓을 막을 수 없다고 생각한다. 대단히 성공적이었던 1980년대 음주운전 근절 캠페인은 문화적 규범을 바꿀 수 있음을 보여줄 때 자주 거론된다. 하지만 음주는 주로 운전대를 잡기 전에 사회적 환경에서 이루어진다. 규범이 실행되고 사회적 압력이 느껴지는 환경은 친구나 동료들의 모임이다. 반면 독립적인 자동차 운전석은 사적 공간 같은 느낌을 주는 곳이다. 이런 곳에서 수치심의 힘을 빌려 사회개혁을 하기에는 역부족이다.

우리가 자동차에서 느끼는 강화된 도덕적 고립감은 비슷한 방식으로 반사회적인 행위를 양산하는 익명의 온라인 댓글란과 비슷하다. 하지만 그런 고립은 착각이다. 우리는 클라우드에서가 아니라 휘발유와 육신을 담고 있는 판금 안에서 서로를 향해 돌진하고, 우리의 경로를 구분해주는 것은 도로 위에 페인트로 그려진 가느다란 선뿐이다.

스크린의 매력은 너무 강력하고, 자유민주주의적 실험의 후반 단계에서 공익정신은 너무 약해서 나는 주의산만 운전을 테크놀로지를 통해 치유할 수밖에 없다고 믿는다. 한 가지 접근법은 무인 자동차다. 이는 막대한 투자를 요하고 대대적인 부의 이전을 약속하는 접근법이다(이전되는 부 가운데 많은 양이 이 문제를 만들어낸 바로 그 당사자들의 금고로 들어간다). 이런 이유로 이는 투기적인 벤처 자본이 군침을 흘리고, 대체로 그들에게 포획된 (양당의) 정치기구의 승인이 가능한 유일한 접근법이다.

하지만 간단하면서도 저렴한 다른 테크놀로지 해법들도 있다. 운전자가 주행 중일 때는 스마트폰의 특정 기능을 못쓰게 만드는 건 상대적으로 시시한 문제일 수 있고, 실제로 애플의 아이폰이 자랑스럽게 이 기능을 출시한 상태다("주행 중이 아닙니다"라는 문구를 한 번 터치하기만 해도 이 안전장치를 바로 해제할 수 있다는 문제가 있긴 하지만). 주의산만 운전을 과학기술로 더 강력하게 통제하려면 바로 그 일을 하기 위해 고용된 공무원들이 공익 관리권을 행사하겠다는 약간의 의지만 있으면 된다. 그리고 주 법을 통해 사업을 인가받은 기업들이 공익에 아주 약간의 존중만 표하면 된다. 고위경영자들이 자기 회사를 아무리 독립적인 기관으로 본다 해도 말이다. 하지만 이런 수수한 과학기술적 해법들은 무인 자동차과 비교했을 때 시민으로부터 더 많은 부를 쥐어짜낼 가능성을 누구에게도 보장해주지 않고, 따라서 별로 시행될 가망이 없다.

통행관리
- 세 가지 합리성의 경쟁

"그들은 우리에게 자신들이 꿈에 모든 인류에 적합한, 영화롭고 충돌없는 생활양식을 보았노라고 말한다. 그러면서 이 꿈을 오늘날 우리의 생활양식을 특징짓는 갈등 사건과 다양성을 제거하기 위한 보증서로 이해한다. (…) 그리고 이런 사람들은 (…) 정부가 개인의 꿈을 공적이고 강제적인 생활양식으로 전환해야 한다고 이해한다."

_마이클 오트숏, 1947년

전형적인 교외 간선도로를 상상해보라. 당신은 교차로에 있다. 통행은 한산한 편이다. 자동차들은 대부분 멈춰서 기다린다. 그들은 무엇을 기다리는가? 물론 신호가 바뀌기를 기다린다. 많이들 하는 일이다.

급한 경우, 아니면 나처럼 인내심이 없는 경우 모든 방향에서 접근하는 자동차가 있는지 없는지를 완벽하게 눈으로 확인할 수 있는데도 몇 분 동안 가만히 앉아 있으려면 상당한 감정노동이 필요하다. 특정 환경에서 자연스럽고 합리적이라고 느껴지는 것(텅 빈 교차로는 이동을 재촉한다)과, 이런 환경에 관심 없는 법이 서로 갈등한다. 당신은 마치 플렉시글라스로 된 밀폐공간에 갇힌 동물처럼, 몸의 이동이 독단적으로 제한되었다고 느낀다. 그런데 이 장애물에는 세속적인 특징이 전혀 없고, 당신의 몸은 이를 납득하지 못한다.

좀 급진적인 사고실험을 해보자. 우리가 축복받은 **안구**를 사용해서 교차로에서 좌회전을 해도 될지를 판단한다면 어떨까? 그리고 두뇌도 함께 사용한다면? 이런 미친 짓을 시도해본 적이 있는가?

이탈리아를 여행했던 미국인들은 집에 돌아오면 종종 겁에 질려 혼돈의 교통 실태에 대한 이야기를 불신과 선망을 뒤섞어서 늘어놓는다. 로마에서 운전은 "새가슴이 할 짓은 아니라"고 그들은 말하리라. 보행마저도 전투 준비가 필요하다. 하지만 자동차광에게 로마의 교차로는 다른 무언가 역시 보여준다. 자동차와 버스와 오토바이와 행인이 서로서로를 교차하면서 자아내는 즉흥성과 유동성이라는 아름다운 장관을 말이다. 만일 거기에 규칙이 있다면 그것은 운전교본에 적을 수 있거나 여행자를 위해 쉽게 압축할 수 있는 그런 단순한 부류가 아니다. 운전자는 혼잡 속에서 주의를 기울이고 자기가 갈 길을 찾아낸다. 교통 신호나 법규보다는 이탈리아의 어떤 불가사의한 '집단지성' 능력에 의지하기라도 하듯. 여행자가 느끼는 시각적인 인상으로 판단

했을 때 이 능력은 어마어마하게 **효율적이다.**[1]

하지만 안전은 어쩌나? 세계보건기구에 따르면 2016년 이탈리아의 도로 사망자 수는 차량 10만 대당 6.3명인 반면, 미국은 차량 10만대당 14.2명이었다. 이탈리아인들에게 축전을 보내기 전에, 이는 대단히 불완전한 도로 안전 척도임을 짚고 넘어갈 필요가 있다. 보통은 차량의 주행거리 기준 사망자 수를 선호하지만 이를 공개하는 나라는 극히 일부이고, 여기에 이탈리아는 포함되지 않는다. 이보다 더 복잡한 변수도 고려해야 한다.[2] 그러므로 논증에 주의를 기하기 위해 이탈리아의 운전법이 규정에 심하게 얽매이는 미국의 운전법보다 엄청나게 **더** 위험한 것은 아니라는 것을 짚고 넘어가는 정도로만 하자.

로마의 교차로를 비교 대상으로 삼을 경우 우리는 우리가 속한 사회에 대담한 질문을 던질 수도 있다. 주차장 **안**, 그리고 주차장 출입로의 보행자 통로를 연석과 교통섬으로 구획 지어 놓을 필요가 있나? 간선도로와 만나는 교차로를 한 번에 한 방식만 허용하는 여덟 가지 교통신호로 관리해야만 하는 걸까? 지난 몇 년간 내가 살고 있는 버지니아 헨리코 카운티 서부의 많은 주요 간선도로에 신호위반 카메라가 우후죽순처럼 생겼다. 이 카메라들은 이런 종류의 교통 통제가 합리적이지 않으므로 감시와 벌금 위협으로 확실하게 단속을 해야 한다는 무언의 인식을 드러내는 것 같다.

우리가 충분히 엄격하게 규정을 따르도록 교육을 받을 경우 어쩌면 덫에 걸린 동물에게 적합한 생리적 반응을 완전히 잃어버릴지 모른다. 아마 이는 현대사회에 적합한 사회화일 것이다. 하지만 우리는 얼마나 멀리 가려는 걸까? 인간의 적응 능력이라는 **사실**을 인간 생태계의 무한한 개조를 정당화하는 원칙으로 삼고자 하는 걸까? 철학자 이반 일리치Ivan Illich는 "인간을 도구의 쓰임에 끼워 맞추는 비용이 늘어나는 상황"에 대한 글을 남겼다. "인간에게 대단히 중요한 평정의 내성을 극복하기 위해 인간을 점점 심하게 조작할 필요가 생겼다." 빨간 신호 앞에서 기다리는 동안 이런 치유법을 자신에게 적용해야 한다. 우리 모두에게는 각자의 선Zen을 일깨우는 방법이 있다.

프로이트가 우리에게 가르쳐준 대로, 문명화된 사람이 된다는 것은 '자연스럽게 일어나는 것'과 사회의 요구사항 사이에 근본적인 갈등이 있음을 받아들인다는 의미다. 문명은 개인의 큰 희생 위에 만들어진다. 개인을 넘어서라.³ 빨간불에 대고 화를 내는 것은 자신이 유아기임을 드러내는 것이다. 그렇지 않은가? 아니면 아마 가장 막 나가는 자유지상주의자이든지.

좋다. 하지만 우리 각자의 내면에는 그런 생명체가 하나씩 있다. 한 번씩 우위를 점하는 심하게 좌절한 작은 미니미가(다음 장에서 운전자의 분노를 다루면서 그를 만나게 될 것이다). 미국의 방식과 이탈리아의 방식을 비교한 이유는 사회마다 각자 필요한 합의에 도달하는 방식이 다르다는 점을 우리 스스로에게 상기시키기 위함이다. 미국에서 통행 관리를 할 때 선호하는 합리성의 형태는 규칙 준수다. 여기에는 개인주의라는 전제가 깔려 있다. 하지만 이는 가능한 선택지를 인위적으로 제한하는 전제다.

반면 로마나 아디스아바바에서 드러나는 합리성의 형태는 "사회적 보조 장치가 달려 있는 상호예측socially scaffolded mutual prediction"이라고 부를 수 있다. 이는 철학자이자 인지과학자인 앤디 클라크Andy

Clark가 최근 연구에서 정교화한 개념이다. 클라크는 인간이 규칙 준수와는 아주 다른 문제들을 동시에 풀 때 무엇을 하는지를 설명한다. 우리는 다른 사람들의 행동을 포함한 이 세상에 대한 예측을 꾸준히 업데이트하고, 다른 사람들이 자신의 행동을 더 쉽게 예측할 수 있도록 수정한다. 이는 진화가 우리에게 남긴 인지 전략이며, 뇌 기능 전반에 내장되어 있다. 또한 이는 공교롭게도 통제되지 않은 교차로의 즉흥적인 흐름 속에서 관찰되는 모습과 일치한다. 이런 장소에서는 마침 우리에게 기본적으로 주어진 재능을 십분 활용한다. 반면 규칙을 더 엄격하게 근거로 삼는 통행 체제는 가능한 해법뿐만 아니라, 운전자가 상대하는 '문제공간'을 제한한다(자동차 운전 연구를 떠올려보라).

이 문제는 다음 장에서 더 깊이 파고들 것이다.

여기서 내 요지는 다양한 통행관리방식이 서로 다른 정치문화를 뒷받침하고 드러낸다는 점이다. 감시와 벌금의 위협을 통해 유지되는 규정 중심의 통행 질서는 어떤 경험을 안기는가? 이는 협력이 필요한 사람들 사이에서 자연스럽게 나타나는(또는 나타나지 않는) 시민들 시로긴의 존중과는 시못 디른 느낌을 준다. 그리고 이 차이는 '자유롭다'라는 말은 무엇을 의미하는가의 핵심을 향한다.

규제되지 않은 교차로에서는 인간의 천재적인 임기응변 능력을 볼 수 있다. 하지만 질서를 신줏단지처럼 받들고, 구제불능이거나 무능력하다고 여기는 사람들에게 이런 시각을 강요하는 데서 뿌듯함을 느끼는 부류에게 이런 모습은 큰 인상을 주지 못한다. 전문적인 감독이 없어도 충분히 잘 돌아가는 비공식적인 합의나 관행적인 행위가 너무 빈번하게 희생된다. 하지만 이런 민간의 행위에는 로비 집단 같은 것도 없고, 이런 행위를 변론할 때 필요한 개념들은 별로 인기가 없다. 게다가 이런 행위들이 오랜 세월에 걸쳐 자리를 잡았다는 사실은 진보 개념에 누가 된다. 진보의 약속은 종종 신기루처럼 흩어지곤 하지만, 선천적인 기술의 강요된 진부화는 실현될 때가 많다.

내 입장을 오늘날의 확립된 정치적 선택지의 범주에 끼워 맞춘다면 자유지상주의에 해당될 게 분명하다. 하지만 이는 무질서의 효능에 대한 순진무구한 믿음에서 기인하는 게 아니다. **도로 위의 무질서는 나쁘다.** 내가 주장하고자 하는 바는 합리적 통제를 위한 프로젝트가 이성이 사회에서 어디에 위치하는가에 대한 지나치게 협소한 관점에 의지한다는 것이다. 로마의 교차로는 합리적인 질서의 현장임이 분명하다. 이는 머나먼 곳에서 교통 현장에 미리 정해진 이동의 격자망을 포개어 통제시스템을 계획하는 형태의 합리성보다는 유기적인 시스템 속에서 드러나는 합리성에 더 가깝다.

사람들에게 판단의 부담을 덜어주려고 하는 데서 비뚤어진 결과가 나타난다. 서로 협력해 유동적인 불확실성의 상황에 맞서는 인간의 비범한 수완이 있는데 무지한 시스템에 일상생활의 조정을 맡길 때 바로 이런 일이 벌어진다. 지나치게 엄격한 통제의 이상에 입각한 인프라는 인간이 발휘할 수 있는 역량을 제대로 수용하거나, 인간의 역량에서 얻을 수 있는 사회적 효율성을 제대로 활용하지 못하고 외려 인간의 기능을 퇴화시킨다.

미국 사람들은 규칙 준수가 대단히 비효율적일 수 있음을 인정하면서도, 사회적으로 실현된 합리성의 형태에 의지하는 것을 마뜩잖아 한다. 이런 난국 때문에 우리는 통행관리를 위한 세 번째 형태의 합리성을 상상해냈다. 인공지능이다. 가장 정교한 형태의 머신러닝이라면 협상을 통해 정해진 유연한 우선통행권을 이행할 수 있어야 한다. '자율 교차로'가 생기면 우리는 빨간불 앞에서 기다릴 필요가 없어진다. 단순한 규칙을 근거로 삼는 지금의 방식에 비하면 큰 개선일 수 있으리라. 핵심은 운전자를 위해, 그러니까 컴퓨터를 위해, 서로 소통하고 그때그때 상황에 맞춰 대응할 수 있는 수단을 찾아내야 한다는 것이다. 이탈리아 사람들처럼 말이다!

다양한 대처법을 찾아낼 수 있다. 텍사스대학교 오스틴캠퍼스 연구자들이 개발하려고 하는 "복수행위자 교차로 통제계획"도 그중 하나다. 그들은 이렇게 말한다. "한 가지 기술적인 문제는 행위자(즉, 개별 자동차) 간의 통신 프로토콜을 설계하는 것이다. (…) 교차로 관리자는 예측된 행위자의 행동을 근거로 자동차의 향후 경로를 계산하고 이를 과거의 요청이 저장된 예약표와 비교한다. 자동차가 필요한 공간-시간을 특별히 요청하지 않는 한 교차로 관리자는 제시된 시간에 그 교차로에서의 안전한 통과를 보장한다. 약속된 시간과 속도에 도착하는 것은 그 자동차의 책임이다. 만일 예약이 거부될 경우 자동차는 속도를 낮추고 다음 예약을 요청해야 한다."[4]

전반적으로는 이 사람들이 이미 오래전에 해결된 문제를, 생명의 특성과 문화가 발전시킨 것에 비하면 조야한 도구를 가지고 해결하려고 애쓴다는 인상이다. 인간의 뇌와 지각 시스템은 진화를 통해 융통성 넘치는 상호예측의 수단이 되었고, 국지적인 규범이 발전시킨 어떤 문화에서든 개인들이 상대하는 예측의 문제를 훨씬 용이하게 한다.

〈뉴욕 타임스〉에 따르면 "자율주행차의 실험설계에는 열여섯 대의 비디오 카메라, 열두 대의 레이더 센서, 여섯 대의 초음파 센서, 네다섯 대의 광선 레이더 탐지기가 들어간다. 그리고 자율주행차가 시야를 흐리는 눈보라와 흠씬 퍼붓는 폭우 같은 긴급사태에 대응하려면 이보다 훨씬 많은 센서와 스캐너가 필요할 수 있다." 유수의 광선 레이더 제작사 중 한 곳의 최고경영자는 이런 말을 했다. "컴퓨터가 인간만큼 똑똑하지 못하다는 사실을 보완하려면 터무니없고 초인간적인 센서가 있어야 해요. 그리고 컴퓨터는 아주아주 오랫동안 인간만큼 똑똑할 수 없을 겁니다."[5] 자율주행차는 1초에 300조 건의 연산을 처리할 능력이 있는 컴퓨터가 필요할 것으로 추정된다.

철저한 독점

미래의 어느 날, 고도로 조직화된 자율주행 시스템이 오늘날 유서 깊은 국가의 교차로에서 볼 수 있는 수준의 효율성에 도달한다면 이는 획기적인 성공으로 평가받을 것이다. 하지만 이런 기적을 이루려면 여러분과 나의 막대한 지출이 요구된다. 그리고 소수의 민간 기업과 공공 부문에 있는 그 동료 몽상가들의 명령에 따른 도시경관의 대대적인 재구성도.

이반 일리치는 "철저한 독점radical monopoly" 개념을 제시한다. 한 기업이 다른 기업들을 제치고 지배력을 행사할 뿐만 아니라 가능성을 재배열하는 것을 의미한다. "사람들이 자신을 위해, 그리고 서로를 위해 할 수 있는 것을 행하는 타고난 능력을 포기하고, 거대한 도구에 의해서만 행해질 수 있는 '더 나은' 무언가를 얻고자 할 때 철저한 독점이 확립된다." 여기서 "거대한 도구"는 우리 자신의 경험과는 동떨어진 특수한 전문지식의 요구에 의존하게 만드는 것을 말한다. 그러므로 예를 들어 학습은 의무교육 체제가 독차지하게 되고, 질병의 관리는 소위 보건의료 시스템의 배타적인 전유물이 된다. 우리는 스스로를 위해, 그리고 서로를 위해 무언가를 하는 방법을 잊어버린다. "제도는 이제 거대한 도구가 생기 없는 사람들을 위해 내놓는 결과물을 아주 효율적으로 활용한다." 반면 바로 이해 가능한 "제한된 도구들의 다원성"은 일리치가 말한 "신명conviviality"을 뒷받침한다. 일부 측면에서 자동차는 자전거에 비해 일리치가 말한 거대한 도구에 해당한다. 하지만 그럼에도 자동차는 유연성과 판단과 개인의 주도성을 허용하는 도구다. 사실 자율주행이라는 유토피아의 관점에서는 오히려 이것이 자동차의 **결점**이다! 그래서 교차로 관리자 같은 프로그램이 필요하다.

도시의 실행자

미셸 드 세르토Michel de Certeau는 "산책자는 '도시의 실행자'다. 도시는 걸으라고 만들었기 때문이다"라고 말했다.[6] 운전자에 대해서도 똑같이 정당하게 이 말을 할 수 있을 것이다. 특히 운전을 하라고 만들어놓은 로스앤젤레스 같은 도시에서는 더 그렇다. 2018년 마지막 날 프란치스코 교황은 성 베드로 성당 설교에서 "좋은 감각과 분별력을 가지고 차량들 속에서 움직이는" 운전자들을 칭찬하면서 그 윤리적 의미를 밝혔다. 분별력은 규칙이 우리의 행동을 이끌기에 적당하지 않을 때 우리가 행사하는 판단 역량이다. 이는 경험에서만 얻어지고, 우리가 자유롭게 오류를 범할 때만 육성된다. "이런 것, 그리고 1,000가지 다른 행동이 도시에 대한 사랑을 구체적으로 표출한다." 한 아름다운 구절에서 프란치스코 교황은 분별력 있는 운전자는 "말이 아니라 행동으로 자기 도시를 사랑하는, 공동선의 장인"이라고 말했다.

내가 여행해본 곳 중에서 가장 훌륭한 도시의 운전자들은 런던에서 목격했다. 택시 운전사와 통근자들은 존중과 단호함, 프로다운 공손함과 기회의 포착을 유연하게 버무려 먼저 앞으로 나가려고 경쟁하면서도 규칙 준수보다는 통행 **흐름**을 중시한다. 통행 흐름은 흥미로운 공동의 선이다. 그것은 어떤 집단 또는 어떤 국가의 섬세하고 일시적인 자산으로, 모든 사람들이 그 상황에 주의를 기울이고 유연성을 발휘할 때에만 나타난다. 음악가들의 즉흥 연주와 유사할 때도 있다. 도시에서의 운전이 최상의 형태일 때 시민들의 우정을 체감하는 경험, 자신이 인류임을 자랑스럽게 만드는 신뢰와 연대의 행위다.

한 사회에서 신뢰와 연대가 감소할 때 규칙의 필요성이 커진다. 그리고 규칙의 확산과, 그것이 조장하는 규칙 준수에 대한 강박은 동료 시민들이 유능하고 선한 의지를 가지고 있다고 전제하고자 하는 마음을 더욱 좀먹는다. 이런 경로의 끝에 도달하면 우리의 문제를 대신 해결해줄 교차로 관리자에게 운전대를 넘길 수밖에 없게 된다.

04

운전자의 분노

〈카 앤드 드라이버Car and Driver〉의 칼럼니스트 존 필립스John Phillips 는 해군 퇴역군인인 아버지가 불경함에는 도가 튼 것 같아 보인다고 말한다. 하지만 "운전 중에 폭발했을 때 아버지가 뱉은 제일 심한 말은 '카우보이 같으니라고!'였다."

코펜하겐에서는 다른 운전자가 갑자기 끼어들었을 때 보통 "내 엉덩이에서 돌아다니지 그러냐?"로 번역할 수 있는 말을 외친다. 필립스에 따르면 캐나다에서는 "이 매춘부야!" 소리를 흔하게 들을 수 있다. 필립스는 온타리오의 정체된 도로에서 어떤 사람 뒤에 붙어서 운전을 하다가 "내 담보대출도 갚아주지 그래요?"라는 고함 소리를 들었다. 데이비드 세다리스David Sedaris에 따르면 네덜란드에서 인기 있는 운전 중 분노 표출법에는 "콜레라에 걸릴 놈"과 "암하고 붙어먹을 년"

같은 표현이 있다. 오스트리아에서는 운전자들은 때로 서로에게 "내 엉덩이에서 핥고 싶은 곳을 찾아서 핥지 그래?"라는 말을 한다. 필립스는 호놀룰루에서 어떤 지역 주민이 "부활절까지 변속기어 위에나 앉아 있으라고!"라고 외치는 소리를 들은 적도 있었다. 알래스카의 와실라에서는 "네 엄마가 얼간이랑 놀아난단다"라는 말을 듣기도 했다. 그는 "처절한 교통 지옥에 갇힌 영국인들은 때로 '2층 버스 위에 올라간 예수님 같으니라고'나 '팻 팻Fat Pat(미국 휴스턴 출신의 래퍼-옮긴이)의 혈관처럼 빽빽하기도 해라' 같은 말을 내지른다"고 말한다. 세다리스에 따르면 불가리아 사람들이 좋아하는 표현은 "자기 신장결석으로 집을 지을 놈"이다. 이웃나라인 루마니아에서는 훨씬 정교한 표현을 즐긴다. "네 엄마 추모케이크 위에 내 고환을 문질러서 체리랑 초를 싹 다 뭉개버려 주지."

한번은 〈카 앤드 드라이버〉에서 시운전을 하는 동안 완전히 새로운 경지의 수감자 성행위 테마가 등장하기도 했다. 이 자동차 잡지의 두 기자가 의견을 나누기 위해 갓길에 차를 세웠을 때였다. 필립스에 따르면 이들이 공공 도로를 자기 마음대로 활용하는 게 못마땅했던 한 쉐보레 아발란체 운전자가 그들 뒤에 차를 세우고 내려서 "자기 바지를 내리고 글록맨의 문에 자신의 사타구니를 문질렀다."

"당신 차가 너무 사랑스러워서 말이지," 화가 날 대로 난 운전자가 말했다. 정말 그런 것 같았다.

내 경우는 1989년 어느 날 롱비치 항구 근처 꺼림칙한 동네인 윌밍턴의 한 교차로에서 어떤 흰색 소형 픽업트럭 앞에서 좌회전을 했다가 욕을 얻어먹었다. 내가 조금 멋대로 좌회전을 했던 것은 인정하지만, 그게 대놓고 위험한 짓이라고는 생각하지 않았다. 문제는 무례함이 아니었나 싶다. 픽업트럭 운전자는 그렇게 급하게 마을을 가로지를 필요는 없었던 모양이다. 갑자기 그날의 계획을 모두 포기하고 그 도시 한 구역을 가로질러 나를 추격했던 걸 보면. 나는 그 운전자를 따돌릴 수가 없었고, 초조하게 백미러로 살펴보니 화가 많이 난 것 같다. 내가 어떻게 해야 했을까? 번화가로 되돌아가서 주유소 같은 시설에 차를 대는 게 좋았을까?

나는 그곳을 에워싼 태평함과, 이곳에서는 내가 이방인이라는 분명한 느낌 때문에 마음이 편치 않았다. 결국 내가 전기기사로 일하는 직장에 차를 세웠다. 나는 그곳에서 며칠에 한 번씩 들르는(주로 나에게 예수님 이야기를 하려고. 그는 내가 전과자들과 어울리는 것을 보고 열을 냈다) 별로 믿음직하지 못한 하청업자를 위해 일하고 있었다. 일은 먼지 날리는 작은 부지 위에 붙어 있는 두 오두막에서 새로운 서비스업을 운영하는 것이었고 완전히 불법이었다. 나는 그 부지에 차를 세웠고, 픽업트럭은 내 뒤에 섰다. 내가 차에서 내리자 그도 내렸다. 나는 아무런 계획이 없었다. 그의 얼굴과 목에는 눈물 방울을 비롯해서 감옥에서 무작위로 새긴 문신이 뒤덮여 있었다. 정확히 그가 뭐라고 했는지나 내가 뭐라고 했는지는 기억이 나지 않지만 후끈 달아올랐던 것은 확실하다. 그러다가 그가 내 쪽으로 다가오는데, 시선이 내 오른쪽으로 쏠리기에 돌아보니 내 지원군이 서 있었다. 옆에 기다란 각목을 무심히 들고서. 그는 카우보이였다. 말 그대로다. 과거에 네바다 북부에서 야생말을 잡아서 길들인 뒤 판매해서 생계를 유지하던 사람이었다. 어쨌든 이 교통 자경단원은 자기 트럭으로 돌아가서 차를 몰고 떠났다.

그가 떠나자 옆집에 사는 나이 든 신사가 할 말이 있는 듯 밖으로 나왔다. 제2차 세계대전에서 한 팔을 잃은 필리핀인인 그는 40대부터 윌밍턴에 살았다. 지금 생각해보니 그는 〈그랜 토리노Gran Torino〉에서 클린트 이스트우드Clint Eastwood가 연기하는 인물을 닮았다. 자기 동네가 무법천지로 변하는 모습을 지켜보던 인물. 우리가 동네 악당과 대치하는 모습을 지켜본 그는 우리에게 여기서 썩 꺼지라고 조언했다. "그가 다시 올 거고, 그러면 그들은 기관총을 들고 올 것"이기 때문이었다. 그날 일을 접고 퇴근하기에 좋은 시점인 것 같았다.

나는 그 직장에서 일하는 남은 기간 동안 허리춤에 22구경 권총을 차고 지냈다. 집 아래 흙바닥을 기어다니기에는 별로 편한 방법이 아니었다(그리고 어차피 기관총의 상대도 되지 않았다). 하지만 교통 에티켓 집행관은 다시 나타나지 않았다.

잭 카츠Jack Katz는 로스앤젤레스 운전자에 대한 민족지학 연구에서 도로에서 열받는 경험은 "한없이 되풀이된다"고 말한다. 게다가 "다른 운전자에게 화를 내는 반응은 일반적으로 대단히 정당하다는 느낌을 주기 때문에 체면을 깎일 걱정 없이 초면인 사람에게도 손쉽게 이야기할 수 있다."[1] 우리가 운전대 앞에서 표출하는 분노는 어째서 의심의 여지가 없는 정당성을 획득할까? 카츠는 운전자의 격분에 대한 몇 가지 흥미로운 통찰에 도달한다. 아무리 (아직) 뉴스에 나올 정도의 사건을 겪지 않은 사람이라도, 그의 설명을 읽다 보면 자신의 모습이 떠오를 것이다.

창문을 꼭 닫은 상태에서 가장 심한 욕설로 누군가를 잘근잘근

씹어본 적 있는가? 당신의 욕이 도로의 소음을 뚫고 전달되리라고는 전혀 생각하지 않지만, 그래도 화를 내면 필요했던 감정적 분출이 이루어지는 것 같다. 마치 심각한 학습장애가 있는 사람처럼 매일 매년 되풀이해가면서 다른 운전자에 대한 분노를 믿을 수 없다는 듯한 톤으로("염병할 믿을 수가 없군") 표출하는가? 흥분의 순간이 지나고 난 뒤 자신의 행동에 민망했던 경험을 몇 번이나 되풀이하고도 분노에 탐닉하는가?

먼저 중앙분리대 반대편에서 정반대 방향으로 달리는 자동차들은 보통 우리에게 아무런 영향도 관심도 없다는 점을 알아둘 필요가 있다. 사람들의 관심은 자신과 같은 방향으로 달리는 자동차에 국한된다. "그래서 가장 일반적으로 운전자들은 다른 차량의 뒤꽁무니를 응시하는데, 이 시선은 최소한 로스앤젤레스의 도로에서 화가 날 때 바로 튀어나오는 가장 일반적인 욕설이 '똥구멍 같은 놈'이라는 사실과 완전히 무관하지 않다"고 카츠는 말한다.[2] 행인들은 서로 얼굴을 마주치지만 운전자들은 뒤꽁무니에 얼굴을 들이민 배열에서 벗어나지 못한다. 그리고 이는 우리가 그 배열에 쏟는 감정의 종류에 영향을 미친다. 인도에서 두 사람이 서로에게 다가올 때 각자는 상대의 눈이 어디를 향하는지 볼 수 있다. "행인들이 서로 지나칠 때는 힐끔 바라보는 것과 빤히 응시하는 것 간의 경계가 도덕적으로 의미심장하다. 행인들은 시선에 따르는 사회적 책임을 알기에 일상적으로 시선에 신경을 쓴다." 하지만 운전 중에는 누가 관심을 어디에 쏟는지 일반적으로 다른 사람은 알 수가 없고, 이는 숱한 파급 효과를 일으킨다. 일단 상대가 알아차리지 못할거라는 생각에 다른 운전자에 대해 거리낌 없이 지껄일 수가 있다.

　하지만 같은 이유로 자신의 존재를 다른 운전자에게 각인시키기가, 그러니까 자신의 의도를 전달하고 **이해를 구하기가** 어렵다. 차 안에 있으면 표현 능력이 심각하게 저해되고, 이런 의미에서 우리는 언어 능력을 상실한다. 그리고 이는 악순환의 토대가 된다. "결과적으로 운전자는 사람들 속을 돌아다니는 방편인 운전이 어쩔 수 없이 모두에게 야기하는 시스템 차원의 불능을 기괴한 개인의 무능력 탓으로 돌린다. 각각의 운전자에게는 다른 차 운전자와 생생한 인식을 주고받지 못한다고 느낄 이유가 충분하다." 이런 상호성의 결핍은 특히 분노를 초래하고, 이는 얼굴을 다른 차 꽁무니에 대고 있는 배열과 함수관계인 상황으로 굳어진다. "자동차 안에서 다른 차와 소통할 방도가 없는 운전자는 다른 운전자에게 자신을 이해시킬 수가 없는 기분 때문에 짜증이 치솟는다."**3**

　불쾌한 운전자와 함께 도로 위를 달리다가 수어를 동원해서 당신의 비난을 표출하려고 해본 적이 있는가? 나는 있다. 북적이는 고속도로를 타고 요세미티에서 베이에어리어로 운전해서 가던 길에 어떤 관광버스가 바로 앞에 있는 차에 너무 바싹 붙어서 달리는 모습이 눈에 들어왔다. 시속 105킬로미터 정도로. 결국 앞차가 그 버스에서 벗어나자 버스는 같은 차선에 있던 그다음 불행한 차에 똑같은 짓을 했고, 한동안 이런 식의 일이 이어졌다. 그 버스 왼쪽 차선으로 가서 보니 (유리 문 덕분에 시야가 확보되었다) 버스 운전자는 무릎께에 낮게 놓인 휴대전화를 내려다보면서 (승객들에게는 그런 모습이 보이지 않았다) 앞차 범퍼에서 2미터도 안되는 간격으로 태평하게 운전을 하고 있었다. 치밀어 오르는 화를 참을 수가 없게 된 나는 경적을 충분히 길게 울렸다. 이제 그가 나를 바라보고 있을거라고 짐작한 나는 얼굴 앞에 휴대전화를 들고 눈을 부라린 멍청이 백치 연기에 혼신의 힘을 다했다. 다시 그 버스 운전사를 돌아보니 아까와 똑같은 자세였다.

카츠는 어둡게 썬팅된 창문이 도로의 감정역학에 선글라스를 낀 사람과 소통할 때와 유사한 효과를 일으킨다고 지적한다. 이는 이해의 어려움을 가중시키고, 일방적이다. 나는 상대가 어디에 주의를 기울이는지 알 수 없지만 그는 내가 어디에 주의를 기울이는지 알고, 이 불균형은 부아를 돋운다. "일반적으로 차광막 뒤에 숨은 쪽은 다른 사람들에게 상대적으로 무심하다고, 심지어 최소한 사소한 잔인함을 즐긴다고 인식될 것이다." 이와 유사한 인식의 불균형, 그리고 그에 따라 다른 사람들이 냉담하리라고 쉽게 넘겨짚는 태도는 같은 방향을 향해 꼬리를 물고 선 자동차 행렬 안에 내재해 있고, 이는 어둡게 채색된 창문 때문에 더 악화된다.

도로 위에서는 평등주의자를 찾아볼 수 없다. 카츠는 이렇게 말한다.

> 다른 자동차의 움직임에 충실하게 주의를 기울인다는 의미에서 훌륭한 운전자일수록, 다른 사람들의 주의가 얼마나 제한되어 있는지를 깨닫게 된다. 능력이 부족한 사람들에게 맞춰주려는 당신의 공손한 노력은 그들이 당신에게 감사를 표하기는커녕 당신이 뭘 하려고 하는지를 이해하지 못하면서 난관에 봉착한다. 우월한 운전자는

> 다른 사람들의 주의를 공들여 모니터하면서 도로에서는
> 어째서 무지가 권력인지를 깨닫게 된다. 다른 운전자의
> 무능을 감지한다는 것은 자신의 우수한 운전 능력을 입
> 증하는 동시에 이 우월함이 어째서 좌절감만 안기는 무
> 용지물인지를 설명해준다.[4]

　우리는 모두 운전대 앞에 앉으면 제대로 된 대접을 받지 못하는 우월감을 소중하게 여기는 칼리클레스가 된다. 또한 운전하는 동안 아마추어 사회학자와 심리학자가 되어 예를 들어 수 킬로미터에 걸쳐 줄곧 켜 있는 왼쪽 깜빡이를 근거로 다른 운전자의 성격을 분석한다. 아니 정말 **어떻게** 저걸 모를 수가 있지? 우리는 얻을 수 있는 얼마 안 되는 정보를 가지고 다양한 설명을 내놓는다. 운전자의 쉽게 눈에 띄는 인구학적 특성, 그 운전자의 차량 종류와 상태, 범퍼 스티커 같은 것들을 가지고 일반론을 도출한다. 이런 분석 작업은 분노에 이르는 과정의 일부다. 그것은 재빨리 일종의 **정치적** 분노가 된다. 여자 운전자, 마초 운전자, 멍청한 늙은이, 조심성 없는 젊은 것, 아시아 운전자, 자기가 '지역 제품을 구입한다'는 걸 다른 사람들에게 알리고 싶어하는 프리우스 운전자, 요란하게 개조한 픽업트럭을 탄 마약중독자 같은 시골뜨기, BMW를 탄 바람머리 얼간이, 복수심에 불타는 폰티악 아즈텍을 탄 뚱보, 쉐보레 콜벳을 제한속도로 운전하는 60살 먹은 백인 남자들, 쉐보레 서버번을 탄 넋 나간 사커맘, 도로를 쪼개 쓸 자격이 있다고 생각하는 '철학자 겸 정비공.'
　이 모든 인구집단의 공통된 맥락은 주변 세상에 대한 각자의 예

민한 감각보다는, 이들이 얼마나 자기중심적인지다. 사회심리학 연구에 따르면 사람들의 행동을 눈앞의 일시적인 환경에서 기인한다고 여기는 경향이 더 강한 다른 사회들에 비해, 미국인들은 다른 사람들의 행동을 그 사람들의 영구적인 특성 탓으로 돌리는 경향이 강하다.[5] 미국인이 고정관념에 더 취약하다고 (나쁘게) 말할 수도 있지만 좀 더 중립적인 주장을 할 수도 있다. 미국인은 일반화를 추구한다고 말했던 토크빌처럼 말이다. 도로 위에서는 상세한 정보가 부족할 수밖에 없다보니 이 타고난 성향이 더 강화되는 듯하다. 그리고 이는 우리 자신 역시 각자의 차 안에서 스스로를 표현할 능력이 심각하게 제한됨을 보여준다. 어쩌면 이 정도로 많은 **해석** 작업을 일상적으로 해야만 하는 삶의 영역이 달리 없는지도 모른다. 그리고 이 작업에는 보상이 따른다. 분노는 통찰력의 증거처럼 느껴진다. 그렇지 않은가? 여기에는 심오한 지적 즐거움이 실려 있고, 나는 우리가 거기에 그렇게 마음껏 몰두하는 건 이 때문이라고 생각한다.[6]

　분노는 유달리 도드라진 감정이다. 욕망이 무언의 갈망이고, 비통함이 물리적 묵직함인 반면, 분노는 말로 표현된다. 어쩌면 공적인 생활에서 가장 눈에 띄는 감정인지 모른다. 그리고 여기에는 항상 이유가 따라붙는다(아무리 편파적이고 과격하더라도). 정치에서처럼 운전을 할 때 우리는 주변에 있는 온갖 천치들과 시민으로서 관계맺기를 할 수밖에 없다고 느낀다.

인간의 마음은 예측 엔진

진화의 관점에서 보았을 때 도로에서 타인의 의향을 판단할 신호가 빈곤하고, 타인의 주의가 어디로 향하는지 알 수 없으며, 따라서 눈에 보이는 행동의 의미를 파악하기가 모호한 것은 대단히 새로운 과제다. 인간은 일상적인 대면 관계를 통해 온갖 풍부한 신호에 예민한 감수성을 진화시켰다. 게다가 우리는 보통 다른 사람의 행동, 발언, 표정에 대한 일차적인 해석이 우리의 얼굴에 드러나고, 다시 이것이 상대의 태도와 목적에 영향을 미치는 상호적인 순환에 들어가 있다. 상호과정이 진행되는 동안 이런 행위는 종종 호혜적으로 진화한다. 운전자의 분노는 도로에서 이런 일상적인 사회적-인지적 회로 차단에 대한 자연스러운 감정의 반응으로 보일 수 있다. 도로에서는 다른 사람들과의 소통이 거의 불가능한 상태에서 서로 협력해야 하기 때문이다.

이런 상황에서는 사회적 **규범**이 그 무엇에 앞서 중요해진다. 만일 우리가 어떤 행위의 패턴을 당연시하게 되면 개인의 정신 앞에 놓인 예측 문제는 용이해진다. 이 문제에 대해서는 곧 다시 이야기할 것이다.

최근의 인지과학 패러다임에 따르면 인간의 정신은 근본적으로 예측 기계처럼 짜여 있다. 앤디 클라크의 표현을 빌리자면 "우리는 세상을 추측을 통해 이해하고, 이 추측을 정교하고 세밀하게 벼리기 위해 감각 신호를 사용한다."[7] 이 책의 내용과 관련해서 생각하면, 나는 "예측 과정"이라는 이 설명의 틀이 통행에 대한 우리의 이해를 강화할 수 있다고 믿는다. 통행 상황의 협소한 '인지적', 생리적 측면들(가령 운전자의 반응 시간)을 사회적인 차원과 연결하는 다리를 놓는 방식이 부분적으로 이를 가능케 할 수 있다. 이게 제대로 된 방법이라면 이런 통합은 인간이 운전 중에 무엇을 하는지에 대해 좀 더 통합적이고, 그러므로 현실적인 그림을 제시할 것이다. 통행에 자동화를 도입하기 위해, 또는 그냥 통행을 개선하기 위해 공식적인 통행의 묘사를 구하는 사람은 이 그림에 흥미를 가질 수 있다.

정신은 육체 안에 들어 있고 꾸준히 움직인다. 인간은 이 세상이 우리에게 무엇을 제시할지에 대한 기대를 품고 돌아다니고, 들어오는 감각 데이터를 가지고 이를 꾸준히 개선한다. 하지만 우리 자신을 위해 데이터를 **생성하는** 방식으로도 움직이는데, 이는 지금 하고 있는 예측이 얼마나 적절한지와 관계가 있다. 이 반복되는 사이클에서는 행동과 인지가 개연성에 근거한 현실 파악 속에서 분리 불가능하게 결합된다.

다른 사람들도 똑같이 한다. 클라크에 따르면 이 사실은 "기회를 도출한다. 어쩌면 다른 행위자에 대한 우리의 예측이 우리의 행동 및 반응 패턴을 결정하는 똑같은 모델에 의해 영향을 받는 건 아닐까? 그렇다면 이는 우리 행위의 비탕에 있는 다층적인 기대들을 적절하게 변형함으로써 다른 행위자의 의도를 파악하는 경우도 있을 수 있음을 시사한다. 그러므로 다른 행위자들은 맥락의 미묘함을 가미한 우리 자신으로서 대우받게 된다."[8]

다른 행위자들도 개연성에 근거한 현실 파악이라는 동일한 전략을 구사한다는 점을 고려하면 우리는 서로에게 도움을 줄 수 있다. 즉, 이 공통점을 활용해서, 다른 사람들에게 우리의 상황 파악에 대한 외부적인 보조 발판을 제공할 때 개별적인 '처리 부하'가 감소할 수 있다. 다른 사람들 역시 직접 예측을 하기 때문에, 아무런 규제가 없어도 통행이 원활한 로마나 아디스아바바의 교차로처럼 때로는 서로에게 유익한 '꾸준한 상호적 예측'의 순환에 도달하게 된다. 그리고 운전자가 비합리적으로 폭발하는 사례에서 가끔 나타나듯, 서로 간에 오해를 확신하는 사건으로 치달을 수도 있다. 차례로 살펴보자.

규제가 없는 교차로는 만사가 원활할 때는 즉흥성과 협력 속에서 활발하게 이어지는 대화와 비슷하다. 이에 비견할 만한 다른 비언어적 상황으로는 단체 스포츠나, 파트너와 함께 침대 시트 바꾸기 같은 일상적인 활동이 있다(클라크가 언급한 사례들이다). 대화에서 각 참가자는 자신의 언어능력을 활용해서 "상대의 발화를 예측하는 한편, 다른 사람의 발화를 자신의 이후 발화를 위한 일종의 외부적인 보조 발판으로 사용한다."**9** 이 모든 게 개연성에 좌우된다. 대화는 어떤 경로를 따라서든 진행될 수 있고, 어떻게 진행될지를 '계산'할 때 상대방이 보일 반응의 가능성을 독해해 다음에 무슨 말을 할지를 고른다. 클라크는 최고의 대화에서 종종 나타나는 놀이에 가까운, 또는 해학적인 특징은 언급하지 않는다. 이는 대화자의 기대를 **좌절시켜야** 가능해지기 때문이다. 하지만 운전자 간 협력과의 유사성이라는 관점에서 봤을 때 대화에 대한 클라크의 논의는 충분히 유익하다. 그는 일반적인 대화에서 각 당사자는 자신의 행동과 기대를 상대방과 조화시키려 노력한다고 말한다. 부분적으로는 이를 위해 모방을 하기도 하는데, 이는 상호예측과 상호이해에 힘을 실어준다. 그 결과 대화가 복잡해도 편안함을 느낄 수 있다.

반대로 대화가 안 좋게 꼬일 때도 있다. 예를 들어 상대가 화가 나 있다고 전제할 경우 이 세상을 탐색하는 **행동**이 그 영향을 받아서 그 증거를 찾으려고 애쓰게 된다. 상대의 얼굴에서 감지되는 분노의 표시나 몸에 나타나는 긴장을 포착하려는 식으로 말이다. 상대방에게 이 탐색이 안 보이는 게 아니기 때문에 상대는 긴장하게 된다. 이는 악순환으로 이어져서 클라크의 표현에 따르면 "자기충족적인 심리-사회적 수렁"으로 악화할 수 있다. 그는 "다른 사람의 현재 심리 상태와 의도에 대한 우리의 능동적인 하향식 모델이 실제로 우리가 상대를 물리적으로 인지하는 방식에 영향을 미치고, 그들의 시선, (…) 동작, 형태 등에 대한 우리의 기초 인지에 영향을 미친다"는 사실을 보여주는 연구를 인용한다.[10]

클라크의 말마따나 우리는 때로 상대의 예측 가능성을 높이기 위해 자신의 행동을 제한하거나 인위적으로 차분하게 만든다. 훌륭한 운전자의 행동이 바로 이것이다. 한 번에 두 개 이상의 차선을 바꿀 때 자신이 다른 사람들의 주의의 대상임을 의식하는 운전자는 한 차선을 사뿐히 옮기고, 깜빡이를 껐다가 다시 동일한 일련의 행동을 사뿐하게 이어간다. 이는 다른 사람들이 편안히도록 배려하는 추가적인 예이다. 좋은 운전 문화는 이런 식의 관행이 규범이 되어 거슬리지 않는 방식으로 사회적 교류를 안내하는 것이다. 이런 규범은 불확실성을 낮추고 우리가 서로를 더욱 상호적으로 예측할 수 있게 해준다.

기대의 길잡이 역할이라는 규범의 쓸모는 (일반적인 상황에 대한) 설명뿐만 아니라 (행위에 대한) 처방이라는 그 이중적인 본성에서 기인한다. 처방적인 힘이 있어서 칭찬과 비난을 야기할 수 있을 때에야 규범은 실천 속에 지속되고, 이로써 실제 행위를 포착해 건전한 기대를

안착시킬 수 있는 설명으로도 기능하게 될 것이다.[11]

물론 사회적 규범은 문화에 따라 다르고, 이 편차에는 실제로 상당한 지역색이 가미될 수 있다. 가령 우버는 '피츠버그 좌회전'이라는 도시 운전자의 어떤 '이해하기 어려운 별스러움' 때문에 피츠버그에서 자율주행차를 운영하는 데 난관에 봉착했다. 신호등에 녹색 불이 들어오면 직진을 하기 전에 반대 방향 자동차가 먼저 좌회전을 하게 해주는 것은 피츠버그인들에게는 시민으로서 상당한 자부심이 걸린 문제인 모양이다. 시장은 "나는 피츠버그 좌회전을 열렬히 신봉한다"는 말로 우버 프로젝트를 실행하기 위해 다른 지역에서 흘러들어온 기술진을 경악시켰다. 무인 자동차 프로그래머들은 파란불이 들어오고 나서 직진을 하기 전에 몇 초를 기다리라는 지침을 넣어야 하는지 고민 중이다. 하지만 물론 그것이 규칙으로 바뀔 경우 그 자체가 다른 운전자의 짜증스러운 반응을 유발할 수 있다. 자율주행차는 인간 운전자와 동일한 예측의 문제에 직면한다. 상호예측이라고 하는 사회적으로 독립적이고 해석적인 과정에 참여하는 데 따르는 이익도, 위험도 전혀 없다는 점만 빼면 말이다.

타고난 사회-인지적 역량에만 의지해서, 함께 도로 위를 달리는 인간 운전자들에게는 긍정적인 효율성과 부정적인 위험이 모두 있다. 이 대차대조표(그리고 자동화의 상대적인 매력도)는 사회의 다른 요소에 의해 어떻게 영향을 받게 될까? 특히 운전자의 상호적인 예측을 활성화하는 데 사회적 규범이 중요하다는 점을 감안하면 사회적 응집력 문제를 고려할 필요가 있다. 규범은 우리 행동에 얼마나 큰 영향을 미치는가? 그리고 이는 바뀌는가?

상호예측의 문제를 논의하는 또 다른 방법이 될 수 있는 것은 사회적 신뢰에 관해 접근하는 것이다. 하버드대학교 정치학자 로버트 퍼트넘은 한 사회의 다양성이 증가하면 "다른 사람들이 집합 행동의 딜레마를 해결하기 위해 협력하리라는 기대가 줄어든다"는 점을 발견했다.[12] 그리고 이 기대는 자기충족적이어서, 사회의 다양성이 커질수록 사람들은 '웅크리고 앉아' 사회적으로 고립된다. 공유된 문화적 응이 부재하면 행위의 길잡이, 그리고 그만큼 중요하게는 행위에 대한 기대의 길잡이 역할을 하는 공동의 규범이 빈약해진다.

이런 고려사항들이 특히 독일 같은 나라에서는 어떻게 작동할까? 강력한 사회적 동의가 있기에 아우토반에 제한속도가 없는 것이다. 상호신뢰라는 경이는 탄탄한 규범이 있을 때만 가능하다. 이민을 둘러싼 논란이 왁자지껄한 가운데, 독일이 과연 새로운 사람들을 동화하는 데 성공할지 그 척도로 아우토반 문명의 귀추를 주목할 수도 있다.[13]

아우토반 공사가 이루어지던 1930년대에 나치는 도로 위로 옮거진 '민족 공동체' 개념이라 할 수 있는 '통행 공동체Verkehrsgemeinschaft' 개념을 내세웠다.[14] 그리고 도로 위에 '기사도'와 '훈육'이 자리를 잡으면 제한속도는 의미가 없어지리라는 희망에서 실제로 제한속도를 폐지했다. 1934년 5월 제3공화국 고속도로 규정Reich Highway Code이 채택된 이후 독일의 교통사고 사망자가 치솟았고, 유럽에서 최악이라는 불명예를 얻었다. 정권에게는 난감한 일이었고, 그래서 1939년에 다시 제한속도를 도입했다. 어쩌면 교통 이상주의자들은 법으로는 기사도 정신이 투철하고 훈육된 운전자들로 이루어진 통행 공동체를 만들 수 없다는 교훈도 얻을 수 있었을 것이다. 그런 통행 공동체는 사람들의 성향을 녹아낸 사회적 규범에 좌우되기 때문에, 시간이 지나면서 유기적으로 성장해야 한다.

오늘날 독일은 세계에서 교통사고 사망자 수가 가장 낮은 편에 속한다. 운전자에게 큰 재량을 부여하는데도 말이다(아니면 바로 그 이유 때문에?). 독일인들은 수십 년에 걸쳐 빠른 속도로 운전하는 법을 배워야 했다. 이 과정에는 구체적인 기술 습득만이 아니라 전쟁 이후 평화의 시기에 이루어진 일종의 도덕 교육 역시 개입되었다. 도덕 교육에는 책임감과 자기통제 같은 개별적인 속성도 들어가지만 사회적인 측면도 있다. 그중 하나가 자기 뒤에서 일어나는 일을 의식하는 것이다. 아우토반은 사이드와 백 미러를 집약적으로 사용하는 장소다. 이런 용의주도함은 왠지 독일인들이 자동차가 조장하는 듯한 자연스러운 유아독존의 정신에 우리 대부분보다 덜 굴복하고, 스스로가 타인의 주의의 대상이라는 인식을 유지하고 있음을 보여준다. 또한 독일인들은 독일 운전자라는 어떤 집합적인 정체성을 수행하고, 이 때문에 서로 충분히 예측 가능해져서 고속도로 위에서 다양한 속도를 수용할 수 있는 것이다. 이들이 이 문화적 성취를 지키고자 한다면 뚝심을 밀고 나가야 할 것이다.

새 주인을 맞이하라

구글의 거리 뷰

2007년 구글이 거리 뷰를 출시했다. 지도 기능에 360도 시야, 지상층 높이의 카메라 앵글을 추가했다. 이제는 구글어스 위성 뷰로 계속 머리를 회전시키고 축을 따라 한 바퀴 돌리기만 하면 행인이 뭘 먹는지도 확대해서 볼 수 있다. 한 번도 가보지 못한 장소, 그리고 앞으로 절대 가볼 일 없을 장소들을 멀리서 샅샅이 둘러보는 것도 가능해졌다.

2009년 1월, 이 기능은 구글의 난데없는 등장에 프라이버시를 침해당했다고 느낀 전 세계 지역사회의 저항에 직면했다. 이에 대해 구글은 전체주의적인 '정보 폐쇄 사회'에서 예상할 수 있는 것으로 이 저항을 규정하고 개발도상국의 반대에 집중하기로 선택했다. 개방적인 건 좋은 거니까.

그런데 2009년 4월 영국에서 홍보 전략에 약간의 차질이 빚어졌다. 버킹엄셔 브로턴 마을 주민들이 거리 뷰 카메라 차량이 프라이버시를 침해한다는 이유로 막아선 것이었다. 해외 원조로 연명하는 가난한 나라나 억압적인 정권이 아니라 서구 국가에서 벌어진 일이었다. 거리 뷰에 대한 저항이 독일, 일본, 네덜란드, 오스트레일리아, 벨기에, 캐나다, 프랑스, 홍콩, 아일랜드, 이스라엘, 이탈리아, 뉴질랜드, 폴란드, 스페인, 한국, 미국, 그리고 영국 전역으로 번지자 구글 지도 담당 부사장 존 행크John Hanke는 〈런던 타임스〉에 "나는 우리 같은 사회는 정보가 경제에 이롭고 개인으로서의 우리에게도 이롭다는 쪽이라고 생각하는 편이다"라고 말했다. 그러니까 심통을 부리면서 '경제'와 자기 자신에게 피해를 주고 싶은 사람은 우리 가운데 일부 '보복주의자'인 것이다. "이건 사람들이 더 나은 선택을 할 수 있도록 강력한 정보를 주는 일이다."[1]

물론 지리 정보는 정말로 사람들을 "강력하게 만든다." 나는 낯선 도시에 가거나 내가 속한 도시라 해도 익숙하지 않은 곳을 갈 때면 늘 휴대전화의 지도 기능에 의지한다. 이는 구글의 주장에 기본적인 개연성을 제공한다. 하지만 지식의 확장 그 자체만으로는 비즈니스 전략이 되지 못한다. 그렇지 않은가?

구글의 카메라 차량들이 천천히 여기저기 돌아다니면서 와이파이를 이용해 사람들의 홈네트워크 데이터를 집어삼킨다는 사실이 알려졌을 때는 많은 이들이 거북해했다. 몇몇 국가의 조사관들이 확인한 바에 따르면 여기에는 "이름, 전화번호, 신용정보 암호, 문자, 이메일, 채팅 기록뿐만 아니라 온라인 데이트 기록, 포르노, 검색 기록, 의료 정보, 위치 정보, 사진, 동영상과 오디오 파일이 들어갔다. 이들은 이런 데이터 꾸러미를 연결하면 개인의 신원을 밝힐 수 있는 상세한 프로파일을 얻을 수도 있다는 결론에 도달했다."[2]

"우리는 이번 일로 몹시 당혹스럽다"고 새로 지명된 구글 프라이버시 책임자가 말했다.[3] 그 일은 불한당 같은 엔지니어가 벌인 일이라는 게 구글의 입장이었다. 썩은 사과 같은 직원이 자기 마음대로 실험을 진행했는데 이게 어쩌다 보니 거리 뷰 시스템으로 흘러들게 되었다는 것이다. 사소한 실수로. 이후 연방 통신 위원회와 38개 주 법무부에서 조사에 들어갔고 구글의 입장과는 달리 모든 게 계획의 일환이었음이 드러났다. 하지만 이런 결론에 도달하기까지 4년이 걸렸다. 구글이 소환장, 행정 명령, 민사 조사 요구서, 그 외 구글에게 법적 책임을 물으려는 민주적 기관들의 노력을 마냥 무시했기 때문이다. 그리고 그동안 사람들은 구글이 물리적 공간을 사진에 담고 지도로 만들어서 이 세상의 종합 색인을 만들어낼 권리를 일방적으로 주장할 수 있다는 생각에 익숙해져 버렸다.[4] 이는 구글이 활동하는 모든 나라에서 보인 패턴이었다. 주권을 가진 정치 기구는 이 초국적 기업에게 방해가 될 뿐이다.

따라서 이런 전개는 정치사의 맥락에서 보는 것이 타당하다. 거리 뷰는 제국의 수단으로 지도를 만들어온 유구한 역사의 일환으로 이해할 수 있다. 정치적 통합, 즉 멀리 떨어진 영토에서 권력을 행정적인 수도로 모으는 것을 위해서는 멀리서도 영토를 파악할 수 있어야 하는데, 제국적인 권력을 갖고자 하는 입장에서는 이것이 항상 도전 과제였다.

예일대학교 인류학자이자 정치사학자 제임스 C. 스콧^{James C.} Scott은 자신의 책 《국가처럼 보기^{Seeing Like a State}》에서 중세에 지어진 마을들은 식별 가능한 형태가 없다는 의미에서, 항공 뷰로 보면 일반적으로 엉망인 모습이라고 말한다. "거리, 도로, 인도가 어떤 유기적인 과정의 난해한 복잡함과 닮은 밀도로 다양한 가도에서 교차한다." 마을이 번성하면서 성벽과 해자 같은 방어물 밖으로 흘러 넘치기도 한다. "나이테가 자라듯 외벽에 대체된 내벽의 흔적이 있을 수도 있다."[5]

이런 마을들은 종합 계획이나 설계 없이 성장했지만 그렇다고 해서 그 안에서 사는 사람들에게 혼란을 안기지는 않았다. 스콧은 벨기에의 한 도시 브뤼헤^{Bruges}를 예로 든다. "사람들은 자갈이 깔린 그 도시의 많은 길이 반복적인 사용을 통해 만들어진 오솔길에 포장을 한 것일 뿐이라고 상상한다. 그 도시의 다양한 구역에서 성장한 이들에게 브뤼헤는 완벽하게 익숙하고 완벽하게 파악 가능한 장소일 것이다. 골목과 도로는 가장 흔한 일상적인 움직임에 아주 가까울 것이다."

하지만 세금을 징수하거나 군사적인 모험을 위해 군인을 징발하러 온 왕의 대리인이나 상인처럼 외부에서 온 누군가에게 그 도시는 방향을 찾기도, 읽기도 어려운 곳이었으리라. 그 도시 경관은 "외부의 지식보다는 지역의 지식에 특전을 준다고 말할 수 있었다." 스콧은 유기적인 은유와 언어적인 은유를 결합해서, 그 도시의 배열은 "어려운, 또는 이해할 수 없는 방언이 언어적으로 작동하는 것과 동일한 방식으로, 공간적으로 작동했다. 그것은 반투막처럼 도시 내에서의 소통을 활성화하는 동시에, 이 특수한 지리적 방언을 어릴 때부터 배우지 않은 사람들에게는 완고하게 생경함을 유지했다"라고 말한다.

이 반투막 같은 특징, 그리고 외부인에게는 판독이 불가능하다는 점에는 실제적인 정치적 의미가 있었다. '외부 엘리트에 의한 통제'를 막아주는 안전의 경계를 제공했던 것이다. "이런 경계가 존재하는지 여부를 판별하는 간단한 방법은 외부자가 길을 성공적으로 찾으려면 지역 길잡이(토착 수색전문가)가 필요한지 물어보면 된다. 만일 대답이 '그렇다'이면 해당 지역 사회나 지형은 외부의 침입에서 최소한 어느 정도는 안전하게 단절된 것이다."[6]

제국의 중심에서 바라보았을 때 주변에 흩어져 있고 지역화된 지식을 수집해서 분석할 수 없다면 이것은 중앙 통제의 걸림돌이 된다. 모든 도로와 골목을 지도로 나타낼 필요가 생긴다.[7]

런던의 우버화

《국가처럼 보기》는 구글과 우버가 등장하기 전에 저술되었는데도, 빅 테크의 지리적 가독성 강화 프로젝트를 모든 장소의 (첫) 방문자들에게 일을 수월하게 만들어주는 직업으로, 디불이 (우리가 탐구할 필요가 있는 어떤 의미에서) 기존 주민들에게 영향을 미치는 정치경제적 강탈 프로그램으로 이해할 수 있는 틀을 제시한다. 전 세계 사람들이 자기 동네를 배회하는 구글 카메라 차량의 모습에 보인 알레르기 반응도 여기에 약간의 직관을 추가한다.

채링크로스에서 반경 약 9.7킬로미터 안에 2만 5,000개 정도의 도로가 있는 런던은 스콧이 묘사한 종류의 대단히 중세적인 도시다. 런던에 가면 나는 몇 블록만 가면 되는데도 택시를 불러 세우지 않을 수가 없다. 걸어서 길을 찾는 게 정신적으로 너무 진 빠지는 일이기 때문이다. 나는 지도앱에 뜬 파란 점의 도움을 받고 종종 나침반 기능도 사용하지만 거의 매번 길을 잃고 헤맨다.

2012년 맷 매케이브Matt McCabe는 런던 택시 운전사가 되려고 공부 중이었다. 택시 운전사가 되는 과정은 전적으로 거기에 매진하는 사람들의 경우 평균 4년이 걸린다. 조디 로즌Jody Rosen은 매혹적인 기사에서 매케이브의 이야기를 상세하게 풀어놓았다.[8] 면허시험 준비에는 "수천 시간의 몰입식 공부"가 필요하다. "택시 운전자 지망생은 런던 전체를 암기한 뒤, 점점 어려워지는 구두 시험을 통해 완전히 통달했음을 보여야 하는데" 이 구두 시험은 실제 택시 운전사인 시험관 앞에서 공식 의상을 갖춰입고 치른다. 지망생들은 보통 둘씩 짝을 지어서 서로에게 경로를 불러주고, 눈을 감은 채 심각하게 탈무드를 공부하는 학생처럼 머리를 끄덕이며 암기 연습을 한다. 이들은 커다란 지도로 가득한 방에서 테이블을 가운데 놓고 서로를 바라보며 이런 식으로 공부를 한다. 하지만 진짜 준비는 런던을 걸어 다니거나 앞유리에 지도를 붙여놓고 소형 오토바이를 몰고 다니면서 가장 효율적인 경로를 찾아다니는 것이다. 매케이브는 공부하는 동안 스쿠터로 8만 킬로미터 이상을 주행했다. 북미 대륙을 열여섯 번 횡단하는 것과 맞먹는 거리이지만 거의 도시 중심가 안에서만 주행한 기록이었다. 그리고 소위 고유한 지식을 추구하는 사람들에게 이런 커리큘럼은 전형적이다. 순수하게 인지적인 기량이라는 그 특징 때문에 법조계와 의료계 종사자의 관문 역할을 하는 시험과 비교하더라도 가장 힘든 직업 시험이라는 소리를 듣곤 했다.

로즌은 이렇게 썼다.

> 런던의 택시 운전사는 그 모든 도로를, 그리고 그 도로에서 운전하는 법, 즉 주행 방향이 일방통행인지, 막다른 길인지, 원형 교차로의 출입로가 어디인지 등을 알아야 한다. 하지만 택시 운전자는 도로 위에 있는 모든 것 역시 알아야 한다. 시험관은 지망생에게 런던에 있는 어떤 식당의 위치를 설명하라고 요구할지 모른다. 선술집일 수도, 가게일 수도, 어떤 랜드마크일 수도 있고, 작은 것이든 유명하지 않은 것이든 상관없다. 모든 게 가능하다. 시험 응시생들에게 꽃 가판대, 빨래방, 기념 명판의 위치를 물었던 적도 있다. 어떤 택시 운전사는 높이가 30센티미터밖에 안 되는, 치즈 하나를 같이 먹는 생쥐 두 마리의 모습을 담은 어떤 동상의 위치가 문제로 나왔다고 나에게 말했다. 그것은 런던 브리지에서 멀지 않은 이스트칩 모퉁이, 필포트 레인에 있는 한 건물의 전면부에 있었다.

도로에 대한 지식은 더 포괄적인 어떤 것, 그러니까 도시와 그 역사에 대한 지식으로 조금씩 변화한다. 도시는 꾸준히 변화하고 있기 때문이다. 매케이브는 고급 레스토랑이 들어선 동네의 외곽에 있는 어시장으로 이동하면서 요즘에는 어느 셰프가 어디에서 일하는지 정보를 모은다. "이런 것들을 잘 살펴봐야 해요. 시험관이 방향을 바꿔서 '앤젤라 하트넷 식당 두 곳을 말해보세요' 또는 '고든 램지 식당 네 곳을 말해보세요'하고 물을 수 있단 말이에요."

37개월 동안 시험 공부에 매달린 매케이브는 공부에 하루 종일 전념한 이후로 벌지 못한 소득을 계산하면(전에는 건축업에 종사했다) 택시 운전사가 되는 데 이제까지 약 20만 달러를 투자한 것으로 볼 수 있다고 예상한다. 경로를 살펴보다가 스쿠터 뒤를 들이받혀서 자동차 지붕 위로 내동댕이쳐진 적도 있었다.

'수련 중인 소년들'이 갈고 닦는 것은 대체로 시각적인 기억 기술이다. 이들은 마음의 눈으로 경로를 구상할 때 매일 많은 시간 동안 지도를 공부해서 흡수한 항공 뷰와 지상 뷰를 번갈아가면서 떠올린다. 로즌에 따르면 이들은 "몇 달 또는 몇 년간 집요하게 런던이라는 퍼즐을 끼워 맞추는 연습을 한 뒤, 흐릿함이 물러나고 도시에 탁 하고 초점이 맞춰지면서 거대한 도로의 난맥상이 갑자기 명료한 하나의 덩어리로 보이게 되는 유레카의 순간에 대해 말한다. 매케이브는 자신이 그런 거시적인 시야뿐만 아니라 잘잘한 세부사항을 꿰게 되었다며 깜짝 놀랐다. '나는 문 색깔만 보고도 아주 작고 예쁜 아트 스튜디오를 떠올리고, 그곳 바깥 어디에 가로등 기둥이 있는지를 맞출 수 있어요. 뇌는 쓸데없는 걸 기억하는 것 같아요."

이런 지식과 그 가치를 어떻게 이해할 수 있을까? 유능한 GPS를 장착한 승차 공유 기업 우버가 직업을 위해 별다른 투자를 할 필요가 없는 생계형 운전자 상설 예비군과 함께 런던으로 힘차게 밀고 들어옴에 따라 이런 지식들이 곧 종적을 감추게 될 상황을 어떻게 바라봐야 할까? 후련하다고 말하는 것도 한 가지 반응일 수 있다. 택시 운전사들은 개인적으로 보유한 지식 때문에 높은 비용을 청구할 수 있었던 중세의 길드와 유사하다. 하지만 그 지식은 이제 기계 작용을 거쳐 모두가 별다른 노력 없이 이용할 수 있는 '정보'로 가공되었다.

그리고 이는 소비자들이 반색할 일이다. 그러니까 (이 사고의 연쇄에서는 소비자로서만 등장하는) **인민들이** 말이다. 문제가 어디 있을까? 소비자의 편익이 워낙 소중해서 런던의 택시 운전사들에 대해 걱정하는 건 낭만적인 사치가 아닐까? 그 뿌리에는 어떤 고루한 마음의 습관이나 변화에 대한 두려움, 과거에 대한 동경이 있는 게 아닐까? 아니면 특권적인 지식인에게서 전형적으로 나타나는, 테크놀로지에 대한 심미적인 거부감일 뿐이지 않을까? 이는 빅 테크의 진보적인 선의에 대한 의심의 눈초리를 고립시키기 위해 필연성을 들먹이는 좌우 양측 모두의 미래지향적인 인사들이 즐겨 쓰는 표현이다. 이런 지식인들에게는 향수병에서 자유롭다는 것이 1차적인 자부심이다. 이런 이유로 빅 테크 기업들은 자율적으로 돌아가던 영역에 첫발을 들일 때 일어나는 대중의 저항을 이런 지식인들을 앞세워서 극복한다.

영국에서 거리 뷰가 자극한 분노를 이해하려면 브렉시트에 대한 고찰이 필요하다. 떠나자 진영의 슬로건이 "통제권을 되찾자"였다. 이는 주권이라고 하는 정치적 이슈를 집약적으로 담고 있다. 이 문제의 축소판이 바로 런던의 도로 위에서 살아가면서 남들이 얻기 어려운 지식을 습득한 택시 운전사 길드와, 캘리포니아 마운틴뷰에 살면서 위성으로 무장한 소수정예 데이터 기업가들 간의 싸움이다. 그런데 사실 이 위성들은 미군에 속해 있고, 미군은 자체 목적을 위해 GPS를 개발했다. 군사적 감시라는 초창기 목적이 이런 식의 경제적 식민주의에 놀라울 정도로 적용하기 좋은 것으로 드러났던 것이다. 어쩌면 3세기

전 영국의 허드슨 베이|Hudson's Bay 사가 국가를 등에 업고 북미에서 벌인 노략질이 업보가 되어 이제는 상황이 역전된 것인지도 모르겠다.

이 성난 민족주의적 직관을 조금만 더 따라가 보자. 거리 뷰와 GPS가 등장하면서 런던은 외부인이 파악하기 쉬운 곳이 되어 손쉬운 사찰이 가능해졌다. 이 중에는 맵시 있게 재단된 정장을 입고 런던의 금융 중심지로 몰려든 세계 각지 출신의 에스페란토 실력자들과, 로마의 식민지 총독처럼 영국이 유럽의회의 선언과 보조를 맞추게 하려고 이 섬을 방문한 여러 초유럽적 행정기구의 대표들도 있다. 당신이나 나만큼이나 길을 잘 모르고 임금수준이 형편없는 운전사가 GPS의 도움을 받아 몰고 다니는 자동차들이 불어나면서 교통체증이 심해졌을 뿐만 아니라, 런던이 며칠짜리 단기 관광객들에게 좀 더 저렴한 여행지가 되었다. 날씨가 어떻든 두 바퀴 자전거를 타고 자갈길에서 자기 도시를 손바닥처럼 훤하게 꿰는 데 4년의 인생이 걸린 이스트엔드 런던 토박이가 이런 상황을 좋아할 수 있을까? 자신에게 닥친 경제적, 정치적 강탈에 불만을 토로하다 러다이트가 된 것이다.[9]

'떠나자' 측의 불만은 '남자' 측이 시도했던 것처럼 경제적인 주장들로는 쉽게 사그라들지 않는다. 이런 종류의 절망은 경제학보다는 좀 더 실존적인 차원으로 차츰차츰 변해가기 때문이다. 사실 서구의 민주사회 전역에서 소위 실존적 정치가 등장하고 있는데, 여기서 한 가지 요소는 국지적인 주권과 힘들게 획득한 물질계의 개인적인 지식을 먹잇감으로 삼는 새롭고 걸신들린 무언가가 이 세상에 나타났다는 감각임이 분명하다.

2008년 구글은 지상 실측 정보Ground Truth 프로젝트에 착수했지만 철저하게 비밀에 부쳤는데, 거리 뷰를 둘러싼 논란 때문인 듯싶다. 연방통신위원회가 2012년 구글의 불법 감시에 대한 최종 보고서를 발표하고 난 뒤에야 다소 어쩔 수 없이 그 프로그램을 공개했다. 지상 실측 정보는 거리 뷰의 논리를 한 단계 더 진척시킨다. 그것은 본질적으로 런던의 택시 운전사들이 고유한 지식이라고 부르는, 지역에 깃든 **모든** 정보를 포착하려는 노력이다. 자연환경에서는 어떤 특정 산맥이나 습지의 야생 안내자가 지역적인 생태의식이라고 부를 만한 것을 지향한다.

구글 맵의 수석 제품 관리자는 "오프라인 세상, 살고 있는 진짜 세상을 보면 그런 정보가 모두 온라인에 들어 있는 것은 아니다"라는 말로 지상 실측 정보 프로젝트를 소개했다. 이는 리얼리티 부족이다. 어둠과 접근 불가능을 상징하므로 나쁜 것이다. 긍정적으로 표현하자면 다리를 놓을 수 있는 간극이다. 어쨌든 하면 되니까.《감시자본주의의 시대》의 저자 쇼샤나 주보프Shoshana Zuboff는 이렇게 말한다. "지상 실측 정보는 세밀한 '장소의 논리'가 들어 있는 '심층 지도'다. 산책용 오솔길, 금붕이 연못, 고속도로 진입차로, 교통 상황, 연락선 노선, 공원, 캠퍼스, 동네, 건물(의 인테리어) 등등. 이런 세부사항을 정확하게 이해하는 것은 모바일 장치로 축적한 행동 잉여behavioral surplus 시합에서 비교우위의 원천이다."

4장 "구글이 자동차를 만든다면"에서 주보프의 계시적인 행동 잉여 개념을 자세히 살펴볼 것이다. 여기서는 기업 한 곳이 물리적 세계에 대한 포괄적인 색인을 만드는 것이 어떤 의미인지를 생각해보도록 하자. 구글이 추구하는 바가 바로 이것이기 때문이다. 구글은 배낭과 설상차에 카메라를 달아서 거리 뷰 자동차로 돌아다닐 수 없는 장소에 들어갔고, "독특한 오지의 풍경을 수집하기 위해" 배낭 카메라를 사용하자고 비정부기구와 관광국에 제안했다.[10] 누구든 망설이는 사람이 있으면 언제든 민주적으로 들리는 이유를 만들어낼 수 있다. 비정부기구에서 일하는 부류의 사람들이라면 무너질 수밖에 없는 단 한 마디로. "독특한 오지를 '특권 가진 사람들'만 누리게 하고 싶진 않잖아요?"

구글에게 속속들이 파악되어 색인이 제작된 이 세상은 역시 구글을 통해서 접근하게 될 것이다. 그것은 리얼리티 플랫폼이 될 것이다. 주보프의 표현에 따르면 "나의 집, 나의 거리, 내가 좋아하는 카페, 이 하나하나가 살아 있는 관광 책자로, 감시의 표적으로, 노천 광산으로, 그러니까 보편적인 조사와 상업적인 징발의 대상으로 재규정된다." 그리고 "구글의 이상적인 사회는 시민이 아닌 멀리 떨어진 사용자들의 군집이다. 구글은 자신이 선택한 방식으로만 정보를 갖춘 사람들을 이상화한다."

만인이 모든 장소를 이용할 수 있게 한다고 해서 특권을 없애는 건 아니다. 특권이라는 말이 변칙적인 무언가를 의미하는 거라면 말이다. 그보다는 지식을 획득하는 기존의 능력을 삭제하고, 다양한 수위의 개인적인 투자와 책임에 따라 이 세상의 다양하고 지역화된 곳들을 구석구석 활용하는 것이다. 단순한 사유재산이 아니라 지구상의 어떤 장소에서 자기 힘으로 거주할 권리라는 의미에서, 소유권의 종말이라는 이름을 붙이는 것도 가능하다. 우리는 다른 장소가 아닌 **이 장소**에 함께 있는 다른 사람들과 그렇게 하고 있다. 그 집단적 소유권을 시민권이라고 부르자. 그런 실존적 또는 실험적 소유권이 사회주의 이상을 위해서가 아니라, 일개 기업의 중개를 거쳐, 멀리 떨어진 곳에서의 완벽한 가독성을 위해 희생될 상황에 놓여 있다.

그 종점에 도달할 경우 우리는 집뿐만 아니라, 도로여행이나 배낭여행에서 추구하는 모호한 것까지 강탈당한다. 예측도, 구입도 불가능하고, 스크린을 통해 값싸게 얻을 수도 없는 발견의 순간들 같은 것 말이다. 우리는 이런 발견들을 거치면서 개인적인 위험을 감수하고 새로운 장소와 익숙해진다. 이런 가능성은 인류의 공동자산이다.

이런 신체적인 방식으로 **한 장소에 꾸준히** 거주하는 것은 지역 연대의 토대가 된다. 조디 로즌은 맷 매케이브가 런던 택시 운전사 협회에 받아들여진 순간을 벅찬 감정으로 들려준다. 법적인 증언 녹취록의 모든 격식을 차린 가운데 시험관의 무자비한 질문 공세 앞에 수년간 들볶인 뒤 마지막으로 이루어진 경로 또는 "호출" 암기는 오코너라는 이름의 시험관 앞에서 캠버웰에서 홀로웨이까지 스물일곱 번에 걸친 방향전환을 줄줄 읊는 것으로 이루어졌다.

> 매케이브가 그 호출을 마무리하자 그와 오코너는 매케이브에게는 영원으로 느껴진 시간 동안 침묵 속에 앉아 있었다. 마침내 오코너가 자리에서 일어나 손을 내밀었다. 그가 말했다. "잘했어요, 맷. 운전사 클럽에 들어온 걸 환영해요. 당신이 런던 최고 중 한 명이라고 말할 수 있다니 기쁘군요." 매케이브가 런던 택시 면허시험을 준비한 3년여의 시간 동안 시험관이 자신을 이름으로 부르기는

처음이었다. (…) "눈물을 참을 수가 없었어요. 3년간 끔찍한 돈 걱정과 가족 스트레스에 시달리면서 주 7일 하루 열세 시간 동안 공부를 했잖아요. 갑자기 모든 게 아주 가벼워졌어요. 그건 마치 '편하게 앉아서 긴장을 늦추고 넥타이를 풀어도 돼'라고 하는 것 같았죠. 그러더니 오코너 씨가 그 일을 하면서 무엇을 기대할 수 있는지 저한테 이야기해주는 거에요. 런던에서 택시 운전사로 20년 남짓 일하면서 얻은 내면의 지식을 내게 전달해줬어요." 매케이브는 가족이 있는 집으로 갔다. 그와 아내 케이티는 태국 식당에서 테이크아웃 음식을 시키고 시끄러운 음악을 틀어놓고 아이들과 함께 온 집 안을 돌아다니며 춤을 췄다. 아이들이 잠자리에 들고 나서 매케이브 부부는 맥주를 몇 잔 마시고 고유한 지식 도서관을 해체했다. 플래시카드와 필기한 종이들을 따로 모으고 벽에서 지도를 떼어낸 것이다. 매케이브는 케이티가 "거의 이틀 꼬박 울었다"고 말했다.

이 장면은 생계를, 또는 좀 더 포괄적인 용어를 사용하자면 생활세계를 묘사한다. 순수한 지적 노력과 육체적 노출을 통해 시간을 투자하고 관계를 형성하고, 불확실성과 희망 속에서 재정적 위험을 신념과 인내로 상쇄해가면서 얻어낸 심오한 인지적 성취를 발판으로 지은 경제적, 사회적, 실존적 집이라는 것을.

기계 작업을 통해 런던의 도로를 통행에 알맞게 만든다면 다수에게 실익을 주겠지만 소수의 생활 세계를 파괴할 것이다. 여기에는 현실적인 득실이 있다. 정의의 해법을 제시하는 정치적인 수학공식 같은 건 없다. 항상 그렇듯 그것은 경쟁하는 이해관계의 대결이 될 것이고, 승자와 패자가 있을 것이다. 노련한 택시 운전사와 구글 및 우버의 대결에 대해 생각할 때는 그것이 앞으로 우리 앞에 펼쳐질 숱한 대결 중 하나일 뿐임을, 그리고 우리 각자는 어느 부문에선가 소수에 속한다는 점을 인지하는 게 좋다. 이런 대결의 대부분은 아직 당신과 나에게 포착되지 않았지만, 당신이 이 글을 읽는 순간 인간 경험의 모든 구석구석을 데이터화해서 이윤으로 전환할 수 있는 원재료로 활용하고자 하는 데이터 수집 집단에게는 분명 파악되고 있다. 이는 정보의 집중, 지식의 중앙화, 그리고 인간이 스스로 상황을 해결하는 타고난 기술의 퇴화를 의미한다.

고도로 전문적인 택시 석학들과 임시직 경제의 무심한 운전자들 사이에서, 소비자의 편리와 생활임금 사이에서, 5분을 더 기다려서 택시를 잡는 것과 손님을 태우지 못한 우버가 도로에 넘쳐나서 생긴 교통체증 속에서 10분을 더 허비하는 것 사이에서 한쪽을 택해야 한다면, **우리가** 민주적인 대결과 시장의 힘을 통해서 이런 문제를 해결해야 하는 게 아닐까? 그런데 상황은 전혀 이렇게 돌아가지 않는다. 새롭고 아주 일방적인 형태의 정치경제, 식민지 정복에 더 가깝다.

02

영예롭고 충돌 없는
삶의 방식

무인 자동차 앞에 펼쳐진 매끄럽게 흐르는 이동성이라는 전망을 제대로 파악하려면 이를 '스마트 시티'라는 더 큰 전망의 일환으로 바라볼 필요가 있다. 스마트 시티의 기본 개념은 도시를 관통하는 우리의 움직임, 우리가 의지하는 인프라, 경찰의 보호, 쓰레기 수거, 주차, 배송, 그 외 도시를 작동시키는 모든 서비스가 '도시 운용 시스템'에 의해 조율되리라는 것이다.

그러므로 스마트 시티 전망의 일환인 무인 자동차는 인상적인 지적 움직임의 한 요소다. 그것이 특히 인상적인 이유는 도시의 형태를 바꿔놓고자 하는 오래된 모더니즘적 야망의 부활이기 때문이다. 이런 도시계획의 목표는 보통 공중보건, 효율성, 아름다움 그리고 그보다는 좀 더 추상적인 질서다. 지난 2세기 동안 이런 도시계획을 철저하게 경험한 일부 도시들은 많은 논란이 일긴 했지만 경이로운 방문지가 되었다. 파리를 보라(루이 나폴레옹 시절, 오스만 주도하에 파리의 많은 부분이 철거와 재건을 거쳤다). 브라질리아와 인도의 찬디가르(두 도시 모두 르코르뷔지에가 기초부터 설계했다)처럼 빠르게 유령도시가 된 곳들도 있다. 인상적인 개념미술의 야심이 묻어나는 하이모더니즘적인 건물과 광장들 사이로 바람만 휘몰아쳐서 결국 무단점유자들이 다른 목적으로 활용하거나, 종합 계획에 저항하면서 도시생활을 이어가는 주변 판자촌에서 쓰려고 건축자재를 뜯어가 버린 것이다. 이런 프로젝트들은 때로 개발도상국에서 진행되곤 하는데, 서구 몽상가들은 이런 나라에는 확고한 자치의 전통이 전무하고, 따라서 이런 계획에 대한 조직된 저항이 없다는 이유로 여기에 매력을 느낀다. 르코르뷔지에는 서구의 권위주의 통치자들[비시정권(나치 치하에 남부 프랑스에 만들어진 괴뢰 정권)과 스탈린의 소련 모두]을 위해 계획가로서 일을 하고 난 뒤에 이 제3세계 전략을 떠올렸다.

도시를 합리적 계획의 대상으로 만들고자 했던 역사는 성패가 모두 교차하는 파란만장한 이력을 가지고 있다. 그 기지에 깔린 질서에 대한 욕망은 때로 완고한 현실이 인간 행위에 가하는 응징에도 영향을 받지 않는다. 테크노크라트적인 성품 안의 무언가는 경험과는 무관하게 떠도는 도덕적-지적 공간에 쉽게 유혹당하고, 종교적 신념이라는 위조 불가능한 몰두와 공통점이 많다.

거대 전망은 이런 이유들을 가지고 비판하기가 쉬운데, 나는 곧 스마트 시티를 이런 시각으로 비판할 것이다. 하지만 일반적으로 테크노크라트적 기획은 도시 공간에서 인간의 정신을 옥죄는 결과로 이어질 수 있는 통제력 장악을 위한 소소하고 설익은 시도들로 나타난다는 점을 먼저 지적하고자 한다. 그런데 이런 억압(그것은 **명백하게** 억압이다)에는 좀스러운 폭압자 같은 특징이 있는 까닭에 일부 대범한 사람들로부터 아름다워 보이는 반응을 불러낼 수도 있다.

경비를 불러라

내가 제일 좋아하는 유튜브 영상 중 하나는 노련한 곡예 오토바이 선수임이 분명한 남자가 쇼핑몰의 텅 빈 주차장에서 앞바퀴를 들고 걷는 속도에 가깝게 오토바이 타는 연습을 하는 것이다. 그의 헬멧에는 비디오 카메라가 장착되어 있다. 그런 그에게 질서의 대리인을 자처하는 공무원들의 보편적인 상징인 클립보드를 든 한 남자가 다가온다. 영상으로는 공무원이 하는 말을 알아듣기가 힘들다(안전에 대해 말하는 듯하다). 하지만 그건 별로 중요하지 않다. 메시지를 전하는 건 사실 클립보드다. 현실적인 주장이 담기지 않을 때가 많고, 모두가 거기에 자동적으로 반항할 때만 효과를 발휘할 수 있는 무언의 권위가 담긴 물건.

하지만 우리의 곡예 오토바이 선수는 그렇게 하지 않는다. 우리는 그의 헬멧 카메라를 통해 그가 바퀴 하나를 든 채 클립보드 맨의 주위를 느리게 돌고 있음을, 그리고 그가 느긋한 상태임을 알 수 있다. "이게 위험해 보여요?" 그가 약간 믿을 수 없다는 듯이 묻는다.

주차장에서 서버번을 타고 후진하는 어떤 강직한 학부모회 회원에게 치일 뻔한 적이 한 번이라도 있었던 사람이라면 그의 핵심을 쉽게 파악할 수 있다.

하지만 그다음 순간 오토바이 곡예사는 이 문제를 다음 수준으로 넘긴다. 그는 클립보드 맨에게 이렇게 말한다. "혼란스러우신가 보네요, 그럼 긴장하게 되는데." 그 불쌍한 남자는 이 말에 정말로 어찌할 바를 몰라 하는 것처럼 보인다.

오토바이 곡예사가 내린다. 그는 중요한 의미에서 이 전투에서 분명 승리했지만 경찰이 자신의 고차원적인 논리를 이해한다고 생각할 정도로 바보는 아니다.

그 논리에 따르면 클립보드 맨의 사명은 객관적으로 말해서 불필요하기만 한 게 아니다. 그는 "혼란스럽고" 그래서 "긴장해 있다." 규정 준수에 대한 집착이 그것을 정당화하는 논리가 되고, 사실 주차장에서 바퀴 하나로 타는 오토바이에 해당하는 규정 같은 건 전혀 없을 텐데도 이 때문에 그는 법 집행에 대한 욕구를 불태우게 된다. 애국심이 없는 사람처럼 보일 위험을 감수하고 하는 말이지만 나는 이게 유독 미국적인 현상처럼 보인다고 지적할 비극적인 의무감을 느낀다. 내 프랑스인 친구 장피에르 뒤피Jean-Pierre Dupuy가 "너희는 규칙 숭배자들이야" 하고 말할 정도로, 우리는 인간 정신의 예기치 못한 분출을 메우기 위해 상황에 따라 규칙을 만들어내곤 한다. 이를 상쇄하기 위해 우리는 '자유로운 이의 땅이자 용감한 이의 집'에 대한 노래를 혼자서 흥얼거린다.

래퍼 루페 피아스코Lupe Fiasco에게는 스케이트보드를 통해 성숙해지고, 그 과정에서 관료적인 권위에 맞서게 된 도시 아이의 이야기가 담긴 〈킥, 푸시Kick, Push〉라는 아름다운 트랙이 있다.

그가 처음으로 킥 플립(스케이트보드를 360도 회전시키는

기술—옮긴이)에 성공한 이후로

부적응자 노상강도라는 꼬리표가 붙었어

그의 이웃들은 그걸 참지 못했지

그래서 그는 공원으로 추방되었어

아침에 시작해서

어두워진 뒤까지 멈추지 않았지

그래, 그들이 여기에 있기 늦은 시간이라고 말했을 때였지

저런 미안하네만 젊은이, 여기서는 스케이트를 탈 수 없

다네

그는 스케이트를 타는 소녀를 만나게 되고 그녀가 그는 알지 못했던, 묘한 특징이 있는 주차장의 어떤 장소로 그를 데려간다. 그들이 미친 듯이 스케이트를 타고 있는데 "경비가 와서 여기서는 스케이트를 탈 수 없다고 말했다." 그들은 어떤 팀의 일원이 되고, 사무용 건물의 광장에서 쫓겨난다. "그냥 그 자유가 그들이 말한 숨쉬기보다 더 좋았다."

잔뼈가 굵어지고, 도망을 다니며 사랑과 연대감을 쌓는 것. '경비'에게 쫓겨나는 것은 반체제적 유대를 형성하는 데 상당한 역할을 한다. 자유의 경험을 고양하는 클립보드 맨이 없다면 얼마나 수치스럽겠는가! 곡예 오토바이 선수처럼, 그리고 캘리포니아 고속도로 순찰대를 만났을 때의 헌터 S. 톰슨처럼, 〈킥, 푸시〉의 주인공들은 **개인의 모습을 한** 질서의 힘에 맞선다. 스케이드보드를 타는 꼬마들을 쫓고 자

기만의 인간적인 구실을 갖다 붙이며 이 추적을 즐기지만 사실 피와 살로 이루어진 질서의 집행관들. 질서가 알고리즘으로 제시될 때 이런 인간 드라마(자유의 드라마)는 어떻게 될까? 투쟁은 어디에 있을까?

스마트 시티에 대한 논의로 넘어가기 전에 도시 관리의 디지털 혁신이 어떤 **정신** 속에서 펼쳐지게 될지를 잠시 살펴보자.

관리직의 정신

때로 도시 공간은 '경비'의 노골적인 개입을 불필요하게 만들어서 루페 피아스코가 묘사한 것과 같은 순간을 방지하도록 설계된다. 설계에서부터 이런 노골적인 위력이 사용될 가능성을 더 엄격하게 제한하는 것이다. 토마스 드 몽소**Thomas de Monchaux**는 가령 공원에 민간이익집단의 자금이 투입될 때 "질서에 대한 애호"가 팽배하게 된다고 지적한다. "질서에 대한 애호"는 법적 책임에 대한 관심에서 비롯된다고 평가받기 쉽지만, 그런 일체의 계산에서 벗어나 모호한 도덕주의의 형태를 띠기도 쉽다. 터놓고 공언된 것은 아니고, 당연시하지만 파악하기 어렵고, 따라서 대결도 쉽지 않은 무언가.

몽소는 뉴욕시의 하이라인에 대해 이야기한다. 하이라인은 오랫동안 운영되지 않던 고가선로를 민간투자를 받아 멋지게 공원으로 탈바꿈한 곳이다. 그는 이 공원의 가치를 정당하게 평가하지만, 이렇게 지적하기도 한다. "이 공원의 중요한 세부사항은 포장된 땅과 식물을 심은 공간을 구분하는 역할을 하는 금속 핀과 밧줄의 깔끔한 배열이다. 그것은 마치 '어슬렁대지 마, 놀지 마, 바보 같은 짓하면서 돌아다니지 마' 하고 말하는 것 같다."

어쩌면 이런 장치들에는 적합한 안전상의 이유가 있을 것이다 (데크에서 벗어나 겨우 15센티미터 정도 간격으로 늘어선 화단을 디뎠다가는 발목을 삘 수도 있다). "하지만 이 규제 안에는 최악의 가능성에 대한 방어를 넘어, 도시 생활의 핵심인 모든 온건한 변칙들(난폭한 흥겨움, 창의적인 즉흥성, 느긋한 비효율성, 태평한 기행)을 차단하려는 무언가 역시 있다."

몽소는 이 지점을 훌륭하게 포착해서 공공 공간의 설계를 정치 문화와 연결시킨다. "자유민주주의 안에서 공공 공간의 점유는 (심지어 특히 가끔 놀이를 위한) 어떤 형태든 간에 집회와 표현의 권리를 기리는 행위다. 공원과 광장의 최대 성공은 활성화할 활동의 효율적인 1대 1 지도 작업이나 문화의 통제된 소비에 있는 게 아니라, 정책과 설계 차원에서 거리낌 없는 행동을 어떻게 활성화하느냐에 있다."

이는 스케이트보더들이 상징하는 바, 아니 그 이상이다. 그들은 광장을 집회할 수 있는 단순한 빈 공간으로서가 아니라, 자신의 활동을 구성하는 한 요소로 여긴다. 광장의 조경용 구조물들은 구체적인 난관을 의미한다. 스케이트보더들은 그 장소의 특징에 맞는 기술 레퍼토리를 연습한다. 그들은 전혀 의도되지는 않았지만 그 안에 잠재해 있어서 바퀴를 굴리며 다니는 사람들이 발견하게 될, 행동 유동성으로 잠들어 있는 목적들을 위해 그 장소를 전용한다. 그들의 '오용'에는 계시적인 특징이 있다.

이렇게 이해했을 때 스케이트보딩은 현대미술처럼 보이기 쉽다. 하지만 그랬다가는 스케이트보딩을 예술가들의 무력한 '전복적인'

열망과 동일시하는 우를 범할 수 있다. 나는 도시의 스케이팅을, 좀 따분한 표현이지만 시민적 공화주의의 발현으로 보는 것이 더 교훈적이라고 생각한다. 이 부분을 잘 이해하려면 몽소가 최고의 공원과 광장은 "정책과 설계 차원에서" 거리낌 없는 행동을 활성화한다며 지나가듯 말한 표현을 주의 깊게 들여다볼 필요가 있다. 이는 맞기도 하고 아니기도 하다. 문제의 '거리낌 없음'이 해야 할 일로 처방되는 것이 아니라 주체가 적극적으로 **취하는** 형태(왜냐하면 스케이트보더들에게서 인상적인 것은 이 지점이므로)가 되려면 거기에서 '활성화'는 최소한이어야 한다. 설계를 요하는 교묘한 부분도 마찬가지인데, 이는 본원적인 의미의 자유주의가 가진 특징이다. 함께 살기 위한 최소한의, 아니 그보다는 조금 더 많은 조건을 보장하지만 만사를 통제하지는 않으려고 노력하는 것 말이다.

자유주의는 이보다 더 큰 야심을 가진 무언가로, 따라서 그런 면에서 덜 자유주의적인 무언가로 너무 쉽게 흘러버린다. 관리되지 않는다는 느낌을 주는 공공 공간은 사라지는 중인 듯하다. 공원과 광장의 "정책과 설계"가 그곳에서 발견할 수 있는 모든 용도를 의도적으로 다 지정해주지 않고 미온적이려면, 설계자가 지식인들에게는 가장 흥분되는 바로 그것, 포괄적인 시선을 삼가야 한다. 이런 시선은 예외 없이 놀이를 억압한다. 놀이는 하위징아가 우리에게 알려준 대로 "우리를 위한" 게임의 내부에 있는, 자체적인 규칙을 만들겠다는 고집을 꺾지 않기 때문이다. 도시의 스케이트보더들은 놀이 공동체다.

제인 제이콥스는 "계획가를 제외한 모든 계획을 억압함으로써" 질서를 부여하고자 하는 부류의 계획을 비판했다. 제이콥스는 에버니

저 하워드^{Ebenezer Howard}의 가든시티 계획에 대해 이야기하면서 "당신이 고분고분하고 자체적인 계획 같은 건 전혀 없으며 역시 자체적인 계획이 전혀 없는 다른 사람들 속에서 시간을 보내도 아무렇지도 않은 사람이라면 정말로 아주 좋은 동네"라고 말했다. "모든 유토피아가 그렇듯 어떤 식으로든 의미 있는 계획을 세울 권리는 오직 담당 계획가에만 주어졌다." 이는 버나드 윌리엄스가 공리주의에 대해 했던 불평과 정확히 일치한다는 점에 유념할 필요가 있다. 그는 공리주의의 전체주의적 논리는 우리 모두가 각자의 계획을 보편효용 계산을 책임지는 사람의 계획에 종속시킬 것을 요구한다고 지적한 바 있다.

스마트 시티의 비전을 평가할 때는 그것이 제시하는 질서가 계획되지 않은 도시적 즐거움의 원천에 얼마나 여지를 잘 남기는지에 유념할 필요가 있다. 몽소가 "난폭한 흥겨움, 창의적인 즉흥성, 느긋한 비효율성, 태평한 기행"이라고 훌륭하게 표현한 것들이 등장할 수 있는 여지를 말이다. 클립보드 맨이 모든 게 정해져 있는, 어떤 폐쇄적인 사설 '도시 운영 시스템' 같은 것에, 주차장의 곡예 오토바이 선수는 계산에 없는 '활동과 시설을 1 대 1로 지정한 효율적인 기관'에 임용된다면 어떻게 될까?

운전은 도시 환경에서 하게 될 때가 많고, 그래서 도시 설계는 운전이라는 경험을 결정하는 데 크게 영향을 미친다. 우리는 자동차의 자동화, 그리고 그 명백한 편익에 따르는 알려지지 않은 비용 몇 가지를 살펴보았다. 똑같은 자동화의 논리가 자동차에서 도시로 확장되고 있다. 사실 무인 운전이라는 비전을 달성하려면 그럴 수밖에 없다. 이 패키지가 어떻게 사회 전체에 반향을 일으킬까? 우리가 당연시하는 자유주의의 유산을 바꾸게 될까? 제시된 변화를 더 큰 야망의 증표로 여길 수 있을까? 그 야망의 주인공은 누구인가?

스마트 시티

제이콥 시걸Jacob Siegel은 〈태블릿Tablet〉에 쓴 글에서 이렇게 지적한다. "민주 정부들은 자신들이 제공하기로 되어 있는 기본 서비스를 외주 업체에 맡길 수 있다고 생각한다. 도시를 운영하고 지자체 서비스를 제공하는 일상 기능을 사실상 도급으로 넘길 수 있다고 말이다. 음, 그 말이 맞다, 그렇게 할 수 있다. 하지만 물론 이를 통해 그들은 어째서 자신들이 정말로 필요하지 않은지, 그리고 장기적으로 실직자 신세가 될 것인지를 홍보하게 될 것이다." 민주 정부가 제 기능을 못하는 일이 자주 발생한다는 점을 감안하면, 실리콘밸리의 테크놀로지 기업들에게 일을 맡긴다는 생각에는 현실적인 매력이 있다. 시걸은 많은 사람들이 "망할 기차가 제시간에 오기만 한다면 약간의 온건한 전체주의를 받아들이고 민주주의를 일정 정도" 포기할 준비가 되어 있고, 이는 상당히 합리적이라고 말한다. "그리고 그 맞교환의 결과로 우리가 의지해야 하는 제도에 대한 권력을 잃게 될 것이다."

그러므로 문제는 주권이다.

구글은 토론토 안에 모델 도시를 건설 중이다. 모델 도시는 가능성들을 축소해 늘어놓은 공간이다. 예카테리나 대제에게 큰 인상을 남긴 포툠킨 마을처럼 엘리트의 의견에 영향을 미칠 의도로 만들어진 다른 시범 도시의 정신에서 태어났다. 물리적인 시설에는 주민들의 활동을 포착한 뒤 첨단 데이터과학으로 조작하기 위한 센서들을 심을 것이다. 희망사항은 분명 심층적인 사설 사회과학을 구축하는 것이다. 이런 과학은 가령 난방과 전기 수요를 예측하고, 수요를 근거로 도로 수용력 할당을 관리하고, 쓰레기 처리를 자동화함으로써 도시 관리에 실질적인 개선을 가져올 수 있다. 하지만 수집한 데이터를 저장하고, 이를 군사등급의 기밀로 보호하는 일이 전체 콘셉트에서 핵심이라는 점에 주의해야 한다. 그게 되지 않으면 사업적인 근거가 전혀 없기 때문이다. 스마트 시티는 빅 테크에게 조 단위의 수익을 거둘 수 있는 다음 개척지로 언급되곤 한다.

정부와 맞먹는 구글의 포부를 감안하면 1998년에 출간된 제임스 C. 스콧의 《국가처럼 보기》를 한 번 더 들여다보는 게 도움이 될 것 같다. 그는 근대국가의 발전을 그 거주민이 영위하는 삶의 "가독성"을 높이는 과정으로 보고 추적한다. 전근대국가는 여러 면에서 눈이 보이지 않았다. 전근대국가는 "자신의 신민, 그들의 재산, 토지 보유 현황과 산출물, 위치, 정체성에 대해서 아는 바가 거의 없었다. 영토와 국민을 파악한 상세한 '지도' 같은 게 전혀 없었다." 이렇듯 포괄적인 시야가 없다 보니 중앙집권적인 통제의 포부가 현실적으로 제한되었다. 국가의 "개입은 조야하고 자멸적일 때가 많았다." 18세기에 조망 능력이 향상된 행정기구가 등장하면서 주로 징세와 징집을 위해 서비스 전달과 기록 보유 기능이 향상되었다. 가독성이 개선되자 사회를 지적으로 파악 가능한 하나의 시스템으로 바라보는 새로운 방법도 등장했다. 이런 식으로 사회는 몽상가들의 시선을 받는 매력적인 대상이 되어 개입이 일어나게 된다. 비전이 정밀할수록, 그리고 그것을 공유하는 사람들 안에서 더 많은 자신감을 불러일으킬수록, 전면적인 장악력을 발휘하기 위한 빈 공간을 준비해두라고 요구하는 개입이 많아진다. 중심에서 방사선으로 뻗어나간 대로들의 질서를 창조하기 위해 파리를 허물었던 오스만 남작이나, 브라질리아라고 하는 합리주의 유토피아를 만들 장소로 인적 없는 정글을 선택했던 르코르뷔지에처럼 말이다.

벤처 자본가 출신의 한 스마트 시티 도시계획가는 최근 〈뉴욕 타임스〉에 "인류는 지금 폴더폰 수준의 도시에 살고 있다"고 말했다. 이 비유의 바탕에 있는 조급함, 낭비의 느낌, 불쾌함을 유발하는 **최적화**의 완전한 부재를 이해할 필요가 있다. 또 다른 투자자 겸 도시계획가인 허 씨는 "우리는 인프라와 사회의 근본적인 구성요소에 영향을 주지 않는다"고 말한다. 〈뉴욕 타임스〉 기자는 허 씨가 자신의 노트북을 가리키며 "우린 이걸 더 잘 만들었어요. 새로운 물건을 더 잘 만들었죠. 오래된 걸 더 잘 만들지는 못해요"라고 말했다고 전한다. 기자는 오래된 것을 더 잘 만드는 방법에 대해 생각할 때 "테크놀로지 분야 사람들은 역사의식과 전통적인 전문지식이 앞길을 헤쳐나가기 위한 아이디어에 방해가 될 수 있음을 시사하는 개념인 '기본 원칙들'을 중요하게 여긴다"는 유용한 지적을 덧붙이고 있다.

여기서 우리는 오래된 모더니즘 드라마가 다시 한 번 펼쳐지는 모습을 목격한다. 도시의 빈 석판은 관습법을 혐오했던 토머스 홉스 **Thomas Hobbes**를 연상시킨다. 관습법은 이전에 잉글랜드의 삶을 정돈한 관습들의 덩어리였지만 그에게는 과거로부터 전승된 무지함의 지층으로 보였다. 홉스에게 있어서 삶은 주먹구구식으로 축적된 비공식 관용법과 이해방식이 아니라 분명한 원칙에 따라, 가장 밑바닥에서부터

(그에 의해) 고안된 법에 의해 통치되어야 했다.[1] 스마트 시티를 지지하는 홉스의 자손들은 사고과정을 거치지 않은 관행 안에 **잠재한** 이성을 발굴하고 거기서 도시의 논리를 역설계하려는 노력 대신 자신들이 가진 선험적인 이성의 힘을 신뢰한다.

도시를 스마트폰에 가깝게 만든다는 것은 어떤 의미일까? 아마 그런 도시는 유리로 된 최첨단 디자인의 전면부가 나의 필요에 맞춰 고안된 풍성한 앱들의 보고로 통하고, 나로서는 전혀 알 수 없는 메커니즘을 통해 내 입장에서 최소의 노력만 들이면 최대의 효율을 만끽할 수 있도록 되어 있을 것이다. 이는 우리가 자동차 설계의 맥락에서 살펴본 궤적과 동일하다. 하지만 이는 알고리즘을 통한 의사결정의 비중이 점점 커짐에 따라 제도적인 삶에서도 두각을 나타내게 되었다. 스마트 시티, 그리고 그 속에서 우리의 움직임에는 이 전방에서 이미 출현한 몇 가지 어려움이 똑같이 따를 것이다.

알고리즘에 의한 통치와 정치적 정통성

메릴랜드대학교 법학과 교수인 프랭크 파스콸레Frank Pasquale는 《블랙박스 사회The Black Box Society》에서 소위 "플랫폼 자본주의"를 아주 상세하게 설명하면서, 특히 한쪽에서만 반대편을 들여다볼 수 있게 만든 일방향 거울 같은 속성을 강조한다. 날이 갈수록 우리 삶의 모든 측면들, 즉 우리의 공간 이동, 소비 패턴, 소속, 지적 습관과 정치 성향, 언어 패턴, 온갖 광고에 대한 취약성, 소소한 논란거리에 정신을 놓고 빠져들 준비가 된 정도, 성적 취향과 결혼 상태에 대한 자발적인 암시,

얼굴 표정을 통해 드러나는 순간순간의 감정 상태 등은 기업들이 수집할 데이터로 발가벗겨지고, 기업들은 나름대로 어떤 알고리즘을 써서 이 정보를 가지고 우리의 행동을 몰아가고 티 안나게 슬쩍 부추기는지를 군사등급의 보안 속에 철저하게 감춘다. 이런 식으로 알려진(또는 구성된) 나라는 인격은 다양한 전자적인 수단을 통해 나에게 제시된 세상을 판단하는 일이 점점 많아진다. 신용등급 평가기관 한 곳에서 저지른 잘못 하나를 바로잡으려고 하다가 그 과정이 완전히 불투명하고 평가기관을 믿을 수 없다는 사실을 알게 된 어떤 사람의 이야기가 수십 년간 떠돌며 고전적인 일화가 된 것을 보면, 일이 어떻게 잘못 꼬일 수 있는지를 알 수 있다. 당신의 신용등급은 당신의 성격을 잘못된 방식으로 묘사할 수도 있지만 당신의 삶에 결정적인 영향력을 행사할 수도 있다. 당신은 당신이 어떻게 할 수 없는 과정을 통해 당신의 데이터 자아에 맞춰 재단된, 그리고 그 알고리즘을 소유한 누군가의 이익에 봉사하도록 설계된 세상에서 훨씬 포괄적인 방식으로 살아가게 된다.

이 같은 시민에 대한 책임성의 부재는 테크놀로지에 내재한 이유들 때문에 '투명성'을 확보하려는 좋은 의도의 노력으로는 극복하기 힘들다. 인공지능이 자신의 결론에 도달하는 데 활용한 논리는 일반적으로 워낙 복잡하기 때문에 그 인공지능을 만든 사람들에게조차 파악되지 않는다.[2]

법원이 판결을 내릴 때 판사는 보통 여러 쪽에 달하는 의견서를 작성하고, 이 의견서에서 자신의 추론 과정을 설명한다. 그는 법, 전례, 상식 그리고 자신이 분명하게 밝히고 옹호해야 한다고 느끼는 원칙들 안에서 판결의 근거를 찾는다. 이 때문에 판결은 단순한 명령에서, 정치적인 **정통성**을 갖고 자유민의 동의를 확보할 수 있는 무언가로 탈바꿈한다. 단순한 권력과 권위의 차이는 바로 이것이다. 근대 자유주의 사회의 차별점은 권위가 성직자의 특수한 예언 능력 같은 것에 호소한다고 여기는 데서 나오지 않으며 이 같은 합리적인 특징을 갖추고 있다고 여기는 데서 나온다. 이는 계몽주의의 유산이다.

그런데 문제가 있다. 이런 정통성을 확보하지 못한 제도적 권력은 방어가 불가능해진다. 이 정통성이 우리 **공동의** 합리성을, 분명하게 설명하고, 심문하고, 방어할 수 있는 이성을 토대로 삼지 못하면 분명 다른 근거를 들이댈 것이다. 그러다 보면 그 이후에는 성직자가 하는 예언과 놀라울 정도로 비슷해질 것이 불 보듯 뻔하다. 새로운 지식인 집단은 데이터과학이라고 하는 불가해한 신비를 무기 삼아, 인간의 지적 능력을 초과하는 논리에 따라 독학으로 이 세상을 파악하는 인공지능 프로그램에 의해서만 드러나는 숨은 현실의 층위를 엿보게 되리라.

지난 몇 년간 기성 체제 측의 지식인들이 계몽주의 이상의 거부를 '포퓰리즘'이라며 한탄하는 일이 다반사가 되었다. 하지만 포퓰리즘은 민주주의를 다시 천명하는 것이자, 성직자의 권위에 대항해 그 밑에 있는 계몽주의 원칙을 재확인하는 것이라고 보는 게 더 낫다. 정치는 근본적으로 인식론 싸움이 되었고, 내가 보기에는 이 싸움에서 자본력이 탄탄한 제도적인 목소리들이 정통성이라는 외피를 주장하기에 더 유리한지는 전혀 분명하지 않다. **만일** 우리가 정통성의 토대는 합리성과 논거라는 주장을 굽히지 않고자 한다면 말이다.

대신 아무리 이해하기 어렵다 해도 테크노크라트적 역량을 정통성 있는 통치 자격으로 받아들일 수도 있다. 하지만 그러면 우리는

신뢰가 중요한 상황에 놓이게 된다. 그리고 이로써 자유주의의 본원적인 통찰과는 점점 멀어지게 된다. 권력은 부패하는 법이니까.

사람들이 테크노크라트적 역량과 선의의 약속 이면에서 종종 발견되는 비즈니스 논리에 의외로 민감하다는 점을 감안하면, 신뢰에 이렇게까지 의지할 공산은 낮지 싶다. '스마트' 도로 인프라 개발과 관련된 최근의 사례 몇 가지를 살펴보자.

캔자스시티가 트롤리 노선을 설치하기 위해 주 도로를 뜯어내자 시스코^{Cisco}(네트워킹 하드웨어, 보안 서비스 등을 제공하는 미국의 다국적 기업-옮긴이)는 시 공무원들에게 이번이 교통을 모니터할 수 있는 각종 센서와 광케이블을 설치할 완벽한 기회라고 설득했다. 추가비용도 많지 들지 않고, 지자체 당국이 도시가 어떻게 굴러가는지를 이해하는 데 도움을 줄 거라는 게 핵심이었다. 캔자스시티는 그 말을 따랐고 공공 와이파이를 제공하기 위해 트롤리 노선을 따라 스물다섯 개의 키오스크도 만들고 가로등에 감시카메라도 설치했다. 캔자스시티가 돈을 빌려야 하긴 했지만 비용의 대부분을 시스코와 스프린트^{Sprint}(미국의 통신회사-옮긴이)가 책임졌다. 스프린트는 와이파이 네트워크를 관리하는 곳이다. 〈뉴욕 타임스〉의 보도에 따르면 "캔자스시티의 도심 회랑은 이제 이 도로(3.5킬로미터)를 따라 벌어지는 거의 모든 일(자동차, 보행자, 주차공간)을 감시한다. 무선 시스템 이용자는 270만 명이다."

이런 프로젝트를 기업의 시민 정신과 박애주의의 발로로 이해해도 될까? "스프린트는 무선 네트워크에 접속하는 이용자에게서 자택 우편번호, 인터넷 검색 기록과 위치 정보 같은 데이터를 수집한다. 일부 정보(전화번호와 신원 파악이 가능한 그 외 다른 정보)는 무선 네트워크에 접속하지 않아도 얻을 수 있다"는 점을 감안하면 동기는 조금 더 분명해진다. 스프린트는 데이터 또는 그들이 그것을 어떻게 사용하는지에 대해 이야기하기를 꺼렸다. 이 회사의 신규 솔루션 책임자가 "사람들이 스마트한 것을 맞이할 준비가 되어 있다"고 못 박듯 선언했는데도 말이다.

그러는 한편, 이번에는 피츠버그에서 우버가 무인 자동차를 활용해 주행 중에 교통 데이터를 수집했다. 피츠버그시에 내세운 주장은 이런 정보가 시 당국이 교통 문제를 관리할 때 도움이 되리라는 것이다. 하지만 사실 우버는 이 데이터를 공유하는 것을 거부했고, 자율주행차를 배치한 모든 곳에서 같은 입장이었다. 피츠버그의 도시 관리자는 "이건 기회의 유실이었다"고 말했다. 애당초 그가 그 기회란 게 무엇인지 오해했을 수도 있다.

도시가 아둔할수록 스마트 시티가 되고자 하는 욕구가 강하다고 말하기 쉽다. "아둔하다"는 말이 실제 인지적인 결함이 아니라 젠체하는 정치경제 안에서 입지가 낮다는 의미라면 틀린 말은 아니다.

지난 몇십 년간의 경제적 여건에 등 떠밀린 비행통과 지역은 진취적인 사고를 하겠다는 각오를 다지고 있다. 캔자스시티는 미국에서 "가장 스마트한 도시"가 되겠다고 선언했고, 이를 알리기 위해 국제 컨퍼런스를 개최한다. 이 도시의 테크놀로지 자문인 밥 베넷**Bob Bennett**은 "오늘날 테크놀로지를 포용하는 데 실패하는 도시, 데이터 중심 접근법을 포용하는 데 실패하는 도시, 그런 도시들은 앞으로 20년 뒤에 **디지털 러스트 벨트**가 될 것"이라는 흠잡을 데 없는 말로 이 지역의 우려를 북돋는다.[3]

신자유주의 경제 담론에서 "러스트 벨트"는 필연성에 적응하지 못해서 점점 쇠락하다가 결국 소멸되는 장소를 의미한다. 역사의 그릇된 편에 선다는 생각은 진보적인 형태의 사회적 다윈주의다. 둘 다 거스를 수 없는 자연스러운 과정을 들먹이면서 정치적 패자들을 한쪽으로 몰아세우기 때문이다. 거스를 수 없다는 감각은 테크놀로지 기업들의 선언 속에서 꾸준히 배양되고, 이는 신기술의 도입을 비판하는 정치적 반대를 꺾기 위한 의도적인 전략으로 쓰이는 듯 하다.

하지만 만일 스마트 시티를 또 다른 사기일 뿐이라고 여길 경우 스마트 시티에 고유한 어떤 것을 놓칠 수 있다. 스프린트와 시스코의 야심이 평범한 기업형 해킹의 그것일 수도 있긴 하지만, 구글의 섬세한 운영자들은 그보다는 좀 더 음흉한 무언가를 대변한다. 구글이 운영하는 도시에서 우리가 궁극적으로 어디로 나아가게 될지 감을 잡으려면 커튼 뒤를 들여다보면서 그 기업이 무엇에 몰두하는지, 그것을 어떤 식으로 추구하는지를 파악할 필요가 있다. 구글의 핵심 비즈니스인 검색을 활용해서 말이다. 아마 그러다 보면 도시 관리자들과 비슷한 태도를 취하게 될 것이다.

인프라 전반에 걸친 신탁통치

전체 플랫폼 기업 가운데 구글은 독보적이다. 검색 분야에서 독점에 가까운 자리에 있다 보니(약 90퍼센트) 사람들의 사고를 조종할 수 있게 되었다. 그리고 갈수록 사고의 조종을 구글의 고유한 책임으로 인정하는 일이 많아지고 있다. '악마는 되지 말자'라는 원칙에 입각해서 설립된 것으로 유명한 구글은 창사 이래로 자체적인 관점에 따라 적극적으로 '좋은 일 하기'라는 미션에 착수했다.

법학 교수 애덤 J. 화이트**Adam J. White**는 "Google.gov"라는 제목의 중요한 기사에서 구글은 "오늘날 사회의 도전을 사회공학적 문제"로 바라보고, "미국의 정보 환경을 다시 조작해서 우리가 그들이 올바른 종류의 사실이라고 여기는 것에만 입각해 선택을 내리게 만들려고 하면서도, 그런 노력에 어떤 가치나 정치가 있을 수 있음을 부정한다"고 말한다. 좋은 거버넌스는 사람들이 **충분한 정보를 바탕으로** 선택할 수 있게 하는 것이다. 이는 사람들에게 불완전한 정보를 바탕으로 만들어진 선호에 따라 자신들이 원한다고 **생각하는** 바를 주는 것과는 다르다. 충분한 정보를 바탕으로 한 선택은 큐레이팅이 잘 된 환경이나 맥락 안에 놓여 있어야 합리적이다. 이런 감시의 정신이 물리적인 세계 전반에서 우리의 움직임을 조율하도록 허용해줄 경우 어떤 일이 벌어질까? 이에 대해서는 다음 장 "구글이 자동차를 만든다면"에서 자세하게 다룰 것이다. 여기서는 지금까지 드러난 구글의 성격을 조금만 더 들여다보자.

구글의 모태가 된 정신계를 이해하려면 최근의 지성사를 조금 들여다볼 필요가 있다. 지난 20년간 사회과학 내에서는 인류의 인지적 무능력을 강조하는 새로운 흐름이 나타났다. 인간 행위의 '합리적 행위자' 모델(지난 반세기 동안 시장 당사자만 밀어준 지나치게 단순한 전제)은 좀 더 심리학적으로 풍성한 행동경제학 학파에 의해 지위가 격하되었다. 이 학파에 따르면 우리가 합리적인 일을 하려면 외부적인 '넛지'와 인지적인 보조 장치의 형태로 얻을 수 있는 모든 도움이 필요하다.

여기서 두 가지 지점에 유의할 필요가 있다. 첫째, 이것은 마음의 작동 방식을 이해하는 데 필요했던 교정 과정이었다. 둘째, 이것은 개화된 사회공학 프로젝트와 훌륭하게 맞아떨어지는 철학이며, 테크노크라트 지배의 권위주의적 경향에 다시 용기를 불어넣었다.

2004년 기업공개 자료에 덧붙여진 설립자 서신에서 구글의 공동창업자인 래리 페이지Larry Page와 세르게이 브린Sergey Brin은 자신들의 목표가 "당신이 뭐가 필요한지 확신할 수 없을 때마저 정확히 당신이 원하는 것을 가져다주는 것"이라고 말했다. 완벽한 검색 엔진은 사용자의 입장에서 '거의 아무런 노력도 없이' 이런 일을 해줄 것이다. 에릭 슈미트가 〈월스트리트 저널〉에 했던 말마따나 "당신이 타자를 칠 필요도 없이 당신 대신 점점 더 많은 검색이 이루어지게 하는 것이 한 가지 아이디어다. (…) 사실 나는 사람들이 구글에게 자신들의 질문에 대한 답을 바란다고 생각하지 않는다. 사람들은 구글이 자신들이 다음에 무엇을 해야 할지를 알려주기를 바란다."

구글이 위치한 마운틴뷰에서 시험 중인 이상에 따르면, 우리는 구글의 서비스를 삶에 힘들이지 않고 녹여낼 것이고, 우리 삶 속에 들어앉아 길잡이 역할을 하는 이 은혜로운 존재가 워낙 티내지 않고 곳곳에 스며들면서 자아와 구글의 경계가 흐려지는 지경에 이르게 될 것이다. 구글은 우리를 위해 일종의 정신적 보조 장치를 제공하고 정보 환경의 형태를 결정함으로써 우리의 의도를 계도할 것이다. 이는 신탁 통치 개념을 사고의 인프라 속에 심어 넣는 것과 같다.

스마트 시티는 어쩌면 동일한 계도의 원칙들을 컴퓨터 화면 밖으로 끌어내 물리적인 세계에 심게 될 것이고, 여기서 우리 육체의 활동들을 이끌게 될 것이다. 코드를 뽑는 것은 선택지가 아니다. 아마 도시 비슷한 이 장소는 도시와 닮긴 했으되 자유로운 시민들의 불쾌한 마찰과 충돌이 없어서 더 다루기 쉬울 것이다. 이렇게 최적화된 파놉티콘은 결국 진정한 행동관리 과학을 도출해낼지 모른다.

구글이 매사를 유능하게 해내는 걸 보면 기차 역시 연착 없이 잘 운영하리라고 어느 정도 장담할 수 있다. 이것, 그리고 이와 비슷한 다른 장점들은 도시생활을 구체적으로 향상시킬 것이다. 반면 우리가 치르게 될 대가는 이보다 추상적이다. 우리는 이윤을 위해서든, 개화된 사회공학을 위해서든 다양한 목적에 맞춰 우리의 행동을 은근슬쩍 유도하는 목적으로 사용될 행동 데이터의 제공자가 된다.

이제 이것이 운전에서는 어떤 식으로 드러날지를 질문해보자.

구글이 자동차를
만든다면

이미 중세시대처럼 아득해진 1997년 11월, 콤덱스COMDEX 컴퓨터 엑스포에서 빌 게이츠Bill Gates는 컴퓨터 산업을 자동차 산업과 비교했다. 그는 컴퓨터 산업이 "개방성과 혁신이라는 면에서 필적할 상대가 정말로 없다"고 말했다. "중형 자동차의 가격은 과거의 약 두 배다. (…) 그리고 만일 자동차 산업이 컴퓨터 산업과 같았더라면 가격이 얼마였을까 하고 묻는다면, 아마 27달러 정도였을 것이다." 도시 전설로 윤색된 이야기에 따르면 그는 덧붙여서 "만일 제너럴 모터스가 컴퓨터 산업처럼 테크놀로지에 밝았더라면 우리는 모두 1갤런에 1,000마일(1,600킬로미터)을 달릴 수 있는 25달러짜리 차를 몰고 다녔을 것이다"라고 말했다고 한다. 전설에 따르면 제너럴 모터스는 이에 대응해 보도자료에서 만일 제너럴 모터스가 마이크로소프트처럼 테크놀로지를 개발했더라면 아래와 같은 특징을 지닌 자동차를 몰고 다니게 되었을 거라고 밝혔다고 한다.

1 아무런 이유도 없이 당신의 자동차는 하루에 두 번씩 작동을 멈출 것이다.

2 도로에 차선을 새로 칠할 때마다 새 자동차를 구입해야 할 것이다.

3 가끔 고속도로에서 자동차가 퍼져버릴 것이다. 당신은 자동차를 도로 가장자리로 끌고 가서, 모든 창을 닫고, 자동차를 *끄고*, 재시동하고, 창을 다시 열어야 가던 길을 계속 갈 수 있다. 엔진을 다시 설치해야 할 수도 있다. 모종의 이유로 당신은 이걸 그냥 수락한다.

4 애플이 태양광 발전으로 굴러가고, 믿을 만하고, 다섯 배 빠르고, 운전은 두 배 쉽지만 도로의 5퍼센트 위에서만 달리는 자동차를 만들게 된다.

5 오일, 물 온도, 교류발전기 경고등은 '일반 자동차 디폴트' 경고등 단 하나로 대체된다.

6 새 좌석은 모든 사람들에게 같은 크기의 엉덩이를 가질 것을 강요한다.

7 에어백은 터지기 전에 "정말로 진행하시겠습니까?"라고 물을 것이다.

8 당신의 자동차는 가끔 아무런 이유도 없이 당신이 문 손잡이를 들어올리고 자동차 열쇠를 돌리고 라디오 안테나를

움켜쥐는 동작을 동시에 하기 전까지 문이 잠긴 상태에서 당신을 차 안에 들여보내지 않을 것이다.

9 자동차 소유주가 비싼 돈을 들여서 마이크로소프트로 업그레이드 하고 나면 차가 전보다 훨씬 느려질 것이다.

10 제너럴 모터스는 모든 자동차 구매자에게 (제너럴 모터스의 계열사인) 랜드-맥널의 고급 도로 지도 세트 역시 구입하도록 강요할 것이다. 필요하지도, 원하지도 않더라도 말이다. 이 옵션을 삭제하려고 할 경우 즉시 자동차의 성능이 50퍼센트 이상 떨어지게 된다.

11 당신은 엔진을 끄기 위해 '시작' 버튼을 누르게 될 것이다.

빌 게이츠가 생각하기에 자동차는 산업 유산의 무거운 짐이자 정체를 상징한다. 자동차가 제 기능을 하고 있다는 사실은 어째선지 고려에서 제외된다. 미래지향적인 기색만 있으면, 우리는 놀라울 정도로 쉽게 이런 평가 기준을 단박에 폐기하고 여전히 그 제품을 수용할 만하다고 여긴다. 또는 어쩔 수 없이 수용한다.

나는 버려진 닭장에서 가로 2인치, 세로 4인치만큼을 떼어내 그 작은 구조물 지붕에다 최대한 세게 내리꽂는다. 녹이 심하게 슨 2×4인치 철물이 두 동강 난다. 두 동강 난 조각을 가지고 지붕 위를 더 내리치며 그 골이 진 플라스틱 물질이 산산조각 나는 것을 지켜본다. 셔츠를 입지 않은 나는 닭장의 철망에 긁혀 피를 흘리며 지붕 전체를 잡고 경첩 반대 방향으로 꺾어 닭장을 박살 낸 다음 숲속으로 집어 던진다. 그래도 무언가 더 파괴할 게 필요했다. 그래서 전기톱을 가지고 와서 뒷마당에 있는 작은 나무를 잘랐다(괜찮다, 어린 묘목이었다). 그런 다음 휘발유와 성냥을 가져와서 그 망할 것에 불을 질렀다. 불에는 마음을 진정시키는 효과가 있다. 이제 거의 명상에 빠진 듯한 기분을 느낀 나는 주머니에서 휴대전화를 꺼내 AK-47을 쇼핑하기 시작한다. 도처에 널린 지하디스트들이 선택할 법한 무기다. 850달러 정도면 아주 괜찮은 놈을 손에 넣을 수 있다.

그렇다, 나는 지난 일곱 시간 동안 새로 구입한 마이크로소프트 오피스 2016을 새로 구입한 맥북 에어에 깔려고 갖은 애를 썼다. 인터넷에서 66달러를 주고 의심스러운 판매자에게서 그 소프트웨어를 구입한 게 아니라 마이크로소프트 공식 사이트에서 149달러를 지불했다. 그래서 아무런 문제가 없을 줄 알았다.

정말로 이 생고생을 시시콜콜 늘어놓을 필요가 있을까? 그럴 필요는 없을 것이다. 그것은 현대생활에 한 번씩 끼어드는 보편적인 경험이기 때문이다. '테크놀로지'가 안기는 좌절은 다른 물질적인 것들에서 비롯된 좌절과는 차원이 다르고, 자동차를 하나의 '장치'로 변화시킬 궁리를 할 때 이 점을 고려할 필요가 있다. 장치에는 계획된 노후화의 일정에 따라 정해진 규칙적인 급여 시간이 있다. 그리고 이는 시간과 돈만 요구하는 게 아니다. 그 이상의 무언가를 바란다. 그게 무엇인지는 말하기 어렵지만 패턴을 살펴볼 수는 있다. 최신 출시 제품 때문에 밤새 줄을 서는 '얼리어답터' 멍청이들을 제외하면 업그레이드나 업데이트가 이루어질 때마다 대부분은 기계에 격분하고, 그리고 나서 굴복한다. 이 패턴이 점점 반복되면서 일종의 교육을 완성한다. 이 교육의 핵심은 자존심은 적응에 방해가 된다는 것이다.

우리는 칫솔이나 스크루 드라이버 같은 물건에 '테크놀로지'라는 단어를 붙이지 않는다. 실리콘 칩 같은 것들로 만들어진 장치에 그 단어를 사용한다. 하지만 사실 우리가 일컫는 것은 물질적인 무언가가 아니다. 그보다 어떤 장치를 '테크놀로지'로 만드는 것은 관료제로 진입하기 위한 포털 역할을 한다는 점이다. 각 영역에서 준독점 지위를 누리는 거대조직과 엮이지 않는다면 테크놀로지라는 말을 사용하지 않는다. 마이크로소프트 사에서 보유한, 전 세계에 채택된 한 제품은 내가 내 컴퓨터로 문서를 작성할 수 있게 해준다. 하지만 어떤 이유에선지는 몰라도 이 제품에 비용을 지불하고 나면 마이크로소프트 사이트에서 다운로드받은 것과 이 회사의 들쭉날쭉하고 모순적이며 시대에 뒤떨어진 기술적인 조언을 화해시키려고 애쓰면서 무급 관료 노릇을 해야 한다.

나는 순종적인 태도로 할 수 있는 건 다 해보았고, 이 조직의 내장 깊숙이까지 들어갔다가 '상담원과 대화하기'라는 제안을 발견했다. 그런데 알고 보니 이건 사람을 놀리는 수자이었다. 로봇은 누군가가 72분 뒤에 내게 전화를 할 거라고 약속했지만 워싱턴주 벨뷰에서 전화가 걸려왔을 때는 약 다섯 시간 뒤였고 나는 잠들어 있었다. 마침내 나는 '크리스티안 E.'라고 통하는 이 회사의 인간 비슷한 존재와 소통할 수 있게 되었다. 그는 원격으로 내 노트북을 제어했고, 36분에 걸쳐서 문제를 파악했다. 내 커서가 혼자서 화면을 날아다니는 동안 우리는 문자창으로 소통했다. '얼굴 없음'의 얼굴 노릇을 하는 실제 사람을 만나면 동정심만 느낄 뿐이어서 적개심이 누그러지게 된다.

이런 상황에서는 연대의 몸짓이 오가기도 하므로 나는 한번 시도해볼 만하다고 생각했다. 내가 적었다. "당신 고용주의 감시 소프트웨어가 이 일을 재빨리 처리한 당신에게 좋은 점수를 주기를 바랍니다." 이 경우 크리스티안 E.는 대본에서 절대 벗어나지 않았다. 그는 내가 원할지도 모르는 마이크로소프트 서비스를 홍보했다("적은 비용으로 더 많은 걸 얻으실 수 있습니다. 이 제안에 대해 더 알고자 하십니까?"). 나는 그가 루틴의 일환으로 키보드를 딱 한 개 눌러서 만들어낸 문장이라고 짐작했다. 내가 적었다. "괜찮아요, 이게 로봇이 하는 말이라는 것도 이해합니다." 나는 무덤덤하게 업무를 처리하는 그의 영혼이 인간적인 무언가를 내비치리라 너그러운 마음으로 넘겨짚으며 윙크를 기대했다. 그는 이렇게 대답했다. "제안을 재고하는 데 시간이 걸릴 수 있다는 점을 이해합니다" 등등.

　　불쌍한 크리스티안. 나는 전략을 바꿔서 이렇게 적었다. "내 일곱 시간을 시간당 158달러로 계산해서 마이크로소프트에 청구서를 보내야겠어요." 그가 대답했다. "마이크로소프트의 일부가 되어주셔서 감사합니다" 등등.

　　나는 정말로 마이크로소프트의 일부가 된 기분이었다. 그와 같은 노동자가 된 기분. "베타 팀이군요." 내가 적었다. 내 말은 그와 내가 버그를 잡는 베타테스트 중이라는 의미였다. 하지만 그 문장을 쓰고 난 직후에 그가 자신을 베타, 그러니까 열등한 수컷이라는 의미로 해석할지 모른다는 걱정이 일었다. 그건 조심할 필요가 있었다. 내 "사용자 경험"뿐만 아니라 그의 업무는 우리 둘 중 누구도 이런 식의 망할 대접을 받을 만한 사람이 아니라는 일체의 주장에 대해 냉소적인 태도를 취할 것을 요구했기 때문이다.

　이 일화를 친구 맷 피니**Matt Feeney**에게 들려주었더니 그는 고객의 경험을 분명하게 들여다볼수록 그 **경험은 더 악화된다고** 지적했다. 그러므로 비판적인 사고에 말려들지 않는 것이 적응에 더 이롭다. 의견교환의 전 과정은 자기존중의 기초를 형성하는 역량과 성향을 기꺼이 유예할 것을 전제한다. 이런 체념은 잠시 패배감을 안기지만 곧 감각이 마비되어 아무것도 느끼지 못하게 된다.

　이 과정에서 인간성이 쇠약해지고 기능장애가 일어나면 자신의 경험을 믿기 어려워질 수도 있다. 우리가 스스로에 대해 하는 집단적인 이야기, 즉 우리는 '자유시장' 사회라는 이야기와는 너무 동떨어져 있기 때문이다. 그 의미 가운데는 우리에게 원하는 곳으로 옮겨 다닐 자유가 있다는 뜻도 있다. 거래 중인 은행이 마음에 들지 않는다고? 입출금 내역서에 아무도 설명하지 못하는 알 수 없는 요금이 너무 자주 청구된다고? 그렇다면 다른 은행에 계좌를 개설하기만 하면 된다. 간단하다. 그다음으로 원래 거래 중이던 은행에서 매월 자동이체 신청이 되어 있는 열두 곳의 기관(하나하나에 자체적인 관료제가 있으므로 거기에 진입하기 위한 비밀번호가 필요할 것이다)에 연락하고, 그다음에는 회사의 급여 담당 부서의 누군가에게 당신의 급여 지불 계좌를 바꿔달라고 이야기해야 한다. 그렇다. 날강도 같은 은행, 케이블 회사, 휴대전화 공급 업체, 건강보험과 자동차보험과 주택보험 회사에 불만을 제기하는 건 자유다. 전일제로 일하는 무급 관료가 될 준비가 되어 있다면 말이다. 보아하니 자유시장에서 자유롭다는 건 이런 의미인 모양이다. 그럴 시간이 누가 있나? 대신 우리는 화가 나 있다. 이것이 우리가 맺은 계약이다. 그것은 약함에 대한 피할 수 없는 자기혐오뿐만 아니라, 객관적인 나약함과 복수의 환상을 바탕으로 한 노예의 **억울함**이다.

내 핵심은 '탈출 비용'이 너무 높을 경우 실제 독점이 아니라 해도 독점 행위가 충분히 일어날 수 있다는 것이다. 그리고 모든 것이 상호연결되어 있을수록 그 모든 게 더욱 '매끄럽게' 협력하고, 전체 기구에서 빠져나오는 비용이 높아진다. 그게 선택지에 있다 하더라도 말이다.

모든 것을 서로 연결시키려고 하는 테크놀로지 회사 카르텔에 이동수단을 넘겨주는 문제를 생각할 때도 이 지점을 고려할 필요가 있다. A지점에서 B지점으로 이동하는 것을 자동차에서가 아니라 중첩되는 관료제로 진입하는 관문인 **장치**에서 하는 것처럼 만들고 싶은 건지. 방글라데시 콜센터에 있는 불쌍한 영혼들이 당신의 문제와 아무런 관련이 없는 대본을 가지고 되뇔 수밖에 없는 '매끄러운 사용자 경험'이라는 판에 박힌 사기를 어쩔 수 없이 받아들여야 하는 건지. 몸을 이 공간 저 공간으로 자유롭게 움직일 수 있는 **동물**의 기본적인 자유를 거대조직의 손에 넘겨주고 싶은 건지.

제너럴 모터스 역시 거대조직이다. 그리고 그들도 어마어마하게 복잡한 제품을 만든다. 게다가 그 제품은 어떤 기상상황에도 연소의 열기와, 끈질긴 진동과, 부식이라는 가차 없는 힘에 휘둘리며 일생을 야외에서 보낸다. 하지만 대개는 잘 돌아간다. 굳이 이런 표현을 원한다면 '매끄럽게.' 자동차는 우리가 여기서 탐구하는 의미에서의 장치가 아니라 **물건**이다. 실제로 그렇고 그렇게 보이기도 한다. 물리학의 법칙에 복종하는 생명이 없는 기계. 어떤 비밀 장소에 있는 사람들로 가득한 사무용 건물과 엮이지 않고도 사용할 수 있는.

그게 더 이상 사실이 아니라면, 그러니까 자동차가 장치로 새롭게 구상된다면 우리는 사람들로 가득한 이 사무용 건물에 대해 무언가를 알고 싶게 된다. 그들은 무엇을 원할까? 그들의 비즈니스 모델은 무엇일까?

제너럴 모터스가 산업 시대의 패러다임을, 마이크로소프트가 소프트웨어 시대의 패러다임을 대변하는 기업이라면 구글은 한층 다른 무언가를 상징한다. 구글은 하드웨어와 소프트웨어를 거래하지만 (주로는 그런 것들을 생산하는 기업을 사들임으로써) 사실 그렇게 하는 이유는 이를 통해 핵심 비즈니스인 광고를 하려고 하는 것이다.

소설가 T. 코라게선 보일T. Coraghessan Boyle은 운전자가 없는 미래라는 가능한 시나리오에서 뻗어나온 짧은 이야기를 〈뉴요커〉에 발표했다.

> 자동차가 그녀에게 이렇게 말한다. "신디, 들어봐요. 오늘 오후 두 시에 테일러, 레빈 앤드 로드리게스의 로즈 테일러와 약속이 있어서 홀리스터 애비뉴 1133번지에 가야 하는 거 알아요. 그런데 레부르세즈Les Bourses에서 30퍼센트 세일한다는 이야기 들었어요? 그리고 생각해봐요, 거기엔 당신이 좋아하는 완벽한 피카르 라인이 있잖아요, 특히 당신이 지난주에 점찍어놨던 푸크시아색 크로스백 말이에요. 이제 재고가 두 개 남았대요."
> 그들은 제한속도를 아주 조금 넘겨서 이동한다. 하루 중 1분이라도 쥐어짜내려고 애쓰지만 동시에 법에 저촉되

는 행위는 하지 않으려는 그녀가 자동차에 그렇게 프로그램 해놓았던 것이다. 그녀는 휴대전화를 힐끗 본다. 한 시 45분이고 자동차에서 먹을 샌드위치를 사는 정도의 일 말고 원래 다른 데는 전혀 들를 계획이 없었는데 칼리(그녀는 자신의 운영체제를 그렇게 부른다)가 세일을 언급하는 순간 그녀는 거래를 상상한다. 들어갔다가 나오기만 하면 될 거야. 지난주에 그 지갑을 들여다보다가 결국 너무 욕심을 부린다는 결론에 도달했었기 때문이다. 들어갔다가 나오기만 하면 돼. 그리고 칼리는 도로가에서 그녀를 기다리고 있을 것이다.

"휴대전화를 들여다보는군요."

"시간이 충분한가 싶어서…."

"당신이 우물쭈물하지만 않으면 가능해요. 자신이 뭘 원하는지 알잖아요, 그렇지 않은가요? 당신은 이미 결정을 끝낸 거나 마찬가지예요. 나한테 직접 그렇게 말했잖아요." (칼리는 여기서 지난주 대화의 녹음을 다시 들려주고, 신디는 "그거 너무 마음에 들어, 진짜 마음에 든다고. 내 새 하이힐하고 완벽하게 잘 어울려"라고 말하는 자신의 목소리를 듣는다.)

"알았어," 그녀는 샌드위치를 포기하기로 생각하면서 말한다. "하지만 서둘러야 해."

"확인해보니 교통체증도, 어떤 종류의 난관도 전혀 없어요."

"좋았어." 그녀가 말한다. "잘됐어." 그러고는 좌석에 등을 기대고 눈을 감는다.

보일은 손을 들기만 하면 공짜로 탈 수 있는 자동차들이 거리를 돌아다니는 상상을 한다. 하지만 "그건 사실 공짜가 아니고, 당신은 추가 시간 동안 약장수의 호객 행위를 듣고, 여섯 번 정도 '됐어요'라고 말하는 것을 계획에 포함시켜야 한다. 그러고 나면 마침내 당신은 원하는 곳에 도착할 수 있다."

여기에서 묘사한 경험이 마이크로소프트 오피스를 다룰 때 느끼는 좌절감과 어떻게 다른가? 오피스는 **상품**, 그러니까 손에 넣기 위해 돈을 지불한 물건이다. 이로써 당신은 **고객**이 된다. 경쟁이 없어서 아무리 왜곡된다 해도 이는 여전히 시장이라는 골격 안에서 이해할 수 있는 단도직입적인 교환이다. 구글은 당신이 이런 친숙한 개념들을 유지한 채 기대의 순수한 타성에서 벗어나 무인 자동차가 일반 자동차에서 한발 나아간 발전이라고 받아들이기를 원한다. 당신이 기꺼이 돈을 내려고 하는 종류의 발전이라고(자동 변속기나 하이브리드 파워트레인 같은). 하지만 그들이 염두에 두는 것은 시장교환과는 완전히 다른 어떤 것이다. 자율주행차가 당신에게 어느 정도 실질적인 효용이 **있을 수도** 있지만, 그 목적은 **당신을 위해** 더 좋은 자동차를 만들고 그 대가로 돈을 요구하는 게 아니다. 자율주행차가 통행의 효율성과 안전성을 **높일 수도** 있다. 하지만 그 발전의 동력은 그런 공공 정신이 아니다. 무인운전 혁명의 약속 이면에 감춰진 힘을 이해하려면 이 세상에 완전히 새롭게 나타난 무언가를 파악해야 한다. 그것은 바로 감시자본주의의 등장이다.

무인 자동차와 감시자본주의

짧게 요약하면 이렇다. 자동차 제조업체들이 자동차를 사람들의 이동 관련 데이터를 흡입하는 데이터 진공청소기로 전환하기 시작하자, 자동차는 구글이 소유권을 주장하는 원재료의 공급처로서 휴대전화와 경쟁관계가 되었다.[1] 공급 루트를 보호하려면 자동차 산업을 인수해야 했다.

이보다 길게 이야기하려면 상당한 우회가 필요하다. 일단은 한 사람에 대해 추론할 때 위치 데이터가 얼마나 강력한지를 이해할 필요가 있다. 이를 군사정보기관이 처음에 개발한 기법인 "생활 패턴 분석"이라고 한다. 프린스턴의 컴퓨터과학자 두 명이 밝힌 바에 따르면 "알려진 가운데 위치 데이터를 익명으로 처리할 수 있는 효과적인 방법도, 그것이 의미 있는 수준으로 달성 가능하다는 증거도 전혀 없다."[2] 〈뉴욕 타임스〉는 스마트폰 앱의 위치추적에 대한 독립적인 연구를 실시해 신원을 알 수 없도록 처리되었다고 하는 데이터를 분석했다. 관련기사는 이동을 추적함으로써 한 사람에 대해, 그리고 그 사람의 신원에 대해 무엇을 알아낼 수 있는지를 훌륭하게 보여주고 있으므로 길게 인용할 가치가 있다.

> 한 경로는 뉴어크 외곽에 있는 한 주택을 나와서 근처에 있는 미국 가족계획 연맹으로 이동해 한 시간 이상 머문 누군가를 추적한다. (…) 또 다른 사람은 학교 정규수업이 있는 날마다 아침 일곱 시에 뉴욕주 북부에 있는 한 주택을 나와서 14마일(22.5킬로미터) 떨어진 중등학교로 이동

해 늦은 오후까지 머문다. 이 이동을 한 사람은 단 한 명이다. 46세의 수학 교사인 리사 마그린이다. (…) 이 앱은 그녀가 체중감량 모임에 가고, 경미한 시술을 위해 피부과에 갈 때도 추적했다. 개를 데리고 산책을 할 때, 전 남자친구의 집에서 머물러 있을 때 역시 따라다녔다. (…) 〈뉴욕 타임스〉가 검토한 데이터베이스는 사람들의 동선을 가슴이 철렁할 정도로 세세하게, 몇 야드 이내의 정확도로, 어떤 경우에는 하루에 1만 4,000회 이상 업데이트해서 알려준다. (…) "위치 정보는 한 사람의 인생에서 가장 내밀한 세부사항 일부를 노출시킬 수 있다. 당신이 정신과 의사를 만나는지, 금주 모임에 나가는지, 누구와 데이트하는지 같은 것들 말이다," 오리건주의 민주당 상원의원 론 와이든의 말이다. (…)**3**

관심 있는 많은 시민들처럼 나 역시 지난 25년간 실리콘밸리를 비판하고 분석하는 글을 읽어왔고 심지어 직접 몇 편을 쓴 적도 있다. 하지만 큰 그림이 한번에 들어온 것은 바로 2019년에 출간된 쇼샤나 주보프의 걸작 《감시자본주의의 시대The Age of Surveillance Capitalism》를 읽은 바로 그 순간이었다. 뒤따라올 내용은 세부 내용 면에서도, 전반적인 틀이라는 면에서도 그녀의 연구에 크게 신세를 졌다.

먼저 감시자본주의의 큰 그림과 몇 가지 정의에서 출발해서 그것이 인터넷 매개 이동성에 갖는 함의를 짚도록 하자. 주보프는 하버드대학교 경영대학원 명예교수다. 그녀는 이렇게 말한다.

감시자본주의는 인간의 경험이 행위 데이터로 번역할 수 있는 공짜 원재료라고 일방적으로 주장한다. 이런 데이터 중 일부는 상품이나 서비스 개선에 응용되지만 나머지는 독점적인 행동 잉여로 선언되고, "기계 기능"이라고 알려진 고급 제조 과정에 제공되어 당신이 지금, 곧, 나중에 무엇을 할지를 내다보는 예측 상품Prediction products으로 가공된다. 결국 이 예측 상품들은 내가 "행동미래시장behavioral futures markets"이라고 부르는 행동 예측을 위한 새로운 종류의 시장에서 거래된다. (…)**4**

예측 상품으로 전환가능한 원재료로는 우리의 목소리, 감정, 개성, 이동 패턴 등이 있다. 하지만 나아가 행동미래시장의 선수들 간의 경쟁은 이들을 예측보다 훨씬 좋은 무언가를 추구하게 유도한다. 실질적인 이득은 **개입을 통해** 사람들을 구스르고 몰고 다니면서 행동 규모를 결정할 수 있을 때 발생하기 때문이다. 주보프는 "우리에 대한 정보 흐름을 자동으로 조종하는 것으로는 더 이상 충분하지 않다. 이제 목표는 우리를 자동으로 조종하는 것이다"라고 말한다.

지나친 과장처럼 들리는가? 인간을 자동으로 조종하고 싶어 할 이유가 무엇이란 말인가? 시장은 투자에 대한 수익이 이를 위해 감수한 위험과 연결되어 있는 시스템이다. 위험은 불확실성과 함수관계다. 불확실성을 낮출 수 있다면 무엇이든 자신에게 유리한 쪽으로 이 균형을 기울이는 데 사용할 수 있다. '빅 데이터'의 부상으로 경관이 바뀌면서 마케터들이 더 이상 잠재적인 고객에 대한 무차별적인 접근법에

만족할 수 없게 되었다. 미시적인 표적을 겨냥한 접근법에 비하면 너무 비효율적이기 때문이다. 표적 겨냥의 가치는 확실성의 추구로 이해할 수 있다. 궁극적으로 마케터가 중요하게 생각하는 것은 홍보의 '기대가치'이고, 이는 개연성과 함수관계이기 때문이다.

기존 광고는 대상이 되는 모든 소비자에게 1페니의 몇 분의 1밖에 안 되는 기대가치를 가진다. 하지만 **이런** 심리 상태와 **이런** 감정 상태로, **이런** 사회적 압력의 배치하에, **이런** 구매이력과 **이런** 불안과 **이런** 열망이 있으며, **이런** 명절상여금을 받을 예정이고, **이런** 표정을 짓는 사람들이 **이런 활동**과 관련된 **이런 장소**에 있는 **이 순간**, 머신 러닝에 따르면 수용 가능성과 높은 상관관계가 있는 바로 이 순간, 개별 소비자에게 홍보를 할 수 있다면 어떨까? 그리고 이 순간이 펼쳐지고 있는 와중에도, 어떤 개입이 성공하리라는 예측의 신뢰도를 높이고 가능성을 정량화하기 위해 인간 경험의 이런 골치 아픈 요인들을 가지고 통계회귀를 돌릴 수 있다면 어떨까? 어떤 지점에서 구매 가능성이 1에 접근할 때 홍보의 기대가치는 상품 또는 서비스의 이윤 마진에 접근한다. 이런 한계 사례에서 행동 데이터의 흐름을 가장 많이 보유하고 그것을 분석하여 예측 상품을 내놓는 기업은 이윤 가운데 100퍼센트에 가까운 몫을 가져갈 수 있을 것이다. 이런 지위를 열망하는 기업은 새로운 행동 데이터를 활용하는 회사들을 인수하는 비즈니스 전략을 채택하곤 한다.

다임러(메르세데스 벤츠를 만드는 곳)의 최고경영자는 독일인 특유의 건조한 어조로 이렇게 말했다. "구글은 사람들을 하루 종일 따라다니면서 데이터를 만들어내서 그 데이터를 경제적 이익을 위해 사용하려고 한다. 그 지점에서 구글과의 갈등이 이미 예정되었다고 볼 수 있다."⁵ 자동차 회사들은 갈등을 질질 끌고 가기보다는 원재료(주로는 위치데이터)의 하도급 공급 업체라는 자신들의 역할을 받아들일 가능성이 높다. 이들은 구글의 머신러닝과 데이터 분석 기량을 따라잡겠다는 희망을 품을 수 없기 때문이다. 구글의 시가총액(이 글을 쓰는 시점에 8,490억 달러)은 이미 제너럴 모터스, 포드, 피아트크라이슬러, 토요타, 혼다, 폭스바겐, 닛산, 다임러, BMW, 테슬라를 **모두 합한** 액수보다 1.4배가 더 많다.

무인 자동차는 좋거나 나쁜 어떤 업적을 달성하든 '스마트' 장치의 경제논리에 따라 활용될 것이다. 어떻게 그렇게 될지 생각해보자. 당신이 아직도 슬립넘버 침대가 아니라 멍청한 매트리스에서 잠을 잔다면 심장박동과 호흡과 수면 중 뒤척임과 그 외 당신의 스마트폰으로 전달되는 다른 데이터들을 통해 산출되는 당신의 수면 IQ를 파악할 기회를 놓치게 되는 것이다. 장점을 완전히 만끽하려면 거기에 딸린 앱이 당신의 건강 추적장치와 인터넷 기반 온도계에도 접근하도록 하는 것이 가장 좋다. 누구의 입장에서 장점일까? 음, 그걸 알고 싶으면 어느 정도 시간을 들여서 슬립넘버 침대에 딸려온 열두 쪽짜리 프라이버시 정책을 읽어봐야 할 것이다. 그 안에는 "제3자 공유, 구글 분석 프로그램, 표적 겨냥 광고" 그리고 그 외 많은 내용이 담겨 있다. 약정서에 따르면, 주보프가 인용한 말처럼 구글은 "당신이 서비스 또는 당신의 슬립넘버 계정 또는 사용자 프로필을 비활성화하거나 취소한 뒤에도" 당신의 개인정보를 공유하거나 이용할 수 있다. 당신은 구글이 '추적하지 말라'는 공지를 존중하지 않는다는 정보를 일방적으로 전달받는다.

침대 역시 당신의 침실에서 만들어지는 모든 오디오 신호를 기록한다(내가 지어낸 이야기가 아니다). 노출증이 있는 사람들에겐 큰 매력일 수 있다. 하지만 이는 (세 번째 당사자인!) 사람들에게 즐거움을 안기기 위해서가 아니라면 '건강한 관계'를 가지고 있다는 이유로 보험 할인을 받을 목적으로 당신의 파트너가 거짓 시늉을 하는 게 아닌지 걱정할 새로운 이유를 안겨줄 수도 있다.

'인터넷 기반 직장rectal 온도계'라는 게 있다는 말을 처음 들으면 어째서 직장 온도계가 인터넷에 의해 작동되어야 하는 건지 혼자 의아해할 수도 있다. 물론 반드시 그래야 하는것은 아니다. 하지만 인터넷은 당신 직장 내부의 온도를 알 필요가 있다. 만일 당신이 이게 거슬리거나 온도계를 구매하는 목적과 무관하다고 생각한다면 아직 자율주행차를 받아들일 준비가 안 된 것인지 모른다. 자신에게 적응 기간을 줘보자. 시간이 지나면 당신의 기대가 확장해서 새 친구의 캐묻기 스타일에 적응이 될 것이다.

네스트Nest는 당신의 주택을 위한 '스마트' 온도계를 만드는 회사다. 구글이 산실 역할을 했고, 구글의 모기업인 알파벳이 소유주다. 당신이 네스트 온도계와 그 앱 및 장치들의 생태계를 사용할 때 동의하는 모든 내용을 분석해본 법학자들은 그걸 제대로 알고서 사용하려면 약 1,000건에 달하는 개별 약정서를 검토할 필요가 있다는 결론에 도달했다. 물론 대부분은 이런 약정서를 한 건도 제대로 읽지 않고 그냥 신뢰한다. 주보프의 말에 따르면 만일 고객이 이 모든 조항에 동의하지 않을 경우 "서비스 조건은 온도계의 기능과 보안이 심하게 손상

될 것이라고 명시한다. (…) 그 결과 파이프가 얼 수도 있고 화재경보기가 잘못 울릴 수도 있으며, 내부 홈 시스템이 쉽게 해킹을 당할 수도 있다. 간단히 말해서 제품의 효능과 안전을 뻔뻔하게 인질로 삼아서 그 구매자가 (데이터를) (…) 다른 사람들의 이익을 위한 정복 대상으로 삼는 행위에 굴복하게 만드는 것이다."[6]

만일 당신에게 룸바 로봇 진공청소기가 있다면 이 청소기가 가장 높은 액수를 부르는 입찰자에게 팔아먹기 위해 당신 주택의 평면도를 그리느라 바쁘다는 사실을 알아야 한다. 온갖 스마트 장치로 구성된 '사물 인터넷'은 "(데이터) 추출 작업을 가상 세계에서 우리가 정말로 살고 있는 '실제' 세계로 확대하는 것"을 의미한다고 주보프는 말한다.[7]

이런 것들은 내가 "스카이몰Sky Mall 자본주의(아무런 문제가 없는 상황에 대한 값비싼 해결책)"라고 즐겨부르는 것과는 다르다. 요는 자본주의가 우리가 익숙한 것과는 근본적으로 다른 조건에 의지하기 시작했고, 이는 운전 경험을 탈바꿈하리라는 것이다. 주보프는 이를 잘 포착한다. "이 새로운 상품 체제에서 우리가 추구하는 단순한 상품 기능들은 이제 소프트웨어, 서비스, 네트워크로 구성된 복잡한 혼합물 속에 가망 없이 휘말린다. 제 기능을 하고 효과가 있고 가격이 적당한 상품 또는 서비스가 경제적 교환의 충분한 근거라는 생각은 시들어가고 있다."

어째서일까? 이는 행동 잉여를 발견하면서 촉발된 경쟁 압력 때문이다. 공짜 자원에 대한 소유권을 주장하기 위한 경쟁. 이는 그것이 **법의 보호를 받지 못한다**는 의미다. 질 좋고 제 기능을 하는, 고유한 장점이 확실한 상품을 만드는 데 따르는 어려움과 비용은 공짜 자원에 비하면 성공 가능한 비즈니스 전략이 아니다. "사납고 집요한 '스마트한' 사물들로 이루어진 팀 전체가 감시를 이용한 돈벌이로 이동한다. 대안을 박탈당한 우리는 절대 소유할 수 없는 제품을 어쩔 수 없이 구매하고, 우리가 지불한 돈은 우리 자신의 감시와 억압에 필요한 비용으로 들어간다."[8]

사람들이 새로운 현실에 눈을 떴을 때 '멍청한' 사물들은 '스마트한' 사물보다 더 많은 프리미엄을 지불해야 하는 사치재가 되어 있을 가능성이 높다. 감시를 이용한 돈벌이의 논리 바깥에 있는 이런 사물들은 순전히 고유한 장점만을 가지고 그 비용을 정당화할 것이고, 이런 틈새시장의 요구를 충족시키는 것은 호화사업이 될 것이다. 어쩌면 감시자본주의의 선장들은 이런 멍청한 물건들로 자신들의 삶을 채울지 모른다. 지금 그들이 자손들의 발달을 저해하지 않으려고, 자기 아이들을 스크린이 달린 장치를 엄격하게 배제하는 특수학교에 보내는 것처럼 말이다.

하지만 잠깐만. 주보프는 "감시와 억압"에 대해 말한다. 감시는 그렇다 치고 억압은 어디에 연결고리가 있을까? 그리고 나아가 다른 사람들에게 알려지는 걸 어째서 걱정하는가? 어딜 보든 억지 춘향은 없다. 폭력 같은 조악한 수단에 의지해야 했던 20세기의 전체주의 체제는 지독한 아마추어였다. 요즘 버전에서는 인간 행위의 전체 경관이 의도가 선뜻 드러나지 않는 가벼운 자극과 돈 되는 통로로 몰아가기에 종속되어 있고, 이상적으로 이는 의식의 시작점 아래서 이루어진다. 몰아가기가 철저할수록 예측이 관찰과 비슷해지고, 행동미래시장이 확실성에 근접해간다. "행동을 예측하는 가장 확실한 방법은 그 근원에 개입해서 형태를 결정하는 것"이라고 주보프는 말한다.

이제 무인 자동차의 논리적 필연성이 분명해진다. 아무래도 당신이 주행 도중에 힘을 북돋는 선택을 할 수 있도록, 구글 자동차가 채택하는 경로를 결정하는 실시간 경매가 실시될 것 같다. 이를 "생활 패턴 마케팅"이라고 부르기도 한다. 한 마케터는 상당히 솔직하게 토로한다. 목표는 "브랜드와 홍보 메시지로 일상적인 루틴 속에 있는 사람들을 가로막는 것"이라고.⁹

나는 운전자가 사라진 미래에 세르게이 브린과 래리 페이지가 냄새나는 이탈리아 카뷰레터 여섯 개와 일단의 점화점들이 더러운 원심진각 분배기 안에 들어 있는 '멍청한' 빈티지 페라리를 타고 샌프란시스코반도를 돌아다닐 거라고 상상한다. 일곱 명밖에 안 되는 이들의 중간급 관리인들은 남아 있는 머슬카와 빈티지 폭스바겐을 사들여서, 이들이 이미 베이에어리어의 부동산 시장에서 했던 것과 같은 일, 그러니까 천민들이 더 이상 범접하지 못하게 만드는 짓을 올드 카 시장에서 하게 될 것이다. 이 멍청한 자동차들은 우리 선장들이 통근 중에 심오한 사고를 하는 데 필요한 생각을 방해받지 않는 시간을 확보하는 데 도움을 줄 것이다.

2016년 여름 전 세계 도시에서 대규모 군중이 스마트폰을 들고 한마음으로 돌아다니는 모습을 목격할 수 있었다. 이들은 사람들이 풍경 속에 삽입되어 플레이어의 스마트폰 카메라로 볼 수 있는 만화 캐릭터를 찾기 위해 돌아다니게 만드는 '증강현실' 게임인 포켓몬고를 하고 있었다. 이는 구글 맵의 제품 부사장이자 거리 뷰 배후의 실세인 존 행크가 착안한 사회실험이었다(앞서 그는 CIA의 자금을 가지고 위성 지도 회사인 키홀을 설립했다. 이 회사는 구글에 인수되어 구글어스가 되었다). 구글 내부에서 그는 게임 납품업체인 나이앤틱 랩스**Niantic Labs**를 시작 했다. 2017년 초 바르셀로나에서 열린 모바일 게임 콘퍼런스에서 그는 포켓몬고의 중요성을 설명했다.

거기에는 가장 건전한 동기가 있었다. "더 많이 운동하고, 야외에 나가고, 활동성이 높아지고, 정말로 그 핵심에 사회적 관계를 위해 외출해서 다른 사람들과 재미난 일을 하고 게임을 통해 다른 사람들을 만나는 기회를 가지는 것"이다. 그의 팀은 "사람들이 밖으로 나가서 걸어 다니도록 고무하는 방법, 이벤트를 주최하는 방법, 현실세계에서 사회적인 게임 커뮤니티를 만드는 방법, 그리고 어떤 장소가 멋진 곳인지"를 학습했다.

이 마지막 부분, 즉 사람들이 어떤 장소가 멋있는지를 학습하도록 돕는 일은 이 게임의 핵심처럼 보인다. 금전화는 이런 식으로 이루어지기 때문이다. 나이앤틱은 각종 비즈니스와 파트너 관계를 맺고 이들이 힌 장소를 후원하고 유동인구를 만들어내게 한다. 그러면 "게임 참가자들이 스타벅스나 스프린트 점포 같은 장소로 모여들게 된다."**10** 이런 장소가 아주 멋진 장소라는 건 부정할 수 없다.

이 지점에서 게임 이름에 들어가 있는 명령조("고!")가 꽤 적절해 보이기 시작한다. 게임화는 '설득형 디자인'의 실행자들에게 행동을 조작하는 대단히 효과적인 수단으로 인식된다. 우리는 다른 사람들과 경쟁하기를 좋아하고 우승에서 작은 보상을 얻는다. 준자폐적인 순환에 빠져서 자극과 반응이라는 기계 자체의 논리에 굴복할 수도 있다

(슬롯머신과 비디오 포커 단말기의 경우처럼 말이다).[11] 이런 보상(이 경우에는 151개의 포켓몬 캐릭터를 전부 모으는 것)은 B. F. 스키너가 개척한 고전적인 행동변형 수단인 작동적 조건 형성의 지렛대 역할을 한다.

주보프는 포켓몬고가 감시자본주의의 다음 단계를 계획하기 위한 일종의 개념증명 실험이라고 말한다. 유비쿼터스 컴퓨팅(물질계에 디지털 장비를 가득 채우는 것)이 행동 예측을 위해 행동 데이터를 수집할 뿐만 아니라 이런 예측 자체를 불필요하게 만드는 역할을 하는 그런 단계 말이다. 이 게임은 큰 성공을 거두어 "내부, 외부, 개인, 공공 공간의 지도화 작업을 정교하게 할 수 있는 신선한 데이터를 제공했다. 가장 중요한 점은 게임 소유주들이 집단행동을 자동으로 길들이고 몰고 다니는 법을 배우고 이를 화려한 행동미래시장으로 실시간으로 향하게 만들면서도 이 모든 것을 개인들이 의식하지 못하게 한다는 점에서 원격 자극의 살아 있는 대규모 실험실을 마련했다는 사실이었다."[12]

이들이 당신에게 스스로 방향을 조종하고 길을 찾는 부담을 덜어줄 구글 자동차를 판매하고 싶어하는 바로 그 사람들이다.

'마음대로 돌아다니기'는 몸을 가진 생명체로서 인간에게 가장 기본적인 자유 가운데 하나다. 이 자유는 스케이트보드와 자전거에서 오토바이, 자동차에 이르기까지 이동성을 증폭하는 기계를 통해 강화된다. 하지만 그 이유는 단 하나, 이런 것들이 리모콘의 조종을 받지 않기 때문이다. 게다가 누구에게도 행선지를 알리지 않고 밖에 나가 배회하는 것은 성인의 삶을 옥죄는 책임의 그물에서 잠시 벗어날 수 있는 미세한 숨구멍 중 하나다.

어쩌면 더 많은 질서가 부여되고 원격으로 관리되는 이동 체제는 안전성과 효율성을 강화한다는 약속과 맞바꿀 만한 가치가 있는 거래인지 모른다. 사람들은 합리적인 사고를 거쳐 이에 대해 서로 다른 결론에 도달할 수 있다. 문제는 누가 결정을 하는가다.

결국 문제는 주권이다.

도로 위의 주권

우리는 새로운 체제로 진입하고 있는 듯하다. 기백이나 독립적인 판단 역량처럼 한때 중요하게 평가받던 자질들이 이제 제 기능을 못하는 것처럼 보인다. 기계는 최적의 상태로 작동하기 위해 우리의 순종을 요구한다. 어쩌면 인간의 정신이 기계들의 관료제에 의해 운영되는 세상과 부드럽게 어울리도록 적응해야 하는지 모른다. 아니면 관료제라는 집을 불태워버리거나.

실리콘밸리 최대의 테크놀로지 기업들은 마운틴뷰(구글)를 의미하는 'MV'나 로스 가토스(넷플릭스)를 의미하는 'LG'라고 적힌 점잖은 흰색 관광버스에 직원들을 태우고 샌프란시스코의 부유층 주거지를 오르내린다(버스가 공격당할 수 있다는 우려에서 경로와 일정은 기밀이다). 구글 정기 버스의 높고 어두운 창문 뒤에서 우리 대장들은 자신의 노트북 화면에서 춤추는 데이터를 깊이 들여다보며 바깥의 잠음 밑에서 수학적 아름다움을 찾는다.

사회적 존재로서 인간 모두에게 주어지는 자질인 상호예측 능력에 의지해서 도로 위에서 서로 협력하는 인간의 비공식적인 규범들이 기계로 실행 가능한 무언가로 대체되려 한다. 안전과 효율뿐만 아니라 확실성을 위한다는 이유다. 이미 확인했듯 이 확실성은 알고리즘을 책임지는 사람의 목적에 맞게 전환될 것이다. 현재 힘의 배치를 감안하면 이는 우리가 스프린트 점포 같은 멋진 장소들을 발견할 수 있게 도와준 '포켓몬고'를 제공한 바로 그 사람들일 것이다.

물론 국가 같은 다른 주체가 알고리즘을 책임지고 공익적인 목표에 부합하게 만드는 방식을 상상해볼 수도 있다. 지금까지 우리는 신호위반 카메라와 속도위반 카메라에 대한 경험을 통해, 개별 판단을 원격 제어로 대체하는 이런 변형 프로젝트 안에 자리 잡겠다는 희망에 부풀었다.[1] 우리는 자유주의 전통의 근본적인 통찰을 스스로에게 주기적으로 새삼 일깨워 주는 게 좋다. 권력은 부패하게 마련이기 때문이다. 블랙박스 안에 자리 잡아 대중의 압력에서 단절된 상태에서는 더욱더 그렇다.

하지만 (기업이든 국가든) 권력의 작동 방식을 들춰내려 여기저기 헤집고 다니는 의심의 윤리는 한계가 있을 것이다. 사물을 관리하는 방식, 그에 의지하는 어떤 마음의 습관에는 그보다 기본적인 무언가가 작동한다. 이런 마음 상태에 따라 이 세상은 해결해야 할 일련의 문제들로 제시된다.

　세상에 대한 이런 기본적인 태도가 훌륭한 일을 많이 했다. 사실 문제를 해결하기도 했다. 예를 들어 의약과 교량 건설, 하수 처리 같은 부문에서 말이다. 그리고 자동차 안전의 측면에서도. 여기에는 함의들이 줄줄이 딸려 있고, 내가 운전에 대해 쓴 이 책을 통해 이런 함의를 추적하다 보면 정치의 핵심적인 주제인 주권을 더 잘 이해할 수 있게 될 것이라고 생각한다. 문제 해결의 정신은 모든 영역에 해당되기 때문이다. 고칠 필요가 있는 문제로 볼 수 없는 것은 이 세상에 없다. 그렇다면 주권은 핵심적인 문제 해결자 집단으로 이양된다. 이들은 누구인가?

　이 책에 등장한 인물 가운데 많이 있다. 기존 도시를 불쌍한 폴더폰으로 여기며, 스마트 도시를 만들기 위해 모든 걸 백지 상태로 되돌리려는 사람들, 천치도 쓸 수 있는 디자인을 자동차의 의무 요건으로 넣으려는 자애로운 고집불통들, 별 관련도 없는 자신들의 문제를 '해결(그러니까 회피)'하려고 당신의 올드 카를 녹여버리는 사람들, 구세계 교차로의 효율성을 모방하겠다는 희망을 품고 모든 자동차에 슈퍼 컴퓨터를 설치하려는 사람들, 고성능 자동차를 놀이동산의 놀이기구로 바꿔서 우리가 자신의 한계와 직면할 필요가 없게 만들려는 사람들, 질서의 이름으로 놀이 정신을 억누르려는 사람들, 그 외 우리가 만났던 클립보드를 들고 공권력을 행사하는 모든 사람들.

　모든 것을 해결해야 할 문제로 파악하는 태도는 평범한 사람들의 기술과 지성으로 이미 해법이 완성되었음을 인식하지 못하는 데서 비롯될 때가 많다. 예컨대 이륜차로 한 차선을 쪼개 쓰는 관행은 도로 효율성을 높이는 공짜 방법이자, 전 세계 도시에서 충분한 시도를 거친 처방이다.[2] 그러니 미국에서도 합법화하자. 당신이 괜찮다면 우리 각자에게 '위험 예산'이 있다는 점을 감안하는, 일종의 관리되지 않은 '혼잡 통행료'라고 생각하자. 그러니까 우리가 위험을 받아들이는 이유는 간이 커서가 아니라 해야 할 일이 있고 가야 할 곳이 있으며 그 일을 완수하는 게 우리에게 중요하기 때문이다. 우리 가운데는 기꺼이 주변 자동차에 주의를 기울이고, 통행 공동체에 육체를 어느 정도 노출시켜서 관련된 모든 사람들의 시간을 절약할 의향이 더 큰 이들이 있다.

폭풍 때문에 신호등이 나가버릴 때면 때로 긴 잠에서 깨어난 듯한 기분이 든다. 우리는 우리가 서로에 대한 작은 믿음을 품기만 하면 혼자서도 일을 해낼 수 있음을 깨닫는다. 프란치스코 교황이 눈치와 조심성을 갖추고 도시 속을 이동함으로써 "로마에 대한 사랑을 구체적으로 표출하는" 로마의 신중한 운전자들을 "공동선의 장인들"이라고 불렀음을 기억하자. 공동선은 이렇게 완전히 깨어 있는 특정 사람들이 실천하는 무언가로 이해할 수 있다. 그게 아니면 우리 모르게 신중함과 그 외 여러 속성들을 쓸모없게 만듦으로써 그리고 무리의 행위를 조작함으로써 성취하는 무언가로 이해할 수도 있다. 우리의 역할은 그 방식에서 우아하게 벗어나는 것, 아니면 그 방식에 따라 이반 일리치의 표현대로 "활기 없는 사람들을 위해 거대 도구의 산출물을 최적화하는 데" 도움을 주는 것이 된다.

바람을 가르는 컨버터블, 믿을 수 없을 정도로 아름다운 브래드 피트와의 예기치 못한 조우, 탁월하지만 끔찍한 자기파괴의 순간이 돋보이는 도주극 〈델마와 루이스〉에서 등장인물들이 능동적으로 운전하는 것의 의미를 생각해보라. 그들은 낭떠러지를 향해 차를 몰아서 모든 엉망진창에서 벗어나고자 한다. 자율주행 택시를 탔다면 그게 가능했을까.

아무래도 자살은 좋은 사례가 아닐 테니 다른 예를 하나 더 들어야겠다. 나는 (영화 〈설리: 허드슨강의 기적〉의 모티브가 된 실제 사건에서-옮긴이) 설리 기장이 자신이 힘들게 획득한 기술과 비행기에 대한 직접적인 지식에만 의존해서 허드슨강 위에 비행기를 착륙시켰을 때 나라 전체가 열광의 도가니에 빠진 이유는 그것이 우리에게 주입되어온 이상과 상반되는 이미지를 제시했기 때문이라고 믿는다. "이 사람을 보라 ecce homo"에 해당하는 순간이었던 것이다. 여기 한 인간이 있다.

운전을 하는 것은 자유로움의 기술을 발휘하는 것이고, 운전대를 잡았을 때 이런 자유로움을 느끼지 않을 도리가 없다. 역시 운전은 보존할 가치가 있는 기술인 듯하다.

라 혼다 가는 길

이 책의 원고를 완성해 출판사에 보내자마자 짐을 꾸려 캘리포니아로 떠났다. 내가 머무는 곳에서 몇 분 거리에 있는 산타크루즈의 산속에는 놀라운 도로들이 있다. 출판 작업이 모두 끝나면 이 도로에서 비틀을 타는 백일몽을 꾸었다.

나는 그동안 힘 좋은 야마하를 타고 점점 자신감 있게 그 협곡을 누비고 다니면서 이 도로들을 연구했다. 시속 40킬로미터라고 표기된 급격한 좌회전 길을 시속 72킬로미터 정도로 돌면서 몸을 더 기울여 긴장도를 높인다. 내부 발받침에 딸린 '촉수'가 포장도로 위를 긁으면서 그 떨림이 내 부츠 속으로, 다리 위로 전달된다. 내 두 눈은 유동체처럼 앞으로 내달리다 다음 모퉁이로 접어들고, 이제 나는 발받침을 딛고 안장에서 엉덩이를 뗀 상태로 몸을 오른쪽으로 기울인다. "절묘한 솜씨로군!" 나는 큰 소리로 말한다. 머리를 왼쪽으로 향한 채 오토바이를 오른쪽으로 밀어 올렸다가 다시 안쪽으로 떨어뜨려서 자세를 낮춘다. 오른쪽 발받침이 긁힐 때 나는 또 다른 보상(아슬아슬한 행동이 주는 흥분)을 받고 스로틀을 잡으면서 코너에서 빠져나온다.

모터의 분당회전수 범위가 치솟자 사람을 취하게 만드는 소리가 울려 퍼진다. 직선 구간과 함께 잠시 집중에서 벗어날 수 있는 순간이 찾아오면서 스눕 독의 노래 가사가 떠오르고, 내 목소리가 헬멧 안에서 울린다. "나는 긴장을 풀고 마음을 가라앉히지." 나에게 그것은 모방하고 싶은 태도, 긴장을 하고 허둥대는 삶에 대한 질책과 같다. 스눕 독은 재즈 드러머들이 박자를 살짝 느슨하게 따라가면서 노래가 그들에게 다가오게 만드는 것에 대해 이야기한 적이 있다. 내 생각에는 이런 상황을 의미한 게 아닌가 싶었다. 시간이 느리게 흘러가는 저 멀리서, 11시에 오토바이를 타는 도로 위의 재즈 같은 행위에 완벽하게 잘 어울리는 음악적인 '쿨함'이다.

특히 앨리스의 레스토랑에서 라 혼다로 가는 길에 모든 것이 절묘하게 맞아떨어진 특별한 날이 있었다. 완벽한 검은 아스팔트 위로 햇살이 얼룩진, 미국삼나무 사이의 급경사길이었고, 나는 앞바퀴를 지면에서 떨어뜨린 상태로 코너에서 힘들게 빠져나오고 있었다. 이 도로 위에는 한 장면에 온전한 코너길 세 개가 줄줄이 늘어선, 입이 떡 벌어질 정도로 구불구불한 구간이 여러 곳 있다. 이런 감속용 급커브길에는 고속으로 달렸을 때 숭고함을 안기는 육체적인 리듬 같은 것이 있다. 나는 한 번도 운동을 잘해본 적이 없지만 타고난 우아함으로 몸을 움직이는 사람들에게는 존경심을 느낀다. 하지만 협곡 도로 위에서 스포츠바이크를 타고 있으면 나는 순간 신이 내게 주신 범상함에서 훌쩍 벗어난 기분이 든다. 기계의 힘을 빌려서! 이건 기적이다.

감사의 말 ◆

　자신의 포뮬러 D 레이스카를 가지고 버지니아 인터내셔널 레이스웨이에서 탠덤 드리프팅을 하며 내가 지금까지 겪은 것 중 최고의 탑승 경험을 안겨준 포레스트 왕에게 감사의 말을 전하고 싶다. 데이브 핸드릭슨은 칼리엔테 250을 위한 자신의 사막용 레이스카에서 공동운전자 자리를 내게 제안하는 친절함을 베풀었고, 이를 통해 레이서인 조니 리처드슨, 빅토리아 헤이즐우드와 흥미로운 대화를 나눌 수 있는 기회를 얻었다. 두 사람에게도 감사의 마음을 전한다. 배런 라이트Barron Wright는 내게 중부 버지니아에 있는 헤어스크램블 현장을 소개해주었고, 한 번은 폭설이 내린 뒤 늦은 밤에, 썰매를 탄 어린 아들을 뒤에 매달고 오프로드용 오토바이를 타고 우리 집 앞에 나타나기도 했다. 블루리지산에서 내가 숱한 등산로 라이딩을 따라갈 수 있도록 멈취 서서 기다려준 맷 링코스Matt Linkous와 대릴 앨런Darryl Allen에게 감사의 마음을 전한다.

10대 시절 나를 정비공의 풍요로운 세계로 인도해준 찰스 "채스" 마틴Charles "Chas" Martin에게 감사의 마음을 전한다. 그는 이를 통해 내게 지배적인 것보다 더 매력이 있는 가치의 질서를 보여주었다. 인터넷상의 〈숍 토크 포럼Shop Talk Forum〉 회원들은 내가 공랭식 폭스바겐에 대해 알고 있는 대부분을 가르쳐주었다. 힘들게 얻은 지식을 나눠준 모두에게 감사의 마음을 전한다.

특수 장비 제작자 협회Specialty Equipment Manufacturer's Association는 내게 "차량 주문 제작의 심리학"을 탐험할 플랫폼을 제공한 최초의 기관이었다. 이 협회의 2017년 행사에서 연설을 해달라고 불러준 제인 클라크Zane Clark에게 감사의 말을 전한다. 마티외 플로노Mathieu Flonneau는 이 스펙트럼의 정반대편에서 내게 라스베이거스에서 제일 먼 곳인 소르본으로 와서 '통행관리: 경쟁관계에 있는 세 가지 합리성'에 대해 강의를 해달라고 요청했다. 그 이후 2018년 4월 파리의 국제사회과학의회International Social Science Council에 있는 LabEx EHNE의 후원으로 열린 세미나에서 논평을 해준 플로노, 장피에르 뒤퓌, 그 외 다른 참석자들에게 감사의 마음을 전한다. 같은 내용의 발표를 몬트리올에서 열린 국제 통행수송이동성 역사 협회International Association for the History of Traffic, Transport and Mobility의 콘퍼런스에서도 했는데, 이때 비판적인 논평을 해준 참석자들에게 감사의 말을 전한다. 캘리포니아 산타바바라대학교 인문학과 사회변화 센터Center for the Humanities and Social Change에서 주최한 한 차례의 강연과 두 차례의 세미나는 이 책의 아이디어들이 다양한 학문 분야의 입장에서 검토를 거칠 기회가 되었다. 행사를 준비해주고 이 책에 사려 깊게 간여해준 톰 칼슨Tom Carlson에게 고마움을 전한다.

버지니아대학교 문화고등연구소Institute for Advanced Studies in Culture 는 지지와 지적 동료애가 지칠 줄 모르고 샘솟는 원천이자 진정으로 열린 탐구를 할 수 있는 드문 공간이었다. 그들은 이 프로젝트의 초기에 이 프로젝트의 문제의식을 토론하는 워크숍을 주최했다. 이 자리에 참석하기 위해 워싱턴에서 차를 몰고 와서 귀한 논평을 해준 미국 과학 학회의 교통 연구를 위한 전문 활동 위원회Technical Activities for the Transportation Research Board의 책임자 앤 브라흐Ann Brach에게 감사의 마음을 전하고 싶다. 이 워크숍에서 잭슨 리어스Jackson Lears는 위험의 가치에 대해 생각하는 유용한 방향점으로 '생기론 전통'을 알려주었다. 조 데이비스, 피터 노턴, 제이 톨슨Jay Tolson, 아리 슐먼Ari Schulman, 가넷 카도건에게서도 아주 유용한 의견을 얻었다.

문자메시지를 무단으로 실은 부분에서 나의 동료였던 맷 피니와 맷 프로스트는 내가 생기 있는 사고의 기쁨을 유지하는 데 도움을 주었다. 쥐에게 운전하는 법을 가르치고, 인지에서 신체의 역할에 대한 환상적인 대화를 셀 수 없을 정도로 나누고, 내가 이 책과 전작들을 저술하는 오랜 기간 동안 내 옆에 있어준 베스 크로퍼드에게 감사의 마음을 전한다. 프루트루프 시리얼이 너무 가까이 있을 때, 결국 무너지기는 했지만 인내심을 발휘하느라 애쓴 마리오와 루이지에게도 고마움을 전한다.

칠흑 같은 밤에 캘리포니아 시골에서 오도 가도 못하게 되었을 때 내 물병에 물을 채워준 남자에게, 그리고 그다음 날 내가 기차를 타고 집에 갈 수 있도록 (망할 지프스터를 받는 대신) 50달러를 건넨 남자에게 고마움을 전하고 싶다. 어린 시절 BMX 자전거를 타고 열 개의 쓰레기차를 뛰어 넘으려고 해서 우리 동네를 공포로 몰아넣었던 트로이에게도. 트로이는 이를 통해 인간이 무엇을 할 수 있고, 무언가를 시도할 때 어느 정도의 위험을 기꺼이 감수하려 하는지에 대한 나의 감각을 재조정해 주었다. 훌륭한 자경단식 정의 에피소드에서 별난 깃발을 바람에 펄럭이며 포드 페어레인 컨버터블을 타고 멋들어지게 저지대 자전거 도둑들을 추격했던 나의 아버지, 프랭크 S. 크로퍼드에게 감사의 마음을 전한다. 박식하고 신사다운 런던의 택시 운전사들에게, 산타크루즈산을 가로지르는 9번 도로를 설계한 사람에게, 그리고 유치원에서 집으로 갈 때 "더 빨리 달려!"라고 꽥꽥 대며 내가 구불구불한 도로로 가야 한다고 우기던 나의 딸 G와 J에게도.

시작하기 전에 – 휴머니즘으로서의 운전

1 당시 우버의 최고경영자였던 트래비스 캘러닉^{Travis Kalanick}은 대통령의 전략 정책 포
럼에 지명되었고, 트럼프는 일레인 차오^{Elaine Chao}를 교통비서로 선정했다. 〈힐^{Hill}〉
지에 따르면 자율주행차 산업은 "규제 그리고 승차공유경제에 대한 강경한 지지에
관한 한 일레인 차오의 가벼운 손놀림에 군침을 흘리고" 있다. 업계 대변인인 폴 브
루베이커^{Paul Brubaker}는 "그녀는 테크놀로지가 (…) 새로운 이동성 패러다임을 창출
할 (…) 훌륭한 기회를 제시한다는 사실을 날카롭게 이해한다"고 말했다. Melanie
Zanona, "Driverless Car Industry Embraces Trump's Transportation Pick," *Hill*,
2016/12/04, http:// thehill.com/policy/transportation/308590-driverless-car-
industry -embraces-trumps-transportation-pick.

2 다음을 보라. Neal E. Boudette, "Biggest Spike in Traffic Deaths in 50 Years? Blame
Apps," *New York Times*, 2016/11/15, http://www.nytimes.com/2016/11/16/
business/tech-distractions-blamed-for-rise -in-traffic-fatalities.html.

3 "현대적인 자동차의 안정성이 향상되고 포장도로도 부드러워지면서 운전자들은 도로에서 눈을, 운전대에서 손을 떼게 되었고 (…) 운전은 몹시도 재미없는 일로 전락해, 때로는 운전자의 주의를 거의 요하지 않고, 운전자가 다른 데 정신을 팔도록 유혹한다." 또한 스티븐 캐스너, 에드윈 허친스, 돈 노먼은 (아직 자동화되지 않은) 현대 자동차의 이런 문제들이 부분적으로 자동화된 자동차들이 제기하는 난점을 엿보게 해준다고 말한다. "The Challenges of Partially Automated Driving," *Communications of the ACM* 59, no. 5 (2016/05), pp.70~77.

4 혼다 어코드의 역사가 전형적이다. 1980년대 초 모델은 약 1톤이었는데, 2017년 모델은 약 1.6톤이 되었다.

5 Casner et al.,"The Challenges of Partially Automated Driving."에 인용된, A. Dufour, "Driving Assistance Technologies and Vigilance: Impact of Speed Limiters and Cruise Control on Drivers' Vigilance," presentation at the International Transport Forum(2014년 4월 15일, 프랑스, 파리)의 연구결과에 따르면, "운전의 한 가지 측면에서만이라도 부담을 덜어줄 경우, 운전자들은 뻥 뚫린 도로에서 운전할 때 졸음을 더 많이 느끼고 경계심이 약해진다."

6 〈비즈니스 인사이더Business Insider〉의 2016년 12월 15일 헤드라인에 따르면 "리프트 공동설립자는 미국에서 인간 운전자가 곧 불법이 될 수도 있다고 말한다." 2017년 11월 〈오토모티브 뉴스Automotive News〉에서 제너럴 모터스 회장인 밥 러츠Bob Lutz는 20년 내에 운전이 불법이 될 것이라는 견해를 피력했다. Bob Lutz, "Kiss the Good Times Goodbye," *Automotive News*, 2017/11/05, http://www.autonews.com/apps/pbcs.dll/article?AID=/20171105/INDUSTRY_REDESIGNED/171109944/industry-redesigned-bob-lutz.

7 Ian Bogost, "Will Robocars Kick Humans off City Streets?" *Atlantic*, 2016/06/23, https://www.theatlantic.com/technology/archive/2016/06/robocars-only/488129/.

8 M. R. O'Connor, "For Kids, Learning Is Moving," *Nautilus*, 2016/09/22, http://nautil.us/issue/40/learning/for-kids-learning-is-moving에 인용된, A. M. Glenberg and J. Hayes, "Contribution of Embodiment to Solving the Riddle of Infantile Amnesia," *Frontiers in Psychology* 7 (2016). 심각한 이동 장애가 있는 영아들에게 전동 카트를 주고 환경을 돌아다닐 수 있게 했더니 자율 이동 능력이 전혀 없는 아이들에 비해 인지 발달과 언어 발달 속도가 훨씬 빨라졌음을 보여주는 실험들도 있다. O'Connor, "For Kids"에 인용된 M. A. Jones, I. R. McEwen, and B. R. Neas, "Effects of Power Wheelchairs on the Development and Function of Young Children with

Severe Motor Impairments," *Pediatric Physical Therapy* 24 (2012), pp.131~140. 다음도 보라. M. R. O'Connor, *Wayfinding: The Science and Mystery of How Humans Navigate the World* (New York: St. Martin's Press, 2019), 특히 다음의 장을 살펴보라. "This Is Your Brain on GPS," pp. 261~276.

9 교통공학과, 교통을 다룬 다양한 사회과학에 대한 경이롭고 깊이 있는 탐색으로는 다음을 볼 것. Tom Vanderbilt, *Traffic: Why We Drive the Way We Do (And What It Says About Us)* (New York: Penguin, 2008).

10 2011년 벨기에 연구회사 뢰벤 교통 운송Transport and Mobility Leuven의 한 연구에 따르면, 만일 민간 자동차의 10퍼센트를 오토바이로 대체할 경우, 모든 차량의 총 시간 손실은 40퍼센트 감소한다. 이는 수요의 탄성을 고려한 것이다(즉 통행 흐름이 향상되면서 도로에 더 많은 차량이 유입될 것이다). 게다가 "새 오토바이는 평균적인 민간 자동차에 비해 오염물질을 적게 배출한다(질소산화물, 이산화질소, PM2.5는 적지만 휘발성 유기화합물은 더 많다). 이산화탄소 역시 적게 배출한다. 새 오토바이의 총 외부 배출 물질 비용은 평균적인 민간 자동차보다 20퍼센트 이상 낮다. 뢰벤과 브뤼셀 사이의 자동차 도로 구간에서 민간 자동차의 10퍼센트를 오토바이로 대체할 경우 총 배출 물질 비용이 6퍼센트까지 줄어들 수 있다." Griet De Ceuster, "Commuting by Motorcycle," Transport and Mobility Leuven, https://www.tmleuven.be/en/project/motorcyclesandcommuting.

11 주의 생태계 개념에 대한 자세한 설명은 다음의 전작을 참고하라. *The World Beyond Your Head: On Becoming an Individual in an Age of Distraction* (New York: Farrar, Straus and Giroux, 2015)을 보라(한국어판은 〈당신의 머리 밖 세상〉, 노승영 역, 문학동네, 2019).

12 은퇴한 교수이자 아우토반 역사 전문가인 에르하르트 슈츠Erhard Schütz는 "많은 사람들에게 속도 제한이라는 생각은 마치 우리가 더 연약해지고 퇴화하고 있다는 인상을 주어, 남성성에 대한 모욕으로 느껴진다"고 말했다. 〈뉴욕 타임스〉에 인용된 코른블룸Kornblum의 말에 따르면 "독일은 규제가 끔찍하게 많은데 그 이유는 과거, 불확실성에 대한 두려움, 압도당하는 데 대한 두려움과 관련이 있다. 하지만 그러면 사람들은 작은 자유의 장소를 찾게 되는데 아우토반이 그런 장소 중 하나다." Katrin Bennhold, "Impose a Speed Limit on the Autobahn? Not So Fast, Many Germans Say," *New York Times*, 2019/02/03, https://www.nytimes.com/2019/02/03/world/europe/germany-autobahn -speed-limit.html.

13 당국은 때로 이 점을 암묵적으로 인정한다. 캘리포니아 로스가토스에서 나는 팔뚝만

큰 거대한 감시카메라 여섯 개가 주렁주렁 달린 주차 단속 카트를 보았다. 천안문 광장에 우뚝 선 긴 장대에 올라앉아 모든 각도를 아우르는 감시 카메라들과 비슷했다. 어쩌면 그것들이 거기 있는 이유는 당신이 인정하지 않을 수 있다는 사실을 의식하고, 당신의 범법 행위를 논박 불가능하게 만들기 위해서일 수 있다. 아니면 주차 단속 요원이 성난 시민에게 공격당할 때 증거를 남기는 용도일 수 있다. 프랑스 시위대는 경찰에게 인도에 깔린 돌을 던져서 마치 프랑스 혁명 초기 파리의 시가전을 방불케 했다. 한 트럭 운전사는 자신의 노란 조끼에 "일어나라, 프랑스여! 더 이상 양으로 남지 말라"고 적었다.

시작하며 – 자동차와 공동선

1   이 설명의 출처는 다음과 같다. Jane Jacobs, *The Death and Life of Great American Cities* (New York: Vintage, 1992), pp.341~342에 인용된 H. B. Creswell, writing in the British journal *Architectural Review*, 1958/12.

2   James J. Flink, *The Automobile Age* (Cambridge: MIT Press, 1988), p. 364.

3   다음을 보라. Dan Albert, *Are We There Yet? The American Automobile Past, Present, and Driverless* (New York: Norton, 2019), p.100.

4   Flink, *The Automobile Age*, p.364.

5   Albert, *Are We There Yet?*, pp.102~103.

6   https://www.pewsocialtrends.org/2006/08/01/americans-and-their-cars-is-the-romance-on-the-skids/.

7   "(2019년 로이터/입소스 여론조사에 따르면) 미국 성인의 절반은 자동화된 차량이 인간이 조작하는 전통적인 차량보다 더 위험하다고 생각하고, 약 3분의 2는 완전 자율주행 차량을 구매하지 않겠다고 말했다. 같은 여론조사에서 성인 응답자의 약 63퍼센트가 자신의 차량에 자율주행 특성을 추가하기 위해 돈을 더 지불하지 않을 것이라고 말했고, 나머지 가운데 41퍼센트는 2,000달러 이상은 지불하지 않을 것이라고 말했다. (…) 이 같은 결과는 2018년의 로이터/입소스 여론조사 결과와 유사하다. 그리고 퓨 리서치 센터와 미국 자동차 협회 등이 실시한 연구결과와도 일치한다. Paul Lienert and Maria Caspani, "Americans Still Don't Trust Self-Driving Cars, Reuters/

Ipsos Poll Finds," Reuters, 2019/04/01. https:// www.reuters.com/article/us-autos-selfdriving-poll/americans-still-dont -trust-self-driving-cars-reuters-ipsos-poll-finds-idUSKCN1RD2QS. 다양한 산업집단, 보험기관, 소비자옹호집단이 실시한 여론조사 역시 이와 연구결과가 일치하며 Saferoads.org에서 볼 수 있다.

8 Christopher Mele, "In a Retreat, Uber Ends Its Self-Driving Car Experiment in San Francisco," *New York Times*, 2016/12/22. http:// www.nytimes.com/2016/12/21/technology/san-francisco-california-uber-driverless-car-.html?hp&action=click&pgtype=Homepage&click Source=story-heading&module=first-column-region&region=top-news &WT.nav=top-news&_r=0. Mike Isaac, "Uber Defies California Regulators with Self-Driving Car Service," *New York Times*, 2016/12/16, https://www.nytimes.com/2016/12/16/technology/uber-defies -california-regulators-with-self-driving-car-service.html.

9 John Harris, "With Trump and Uber, the Driverless Future Could Turn into a Nightmare," *Guardian*, 2016/12/16, https://www.theguardian.com/commentisfree/2016/dec/16/trump-uber-driverless -future-jobs-go.

10 이는 뉴욕시 교통국의 연구결과로 니콜 젤리너스Nicole Gelinas의 "Why Uber's Investors May Lose Their Lunch," *New York Post*, 2017/12/26에 묘사되어 있다. https://www.manhattan-institute.org/html/why-ubers-investors-may-lose-their-lunch-10847.html.

11 "Uber and Lyft Want to Replace Public Buses," New York Public Transit Association, 2016/08/16, https://nytransit.org/resources/transit-tncs/207-uber-and-lyft-want-to-replace-public-buses.

12 Huber Horan, "Uber's Path of Destruction," *American Affairs* 3, no.2 (Summer 2019).

13 Horan, "Uber's Path of Destruction." 호란은 택시 시장에 내재하여 시장 외적인 치유책이 필요한 구조적인 문제를 언급한다. 가령 모든 도시의 교통 양식이 그렇듯 택시 수요에는 "극도로 시간적이고 지리적인 정점"이 있고, 이 때문에 한산한 시간대에는 수용 능력이 남아돌고 수요가 정점일 때는 공급이 달리는 문제가 발생한다. 정점의 수요는 용도에 따라 "양극성"을 띠기도 한다. "식당과 클럽으로 향하는 부유한 사람들이 병원과 창고에서 야간근무를 하는 노동자들과 제한된 택시 공급을 놓고 싸움을 벌이다 보니" 갈등이 있다. 그는 또한 이렇게 말한다. "(엄격하게 시장방식으로) 공급과 수요의 균형을 잡으려는 일체의 시도는 저소득 승객들을 시장에서 몰아내거나, 아

니면 부유한 고객들이 자신이 기꺼이 내려고 하는 것보다 더 적은 요금을 내는 결과로 이어질 것이다"(pp.114~115).

14 뉴욕시에서는 앱 기반 승차공유 운전자의 90퍼센트가 주로 아이티, 도미니카공화국, 남아시아 출신의 최근 이민자들이다. 호란은 이런 사람들 가운데 인력을 뽑을 때 우버가 총지급액(차량 비용을 포함한)을 실수령액으로 오해하게 만드는 큰 사기를 친다고 전한다. "전통적인 택시 운전사들은 불만이 있으면 다른 직업으로 쉽게 이직할 수 있었지만 우버 운전자들은 차량 금융부채에 묶여 있어서 실제 급여와 조건이 얼마나 열악한지 알게 된 뒤에도 이직이 훨씬 어려웠다." 2015년 우버는 영업손실이 개선되었다고 보고했다. 알고 보니 개선된 영업손실의 거의 전부가 효율성 향상 때문이 아니라 회사가 일방적으로 요금에 대한 지분을 20퍼센트에서 25~30퍼센트로 늘렸기 때문이었다(Horan, "Uber's Path of Destruction," p.113).

PART 1 손수 자동차 만들어 타기

02 랫로드 프로젝트

1 나의 책 《당신의 머리 밖 세상The World Beyond Your Head》, pp.45~68, "체현된 인지" 장을 보라.

2 크로퍼드는 자신이 켈리 램버트와 태드 마틴Thad Martin과 함께 개발한 최신 디자인에 대한 고찰을 바탕으로 쥐가 운전하는 차량을 만드는 방법을 올렸고, 이는 다음에서 볼 수 있다. https://www.instructables.com/id/Rat-Operated-Vehicle/.

3 쥐의 운전 연구를 가지고 쓴 첫 논문은 이 책이 최종 원고 상태일 때 발표되었다. L. E. Crawford et al, "Enriched Environment Exposure Accelerates Rodent Driving Skills," *Behavioral Brain Research* 378, 2020/01/27. 이 논문이 발표 전 온라인에 공개 되었을 때 미디어 상에서 돌풍을 일으켰고, 심지어는 〈어니언Onion〉이라는 풍자적인 사이트에도 올랐다. 쥐가 운전하는 영상은 다음에서 볼 수 있다. https://www.washingtonpost.com/science/2019/10/24/rats-are-capable-driving-tiny-cars-researchers-found-it-eases-their-anxiety/.

4 Kelly G. Lambert, "Rising Rates of Depression in Today's Society: Consideration of the Roles of Effort-Based Rewards and Enhanced Resilience in Day-to-Day

Functioning," *Neuroscience and Biobehavioral Reviews* 30 (2006), pp.497~510. 다음
도 보라. Kelly G. Lambert, "Depressingly Easy," *Scientific American Mind* (August -
September 2008) and Kelly G. Lambert, *Well-Grounded: The Neurobiology of Rational
Decisions* (New Haven: Yale University Press, 2018).

03 올드 카-미래의 골칫거리

1 Peter Egan, "Side Glances," *Road and Track*, 1988/11, p.24, 다음에서 인용됨. David
N. Lucsko, *Junkyards, Gearheads, and Rust: Salvaging the Automotive Past* (Baltimore:
Johns Hopkins University Press, 2016), p.128.

2 David Freiburger,"Patina," *Hot Rod Magazine*, 2007/04, p.61, 다음에서 인용됨.
Lucsko, *Junkyards, Gearheads, and Rust*, p.128.

3 2017년형 넥서스 NX하이브리드는 도시/고속도로 결합연비가 리터당 13킬로미터이
고 생산자 권장가격이 3만 9,720달러다.

4 Lucsko, *Junkyards, Gearheads, and Rust*, p.133.

5 젤다 브론스타인Zelda Bronstein은 경공업이 진보적인 도시주의의 미명하에 도시에서
어떻게 쫓겨나는지를 보여준다. 개발에 오랜 시간이 걸리는 산업 노하우 생태계 전체
가 텅 비어버리고, "라이프스타일" 소비, 아트갤러리 등등에 몰두하는 도시경관으로
대체되는 것이다. Zelda Bronstein, "Industry and the Smart City," *Dissent*, Summer
2009, https://www.dissentmagazine.org/article/industry-and-the-smart-city. 내가
친구로 여기는 브론스타인은 지금 70대로 나이 든 좌파의 전형이다. 그녀는 소비보다
는 생산을, 지대추구자rentiers보다는 노동을 지지한다. 여기서 그녀는 생산 활동을 위
한 공간을 지킨다는 관점에서가 아니라 무고한 자들을 향한 사악한 세력의 급습을 막
아야 한다는 관점에서 젠트리피케이션을 우려하는 듯한 오늘날의 일부 진보주의자들
과 의견을 달리했다.

6 Lucsko, *Junkyards, Gearheads, and Rust*, p.134.

7 Michael Oakeshott, "On Being Conservative," *Rationalism in Politics* (Indianapolis:
Liberty Fund Press, 1991), p.414.

8 Lucsko, *Junkyards, Gearheads, and Rust*, p.136.

9 Lucsko, *Junkyards, Gearheads, and Rust*, p.164.

10 Nancy Fraser, *The Old Is Dying and the New Cannot Be Born: From Progressive
Neoliberalism to Trump and Beyond* (New York:Verso, 2019), p.13.

11 Lucsko, *Junkyards, Gearheads, and Rust*, p.163을 보라.

12 Lucsko, *Junkyards, Gearheads, and Rust*, pp.162~163.

13 급격하게 늘어난 통근거리에 대한 슬픈 이야기는 "자동차와 공동선" 장에서 이야기했던, 대중교통보다 자동차를 우선시하는 공공투자뿐만 아니라 토지 사용과 개발 계획에도 관련되어 있다. 부모가 멀리 떨어진 곳에 과외 활동 일정이 잡혀 있는 아이들의 운전수 노릇을 하게 된 것 역시 분명 하나의 요인이다. 또 다른 요인은 소득 불평등과 저렴한 신용의 증가를 꼽을 수 있다. 이는 멀리 떨어진 곳에 자리한 더 큰 집에 살면서 대출금을 적게 내는 대신 장거리 통근을 감당하는 주택 시장을 형성하는 데 일조했다. "감당할 능력이 되는 데가 나타날 때까지 운전하라"는 이를 집약해서 부동산 중개인들이 하는 말이다. 자율주행차는 통근시간에 다른 일을 할 수 있기 때문에 훨씬 긴 통근도 분명 가능하게 할 것이고, 이는 최근 수십 년간의 토지 사용 문제와 거기에 당연하게 수반된 혼잡 및 오염 문제를 악화할 것이다.

14 Lucsko, *Junkyards, Gearheads, and Rust*, p.164.

15 Lucsko, *Junkyards, Gearheads, and Rust*, pp.166, 170.

16 그래서 공랭식 폭스바겐 계에서는 SPG 롤러베어링 크랭크축, Judd 과급기, 제네 베르크Gene Berg가 건드린 모든 것, 그리고 독일 회사인 오크라사Okrasa가 만든 모든 것에 터무니없는 가격을 지불한다. 오크라사의 완벽한 엔진 장비 세트는 당신의 자동차가 시속 약 97킬로미터에 도달하는 시간을 12초 줄여준다고 주장했다. 좋다, 난폭한 1956년형 비틀이 (36마력에서 늘어나) 지축을 뒤흔드는 48마력을 달성했으니. 오크라사 장비 세트에 대한 주장이 맞다면 나는 내 차에 하나를 달아서 시속 97킬로미터에 도달하는 시간을 약 마이너스 7초로 줄일 것이다. 그러면 이론적으로 나는 과거로 시간여행을 떠날 수 있다. 1956년에 도착하면 이 부품을 대량 구입해서 부자가 돼서 돌아오겠다.

17 이 책이 거의 완성되었을 때 파리의 노트르담 성당이 불에 탔다. 하버드대학교 건축사학자 파트리치오 델 레알Patricio del Real은 "그 건물은 역사의 짐을 워낙 과도하게 짊어지고 있어서 이번 화재가 마치 해방의 행위처럼 보였다"는 말로 어떤 상류의 기물 파손 정서를 포착했다(E. J. Dickson, "How Should France Rebuild Notre Dame?" *Rolling Stone*, 2019/04/16, https://www.rollingstone.com /culture/culture-features/notre-dame-cathedral-paris-fire-whats-next-822743/에서 인용됨).

18 Joe Mayal, "Curbside," *Street Scene* (1981/05), p.6. 다음에서 인용됨. Lucsko, p.67.

04 천치도 쓸 수 있게 한 디자인

1   마인드풀 모드는 "운전자가 볼 필요 없는 데이터를 제거함으로써 명상과 마음챙김(오직 하나의 요소 또는 하나의 순간에만 집중하게 함으로써 정신적 안녕을 유지하기 위해 사용하는 치유기법) 이론을 채택한다." "No Place Like 'Oommm,'" Ford, 2019/03/27, https://media.ford.com/content/fordmedia/fna/us/en/news /2019/03/27/2020-explorer-mindful-mode-digital-cluster.html.

2   "NHTSA's Implausible Safety Claim for Tesla's Autosteer Driver Assistance System," Safety Research & Strategies, 2019/02/08, http:// www.safetyresearch.net/Library/NHTSA_Autosteer_Safety_Claim.pdf.

3   Neal E. Boudette, "Tesla's Self-Driving System Cleared in Deadly Crash," *New York Times*, 2017/01/19; Tom Randall, "Tesla's Autopilot Vindicated with 40% Drop in Crashes," Bloomberg, 2017/01/19; Andrew J. Hawkins, "Tesla's Crash Rate Dropped 40 Percent After Autopilot Was Installed, Feds Say," *Verge*, 2017/01/19; Elon Musk(@elonmusk-Twitter), "Report highlight: 'The data show that the Tesla vehicles crash rate dropped by almost 40 percent after Autosteer installation,'" Twitter, 2017/01/29, https://twitter.com/elonmusk/status/822129092036206592; Chris Mills, "Report Finds Tesla's Autopilot Makes Driving Much Safer," BGR, 2017/01/19.

4   이 문제에 대한 보고서에서 그 회사는 자신이 테슬라와 그 경쟁사, 또는 자율주행차와 운전자 보조 시스템 테크놀로지에 관련된 그 어떤 이해당사자와도 아무런 금전적인 관련이 없다고 밝히고 있다.

5   "만일 오토스티어 설치 주행거리 데이터가 더 많이 누락되었더라면 테슬라에서 에어백이 전개되는 충돌사고율이 오토스티어 설치 이후 하락했다는 고속도로 교통안전국의 연구결과는 훨씬 더 극적인 양상을 띠었을 것이다. 노출 주행거리를 계산할 때 누락되거나 보고되지 않은 주행거리 데이터를 마치 존재하지 않는 것처럼 처리한 것은 정당화할 수 없다. 이 문제는 데이터세트 절반 이상에 영향을 미친다." "NHTSA's Implausible Safety Claim"을 보라.

6   "우리는 오토스티어 소프트웨어가 설치된 시점의 실제 주행거리가 고속도로 교통안전국이 연구한 차량의 절반 이하에 대해 보고된 것으로 보인다는 점을 발견했다. 소프트웨어 설치 전과 후 모두 노출 주행거리의 명백하게 정확한 측정치를 가진 차량의 경우, 오토스티어와 관련된 충돌사고율의 변화는 고속도로 교통안전국이 주장한 바와 정반대다. 이 데이터들을 믿어도 된다면 말이다. 나머지 데이터세트의 경우 고

속도로 교통안전국은 오토스티어 설치 전이나 후로 분류할 수 없는 노출 주행거리를 무시했다. 우리는 이 계산되지 않은 노출이 '오토스티어 이전' 노출이 가장 적은 차량에 압도적으로 집중되어 있음을 보여준다. 그 결과 오토스티어 설치 이후 충돌사고율이 전반적으로 40퍼센트 감소했다는 고속도로 교통안전국의 보고는 기초자료로 쓰인 데이터세트에서는 사실상 누락된 주행거리 정보를 기관이 알아서 처리한 인공적인 결과물이다"("NHTSA's Implausible Safety Claim").

7 Timothy B. Lee, "In 2017, the Feds Said Tesla Autopilot Cut Crashes 40% - That Was Bogus," *Ars Technica*, 2019/02/13. 다음도 보라. Timothy B. Lee, "Sorry Elon Musk, There's No Clear Evidence Autopilot Saves Lives," *Ars Technica*, 2018/05/04.

8 Sam Peltzman, *Regulation of Automobile Safety* (Washington, DC: American Enterprise Institute for Public Policy Research, 1975), p.4.

9 고속도로 교통안전국의 치명사고 분석 보고 시스템에 따르면 2000년 치명적일 수 있었던 충돌사고에서 사망자(12세 이상인 사람)를 방지하는 데 안전벨트 하나만 48퍼센트의 유효성이 있는 것으로 추정되었다. 안전벨트와 에어백의 유효성을 합하면 약 54퍼센트로 추정되었다. 이는 2011년에 발표된 다음 논문의 내용이다. Donna Glassbrenner of the National Center for Statistics and Analysis at the NHTSA, http://www-nrd.nhtsa.dot.gov/pdf/nrd-01/esv/esv18/CD/Files/18ESV-000500.pdf.

10 https://patents.justia.com/patent/9296424.

11 NHTSA, *Estimating Lives Saved by Electronic Stability Control*, 2008-2012, DOT HS 812 042 (Washington, DC: National Highway Traffic Safety Administration, 2014).

12 이 개념이 운전과 어떤 관계인지에 대한 좀 더 자세하고 학술적인 설명은 나의 책 《당신의 머리 밖 세상》에 있는 "체현된 인지" 장에서 "위험조건하에서 기술을 습득할 때 언어의 역할" 절을 보라.

13 https://www.roadandtrack.com/new-cars/car-technology/a26960542/the-eu-wants-cars-to-have-speed-limiters-and-more-by-2022/. 의무적인 시스템은 제한속도를 넘기는지를 판별하기 위해 GPS와 도로표지판 카메라 역시 사용할 것이다. 운전자가 제한속도를 넘기면 이 시스템은 엔진으로 가는 동력을 줄인다. 이 계획을 유럽연합 집행위원회에 제출한 규칙 제정 단위인 유럽연합 안전교통의회는 대중들이 이 시스템에 적응할 시간을 주기 위해 이것을 처음으로 도입하게 되면 즉각 개입하기보다는 운전자에게 잔소리를 늘어놓을 것이라고 말한다. "만일 운전자가 몇 초 동안 계속해서 제한속도를 넘겨 운전할 경우 이 시스템은 몇 초간 경고음을 울리고 차량이

다시 제한속도 이하로 운행할 때까지 시각경보를 나타낼 것이다.”

14 Edward N. Luttwak, "Why the Trump Dynasty Will Last Sixteen Years," *Times Literary Supplement*, 2017/07/25, https://www.the-tls.co.uk/articles/public/trump-dynasty-luttwak/.

15 게다가 오토론을 모아서 증권화하는 새로운 금융수단들이 개발되어, 금융위기를 유발한 주택버블과 똑같이 오토론 신용버블이 일어나고 있다. 다음을 보라. Albert Fowerbaugh and Julie Rodriguez Aldort, "What If the Auto Loan Securitization Market Crashes?" *Law* 360, 2018/08/13, https://www.porterwright.com/content/uploads/2019/02/What-If-The-Auto-Loan-Securitization-Market-Crashes.pdf. 다음을 보라. Adam Tempkin, "Subprime Auto Bond Market Is Unmoved by Record Late Loan Payments," *Bloomberg*, 2019/02/14, https://www.bloomberg.com/news/articles/2019-02-14/subprime-auto-bond-market-unmoved-by-record-late-loan-payments. 2019년 블룸버그는 "최소 3개월 동안 지불되지 않은 자동차 대출이 지난해 말 700만 달러를 초과했고, 이는 뉴욕 연방준비은행이 20년 전부터 이 데이터를 추적한 이래 최고치인데도 위험한 자동차채권 가격이 상승했다"고 보도했다.

16 나는 최근에야 오토바이를 타면서 이를 배우게 되었다. 약 18년간 거의 매일 오토바이를 타다가 처음으로 잠김 방지 브레이크가 있는 오토바이를 구입했다. 전방브레이크를 점진적으로 적용하면서 약 1초 동안 부드럽게 최대치로 상승시키면 그 하중이 앞쪽 타이어로 이전되는 시간이 확보된다. 그 결과 잠김 방지 브레이킹 시스템이 개입하지도, 앞 타이어가 잠기지도 않는다. 대신 내가 최대치로 오토바이를 정지시킬 때 뒤 타이어가 지면에서 6인치 뜰 정도로 앞 타이어가 땅을 파고든다. 만일 내가 브레이크를 갑자기 움켜쥐면서 이 오토바이의 잠김 방지 브레이킹 시스템에 의지할 경우 나는 그만큼의 정지력을 만들어내지 못한다. 이 시스템은 하중이동이 일어나기 전에 개입을 하고, 처음으로 브레이크를 잡았을 때 가능한 견인력에 브레이크를 한정시켜 오토바이가 움직이지 못하게 한다.

17 2004년 고속도로 교통안전국은 전자안정도제어의 효과에 대한 현장연구결과를 발표하면서 그 덕에 충돌사고가 35퍼센트 줄어든다는 결론을 내렸다.

18 이를 좀 더 과학적인 언어로 풀어 설명한 글은 나의 책 《당신의 머리 밖 세상》 "체화된 인지" 장에서 인지-행동-정서회로에 대한 논의를 볼 것. 특히 53~68쪽.

19 Casner, Hutchins, and Norman, "The Challenges of Partially Automated Driving," pp.70~77.

20 David L. Strayer, Joel M. Cooper, Jonna Turrill, James R. Coleman, and Rachel J.

Hopman, "Measuring Cognitive Distraction in the Automobile III: A Comparison of Ten 2015 In-Vehicle Information Systems," AAA Foundation for Traffic Safety, 2015/10.

21 Casner et al.의 표현을 빌면 "이런 상황에서 (운전자들은) 적극적인 개입을 줄이고 그저 자동화에 복종하는 경향이 있다. 자동화가 길을 인도하도록 설정되어 있을 때 운전자는 길 찾기 과제에 신경 쓰지 않는다는 증거는 이미 많다." 여기서 그들은 다음을 인용한다. G. Leshed et al., "In-Car GPS Navigation: Engagement with and Disengagement from the Environment," in *Proceedings of the ACM Conference on Human Factors in Computing Systems* (Florence, Italy, 2008/04/5-10) (New York: ACM Press, 2008), pp.1675~1684.

22 Casner et al. cite K. A. Hoff and M. Bashir, "Trust in Automation: Integrating Empirical Evidence on Factors That Influence Trust," *Human Factors* 57, no.3 (2014), pp.407~434.

23 이는 동승자가 있으면 도로에 대한 (공동으로 집행되는) 주의가 증가하는 경향이 있음을 확인한 초기의 연구들과도 일맥상통한다. 두 쌍의 눈이 한 쌍보다 더 낫다는 것이다. J. Forlizzi, W. C. Barley, and T. Seder, "Where Should I Turn?: Moving from Individual to Collaborative Navigation Strategies to Inform the Interaction Design of Future Navigation Systems," in *Proceedings of the ACM Conference on Human Factors in Computing Systems* (Atlanta, GA, 2010/04/10-15) (New York: ACM Press, 2010), pp.1261~1270, Casner et al.이 다음에 인용한 대로다. "The Challenges of Partially Automated Driving."

24 C. Gold et al., "Take Over! How Long Does It Take to Get the Driver Back into the Loop?" in Proceedings of the Human Factors and Ergonomics Society Annual Meeting (San Diego, CA, 9/30 - 10/4) (Santa Monica, CA: Human Factors and Ergonomics Society, 2013), pp.1938~1942, 다음에서 인용됨. Casner et al.,"The Challenges of Partially Automated Driving."

25 그러므로 다음을 보라. MacArthur Job, *Air Disaster*, vol.3 (Australia: Aerospace Publications, 1998), p.155.

26 Nicholas Carr, *The Glass Cage: Automation and Us* (New York: Norton, 2014), pp.90~91. Mark S. Young and Neville A. Stanton, "Attention and Automation: New Perspectives on Mental Overload and Performance," *Theoretical Issues in Ergonomics Science* 3, no.2 (2002) 그리고 심리학 고전 연구인 Robert M. Yerkes and John D.

Dodson, "The Relation of Strength of Stimulus to Rapidity of Habit-Formation," *Journal of Comparative Neurology and Psychology* 18 (1908)를 인용함.

27 Henry Petroski, *The Road Taken* (New York: Bloomsbury, 2017)에 이런 말이 나온다. "2014년 여름 미국 교통부는 그리 멀지 않은 미래에 연식과 관계없이 모든 자동차와 트럭에 차량 간 통신기술 설치를 의무화할 계획이라고 발표했다. 차량에 송신기를 설치하려면 2020년을 기준으로 신차 비용에 약 350달러가 추가될 것으로 예상된다. 기존 자동차는 비슷한 수준의 장비로 개조가능하다"(275쪽).

28 비전 제로^{Vision Zero}(교통사고 사상자가 제로라는 의미의)는 스웨덴에서 시작해서 전 세계로 확산한 교통안전 운동이다. 모토는 "생명과 건강은 사회 안의 다른 편익과 절대 교환할 수 없다"이다. 여기에는 비용편익분석의 냉정한 원칙을 고고하게 꾸짖을 의도가 담겨 있었다. 하지만 이들은 화폐적인 비용만을 고려한다. 이 책에서 관심을 갖는 비용들은 인간 생태계의 변형, 즉 지적인 인간행위를 위한 공간의 축소에서 비롯되는, 눈으로 보고 판단하기 더 어려운 것들이다.

29 캐스너 등은 이렇게 밝힌다. "남아 있는 숱한 장애물들과, 전 세계 도로에서 자동차가 대체되는 속도 때문에, 대다수 대중이 완전한 자율주행으로 넘어가는 전환은 수십 년이 걸릴 것이다. 부분적인 자율주행의 안전 문제가 상당할 것이고, 최소한 오늘날을 기준으로 보면 과소평가되어 있다. (…) 비행에 대한 경험에 따르면 1,000분의 몇 초가 생사를 가를 수 있는 환경에서 제대로 훈련되지 않은 운전자 집단에게 이 전환은 호락호락하지 않을 것이다. 운전자들은 자기 자동차의 자율 시스템이 광고처럼 돌아가기를 기대할 것이고 대부분의 경우에는 실제로 그럴 것이다. 그리고 자율주행이 작동할 때 운전자들은 주행과 무관한 활동에 더 많은 신경을 쓸 수 있음을 알게 될 것이다. 이들은 자율주행이 자신들을 돌봐주리라는 믿음을 가지고 점점 다른 일을 더 많이 하게 될 것이다. 운전자의 주의가 필요할 때 경고음으로 알려주는 자동화된 경고 장치를 신뢰할 것이다. 예기치 못한 일이 일어나서 운전자의 주의가 필요한데 경고음이 전혀 또는 거의 울리지 않을 경우 새로운 종류의 사고가, 상당한 숫자로 나타날 수 있다." 반면 "우리는 운전자와 컨트롤루프를 공유하는 자동화시스템(브레이크 보조 시스템과 차선 유지 보조 장치처럼), 특히 공격적이거나 주의가 산만하거나 취한 운전자의 손에서 통제력을 빼앗는 시스템을 통해 안전이 크게 강화되었음을 알 수 있었다. 이런 범주에 속하는 사고의 감소는 자동화와 관련된 다른 예기치 못한 문제로 인한 사고와 맞먹거나 심지어 그보다 더 많을 수도 있다."

05 도로를 느끼다

1 Nadine Sarter, "Multiple-Resource Theory as a Basis for Multimodal Interface Design: Success Stories, Qualifications, and Research Needs," in *Attention: From Theory to Practice*, ed. Arthur F. Kramer, Douglas A. Wiegmann, and Alex Kirlik (Oxford: Oxford University Press, 2007).

2 Rodney A. Brooks, "Intelligence Without Representation," *Artificial Intelligence* 47 (1991), pp. 139 – 159.

3 앞선 주에서 언급했듯 혼다 어코드의 역사가 전형적이다. 1980년대 초에 1톤 이하였던 어코드는 2017년 모델의 경우 1.6톤이 넘었다.

4 다음을 보라. David Sax, *The Revenge of Analog: Real Things and Why They Matter* (New York: Public Affairs, 2016).

5 내가 포르쉐와 (광고회사를 통해) 의견을 주고받은 직후 나의 출판사가 통상적인 광고업계 저널에 《운전하는 철학자(원제: Why We Drive)》의 판권 매입을 알렸다. 약 1년 뒤 포르쉐는 "Why We Drive"라는 슬로건을 바탕으로 한 광고 캠페인을 시작했다. 어쩌면 내가 자아도취에 빠진 걸 수도 있지만 난 그게 포르쉐의 내부싸움에서 패배한 사람들이 나를 향한 경의의 표현으로 들어 올린 모자의 끝이었을지 모른다고 상상하기를 좋아한다.

06 도덕적 재교육으로서의 자동화

1 니체는 잉글랜드 공리주의를 "약간의 악의로 풍미를 높이지 않는 한, 완전히 있을 수 없는 문헌"이라고 일컬었다. "그건 읽어야 한다면 다른 생각을 품고서 읽어야 한다," 이 "불온한 양심을 가진 지루한 무리 동물 같으니라고." Friedrich Nietzsche, *Beyond Good and Evil*, section 225.

2 앞선 세대의 컴퓨터 과학자들은 폭넓게 교육을 받는 경향이 있었고, 따라서 인류의 유사체로서 컴퓨터가 적절한지를 평가할 때 디디고 설 독립적인 근거를 어느 정도 갖추고 있었다. 인공지능의 선구자 요제프 바이첸바움Joseph Weizenbaum은 "컴퓨터는 (…) 인간을 새로운 그럴싸함의 수준에 도달한 기계로 바라보는 관점을 불러왔다"고 말했다. 그는 이 그럴싸함을 우려했다. 그 자신이 기계로서의 인간 메타포에 깊은 의구심을 갖고 있기 때문이다. 인간은 스스로의 이미지를 창조하고, 그로써 그 이미지를 닮게 되는 동물이다(그러므로 아이리스 머독을 보라).

3 Edmond Awad et al., "The Moral Machine Experiment," *Nature*, October 24, 2018.

4 M. D. Matthews, "Stress Among UAV Operators: Posttraumatic Stress Disorder, Existential Crisis, or Moral Injury?" *Ethics and Armed Forces: Controversies in Military Ethics and Security Policy* 1 (2014), pp.53~57. 다음도 보라. R. E. Meagher and D. A. Pryer, eds., *War and Moral Injury: A Reader* (Eugene, OR: Cascade Books, 2018).

5 Sophie-Grace Chappell, "Bernard Williams," *Stanford Encyclopedia of Philosophy*, available online.

6 William Hasselberger, "Ethics Beyond Computation: Why We Can't (and Shouldn't) Replace Human Moral Judgment with Algorithms," *Social Research*, 86, no. 4 (Winter 2019).

7 이는 2013년 샌프란시스코에서 있었던 아시아나 항공기 추돌사고에 대한 연방교통 안전위원회의 조사결과였다. "아시아나의 자동화 정책은 모든 자동화의 완전한 사용을 강조했고 노선운항 동안 수동비행을 권장하지 않았다."

8 〈뉴욕 타임스〉는 이렇게 보도한다. "최근 몇 년간 항공기가 점점 자동화되고 전 세계적인 조종사 부족 때문에 특히 신흥 시장에서는 항공사들이 조종석에 경험이 적은 조종사를 앉힐 수밖에 없게 되자 이 문제가 더 심각해졌다." 하지만 이와 동일한 문제는 미국에서 역시 심각해지고 있는데 그 이유는 "대형 항공사들이 오랫동안 의존했던 군용기 비행사들의 유입이 감소하고 있기 때문이다. 가장 노련한 조종사들이 나이 때문에 일자리를 떠나고 있는 상황에서 (미국에서는 65세면 은퇴해야 한다) 많은 이들이 그 후배들은 예기치 못한 상황을 처리하는 법을 잘 모를 수 있다고 말했다." https://www.nytimes.com/2019/03/14/business/automated-planes.html.

9 동일한 〈뉴욕 타임스〉 기사에 따르면 "이번 주 에티오피아항공사의 추돌사고에서는 한 조종사의 비행시간이 겨우 200시간이었는데, 이는 연방 항공국이 일반적으로 여객기를 조종하는 항공사에게 요구하는 시간의 17분의 1보다도 적다." "아메리칸 에어라인의 기장이자 해당 항공사의 조종사노조 대변인인 데니스 테이저Dennis Tajer는 보잉과 에어버스가 항공사에 자신들의 비행기가 훈련이 덜 된 조종사도 몰 수 있다는 식으로 홍보함으로써 자동화에 대한 이런 식의 의존을 조장했다고 말했다. '우리는 경험이 부족하고 어쩌면 등급도 낮은 조종사를 수용하려는 항공기의 음험한 마케팅을 꾸준히 지켜보았다,' 고 그는 말했다." 그의 말에는 숙련된 전문직의 분노가 실려있지만, 당연히 돈을 절약하려고 하는 항공사의 입장에서 그가 언급한 탈숙련화는 일시적인 버그가 아니라 보편적인 특징이다.

10 〈워싱턴 포스트〉의 보도에 따르면 국회교통위원회 의장 피터 드파지오Peter A. DeFazio

국회의원(민주당, 오리건)은 보잉의 내부소통은 "직원들이 내부적으로 경고를 보내고 있는데도, 규제기관과 비행승무원, 비행기에 탑승하는 대중의 조사를 피하기 위해 보잉이 기꺼이 두려는 무리수를 대단히 불안해하며 묘사한다"고 말했다. https://www. washingtonpost.com/local/trafficandcommuting/internal-boeing-documents-show -employees-discussing-efforts-to-mani/2020/01/09/83a0c6ec-334f-11ea-91fd- 82d4e04a3fac_story.html.

11 자율주행 우버가 2018년 3월 애리조나주 템페에서 보행자를 치어 숨지게 하자 연방 교통안전 위원회는 20개월에 걸친 조사에 착수했고 그 결과 우버의 자율주행 시스템은 횡단보도 밖에서 길을 건너는 보행자를 인지하도록 프로그램되어 있지 않음이 드러났다. 그렇게 하려면 공학적인 도전과제가 더 어려워지고, 이 과제를 풀려면 시간이 든다. 하지만 최대한 빨리 독점을 선점해서 경쟁자의 기를 꺾어놓는 게 목적인 우버의 '플랫폼' 또는 '네트워크 효과'의 경제학을 감안하면 최초출시자가 되는 것은 압도적으로 중요한 비즈니스 고려사항이다. 연방 교통안전 위원회의 문서는 다음에서 볼 수 있다. https://dms.ntsb.gov/pubdms/search/hitlist.cfm?docketID=62978 &CFID=2951047&CFTOKEN =433700b0892cd668-640F9CEA-D954-5E42- 4EBD48460CC5D731.

12 Günther Anders, "On Promethean Shame," in Christopher John Müller, *Prometheanism: Technology, Digital Culture and Human Obsolescence* (London: Rowman and Littlefield, 2016), p. 30.

13 Anders, "On Promethean Shame," p. 31.

14 호르크하이머와 아도르노가 1942년 8월 로스앤젤레스에서 개최한 이 세미나에 대한 설명과, 내가 여기서 제시한 인용구는 앤더스를 해석한 크리스토퍼 존 뮐러Christopher John Müller의 에세이에서 가져왔다. "Better than Human: Promethean Shame and the (Trans)humanist Project," in *Prometheanism*, p. 100.

07 민간공학

1 부식에 대한 환상적인(정말이다!) 설명은 다음을 보라. Jonathan Waldman, *Rust: The Longest Wa*r (New York: Simon and Schuster, 2016).

2 나는 32만 킬로미터를 달리는 동안 평균엔진속도 2,500rmp, 평균차량속도 시속 48 킬로미터라고 가정했다.

3 건축술이 수천 년간 실행과 개선을 거듭했으니 이 타이틀을 받아야 한다고 주장할 수

도 있다. 하지만 건축술은 망각에서 자유롭지 않다. 고대 이집트인들이 대피라미드의 어마무시한 돌덩어리를 놓을 때 그 밀리미터 단위의 정확도는 오늘날의 엔지니어들 마저 이해하지 못한다. 로마 아치의 구조적 강점이 유럽에 전달되지 않는 통에 재발 견해야 했다. 가까운 예로, 베란다가 깊고 천정이 높아서 열효율이 좋았던 전쟁 이전 남부식 주택이 20세기에는 폐기된 일을 꼽을 수 있다. 반면에 내연엔진의 발전은 전 적으로 대중이 문해력과 소통능력을 갖춘 시대에 일어났고, 어쩌면 이 때문에 사람을 통해 입에서 입으로 전달되는 도제 전통이 사회적 격변과 함께 쉽게 유실되는 반면, 내연 엔진은 좀 더 일관된 진보성을 갖추게 되었는지 모른다.

4 Sir Harry R. Ricardo, *The High-Speed Internal-Combustion Engine*, 4th ed. (London: Blackie and Son, 1953), p.1.

5 다음을 보라. William Shirer, *The Rise and Fall of the Third Reich*, Chapter 7: "The Nazification of Germany 1933 – 1934."(나는 오디오북을 이용했다) 나치는 노동자 파 업을 막기 위해 1933년 메이데이를 국경일로 선포하고 전에 없는 축하행사를 준비했 다. 노조지도자들은 예상대로 미끼를 물었고, 열정적으로 협력했다. 이들은 베를린행 비행기에 몸을 맡겼고 독일 노동자와 당의 연대를 선언하는 수천 개의 현수막이 걸 렸다. 히틀러는 템플호프 활주로에 모인 10만 명의 군중 앞에서 "노동을 공경하고 노 동자를 존중하라!"는 모토를 외쳤다. 집회를 조직했던 괴벨스는 그날 밤 일기에 "내 일 우리는 노조 건물을 점령할 것이다. 저항은 거의 없을 것이다"라고 적었다. 뉘른베 르크 재판 중에 공개된 문서는 5월 2일에 노동조합을 '조정'하는 계획을 세세하게 담 고 있었다. SS 부대가 노조의 모든 재산을 몰수하고 노조 지도자들은 '보호구치'에 들 어가게 될 것이었다. 이 모든 일이 실제로 벌어졌다. 노조자금이 몰수되었고, 지도자 들이 체포되었으며 일부는 구타당한 뒤 집단수용소로 보내졌다. 히틀러로부터 노조 를 접수해서 독일노동전선을 만들라는 명을 받은 쾰른의 당 간부 로베르트 레이^{Robert} ^{Ley}는 이렇게 선언했다. "노동자들이여! 여러분들의 제도는 우리 국가사회주의자들에 게 성스럽다! 나는 가난한 소작농의 아들이라서 가난을 이해한다. 나는 이름 없는 자 본주의의 착취를 안다. 노동자들이여, 나는 여러분들에게 우리가 존재하는 모든 걸 지킬 뿐만 아니라, 노동자의 보호와 권리를 훨씬 심화할 것이라고 맹세한다." 3주 뒤 단체협약권이 폐지되었고, 이제 모든 노동계약은 히틀러가 지명한 '노동 신탁인'이 정할 것이었다. 그 결과 파업은 불법이었다. 노동자들이 아니라 산업가들을 향한 연 설에서 레이는 "공장의 자연스러운 지도자, 즉 고용인에게 절대적인 지도력을 복원시 켜 주겠다"고 약속했다. 이 정도 수준의 그릇된 행태는 (신실함의 정도가 각양각색인) '사 회주의자들'이 권력을 갖게 되고 그 권력을 당의 핵심 간부에 집중시키게 된 일반적

인 역사적 패턴을 넘어선다.

6 O. G. W. Fersen, "The People's Car," *Autocar*, 1969/05/01 (VW Supplement), reprinted in Bill Fisher, *How to Hot Rod Volkswagen Engines* (New York: HP Books, 1970), pp.4~6.

7 Edward Eves, "Beetle Power," *Autocar*, 1969/05/01 (VW Supplement), reprinted in Fisher, *How to Hot Rod Volkswagen Engines*, pp.1~4.

8 지중해 전체와 북유럽에서 (오늘날의 시리아에 해당하는) 근동에서 개발된 다마스쿠스 강철은 정교하게 연마된 날을 유지하는 능력뿐만 아니라 비범한 가소성(잘게 부서짐에 대한 저항)으로 유명했다. 전설에 따르면 다마스쿠스 강철은 총신을 두 동강 낼 수 있고 날 위에 떨어진 머리칼도 베었다. 이제는 다마스쿠스 강철보다 더 성능이 좋은 합금도 있지만, 다마스쿠스 강철을 재현하려는 시도는 완전히 성공하지 못했다. 2006년 독일 연구자들은 고대 다마스쿠스 검 안에 탄소 나노튜브와 나노와이어가 들어 있음을 발견했다. 강철의 품질을 좌우하는 것들은 다음과 같다. 그 안에 들어있는 특정 불순물(이런 불순물 소량이 핵심이다. 이는 강철의 재료인 특정 광석, 그리고 제련에 필요한 열을 공급하는 데 사용하는 연료의 유형과 함수관계에 있다); 담금질, 정련, 단련 같은 생산과정에서의 열 순환; 심축으로 끌어당기기 같은 다양한 냉간가공 방법들, 그리고 대장장이가 작업 중에 하는 많은 다채로운 요소 중에서도 반용융 상태에서의 접기와 때리기. 이 모든 것들이 금속 안에 존재하는 '입자성장'과 결정구조를 결정한다. 이런 수공업 지식은 언어로는 완전히 설명할 수가 없다. 이 중 일부는 개별 경험이 있어야만 가능한 판단에 좌우되기 때문이다. 가령 열-색상, 그리고 내리쳤을 때 나는 소리를 가지고 금속의 상태를 읽기 같은. 이런 지식은 장인으로부터 도제에게 전수되기 때문에 1750년경 다마스쿠스 강철의 사례에서 일어난 것처럼 전수 과정에 문제가 생기면 한 세대 만에 유실된다. 인도는 페르시아와 아라비아를 통해 다마스쿠스 강철 기술의 전신이 되는 기술을 공급했던 것으로 보인다. 하지만 인도의 강철이 산업시대 독일, 일본, 미국 강철의 품질에 근접해서(현대적인 강철의 바람직한 품질은 주로 19세기에 잉글랜드에서 일어난 혁신 때문이다) 다시 한 번 경쟁력을 갖추게 된 것은 21세기나 되어서였다(일각에서는 이 지식이 영국의 식민통치에 의해 의도적으로 금지되었다고 추정한다). 오늘날의 인도 강철에 대한 이 마지막 판단은 지난 10년간 제작 일을 하면서 직접 사용해본 내 경험을 근거로 한 비과학적인 추정이다. 거기에 비하면 1980년대에 내가 구입했던 인도 강철로 된 수공구들은 완전 쓰레기였다. 오픈 엔드 렌치에 별로 대단치 않은 토크를 가하기만 해도 플랫이 벌어지곤 했다. 하지만 지금은 인도에서 공수한, 심축 단련 강철관으로 만들고 있는 롤케이지에 내 목숨을 맡길 준비가 되어 있다.

9 Ricardo, *The High-Speed Internal-Combustion Engine*, p.5.

10 Ricardo, *The High-Speed Internal-Combustion Engine*, p.27.

11 Ricardo, *The High-Speed Internal-Combustion Engine* p.88.

12 더 정확히 말해서 중세에 대한 논쟁술에서 우리가 이용하는 캐리커처와 닮았다. 논쟁술은 우리의 근대적인 자아 이미지를 유지하는 데는 유용하지만, 예컨대 요한 하위징아의 《중세 시대의 몰락The Waning of the Middle Ages》을 근거로 판단했을 때 중세 시대의 삶이 실제로 어떤 모습이었는지를 포착하는 데는 다소 부족하다.

PART 2 모터스포츠와 놀이 정신

01 모터와 전쟁

1 이번 시즌에 포레스트는 타이어와 변속기를 보호하는 실험 차원에서 1,000마력이 아닌 600마력으로 주행하고 있었다.

2 Johan Huizinga, *Homo Ludens: A Study of the Play-Element in Culture* (New York: Roy Publishers, 1950), p.63.

3 Huizinga, *Homo Ludens*, p.50.

4 선수들이 서로 겨루면서도 선수로서 서로를 인정하기도 하는 그런 집단이 등장하고 있다. 경기는 모두를 위한 것이 아니고, 원은 닫혀 있다. 그러므로 놀이공동체는 주변 사회로부터 의심을 받게 된다. 쟤네는 자기가 우리보다 더 낫다고 생각하는 거야? 그리고 쟤네 클럽하우스 안에서는 정확히 무슨 일이 벌어지는 거야? 이런 결사들은 사회를 교란하는 잠재력을 가진 것처럼 보인다. 그리고 실제로 정치사를 보면 그런 일이 드물지 않았다. 그러므로 예컨대 트라야누스 황제는 정치성을 띨지 모른다는 우려에서 동로마 제국의 소방관들이 조직을 갖추는 것을 금지했다. 명백하게 효용이 있는 일이었는데도 말이다. 화재에 맞서 싸운다는 사실이 소방관들에게는 자랑스러움이다. 이 문제를 알아차린 토머스 홉스는 리바이어던을 "자랑스러운 자들의 왕"이라고 불렀다. 국가가 권력 독점을 확립하고 유지하려면(경쟁의 정신과 남성적인 놀이를 순화하는) 도덕적 재교육 프로젝트를 실시해야 한다는 의미에서 말이다. 나의 박사학위 논문은 고대세계에서 나타난 이 현상을 탐구했다. 특히 다음 장을 보라. "Life in the Greek Cities Under Roman Rule" in Matthew B. Crawford, *Eros Under a New Sky:*

Greek Reassessments of Politics, Philosophy and Sexuality in Light of Roman Hegemony
(Ph.D. diss., University of Chicago Department of Political Science, 2000).

5 하위징아는 고대 중국의 의례용 노래들을 복원한 마르셀 그라넷Marcel Granet의 인류학 연구결과를 전한다. "고대 중국에서의 거의 모든 행위가 의식 절차상의 경합 형태였다. 강 건너기, 산 넘기, 나무 자르기, 꽃 꺾기 등등." 그라넷은 이렇게 적었다. "남성들의 어울림 또는 형제애를 활성화하고 겨울 축제 기간에 진행되는 춤과 노래 토너먼트에서 서로 대결하게 만드는 경쟁의 정신은 국가의 형태와 제도로 귀결된 발전의 경향이 태동할 때 등장한다. Huizinga, *Homo Ludens*, p.55에서 인용된 Marcel Granet, *Civilization*.

6 외적인 현실을 상징하는 아버지는 위협으로 느껴진다. 어머니와 아이 사이에 있는 안락한 사랑의 공간을 위협하는 존재로. 아버지는 보편적인 요구와 공동의 규범이 모이는 장소인 초자아의 전달자다. (하워드 S. 슈워츠Howard S. Schwartz의 해설을 거친) 프로이트의 설명에 따르면 "아버지의 일은 아이들에게 무심한 타자가 그들에게 어떤 이미지를 가지고 있는지를 전달하는 것이다." 다음을 보라. *The Revolt of the Primitive: On the Origins of Political Correctness* (New York: Routledge, 2017).

7 Huizinga, *Homo Ludens*, p.48.

8 Winston Churchill, *My Early Life: 1874–1904* (New York, Touchstone, 1996), p.64.

9 이 단락의 출처는 아래와 같다. "Ace for the Ages: World War I Fighter Pilot Manfred von Richthofen," HistoryNet, https://www.historynet.com/red-baron-world-war-i-ace-fighter-pilot-manfred-von-richthofen.htm. 리히트호펜 자신의 설명은 다음도 보라. "The Red Air Fighter," in Jon E. Lewis, ed., *Fighter Pilots: Eyewitness Accounts of Air Combat from the Red Baron to Today's Top Guns* (New York: MJF Books, 2002), pp.37~59.

10 "Ace for the Ages."

11 배타적인 경합으로서의 전쟁은 적수의 인간성을 전제한다. 그리고 역으로, 역설적이게도 포괄적인 '인간성' 개념, 그리고 거기에 상응하는 일반적인 인권 원칙(가령 제네바 협약 같은)은 전쟁에서 인도적인 제한을 보장하는 데 신통찮은 실력을 보였다. 오히려 인도주의 원칙에 의해 촉발된 전쟁은 잔혹성을 더 띠는 듯하다. 적수는 단순한 정적이 아니라 인류의 적으로 이해되어야 하고, 거기에 맞는 취급을 받아야 한다. 두 도시의 인구를 불태워버리기 위해 핵무기를 사용한 과거가 있는 미국은 최근에는 결혼식에 참석한 사람들을 공격하기 위해 스크린 뒤에서 조종하는 무인 드론을 사용한다. 인권이라는 고매한 개념에는 사람들이 잘 알아차리지 못하는 어두운 면이 있다. 그

것은 무차별적이기 때문에 '전면전'이라는 개념과 감탄스러울 정도로 잘 맞아떨어지는 듯하다는 점이다. 그것은 '우리'와 '그들' 사이를 게임처럼 정치적으로 구분하는 것을 허락하지 않고(이런 구분은 우리의 보편적인 원칙을 모욕한다) 대신 선과 악, 계몽된 자와 뒤떨어진 자들의 도덕적인 구분으로 대체하며, 이는 모든 갈등을 '인류'를 위한 성전으로 몰아간다. 이는 카를 슈미트가 자신의 책 *The Concept of the Political* (Chicago: University of Chicago Press, 1996)에서 자유주의에 대해 했던 비판 중 하나다.

12 나흘 뒤 이 문장은 손질되어 처칠의 하원 연설에서 수사학적 장식으로 사용된다. 문장을 바꾼 과정에 대한 이야기가 흥미롭다. 처칠과 함께 공군 벙커에 동행했던 바로 그 장군인 헤이스팅스 "퍼그" 이즈메이는 그 행사 직후 자신과 처칠이 같은 자동차에 탔고 처칠이 그 연설 내용을 다시 복기하다가 지금 유명해진 그 문장이 나왔을 때, 이즈메이가 끼어들며 "예수님과 그 사도들은요?"하고 물었다고 1954년에 말했다. 그러자 처칠이 "정말 훌륭한 퍼그로군"이라면서 그 자리에서 "인간의 갈등 현장에서 이렇게 많은 사람이 이렇게 적은 사람에게 이렇게 많은 빚을 진 적이 없었다"로 바꿨다. "Never Was So Much Owed by So Many to So Few," Wikipedia, https://en.wikipedia.org/wiki/Never_was_so_much_owed_by_so_many_to_so_few.

13 영국 공군 자원봉사자 예비군이 1936년에 창설되면서 영국 공군이 잠재적인 후보자를 선발하는 과정이 모든 사회 계급 출신의 남성들에게 열렸다. 이는 "젊은 남성들이 (…) 계급 구분에 관계없이 (…) 지원할 수 있도록 설계되었다." 그러므로 다음을 보라. John Terraine, *The Right of the Line: The Royal Air Force in the European War, 1939–45* (London: Hodder & Stroughton, 1985), pp.44~45.

03 두 개의 더비, 하나의 스크램블

1 Marilyn Simon, "#NotMe: On Harassment, Empowerment, and Feminine Virtue," *Quillette*, 2019/04/04.

2 노동 계급 가정에서 자란 좌파 성향의 딸인 섹스턴(그녀는 〈네이션〉의 편집자로 오래 일했다)은 갈수록 모든 사람을 사무직 노동으로, 사무실의 상냥한 규범으로 몰아넣는 데 전념하는 교육 환경에서 일어나는 남성의 여성화에 대한 우려를 표출했다.

04 사막에 핀 민주주의-칼리엔테 250

1 이 중 많은 것들이 "연방 정부를 형태 면에서 그대로 보여주었다. 지역지부들은 주

차원의 모임에 보낼 대표를 선발했고, 주 차원의 모임에서는 전국 집회에 사절단을 보냈다. (…) 임원들은 입법의회를 책임졌다. 독립적인 사법기관들은 이 두 주체가 규칙을 준수하도록 확인하는 역할을 했다." Yoni Appelbaum, "Americans Aren't Practicing Democracy Anymore," *Atlantic*, 2018/10, https://www.theatlantic.com/magazine/archive/2018/10/losing-the-democratic-habit/568336/.

2 같은 책에서 톰슨은 1960년대 중반에 베이에어리어에서 거주했던 중요한 기억은 필모어를 나서던 밤들에 대한 것이라고 말한다. "반쯤 미쳐서, 그리고 집에 가는 대신 L. L. Bean 반바지와 뷰트 양치기 재킷 차림으로 커다란 650 라이트닝 오토바이를 시속 100마일로 몰면서, 베이브리지 건너편을 향했다. (…) (너무 꼬여 있어서 변화의 기회를 더듬더듬 찾는 동안 마음을 가라앉히기가 불가능한 톨게이트에서 항상 지체된다) (…) 하지만 내가 어디를 가든 사람들이 나만큼이나 취해 있고 거친 장소에 이르게 될 것이라는 절대적인 확신을 가지고서. 그 점에 대해서는 절대 의심하지 않는다. (…) 어떤 방향이든, 어떤 시간이든 광기가 있었다. (…) 우리가 무슨 일을 하든 옳고, 승리하리라는 끝내주는 보편적 감각이 있었다. (…) 그리고 나는 그것이 실마리였다고 생각한다. 낡고 사악한 힘에 대한 불가피한 승리의 감각이라고. (…)" 지금처럼 당시에는 세대 중심의 문화전쟁에서 이긴다는 의기양양한 감각(그것의 불가피함)을 공유하는 사람들은 어떤 종류의 저널리즘을 공인하는 데 이 감각을 이용했다. 핵심은 사회현실을 포착하는 것이라기보다는 진보의 서사를 만들어내는 것이기 때문이다.

톰슨은 톰 울프와 한 묶음으로 자주 엮이곤 한다. 두 인물 모두 뉴저널리즘의 선구자이기 때문이다. 울프 역시 핵심 관심사는 문화적 반란이 아니라 특히 인간 사이에서 숱한 형태를 취하는 지위의 역할이었다. 하지만 여기에는 세상에 낯선 것, 밖에서 데리고 들어오거나 그것을 중심으로 피벗을 결집할 필요가 있는 무언가에 대한 의식이 전혀 없었다. 그리고 그것은 어째서 울프의 글을 읽을 때면 있는 그대로의 세상에 대해 뭔가를 배우고 있다는 느낌이 드는지를 설명하는 데 도움이 될지 모른다.

톰슨의 미덕은 놀이 정신이다(교통경찰을 상대하는 방법에 대한 그의 경이로울 정도로 경솔한 지침은 값을 매길 수가 없을 정도다). 그는 자신의 놀이 정신이 세대차 의제를 짓밟도록 내버려둔다. 또한 그에게는 쇠락 또는 역사적 비극(당신이 더 좋아하는 말이라면 향수)에 대한 감각도 있다. 위에서 인용한 단락 직후에 그는 자신이 이상화한 1960년대의 베이에어리어를 "최종적으로 부서지고 뒤로 물러난" 물결이 남긴 "홍수의 흔적"이라고 일컫는다. 이는 불가피함과 승리에 대한 앞선 말들을 아이러니하게 다시 불러내고, 이 말들은 이제 청춘에 절박하게 매달리는 한 남자의, 청춘의 마음가짐에 대한 논평으로 읽힌다.

02 난폭운전에 대하여 - 규칙, 합리성, 권위의 풍미

1 Andy Medici, "The District Raked in a Record $199M in Fines Last Year. It's Almost All from Traffic," *Washington Business Journal*, 2017/01/06, https://www. bizjournals.com/washington/news/2017/01/06/the-district-raked-in-a-record-199m-in-fines-last.html.

2 "텍사스 A&M 교통연구소가 다른 연구의 도움을 받아서 10년간 진행한 연구에 따르면 노란불의 지속시간이 0.5초 늘어나면 사고가 25퍼센트까지, 그리고 신호위반은 40퍼센트까지 줄어들었다." David Kidwell, "Experts: Chicago's Short Yellow Light Times, Red Light Cameras a Risky Mix," *Chicago Tribune*, 2014/12/23, https:// www.chicagotribune.com/investigations/ct-yellow-light-timing-met-20141223-story.html.

3 "이 연구에서는 비교를 위해 카메라가 전혀 없는 유사한 교차로의 통제집단을 포함시키기도 했다. 데이터가 모인 뒤 학계의 연구자들은 복잡한 수식을 응용해서 추돌사고율에 변화를 줄 수도 있는 일체의 요인들을 제거했다. 그리고 난 뒤 그 이전 기간의 추돌사고율과 카메라 설치 이후의 추돌사고율을 비교했다. 연구결과는 대체로 미국 전역의 다른 소규모 프로그램에서 진행된 연구결과와 일치했다. 전반적으로 부상과 관련된 위험한 T자형 추돌사고는 15퍼센트 줄어들었던 반면, 부상을 유발하는 추방 추돌사고는 22퍼센트 증가했다.

하지만 더 중요한 건 이 연구가 카메라가 설치되기 전 T자형 추돌사고가 연간 4건 이하였던 교차로에서는 카메라를 설치한다 해도 사고가 줄지 않았다고 결론을 내린 것이다. 그리고 안전에 도움이 되지 않는다는 것은 후방추돌사고가 늘어나면서 이런 교차로가 시카고 운전자들에게 더 위험한 장소가 되었다는 뜻일 수 있다. 〈시카고 트리뷴〉은 시카고 전역에서 카메라가 장착된 교차로 중 이 기준에 부합하는 장소 73곳을 찾아냈다. 이 카메라들은 프로그램이 시작된 후 1억 7,000만 달러 이상의 교통범칙금을 시카고시에 벌어다주었다." David Kidwell and Abraham Epton, "Red Light Verdict Casts Harsh Light on Rationale for Cameras," *Chicago Tribune*, 2016/01/30, http://www.chicagotribune.com/news/watchdog/redlight/ct-chicago-red-light-cameras-met-0131-20160129-story.html.

4 David Kidwell, "Red Light Camera Trial Offers Rare Insight into City Hall

Intrigue," *Chicago Tribune*, 2016/01/22, https://www.chicagotribune.com/investigations/ct-red-light-camera-trial-0124-20160122-story.html.

5 워싱턴DC 정책연구소 대표 예심 테일러Yeshim Taylor는 이렇게 말했다. "자동화된 교통단속 세수가 줄어들 경우 우리는 확대된 세금 포트폴리오를 통해서 만회할 수 있다. 하지만 고액 징수는 우리를 세수에서 헤어나지 못하게 만들고, 안전을 고려해 시스템을 바꾸는 일을 믿을 수 없을 정도로 힘들게 한다." Andy Medici, "These D.C. Speed, Red Light Cameras Generate the Most Revenue," *Washington Business Journal*, 2017/04/10, https://www.bizjournals.com/washington/news/2017/04/10/these-d-c-speed-red-light-cameras-generate-the.html.

6 이 내용의 출처는 다음 기사에 실린 워싱턴 DC 최고재정담당관이다. Andy Medici, "Here's How Much the District Plans to Collect in Traffic Fines over the Next Five Years," *Washington Business Journal*, 2017/03/09, https://www.bizjournals.com/washington/news/2017/03/09/here-s-how-much-the-district-plans-to-collect-in.html.

7 "Lane Width," Federal Highway Administration, U.S. Department of Transportation, https://safety.fhwa.dot.gov/geometric/pubs/mitigationstrategies/chapter3/3_lanewidth.cfm.

8 Matt Labash,"The Safety Myth," *Weekly Standard*, 2002/04/02, http://www.weeklystandard.com/the-safety-myth/article/2375.

9 갈등을 통해 번창하는 다른 제도행위자들과 법 집행 사이에도 유사점이 있다. 정치적 올바름은 관료집단이 과거에는 자율적이었던 영역으로 자신들의 범위를 확장하기 위한 수단이 되었다고 볼 수 있다. 한때는 사람들이 알아서 일을 해결했던 영역으로 말이다. 운동가들은 발언에 대해 불합리한 행위와 금기의 규칙들을 요구하고, 여기에 부합하지 못한 예측 가능한 실패는 갈등을 유발하며, 이는 다시 대학과 기업의 행정가들이 새로운 주도권을 행사할 기회가 된다. 미셸 푸코는 이런 부류를 "도덕적 정형외과학의 2류 공무원"이라고 불렀다. 가령 하버드대학교에는 직원 가운데 타이틀 나인(교육기관 내 성차별금지법) 관리인을 50명 이상 두고 있다. 그 근거로는 보통 트라우마로부터의 안전이 제시된다. 기계화된 교통단속의 경우처럼 이런 사회기구는 사람들을 취약한 상태인 아이로 취급하고, 이 세상을 규제가 필요한 위험요소가 가득한 곳으로 간주해야 한다. 더 비슷한 부분은 시스템이 많은 추돌사고를 스스로 야기하기 때문에 더 많은 개입 역시 요구한다는 점이다. 우리의 사회적 앰버타임은 제로에 다가가고 있다.

10 하원의 정부 감시 개혁 위원회 전임의장인 제이슨 샤페츠^{Jason Chaffetz}는 《더 딥 스테 이트^{The Deep State}》라는 자신의 책에서 공항 안전국의 부조리함을 상세하게 파헤친다. 오늘날 미국에서 의회의 역할은 유권자의 관심을 문화 전쟁으로 돌려놓고, 행정부(고 객)에 대한 예산감시권을 이용해 판매자로부터 선거운동 기부금의 형태로 중개수수 료를 챙기는 식으로, 주로 기업의 거래를 중개하는 일인 듯하다. 그러는 동안 문화 정 책의 저변에 깔린 중요한 정치 논쟁은 법원에 의해, 그리고 행정부 법령에 의해 다른 곳에서 정리된다.

11 클레어 벌린스키^{Claire Berlinski}는 2019년 1월, "경찰에 따르면 시위대들 가운데 지금까 지 1,700명이, 법집행관 가운데서는 1,000명이 심각한 부상을 당했다"고 밝혔다.

12 〈뉴스위크〉 안에 실린 CNN 보도를 인용했다. Brendan Cole, "Yellow Vest Protesters Vandalized or Destroyed 60 Percent of France's Speed-Camera Network," *Newsweek*, 2019/01/11, https://www.newsweek.com/yellow-vest-protesters-have-vandalized-or-destroyed-60-frances-entire-speed-1287832 (강조는 저자가 추가한 것 이다).

13 Matt Labash, "Getting Rear-Ended by the Law," *Weekly Standard*, 2002/04/03, https://www.washingtonexaminer.com/weekly-standard/getting-rear-ended-by-the-law.

14 NHTSA, "Traffic Safety Facts, 2016 Data: Speeding," p.1, https:// crashstats.nhtsa. dot.gov/Api/Public/ViewPublication/812480.

15 이런 관련 요인들 사이의 상호작용을 파악하려면 맞춤 설계된 회귀가 들어간 데이터 를 구해야 할 것이다. 가령 분명 과속과 차선 위반은 서로 상관관계가 있을 것이다. 장하게도 전국고속도로 교통안전국은 이런 목적으로 사용할 수 있는 데이터를 만든 다. 그게 어떤 가치가 있든 간에(다시 한 번 출처에 대해 고민하라), 〈카 앤드 드라이버〉 는 2007년 전국 고속도로 교통안전국 자료에 따르면 치명적인 충돌사고 가운데 과속 이 "유일한 관련요인"인 경우는 3.1퍼센트뿐이라고 보도했다.

16 Labash, "The Safety Myth."

17 Bennhold, "Impose a Speed Limit on the Autobahn?"

18 Max Smith, "Going 11 Miles over the Speed Limit in Va. May No Longer Land You in Jail," WTOP, 2016/02/13, http://wtop.com/dc-transit/2016/02/going-11-mph-speed-limit-va-may-no-longer-land-jail/.

03 통행관리 - 세 가지 합리성의 경쟁

1 도시 간 비교는 방법론적으로 까다롭다는 단서가 붙긴 했지만 어반 모빌리티 인덱스 Urban Mobility Index 에 따르면 로마는 (가장 혼잡이 심할 때의 통행 흐름을 원활한 시간대와 비교하는) 혼잡지수가 4.6으로, 통행량이 많을 때 100킬로미터를 이동하려면 원활한 시간대보다 30분이 더 걸리고, 도로 혼잡률은 10.95퍼센트다. 참고로 신호위반 카메라와 과속단속 카메라가 널리 사용되는 워싱턴 DC는 혼잡지수가 5.9이고, 통행량이 많을 때 100킬로미터 이동에 37분이 더 걸리며, 도로 혼잡률은 15.47퍼센트다. https://urbanmobilityindex.here.com.

2 가령 교통 사망자 수를 단순하게 셈해서 한 나라의 차량 숫자로 나눌 경우, 한 가구에 여러 대의 자동차가 있는 나라에 비해 가난한 나라에서는 자동차를 더 밀도 있게 사용한다는 사실을 반영하지 못한다. 또한 세계보건기구 사망률에서 일부 차이는 분명 트라우마 관리의 이용 가능성과 질, 자동차 유지 관행, 도로 조건의 차이 때문일 수도 있다. https://www.who.int/violence_injury_prevention/road_safety_status/2018/en/.

3 프로이트는 이렇게 썼다. "문명이 본능의 억압 위에 들어섰다는 사실, 그리고 강력한 본능의 불만족(억압, 진압, 그 외 여러 수단에 의해)을 아주 정확하게 전제하고 있다는 사실을 간과하기는 불가능하다. 이런 '문화적 좌절감'이 인류의 사회적 관계라는 거대한 분야를 지배한다. 알다시피 이는 모든 문명이 맞서 싸워야 하는 적개심의 근원이다." *Civilization and Its Discontents*, trans and ed. James Strachey (New York: Norton, 1962), p.44.

4 텍사스대학교 연구자들은 자신들의 생각을 영상으로 제시한다. https://www.youtube.com/watch?v=4pbAI40dK0A&t=58s.

5 John R. Quain, "Cars Will Have to Get Faster, on the Inside," New York Times, 2018/08/17, p.B5. "Self-driving cars will generate 4 terabytes of data per hour." 연구용 자율주행차에 컴퓨터 칩을 납품하는 한 공급 업체의 수석책임자는 이렇게 말한다. "그들은 우리에게 300테라플롭스의 컴퓨터 능력이 필요하다고 생각한다." Quain은 이렇게 말한다. "1테라플롭스는 1초에 1조 개의 연산을 처리하는 능력인데, 이는 모든 차량이 바퀴 달린 슈퍼컴퓨터일 것이라는 뜻이다."

6 Michel de Certeau, *The Practice of Everyday Life* (Berkeley: University of California Press, 2011), p.93. 레베카 솔닛의 책 《Wanderlust》(한국어판, 《걷기의 인문학》) (New York: Penguin, 2001), p.213에 실린 드 세르토의 표현에 대한 솔닛의 논의 역시 보라. 이 참고자료들을 알려주고 걷기에 대한 많은 흥미로운 대화를 나눠준 가넷 카도건에게 감사의 말을 전한다.

04 운전자의 분노

1 Jack Katz, "Pissed Off in L.A.," in *How Emotions Work* (1999); reprinted in *The Urban Ethnography Reader,* ed. Mitchel Duneier, Philip Kasinitz and Alexandra K. Murphy (New York: Oxford University Press, 2014), pp.215~216.

2 Katz, "Pissed Off in L.A.," p.220.

3 Katz, "Pissed Off in L.A.," pp.220~222.

4 Katz, "Pissed Off in L.A.," p.223.

5 이 연구를 개괄하는 훌륭한 리뷰논문으로 Hazel Rose Markus and Shinobu Kitayama, "Culture and the Self: Implications for Cognition, Emotion, and Motivation," *Psychological Review* 98 no. 2 (1991), pp.224~253이 있다.

6 카츠는 이성과 감정이 완전히 별개라는 생각을 정당하게 거부한다. 감정은 "전에는 조용히 개입되었던 전념을 (…) 몸을 매개로" 의식 위로 끌어올린다("Pissed Off in L.A.," p.227). 하지만 그는 "이런 자기반영은 사고의 형태를 취하지 않는다"는 주장을 이어 간다. 그는 그것이 감각적이고 미학적이며, "담론적 이성의 형태가 아니라, 일종의 살아 있는 시를 통해" 완성된다고 말한다. 나는 이 마지막 말이 별로 맞는 말 같지가 않다. 분노는 정확하게 담론적 성격을 갖는다. 우리는 우리 자신을 누군가에게 말로 풀어낸다. 상대방은 그 자리에 없거나 그저 상상의 산물일 때도 많다. 하지만 분노는 발언권을 갖기를, 누군가에게 전달되기를 바란다. 플라톤의 소크라테스에게 있어서 서모스thumos(영혼 가운데 활발한 부분, 분노에 취약한 부분)는 영혼 가운데 이성적인 부분과 자연스러운 동지다. 다시 말해서 분노는 사고를 왜곡할 수 있지만 사고에서 비롯되고 사고를 자극하기도 한다.

7 Andy Clark, *Surfing Uncertainty: Prediction, Action and the Embodied Mind* (New York: Oxford University Press, 2014).

8 클라크의 이런 제안은 "'거울 뉴런'과 (좀 더 일반적으로) '거울 시스템'의 발전과 전개에 진화적인 근거를 제시한다. 신경자원들은 행위의 수행 그리고 다른 사람에 의해 수행된 '동일한' 행위의 관찰에 있어서 이 양자를 결부시켰다." Clark, *Surfing Uncertainty*, pp.139~140.

9 Clark, *Surfing Uncertainty*, p.285.

10 Clark, *Surfing Uncertainty*, p.73.

11 이 마지막 말은 M. Columbo, "Explaining Social Norm Compliance: A Plea for Neural Representations," *Phenomenology and the Cognitive Sciences* 13, no. 2 (2014/06)를 인용한 클라크의 말(*Surfing Uncertainty*, p.286)에서 내가 추론한 것이다.

12 Robert D. Putnam, "E Pluribus Unum: Diversity and Community in the Twenty-first Century, The 2006 Johan Skytte Prize Lecture," Nordic Political Science Association (Oxford, UK: Blackwell Publishing, 2007), accessed at https://drive.google.com/file/d/1FvFN8ACY6taivkcbzDGgYy1-EPb1kbbQ/view.

13 내가 세계보건기구에서 데이터를 발견할 수 있었던 마지막 해인 2016년에 독일의 모터차량 10만 대당 도로사고 치명률은 6.8이었다. 지중해 동부 국가의 수치를 합하면 139로, 독일보다 20배 더 많다. 아프리카 국가의 수치를 합하면 574로 84배 더 많다. https://www.who.int/violence_injury_prevention/road_safety_status/2018/en/.
더 나은 척도는 차량의 주행거리당 치명자 수이지만 이 수치는 대부분의 나라에서 구할 수가 없다. 아마 각각의 차량은 한 세대에 여러 대의 차가 있는 나라에서보다는 가난한 나라에서 더 집약적으로 사용될 것이다. 또한 세계보건기구가 보유한 치명률 자료의 차이는 부분적으로 트라우마 관리의 이용 가능성과 품질, 차량 유지와 도로 유지의 차이에서 기여하는 것이 틀림없다. 하지만 모든 차이가 그 때문은 아니다.

14 Bernhard Rieger, *The People's Car: A Global History of the Volkswagen Beetle* (Cambridge, MA: Harvard University Press, 2013), p.53.

PART 4 새 주인을 맞이하라

01 구글의 거리 뷰

1 Alistair Jamieson, "Google Will Carry On with Camera Cars Despite Privacy Complaints over Street Views," *Telegraph*, 2009/04/09 (〈타임스〉 인터뷰를 보도한다), https://www.telegraph.co.uk/technology/google/5130068/Google-will-carry-on-with-camera-cars-despite-privacy-complaints-over-street-views.html.

2 Shoshanna Zuboff, *The Age of Surveillance Capitalism: The Fight for a Human Future at the New Frontier of Power* (New York: Public Affairs, 2018), p.44.

3 Zuboff, *Age of Surveillance Capitalism*, p.48.

4 Zuboff, *Age of Surveillance Capitalism*, pp.146~150.

5 James C. Scott, *Seeing Like a State* (New Haven: Yale University Press, 1998), p.53.

6 스콧은 (외부자들에게) 이런 식의 방어적인 역할을 하는 지리적 판독 불가능함의 역사

적 사례를 몇 가지 제시한다. 카스바Casbah는 알제리에서 프랑스인을 상대로 한 저항의 요새 역할을 했고 이란에서는 시장통에서 형성된 정치적 공간에서부터 샤의 통치에 대한 도전이 촉발되었다. 아파르트헤이트 치하의 남아프리카공화국 흑인 거주 지역은 해독이 불가능해서 통치를 할 수 없었던 구역의 또 다른 사례를 제공한다. 파리의 경우, 18세기와 19세기에 봉기가 시작된 곳은 가장 오래되고 가장 혼란스러운 지구quartiers에서였다. 19세기 2사분기와 1830년과 1848년의 전면적인 혁명에서 바리케이트가 아홉 번 세워졌다. 루이 나폴레옹이 1851년에 쿠데타로 권력을 장악했을 때 센의 도지사인 오스만 남작에게 파리를 완전히 재구성할 권력을 쥐여주었고, 이를 위해서는 스콧의 말에 따르면 "총체의 종합적인 파악"을 가능하게 할, 대대적인 철거가 필요했다. 그리고 여기에는 여러 가지 이유가 있었다. 도시를 더 통치 가능하고, 건강하고, 제국권력의 위상에 맞춰 위풍당당하게 만든다는 것이었다. 폭동을 주도했던 외곽 지역은 1860년 파리에 통합되었다. 오스만은 이 지역을 "20개의 다양한 행정기관에 양도되고, 마구잡이로 지어졌으며, 협소하고 구불구불한 공공 도로와 골목과 막다른 길로 이루어진 거미줄 같은 네트워크로 뒤덮이고, 유목을 하며 방랑하는 인구집단이 (…) 아무런 실효성 있는 감시를 받지 않는 상대로 문란하게 증가하는, 교외의 밀도 높은 벨트"라고 묘사했다.

7 "미국에 있는 모든 도로를, 모든 정지신호와 모든 차선 표시선과 모든 진출램프 구간과 모든 신호등의 정확한 위치를 담아서 보여주는 지도를 어떻게 만들 것인가? 그리고 공사와 사고 현장 부근의 통행량이 바뀔 때 어떻게 이를 실시간으로 업데이트할 것인가? (…) '우리가 자율주행차를 모든 곳에서 가동하고자 한다면 모든 곳을 나타내는 디지털지도가 있어야 한다'고 자동차용 고급 시각 시스템을 만드는 이스라엘 회사인 모빌아이Mobileye의 최고기술자 암논 샤슈아Amnon Shashua가 말했다." Neal E. Boudette, "Building a Road Map for the Self-Driving Car," *New York Times*, 2017/03/02.

8 Jody Rosen, "The Knowledge, London's Legendary Taxi-Driver Test, Puts Up a Fight in the Age of GPS," *New York Times Style Magazine*, 2014/11/10, https://www.nytimes.com/2014/11/10/t-magazine/london-taxi-test-knowledge.html.

9 숱한 논평과 보도에서 자율주행차, 전기차, 승차공유 서비스 같은 몇 가지 무관한 사항들이 뒤죽박죽으로 섞인다. 나는 이런 혼란이 의도적으로 만들어졌다고 생각한다. 이는 사실 노동중개가 핵심 비즈니스인 승차공유 기업에 테크놀로지 진보라는 광채를 입혀주기 때문이다. 이들의 혁신은 이런 목적을 위해 GPS의 탈숙련 효과를 이용한다는 데 그친다. 이들은 한 도시 내 거주 기간이라는 차이를 가로질러 노동중

개를 실행한다. 거주 기간은 GPS에 의지하지 않고 독립적으로 보유한 지식의 습득에 비례한다. 대규모 이주가 꾸준히 지속되면 이 노동중개를 실행할 수 있는 (사적인 지식의) 격차가 사라지지 않고 계속 잔류한다. 다음을 보라. Horan, "Uber's Path of Destruction," pp.109~110.

10 Zuboff, *Age of Surveillance Capitalism*, p.152.

02 영예롭고 충돌 없는 삶의 방식

1 여기서 나는 "삼단논법에 의한 통치"를 고집하는 홉스의 괴팍함을 분석한, 토머스 슈록Thomas S. Schrock의 미발표 원고에 의지한다. 한 가지 결과는 그로 인해 통치권자가 관습이 보장하는 손쉽고 습관적인 법 준수를 탕진하는 것이다. "우리가 관습법을 따르는 것은 두려워서가 아니라 그것이 우리와 함께 여기에, 우리 자신의 일부로서 있기 때문이다." 반면 삼단논법에 의한 통치는 무거운 치안 업무를 요구한다.

2 '머신러닝'에서는 한 동물의 뇌에 있는 발사한다/발사하지 않는다 시냅스 연결을 시뮬레이션하는 깊은 층위의 '신경망'에 다양한 변수가 공급된다. 대대적으로 반복되는 (그리고 일부 버전에서는 감시가 전혀 없는) 훈련체계에서 방대한 양의 데이터가 사용된다. 층위 내, 그리고 층위들 사이에 있는 논리 결절점 간의 연결 강도는 신경 통로처럼 가소성이 크기 때문에 머신은 시행착오를 통해 배우게 되고 이 세상의 지식과 닮은 무언가에 도달한다. 즉 그것은 이 세상의 규칙성에 해당하는 연상들을 형성한다. 인간의 경우처럼 이런 해당 관계는 불완전하다. 인간은 자신의 추론을 설명할 수 있다는 점에서 차이가 있다. 물론 인간은 때로 스스로를 기만하고 그릇된 합리화를 하곤 한다. 하지만 이런 것들은 반론에 열려 있으며, 따라서 민주주의 정치의 재료다.

3 Timothy Williams, "In High-Tech Cities, No More Potholes, but What About Privacy?" *New York Times*, 2019/01/01, https://www.nytimes.com/2019/01/01/us/kansas-city-smart-technology.html.

03 구글이 자동차를 만든다면

1 "운전자들이 깨닫지 못한다 해도, 미국의 자동차 수천만 대가 감시당하고 있다. (…) 전문가들은 이렇게 말한다. 그리고 이 수는 새로운 차량이 리스 또는 판매될 때마다 늘어난다. 그 결과 자동차 제조업체들은 귀한 개인정보의 막강한 수도꼭지를 장악하고, 자동차를 이동 보조 기계에서 우리 개인의 습관과 행동을 스마트폰보다 훨

썬 더 투명하게 내보이는 바퀴 달린 정교한 컴퓨터로 만들고 있다. 그리고 이 데이터의 원래 소유자들은 이를 알지 못할 때가 많다." Peter Holley, "Big Brother on Wheels: Why Your Car Company May Know More About You Than Your Spouse," *Washington Post*, 2018/01/15, https://www.washingtonpost.com/news/innovations/wp/2018/01/15/big-brother-on-wheels-why-your-car-company-may-know-more-about-you-than-your-spouse/.

2 Zuboff, *Age of Surveillance Capitalism*, p.245에서 인용된, Arvind Narayanan and Edward W. Felten, "No Silver Bullet: Deidentification Still Doesn't Work," 2014/07/09, Arvind Narayanan – Princeton(개인 웹사이트), http://randomwalker.info/publications /no-silver-bullet-de-identification.pdf.

3 Jennifer Valentino-deVries et al., "Your Apps Know Where You Were Last Night, and They're Not Keeping It Secret," *New York Times*, 2018/12/10, https://www.nytimes.com/interactive/2018/12/10/business/location-data-privacy-apps.html.

4 Zuboff, *Age of Surveillance Capitalism*, p.8(강조는 원저자).

5 Zuboff, *Age of Surveillance Capitalism*, pp.217~218.

6 Zuboff, *Age of Surveillance Capitalism*, p.238.

7 Zuboff, *Age of Surveillance Capitalism*, p.201.

8 Zuboff, *Age of Surveillance Capitalism*, p.240.

9 Zuboff, *Age of Surveillance Capitalism*, p.243에서 인용된, Monte Zweben, "Life-Pattern Marketing: Intercept People in Their Daily Routines," SeeSaw Networks, 2009/03.

10 Dyani Sabin, "The Secret History of 'Pokémon GO,' as Told by Creator John Hanke," *Inverse*, 2017/02/28, https://www.inverse.com/article/28485-pokemon-go-secret-history-google-maps-ingress-john-hanke-updates.

11 다음을 보라. Natasha Dow Schull, *Addiction by Design: Machine Gambling in Las Vegas* (Princeton, NJ: Princeton University Press, 2012), 그리고 나의 책《당신의 머리 밖 세상》에 있는 "자폐증이라는 디자인 원칙" 장.

12 다양한 저널리스트들이 수 페이지에 달하는 포켓몬고의 프라이버시 정책과 데이터 수집 행위를 정말로 읽는 수고를 아끼지 않았고, 이를 통해 포켓몬고가 휴대전화 카메라에 대한 접근 권한만이 아니라 사용자의 연락처를 수집하고 장치에 대한 다른 사항들을 찾아내어, "세세한 장소 기반 사회 그래프"를 산출할 수 있도록 요구한다는 사실을 알게 되었다. Zuboff, *Age of Surveillance Capitalism*, p.317에서 인용된 Joseph

Bernstein, "You Should Probably Check Your Pokémon Go Privacy Settings," *Buzzfeed*, 2016/07/11을 보라.

마치며 – 도로 위의 주권

---

1 나아가 번호판 판독기가 디지털 도로표지판에 설치되어 정부기관들이 공유하는 데이터베이스가 만들어지고 있다. 이를 통해 한 사람의 움직임을 추적해서 그려낼 수 있다. https://www.fbo.gov/index?s=opportunity&mode=form&id=85f3d16be46d2e42 4ba5c07339dde153&tab=core&_cview=0.
처음 시작한 곳은 마약단속국이었지만 지금은 널리 퍼지고 있다. 가령 샌디에이고 경찰서는 번호판 판독기의 데이터를 약 900곳의 연방, 주, 지방기관 들과 공유한다. "Data Sharing Report San Diego Police Department," DocumentCloud, https:// www.documentcloud.org/documents/4952878-Data-Sharing-Report-San-Diego- Police-Department.html.

2 "서곡: 길이 없는 곳"의 각주 10에서 언급한 벨기에의 연구를 떠올려보라. 이 연구에 따르면 자동차 운전자의 10퍼센트가 오토바이로 넘어갈 경우 남아 있는 자동차 운전자들이 교통정체 속에 앉아서 낭비하는 시간이 40퍼센트 줄어든다. 다른 이동수단 대비 오토바이의 도로수용 능력 사용량을 비롯해서, 전 세계 다양한 도시의 교통 흐름 속도에 대한 비교는 다음을 보라. Alain Bertaud, *Order Without Design: How Markets Shape Cities* (Cambridge, MA: MIT Press, 2018), 5장.

운전하는 철학자

초판 1쇄 인쇄일 2022년 3월 10일
초판 1쇄 발행일 2022년 3월 17일

지은이 매슈 크로퍼드
옮긴이 성원

발행인 윤호권, 박헌용
편집 최안나 **디자인** 양혜민
발행처 ㈜시공사 **주소** 서울시 성동구 상원1길 22, 6-8층(우편번호 04779)
대표전화 02-3486-6877 **팩스(주문)** 02-585-1755
홈페이지 www.sigongsa.com / www.sigongjunior.com

글 ⓒ 매슈 크로퍼드, 2022

이 책의 출판권은 (주)시공사에 있습니다. 저작권법에 의해
한국 내에서 보호받는 저작물이므로 무단 전재와 무단 복제를 금합니다.

ISBN 979-11-6579-920-5 03100

*시공사는 시공간을 넘는 무한한 콘텐츠 세상을 만듭니다.
*시공사는 더 나은 내일을 함께 만들 여러분의 소중한 의견을 기다립니다.
*잘못 만들어진 책은 구입하신 곳에서 바꾸어 드립니다.